二〇〇年程

十月

十六

神的聖言 【卷二】

聖經的詮釋

The Oracles of God (II)

Interpretation of the Bible

里程 Li Cheng ◆ 著

序

《神的聖言》一書原計劃只寫一卷，即《聖經的權威》，論述「《聖經》無誤」的教義。論述「《聖經》無誤」的教義，必然涉及一些難解的經文。為了使論述的脈路較為清晰，原打算將對這些難解的經文的解釋從正文中抽離出來，作為附錄放在書後。但又恐會使該書的篇幅太長，故決定將對難解經文的解釋另成一卷——《聖經的難題》。

主內一些同工認為，相信《聖經》是神的無誤的啟示、從而敬畏《聖經》，是頭等重要的；但如何正確地解讀《聖經》，也非常重要，否則就不能達成神賜下《聖經》的目的。所以，他們建議我再寫一卷關於釋經的書。我認同他們的看法。這樣，《神的聖言》就從一卷增為三卷。

《聖經》是基督徒的信仰、事奉和生活的惟一依據和最高準則。《聖經》的教訓滲透和影響著基督徒個人和基督教教會的每一個層面。基督徒的一些困惑和教會內部在神學觀點、事奉理念等方面許多分歧，常常與對《聖經》經文的不同解讀有關。下面略舉幾個例子。

從古代的異端亞流主義到現代的異端耶和華見證人和摩門教的一個共同點，是否認耶穌基督的神性。他們聲稱，耶穌不是神，而是神第一個創造的受造物。他們以一節經文作為依據：「愛子是那不能看見之神的像，是首生的，在一切被造

的以先」（西一：15）。他們說，「首生的」就是「首先被造的」。面對異端，讀者能指出他們這樣解釋「首生的」的謬誤在哪里麼（詳見本書第三章）？

《聖經》有兩個希臘字表示「愛」，一個是阿嘎佩（Agapaō），另一個是費勒歐（Phileō）。我們常常被教導說，阿嘎佩是神的不變的、崇高的愛，而費勒歐只是人的友情之愛或性愛。但是，不知讀者是否知道，在新約《聖經》中，「底馬貪愛現今的世界」（提後四：10）和先知巴蘭「貪愛不義之工價」（彼後二：15）中的「貪愛」用的詞卻是阿嘎佩，而在《約翰福音》中，天父對聖子及信徒的愛有時也使用費勒歐（詳見本書第三章）？

當弟兄或姊妹得了重病，大家急切而恆久地為之禱告，求神直接醫治或藉醫生的手醫治。大家滿懷信心地祈求，並且相信神一定會醫治。因為經上說：「出於信心的祈禱，要救那病人，主必叫他起來；他若犯了罪，也必蒙赦免。」（雅五：15）。但是，有時神並沒有施行醫治。此時大家不僅困惑，而且內疚、自責，認為神沒有醫治，是我們禱告時信心不夠所至。應該怎樣理解「信心的祈禱」呢（詳見本書第七章）？

對方言的看法，至今莫衷一是。

有時我和一些傳道人交談，他們極為強烈地堅持說，現在已沒有說方言這回事了。因為他們認為，方言僅僅是一種自己原本不會說的別國的語言或地方話而已（徒二：4）。因此，一位北京信徒，如果能說上海話、廣東話，四川話，那就是在說方言！這些傳道人進而推論說，初期教會需要把福音由耶路撒冷傳出去，所以神讓基督徒能說他國、他鄉人的話；現在，各地各方都有了基督徒，就不再需要方言的恩賜了。按照這種

觀點，一位尚未相信耶穌的人，當他（她）會說外國語或本國不同地方的話時，就是在說方言了；這豈不是說，今天仍有方言麼？再者，這無疑是說，一個人不論信主與否，只要能說他國、他鄉的話，就是得到了聖靈的恩賜？如果方言僅僅是指他國、他鄉的語言，又如何理解保羅所說的「那說方言的，原不是對人說，乃是對神說；因為沒有人聽出來；然而他在心靈裏，卻是講說各樣的奧秘」（林前十四：2）呢？為甚麼保羅說「我若用方言禱告，是我的靈禱告」（林前十四：14）呢？此外，還有人認為，使徒保羅說：「等那完全的來到，這有限的必歸於無有了」（林前十三：10），而「等那完全的來到」就是「當《聖經》編寫完畢以後」；「這有限的必歸於無有了」就是「方言這種恩賜再也沒有了」；所以，今天再沒有方言的恩賜了。可是，這樣解釋《聖經》對麼？

另一方面，有的傳道人卻竭力強調方言的重要性，甚至說：「一個被聖靈充滿的人，就或遲或早會講方言。」這種把說方言當著被聖靈充滿的外在標記的教導，驅使信徒去追求方言，甚至去操練、學習說方言。但是，被聖靈充滿就一定會講方言麼？不會講方言的就一定沒有被聖靈充滿麼？《聖經》是這樣教導的麼（詳見本書第七章）？

一個福音機構的信仰告白寫道，離過婚、又再婚的人不適合作牧師，因為他不再是一個妻子的丈夫；而《聖經》的教導是：作監督的，「只作一個婦人的丈夫」（提前三：2；多一：6）。這個信仰告白把「只作一個婦人的丈夫」解讀為「一生只能結一次婚」。按這樣的解讀，喪偶後再婚的人，也不能作牧師。但是，這是《聖經》的教導麼？何況，教會對「只作一個婦人的丈夫」這句話，現仍有不同的理解：第一，必須是已婚

的；第二，終身只有一個妻子，或終身只能結一次婚；第三，一夫一妻；第四，在婚姻和性方面是忠實的。究竟哪一種解讀更符合經文的原意呢？（詳見本書第七章）

主日崇拜時，有的教會的姊妹們頭上會戴一頂針織的小帽。爲甚麼呢？她們說，使徒保羅教導女人在聚會中要蒙頭；在當今的習俗中，女人不一定須再蒙頭；但總「應當在頭上有服權柄的記號」（林前十一：10）；頭戴小帽就是這個「服權柄」記號。但是，「應當在頭上有服權柄的記號」這句話的意思究竟是甚麼呢？（詳見本書第八章）

基督徒能不能吃動物的血？有的主張不能吃，因爲不僅舊約律法禁止吃動物的血，而且此禁令在基督徒的耶路撒冷會議上又被重申（徒十五：13-31）。但有的人認爲基督徒可以吃動物的血，其依據是，一方面，禁止吃動物的血屬於舊約祭祀律法，因耶穌的救贖，基督徒已不再需要遵守；另一方面，主耶穌和使徒保羅都說過，各樣食物都是潔淨的（可七：9；羅十四：14、20）。要回答基督徒能否吃動物血的問題，應該弄清楚：舊約《聖經》關於不能吃動物的血的命令的含義是甚麼？其理由是甚麼？當如何看待耶路撒冷會議關於不能吃血的決定？再者，對動物的血，難道就只能是「能吃」或「不能吃」這樣的黑白分明麼？（詳見本書第八章）

圍繞聖樂的問題，教會也有很多討論。有的主張，聖樂只能使用莊嚴、肅穆的傳統歌曲、用鋼琴或管風琴伴奏；有的則認爲，聖樂可以採用活潑、輕快的流行歌曲，也可使用吉他和打擊樂器。怎樣的敬拜、讚美才符合神的心意？這兩種觀點眞是完全對立、水火不容的麼？（詳見本書第八章）

姊妹能不能講道，也是教會討論的熱點議題，爭論之聲

至今不絕於耳。常有弟兄姊妹不解地問道：「既然保羅已經說了『我不許女人講道』（提前二：12），那還爭論甚麼？難道《聖經》的教訓不應該堅決執行麼？」是的，執行《聖經》的命令，決不能打任何折扣。但問題在於，保羅講的「我不許女人講道」（提前二：12），究竟是甚麼意思（不僅看譯文，還要看原文）？《聖經》真的禁止姊妹講道或教訓麼？（詳見本書第八章）

上面的例子表明，對《聖經》的詮釋準確與否，關係到基督徒的信仰、事奉、生活、抵擋異端等方方面面。不少神學或事工上的爭論，也常與如何解讀經文有關。可見，正確地詮釋《聖經》，是建造神學、堅固教會、持守在聖靈中的合一、以及基督徒個人靈命進深的重要基礎。掌握正確的釋經原則、方法的重要性就不言而喻了。

然而，關於釋經方面的書，坊間已有很多，無須我再寫些重複的話。因此，這一卷書不是一本全面闡述釋經原理的著作。在本卷中，我著重闡述一些自己認為重要的釋經原則，指出在釋經和應用經文時最容易出現的一些偏差，使弟兄姊妹能盡可能地準確讀出《聖經》的作者要傳達的信息，盡量減少把自己的意思讀進《聖經》的可能性，以便更好地把《聖經》的啓示與當代的信徒的生活結合起來。爲了便於弟兄姊妹理解，本書盡可能寫得通俗易懂，並多舉例證。同卷一《聖經的權威》一樣，書中引用的經文及標點，皆以和合本《聖經》（啓導本）爲準。

與《神的聖言》卷一——《聖經的權威》——的寫作一樣，因有從神來的感動，我不敢怠慢。但是，像《聖經的權威》一樣，本卷書的寫作所需要的學識、智慧、能力，與我的學疏才

的詮釋

淺之間，形成極大的張力，惟有仰望神的恩典和憐憫。這卷
書從二〇〇五年元月初在香港動筆，到二〇〇六年十二月底脫
稿，歷時整整兩年。

感謝基督使者協會（AFC）和海外校園雜誌社（CEF-
OCM）承擔本書的出版和發行事宜，基督使者協會還在本書寫
作期間向作者提供了部分財力支援。感謝臺北道聲出版社的同
工們在本書的設計、編排和校對中的辛勞。

在寫作過程中，一直得到米城中華基督教會（Chinese
Christian Church of Milwaukee）、德州奧斯丁華人教會（Austin
Chinese Church）、密西根州奧克蘭華人教會（Oakland Chinese
Church）等主內弟兄姊妹的大力支持。吳函仲醫生、林道眞姊
妹特地聯絡了禱告小組，爲我的事工和寫作禱告。還有許多主
內肢體以不同方式在默默地支援著我。求天父親自報答他們。

感謝我的家人的支持、幫助、理解和忍耐。我的兒子還特
地爲本卷書繪製了插圖。

願神使用這本小書，能對弟兄姊妹正確地解讀《聖經》，
有一些實際的幫助。

里　程
二〇〇七年五月廿九日
美國威斯康辛州密爾沃基市

【目錄】CONTENTS

第4章　　**文　體**

第8章　　應　用

第1章

釋經一瞥

何謂釋經學

釋經學（Hermeneutics）一詞源於希臘文動詞「*hermēneuō*」和名詞「*hermēneia*」；這些字來自希臘神話中一個傳命之神希米爾（Hermes）的名字（徒十四：12）。在希臘神話中，希米爾是希臘眾神的使者和傳譯，負責把人類不能埋解的事用人能明白的方式轉達出來，希臘人還認爲他是發明語言與文字、專司科學、發明、口才、寫作和藝術的神。[1]「*hermēneuō*」和「*hermēneia*」在新約《聖經》中出現過十幾次，有一半是「翻譯」之意，如，「彌賽亞翻出來就是基督」、「磯法翻出來就是彼得」（約一：41-42）。在某種程度上說，翻譯就帶有解釋，用一種語言解釋另一種語言所表達的意思。所以，釋經學是一門關於解釋經文的原則，以確定經文的意思的學科。[2]

「解經」或「釋義」（Exegesis）的希臘文的原意是「敘述」或「解釋」，在《聖經》中的含義是「表明出來」（約一：18）、「述說」（路廿四：35；徒十五：14，廿一：19）等。[3] 一些學者認爲，釋經學與解經的關係密切，但兩者並不

相等。釋經學是關於確定經文意思的原則的學科,而解經則是切實地著手解釋《聖經》,是釋經學的延伸或應用。[4]筆者卻置疑這種嚴格區分的必要性。解釋《聖經》必須有一些基本的指導原則,但不能「只說不練」;解釋《聖經》需要確實地下功夫,但卻離不開基本原則的引領。二者關係密切,難以作決然的區分。

釋經學有不同的分類方法。多數釋經學著作,把釋經學分為一般釋經學和特殊釋經學兩大類。一般釋經學是關於適用於整本《聖經》釋經原則,而特殊釋經學則提供解釋特別文體(如,敘事、詩歌、啟示文學等)的釋經原則。[5]

釋經的必要性

克萊因(William W. Klein)等人說,在一次釋經原則研討會上,神學教授的講解被一位學生的哭聲打斷。追問之下,這位學生說,他哭,是為教授感到難過:「對你來說,明白《聖經》是如此之難;然而,我只要去讀,神就會向我顯明其中的意思。」[6]《聖經》是不解自明的麼?

《聖經》的清晰性

《聖經》的許多經文,尤其是關於救恩的經文,是每個人都可以讀懂的,使人不能為自己的不信尋找藉口。蘭姆(Bernard Ramm)指出,「個別經文的含義是甚麼?這些個別的經文在整本《聖經》的光照下的含義又如何?這就是《聖經》清晰性的問題。」[7]羅馬天主教認為,天主教教會有一種特別的恩賜,可以瞭解《聖經》經文的意義;但是,宗教改革家不能接受這種看法。馬丁路德指出,《聖經》的外在的清晰

性，是指它在文法上的清晰性，只要適當地遵守「語言學的法則」，就可以瞭解一段經文的意思；《聖經》的內在的清晰性，是指聖靈在信徒心裏的工作，使之能看到《聖經》的真理乃是神的真理。[8]所以，解釋《聖經》不是天主教教會的特權。

《聖經》需要解釋

按照《聖經》的教導，《聖經》本身是需要解釋的。

在被擄時代，當尼希米率領猶太人從波斯返回耶路撒冷、修建聖城城牆的工程完工後，他請文士以斯拉等人向以色列民眾宣讀摩西的律法書，「他們清清楚楚的念神的律法書，講明意思，使百姓明白所念的。」（尼八：8）

到了新約時代，主耶穌從死裏復活後，在以馬忤斯的路上，當祂與兩個門徒同行時，「從摩西和眾先知起，凡經上所指著自己的話，都給他們講解明白了。」（路廿四：27）在初期教會，聖靈帶領腓利靠近正在讀《以賽亞書》的埃提阿伯太監，問他說：「你所念的，你明白麼？」太監說：「沒有人指教我，怎能明白呢？」於是，「腓利就開口從這經上起，對他傳講耶穌。」使太監立即信主、受洗，歸入主的名下（參見徒八：26-38）。當使徒保羅即將跑完自己人生的路程時，他切切的囑咐提摩太說：「你當竭力，在神面前得蒙喜悅，作無愧的工人，按著正意分解真理的道。」（提後二：15）「按著正意分解」（ὀρθοτομοῦντα）是動詞 ὀρθοτομέω（orthotomeō）的現在時主動分詞，由 ὀρθός（直的）和 τέμνω（切割）複合而成，在新約《聖經》中僅見於此，意思是「向筆直的方向切開一條道路。」[9]

《聖經》需要被解釋，起碼有幾方面的原因。

首先，雖然《聖經》的很多經文都是容易理解的，但確有一些經文是難解的。使徒彼得說：「就如我們所親愛的兄弟保羅，照著所賜給他的智慧，寫了信給你們；……信中有些難明白的，那無學問不堅固的人強解，如強解別的經書一樣，就自取沉淪。」（彼後三：15-16）克萊因等人指出，《聖經》是神的話，是在多變的歷史背景中寫成的，故不易找出其中的普世準則；神的信息理當是清晰的，但《聖經》的很多章節似乎是含糊不清的；《聖經》的信息是以不同的的文學體裁傳達出來的。[10]

其次，《聖經》雖然是用人的語言寫的，但它畢竟是神的啟示，是屬靈的，不是僅憑人的理性就能完全理解的。

第三，《聖經》是對當時的讀者寫的；而當時的讀者與現今的讀者之間存在著巨大的差異和張力。琳賽（Lindsay）說：「古代文獻中那些晦暗不明之處，十之八九都是因為我們對許多古代事物的無知所產生的。這些事物在當時是家喻戶曉的，只要稍微一提，大家就可會意，不必多費言詞。」[11]

蘇克指出，文化習俗等會深深地影響對經文的理解和解釋。比如：

為甚麼伯沙撒王讓但以理在國中列為第三、而非第二（但五：7、16）？因為伯沙撒王自己在國中列第二，他的父親拿波尼度當時長期離國遠遊。

為甚麼先知約拿不願去尼尼微城？原因之一可能是，尼尼微人對敵人十分殘忍，常將被擄領袖的頭顱斬下，堆積成丘，或生剝俘虜的皮。約拿認為他們罪有應得，應該受審判，故不願意去傳達悔改的信息。

摩西律法規定，「不可用山羊羔母的奶煮山羊羔。」（出

廿三：19，卅四：26；申十四：21）爲甚麼呢？原因之一是，用山羊羔母的奶煮山羊羔，是迦南人宗教儀式的一部分。

爲甚麼以利沙對以利亞說：「願感動你的靈加倍的感動我」（王下二：9）？是他想擁有以利亞的雙倍屬靈能力麼？不是。以利沙所求的，是作以利亞的繼承人或後裔。因爲，根據以色列人的習俗，家中的長子可以繼承他父親的雙份產業（申廿一：17）。

爲甚麼主耶穌在不是無花果結果的季節，斥責無花果樹不結果（可十一：12-14）？原來，在以色列，三月無花果樹通常已生出小花苞，四月便長出綠葉，「收無花果的時候」是五月底至六月底。小花苞是可吃的。主耶穌斥責無花果樹時，已是四月的逾越節期間，樹上竟沒有小花苞，所以那一年一定不會結果子。

爲甚麼主耶穌吩咐門徒上路時不要問人的安（路十：4）？是否太不合群？不是。因爲當時的問安不是只打一個招呼，而是非常花時間的。雙方鞠躬數次，重複問安，然後還要討論當天發生的事。主耶穌是命令門徒不要浪費時間，抓緊做工。[12]

費伊和史督華（Gordon D. Fee and Douglas Stuart）從另一個角度，指出釋經的必要性：

> 《聖經》需要解釋的一個更重要的理由在於它的性質。從歷史來看，教會瞭解《聖經》的性質，正如瞭解基督的身分一樣——《聖經》既是屬人的，又是屬神的。誠如賴德（George Ladd）教授所說：「《聖經》是神的話，藉著歷史中〔人〕的話而表達。」由於《聖經》具有這樣的雙重性質，我們需要作解釋的工作。

因為《聖經》是神的話，所以它有永遠的適用性；它在每一個時代，每一個文化中，向所有的人說話。因為它是神的話，所以我們必須聆聽並遵行。但因為神選用歷史中人類的話來傳達祂的話，所以《聖經》的每一卷書都有其歷史性；每一文獻都受到原先寫作時的語言、時代及文化的限制（在某些情況下，也受它寫成以前的口頭歷史之限制）。由於《聖經》永遠的適用性與其歷史特性之間有一種「緊張狀態」，遂有解釋的必要。[13]

奧斯邦（Grant R. Osborne）也指出：

《聖經》作者原初的意思是很重要的起點，但本身卻不是終點。釋經學的使命要從解經開始，可是要將經文的意義處境化，應用於今日的情形，才算完成。……釋經學很重要，因為它使人從經文走到應用，讓神的靈所默示的話語，以新鮮而滿有活力的方式向今天的人說話，像當年一樣有力。[14]

在聖靈的光照下，跨越歷史、文化、語言等鴻溝，從《聖經》經文的「當時」進入讀者的「現在」，讓《聖經》對各個世代的讀者說話，這就是釋經學的任務。[15]

釋經的路向

最早解釋《聖經》的人，當然是最先擁有這些經典的古代以色列人。但人們確切知道的第一批釋經者，是協助文士以斯拉的利未人（尼八：1-8）。當以斯拉向被擄歸回的以色列

人宣讀摩西的律法書時，協助他的利未人則向百姓講解以斯拉所念的內容（尼八：7-8）。他們的講解可能包括兩個方面：把希伯來經文翻譯成百姓所使用的亞蘭文，並進而解釋經文的含義。猶太拉比認為，這一事件促成了猶太人的「他爾根」（Targum，意為「翻譯和解釋」）的產生。[16]

幾千年的釋經歷史中，釋經的路向和方法五彩繽紛、複雜交錯，許多專著都有論述。[17] 本書僅就筆者認為對讀者關係比較密切的幾種解經的路向，予以綜合性的（即不是完全按時間順序）、簡潔的介紹和評估。它們是，在相信《聖經》是神的無誤的啟示的信徒中流行的寓（靈）意釋經法、字義釋經法和靈修釋經法。

寓（靈）意釋經法

寓（靈）意釋經的定義

學者對「寓（靈）意釋經（allegory）」的定義不盡相同。一是認為，這是一種不按經文字面的意思、致力於發掘隱藏在字面背後的意義的釋經方法，基本視「寓意」和「靈意」為同等。[18] 另有人則認為，「靈意解經」是「按屬靈的意義解經，實際上是指主耶穌和門徒們，引用被選記在舊約中的歷史，按精義或靈意應用在新約的教訓中。」[19] 為論述的清晰，本書將採用「寓意」或「靈意」釋經的第一種定義，即指那種尋求經文字面意思背後的意義的釋經方法。

寓（靈）意釋經的起源

寓意釋經可追溯到古希臘。一方面，柏拉圖認為，真正的實體是隱藏在人所看見的表像的背後的。這種觀點運用到文學

作品上，就暗示作品的真正含義是隱藏在字面背後的。[20] 另一方面，這種解讀法，對維護希臘古典文學是很有價值的。蘭姆指出，主前第八、九世紀的希臘詩人荷馬（Homer）和海希奧德（Hesiod）的宗教作品是希臘人極尊貴的傳統，被視為希臘人的「聖經」。任何對它們的質疑，都被視為無神論者的反宗教行為。但是，在這些宗教作品中，有許多空想、怪異、荒謬，甚至不道德的內容，是希臘的哲學和歷史的傳統不能接受的。然而，由於荷馬和海希奧德的崇高地位，沒有人敢於批評或拋棄他們的著作。於是，寓意法應運而生：不按字義解釋諸神的故事和詩人的著作，轉而尋求字面背後的秘密的、真實的意義，從而緩解了希臘人這兩種傳統之間的張力。有趣的是，希臘人宗教上的護教學和寓意釋經法，出於同一歷史根源。[21]

　　主前333年，亞歷山大大帝（Alexander the Great，356-323 BC）完成了征服波斯帝國的大業，他和其繼承者在所有領地上強行推動希臘文化，使希臘文逐漸取代了希伯來文的地位，成為在巴勒斯坦地區以外生活的猶太人的通用語言。希臘化猶太教（Hellenistic Judaism）在猶太社群聚集的埃及亞歷山大城（Alexandria）蓬勃發展，試圖將希臘哲學與猶太人的宗教信仰結合起來。約在主前285年，該城的猶太學者將希伯來文摩西五經翻譯成希臘文，而後又翻譯了整本希伯來《聖經》，史稱《七十士譯本》（Septuagint），簡稱LXX。按猶太的傳統，此譯本是由七十或七十二名學者譯成的。[22]

　　如果說，希臘人面臨的是神話、詩歌的宗教傳統與哲學傳統之間的緊張關係，那麼，亞歷山大的猶太人所面臨的，則是他們自己民族的聖書《聖經》與希臘哲學之間的極大張力。如何能使這兩者和諧共存？在這種處境中，他們將希臘人的寓意

法借來為自己所用，就再自然不過了。[23] 在解釋希伯來《聖經》方面，亞歷山大城傑出的猶太思想家斐羅（Philo，20 BC - 54 AD）是寓意釋經法的大師。他可能是古代散居各地的猶太人中，最具影響力的猶太《聖經》學者和神學家。[26] 他是一個徹底的猶太教信徒，相信希伯來《聖經》（七十士譯本）比希臘哲學優越；同時，他又喜好希臘哲學，故努力調和二者之間的差異。不過，

> 斐羅並不以為，字面的意義是沒有用的。他只是認為，字面意義還是處於理解程度不夠成熟的階段。字面意義是《聖經》的身體，而寓意乃是《聖經》的靈魂。按照這樣的觀點，字面意義是供未成熟的人讀的，而字面底下的寓意則是供成熟的人讀的。斐羅也不相信，採用寓意解經法必須否定《聖經》歷史的可靠性。[24]

斐羅認為，出現以下情況，經文應按寓意解釋：經文中任何對神不敬的話；與其他經文有牴觸的經文；或者，經文本身就是用寓意法寫成的。[25] 斐羅寓意解經的一個例子是對「有河從伊甸流出來滋潤那園子，從那裏分為四道」（創二：10）的解釋：「河」代表美善；「四道」代表希臘哲學中的四大美德——謹慎、節制、勇敢和公義。學者們認為，斐羅忽略了《聖經》觀念與希臘哲學的真正差異，他對《聖經》的解釋倚重柏拉圖哲學過於倚重《聖經》本身。

法拉爾（Farrar）寫道：「在同樣的環境下，異教哲學家解釋荷馬的方法，首先傳給猶太人，然後又藉著猶太人傳給基督徒。這種解釋《聖經》的方法，在過去是聞所未聞的，可是

一經採用，歷一千五百多年，都未曾被動搖過。」[27] 蘭姆也指出：「寓意解釋的體系，由異教的希臘人興起，被亞力山大的猶太人採用，接著又被基督教繼承。到改教運動以前，這種解經體系，大體上主宰著教會對《聖經》的解釋方法。」[28]

教父時代

教父（the Fathers of the Church，或Church Fathers）一詞來自拉丁文patres（父親），是指早期教會的領袖、教師和作者。[29] 之所以稱他們爲「教父」，是因爲他們在使徒以後的幾個世紀，在《聖經》正典的形成和在基督教基本教義的制定上，對教會作出了重大貢獻。但是，「教父時期」（patristic period）的界定，並無共識。較多的學者視大貴格利（Gregory the Great，約540-604 AD）或西班牙塞維爾的主教伊西多爾（Isidore of Seville, 約560-636 AD）爲最後一位西方教父。[30] 因此，克萊因等人認爲，從最後一位使徒（約翰）離世（約主後100年）起，到大貴格利於主後590年任第一任教皇爲止，這一段時間被稱爲教父時期。[31] 但是，東方正統教不喜歡做太精細的劃分；直到帕拉瑪（Gregory Palamas）於主後1359年過世時，東正教會仍稱他爲教父及博士。[32]

克萊因等人把教父時期分爲使徒教父（約主後100-150年）、亞歷山大學派（約主後150-400年）、和教會大公會議（約主後400-590年）三個階段。[33]

使徒教父，或使徒後期教父（Apostolic Fathers），係指與使徒同期或緊繼使徒之後的早期教會領袖和作家，如羅馬的革利免（Clement of Roma）、巴拿巴（Barnaba）、黑馬（Hermas）、伊格那修（Ignatius）、坡旅甲（Polycarp）和

帕皮亞（Papias）等人。[34] 雖然他們採用了幾種不同的釋經方法，但最喜歡採用的釋經取向還是寓意法。一方面，寓意解釋是當時普遍採用的文學方法，很自然會被運用在對《聖經》的解釋上。[35] 另一方面，面對否定舊約《聖經》的馬吉安主義（Marcionism），早期教父們堅持認爲，舊約《聖經》是一份基督教的文獻。寓意釋經法，乃是他們把舊約《聖經》化爲基督教文獻的基本方法。[36]

比如，按照《革利免一書》（First Clement）的解釋，在《約書亞記》第二章，妓女喇合與以色列人的探子約定做標記的朱紅線繩，是預表主耶穌的血，探子選擇那個記號表明，藉著主的血，救贖臨到一切在神裏面有信心和盼望的人[37]：

> 稱爲娼妓的喇合，因有信心而又善待客旅，所以也得了救。當時嫩的兒子約書亞，差遣探子到耶利哥去，那裏的王知道他們是來窺探他的國情，就派人去搜捕他們，要將他們殺死。這時善待客旅的喇合迎接探子們到家，把他們藏在樓上的胡麻梗裏。隨後就有王的差役來到，對喇合說：「那來窺探我們國情的人已經進入了你家，你要交出來，因爲這是王的命令。」喇合回答說：「你們所尋找的人確實到我這裏來了，但他們隨即走了，現正在途中。」於是她指給他們一條錯的路向。這以後，她對探子們說：「我實在知道主上帝將把這塊土地賜給你們；在這國裏的居民都畏懼你們而喪魂落魄。所以你們必要占取此地。但望你們救護我和我的父家。」他們回答說：「就照你的話行吧，我們來到這地的時候，你當急速集合你的親屬來到你家，他們必都得保全；若有外出的就必死滅。」他們隨

即給她一條朱紅線繩繫在屋前作記號，表明凡相信仰望上帝的人，都必靠主的血得救（參書二）。親愛的人阿，你們可以知道這個女人不但有信心，還有先知的見識。[38]

又如，以色列人出埃及、進迦南途中，第一個來攻擊他們的是亞瑪力人。當時，摩西命約書亞率軍迎敵，摩西則在山上舉手，使以色列人大獲全勝（出十七：8-13）。《巴拉巴書》認為，摩西舉手代表耶穌的十字架：

> 再者，摩西書中，當以色列人被迫與異族交戰時，為了提醒他們，他們是因為犯罪才被置於死地——聖靈就對摩西的心說話，要他作十字架的代表，也代表那將要受苦難的祂，祂說，除非他們都信靠祂，他們必將永遠忍受戰禍。所以摩西在戰爭中，將盾牌疊成高臺，在他們前頭挺身站著，一直伸展他的雙手，於是以色列人再次轉敗為勝；其後，每當摩西垂手之時，他們就告滅亡（參出十七：8以下）。為的是甚麼呢？為著他們可以明白，要是他們不仰望祂，他們便不能得救。[39]

蘇克指出，《巴拿巴書》（The Epistle of Barnabas）引用舊約經文達119次，其中有不少寓意解經的例子。該書說：「他要像一棵樹，栽在溪水旁」（詩一：3）是指洗禮和十字架，「葉子也不枯乾」表示敬虔的人可以為許多人帶來供應和盼望。[40]不過，一個典型的例子是對亞伯拉罕的318位僕人的解釋：

> 親愛的孩子們哪，要充分學習所有的事，因為那首

先受割禮的亞伯拉罕，行此是為了在靈性上仰望耶穌，從
而領受了三字的教義（TIH）。因為經上說：「亞伯拉
罕給他家裏三百十八人都行了割禮」（創十七：23、27；
十四：14）。那麼，他所得到的知識是甚麼呢？注意他的
話，先說十八人，略停一下，再說三百人。在希臘文，十
八這數字是十（I）和八（H或η），而這兩個字即是耶穌
（Ἰησοῦς）一語的頭兩個字母。十字架註定了有恩典，這
就是T，即希臘文的三百。這樣，他在IH兩個字母中指明
耶穌，另一個字母T則指十字架。那把祂的教訓的恩賜安
放在我們心中的神，也知道這一點。祂知道我從未教導過
比這更真確的真理，但我相信你們是配得這真理的。[41]

有時，寓意解經也延伸到有關道德的教導上。比如，關於
食物的律法：不可吃豬肉的理由，是警告信徒不可與反覆無常
的人同夥，因為他們就像豬一樣，「他們順利時就忘記主，只
是到了貧苦時才承認主」；不可吃鷹、鴉等，是教導信徒不可
像這些鳥類那樣貪心和懶惰：

摩西奉主的命，說過：「你們不可吃豬，或鷲，或
鷹，或鴉，或無鱗的任何魚類。」（利十一；申十四）。
……上帝的律例並不是對食物的禁令，摩西所講的是屬
於靈性的。他們提到的豬是為了這個緣故：它意味著你
們不可跟那班像豬一樣的人連在一起。這就是說，他們順
利時就忘記主，只是到了貧苦時才承認主，正如豬有吃
的時候，不知其主人，等牠饑餓時，便叫喊；一旦得了食
物後，就不叫喊了。「你們也不可吃鷲或鷹，或鳶，或

鴉。」（利十一：13-16）它的意思是：你們不可將自己變成這樣的懶蟲，完全不知憑其勞力流汗以得食，卻用暴行掠奪別人的財物，賊眼窺伺機會，雖然他們好像不作壞事，只是四周觀看，以便貪心劫奪，正如那些鳥類，全不為自己準備食物，懶處閑立，尋求怎樣可以搶吃別個的肉，因而成為不可饒恕的罪行。[42]

在亞歷山大學派（Alexandrian School）時期，釋經者主要是以一個重要的神學概念來解釋所有的經文，即基督的位格。「基督的位格、基督的啟示和基督所建立的教會實體，構成了基本的和必要的解經原則和方法，以便全面和完整地解釋和明白以賽亞和其他舊約先知的預言。」[43] 此時期寓意解經的兩個代表人物是亞歷山大的革利免（Clement of Alexandria，150-211 AD）及其繼承人俄利根（Origen,182-254 AD）。格利免追隨斐羅，教導經文有雙重含義。他主張，經文像人一樣，有一個身體（字面）的意思，同時隱藏一個靈魂（屬靈）的意思。比如，在浪子的比喻（路十五：11-32）中，他賦予這個故事的每一個細節以基督教的意義：父親給歸來的小兒子披上的袍子代表永生，鞋子代表靈魂得到提升，肥牛犢代表基督給信徒的屬靈餵養等等。[44] 俄利根則進一步主張，像人有身、心、靈三部分，《聖經》經文同樣具有三重意思：

俄利根認為，聰明的釋經者必須從經文記載的事件（它的字面含義），進而尋找隱藏在背後的基督徒生活原則（它的道德含義）和它的教義真理（它的屬靈含義）。例如，讓我們看看俄利根對羅得和他兩個女兒之間的性關

係（創十九：30-38）的解釋。根據俄利根的看法，經文有一個字面含義（實際發生的事情）；而它的道德含義則是，羅德代表人的理性思想，他的妻子代表追求享樂的肉體，他的兩個女兒則代表虛榮和自大；第三個意思應用到人身上，就產生了屬靈（或教義）的含義：羅德代表舊約律法，女兒代表耶路撒冷和撒瑪利亞，妻子則代表在曠野中悖逆的以色列人。[45]

在教會大公會議時期的教父中，奧古斯丁（Augustine，St. of Hippo, 354-430 AD）和耶柔米（Jerome, St. 347-420 AD）是最知名的。克萊因等人指出，奧古斯丁在他的著名的《懺悔錄》（Confessions）和《論基督教教義》（On Christian Doctrine）中，「流露了複雜而微妙的解經取向」。一方面，他提出的一些正確的解經原則，深深地影響了阿奎那、伊拉斯姆、路德等思想家。[46] 另一方面，奧古斯丁起初是一個摩尼教徒。摩尼教運動始於主後第三世紀，認為舊約中的神格擬人法很荒謬，藉此貶低基督教。這為奧古斯丁理解舊約帶來不少困難。[47] 故此，蘭姆指出，奧古斯丁無法和寓意解經分手：

> 奧古斯丁之所以採用寓意法解釋《聖經》，乃是他的屬靈光景所致。當他正為摩尼教（Manicheans）粗魯的字義解經所困惑時，安波羅修（Ambrose）所採用的寓意解經法，把整部舊約都為他照亮了。他對《哥林多後書》三章六節的解釋全然錯誤，可是他就據此為寓意解經法辯護。他認為，這一節經文是指，《聖經》的真正意思是屬靈或寓意，而字義只會叫人死。因為有這樣的經歷，奧古

斯丁無法和寓意解經法分手。[48]

此外，蘇克也指出：

　　奧古斯丁認為，決定是否使用靈意的方式解經的最高
準則是愛。若字義解釋會引起爭論不和，則應將該段經文
靈意化。奧古斯丁強調解經者的任務是發掘《聖經》的意
義，而不是將某個意思加於《聖經》。然而他卻違反了自
己所提出的原則，因他曾經強調「經文的意思不只一個，
因此靈意解經是適當的」。他認為，伊甸園的四條河（創
二：10-14）是四項主要的德行；始祖墮落時，用來遮蔽
身體的無花果樹葉代表虛偽，用來遮蓋的獸皮則代表人必
死的命運（創三：7、21）；挪亞的醉酒（創九：20-23）
代表基督的受苦及受死；書拉密女子的牙齒（雅四：2）
代表教會「將人奪離異端」。[49]

中世紀時期（約590-1500 AD）

　　中世紀是教父時期和宗教改革時期之間的過渡時期，以
大貴格利一世出任羅馬大公教會第一任教皇爲開端。[50] 釋經
者繼續倚重傳統性的解釋，即許多世紀流傳下來的教父的見
解，主要是成文的《教父注釋彙編》（catena，拉丁文，意爲
「鏈」）。但是，克萊因等人指出，值得留意的是，中世紀之
前的教父注釋彙編摘引了許多釋經者的見解，而中世紀的版本
主要收集的卻是奧古斯丁和耶柔米等重要教父的注釋，表達的
是教會認可的教義規範。麥尼蘭（R. E. McNally）說，這個時期
的「釋經變得幾乎與傳統等同，因爲優秀的釋經者，就是把所

領受的忠誠地繼承下去的學者。」在中世紀各種釋經方法中，仍以寓意法爲主。[51] 所以有學者稱，中世紀是釋經的荒漠時期，沒有人對釋經有任何新穎的創見。[52]

主後第五世紀，中東有一位隱士（來自現今的羅馬尼亞），名叫凱西安（John Cassian，約360-435 AD），在幫助西方建立修道院制度上有建樹。東方教會把他視爲聖徒。由於他在思想上屬半伯拉糾派，西方教會未將他列入聖品。[53] 凱西安認爲，《聖經》經文有歷史的、靈意的、比喻的和神秘的四重意思。「比喻的」即是道德意義，希臘字是「τροπη´ tropē」，有「轉向」的意思：一個字轉向道德意義。「神秘的」是指一種奧秘的、屬天的意義，從希臘字「導向」而來。[54] 在中世紀流傳的凱西安的拉丁文的四行小調是：

> 文字教導的是事件（即神和先祖的作為），
> 你所信的是靈意的教導，
> 你所行的是道德的教導，
> 你前往的是類推的教導。

有人將它改寫爲押韻的詩句：

> 字句教導已成就之事；
> 寓意教導你應信之事；
> 道德意思教導你應作之事；
> 屬靈意思教導應盼望之事。[55]

據此，《聖經》的四重含義是：字面性（literal，或歷

史性〔historical〕）、寓意性（allegorical，或教義性〔doctrinal〕）、道德性（moral，或比喻性〔tropological〕）和靈意性（anagogical，或末世性〔eschatological〕）。例如，「耶路撒冷」的四重意思是：

> 字面：猶太人的古城；
> 寓意：基督徒的教會；
> 道德：敬虔的心靈；
> 靈意：天上的聖城。[56]

尋找凱西安主張的《聖經》的這種四重含義，遂成爲中世紀寓意釋經的流行方法。[57]

對寓意釋經的評估

宗教改革時期之前，寓意釋經法主宰基督教的釋經學達千年之久。而且，時至今日，仍有基督徒繼續採用這種方法，只是形式和程度不同罷了。如上所述，基督教寓意法釋經，最初是出於護教的動機，是爲了化解希臘哲學與基督教聖書之間的張力，爲了對抗否認舊約《聖經》的馬吉安等異端。教父們用寓意的方法，在舊約《聖經》中尋找基督，宣稱舊約《聖經》是一份基督教的文獻，新、舊約《聖經》都是以基督爲中心的。寓意釋經者的動機是善良的，而且也確實維護了《聖經》的權威。其次，用這種方法解出來的「意思」，對現代的讀者來說，似乎是毫無意義。但是，這些「陳詞濫調」卻不斷提醒人們注意《聖經》的深度和複雜性。也就是說，《聖經》經文和名詞的歷史意義，是遠離當代讀者和他們的世界的；而《聖

經》經文和名詞的其他意思，卻是觸及現今的信仰生活的，如教會的治理、信徒的道德狀況、屬靈光景和末來的盼望等等。[58]寓意解經法，在一定程度上也起到了造就信徒的作用。

但是，寓意釋經法的偏頗和造成困難，也不容忽視。首先，寓意釋經缺乏眞實的歷史感，忽略了經文的歷史因素。第二，寓意法強調基督是《聖經》的中心，是非常重要的，但卻對神的歷史的、漸進的啓示缺乏認識。因而，武斷地把新約的許多觀點讀進舊約中去。第三，新約作者有時確實使用預表的方法去解讀舊約經文的屬靈含義（本書以後的章節將有詳細討論），但寓意法混淆了預表法與寓意法的區別，企圖在舊約的許多經文中發掘屬靈的含義。[59]寓意法的濫用，使寓意變成私意，把《聖經》變成「蠟鼻子」（nose of wax），任讀者拿捏、解釋。[60]正如蘭姆尖刻指出的：

　　寓意解釋的一個危機是，它使神話語的真意變得晦暗不明。要不是他們採用這方法解釋《聖經》時，把福音真理放在中心地位，他們早已成為異端了。事實上，諾斯底派（gnostics）就是應用寓意法解釋新約，成了異端。《聖經》若用寓意法解釋，可以成為解經者手中的方便工具。在寓意解經的體系下，可以把《聖經》解成各種不同的教義體系。而我們又沒有任何方法可以判斷，哪一種才是正確的。這也是諾斯底主義受到排斥的原因之一。當時的正統派人士希望，寓意法只用於解釋舊約，而不適用於新約。諾斯底派的人指責，這樣的解經方式，前後不一致。要把經文釋義從寓意法所造成的困境中解救出來，惟一之途是回復到穩重的、合宜的、文字的《聖經》解釋

法。寓意法只是給主觀的解經者一些方便，而造成的可悲後果是，把神的話語弄得晦暗不明。[61]

字義釋經法

字義釋經法的定義

蘭姆指出：

> 所謂字義釋經法就是按照經文字面意義來解釋《聖經》，除非經文字句本身無法用字面意義加以解釋。例如，象徵式的語言、寓言、寓意故事，就不允許我們作字義的解釋。字義解釋的精神乃是，經文的含義僅止於字面的意義，除非我們有足夠的理由為它作超過字義的解釋。即使作超字義的解釋時，也要受到控制原則的管制。[62]

字義釋經法，又稱「文法—歷史釋經法（Gramatico - historical）」，即藉著文法規則和歷史事實來決定經文的意思。「文法」是指經文的字句所表達的直接、平白的意思；「歷史」是考察《聖經》的作者在寫作時的歷史背景，以便明瞭他們使用這些字句時，所要表達的真正意思。「『文法—歷史』釋經法最基本的原則就是，任何結構相同的字或句子只能有一個意義。」[63] 鑒於釋經學包括對經文的解釋和對經文的應用兩大部分，華德凱瑟（Walter C. Kaiser, Jr）建議，將「字義釋經法」改稱為「文法—上下文—歷史—句法—神學—文化釋經法」。[64]

猶太字義派

　　猶太人的釋經系統非常複雜，歷世歷代都有天分很高的猶太拉比從事釋經工作，形成不同的學派。比如，迦萊特派（Karaites）是字義學派，卡波利派（Cabbalist）是寓意學派。但巴勒斯坦的猶太人確實發展出一些扎實的字義解經原則，比如，拉比希列（Hillel，約30 BC-9 AD）的七條，拉比以實瑪利（Ishmael，約60-121 AD）的十三條，和拉比以利以謝（Eliezer，主後二世紀）的卅二條等等。從這些條規中，可以歸納出一些正確、實用的釋經原則。例如，每一個單字的意思應根據它所在的句子來確定；每個句子的意思應根據其上下文來瞭解；相關主題的經文，應彼此對照，第三處經文可能化解另兩處經文的衝突；同一主題的經文，含義清楚的經文比含義不明的經文占優先地位；可以運用邏輯將經文的教訓用在《聖經》沒有特別指明的生活問題上；神是以人的語言說話，故神的啟示是因時制宜、帶有文化色彩的等等。[65]

　　但這個體系的主要弱點是，發展出了一種極端的字義釋經法，即所謂的「字句主義」（letterism）。由於太注重字句的細節，認為每個文法現象，甚至修辭上的贅詞、省略，都非常重要。結果，釋經時反而忽略了經文的精義。更有甚者，有的學者按每個代字表的數值，武斷地把一些經文拉在一起；有人還把構成一個字的字母重新加以排列，從原來的單字得出全新的意義。這樣，就產生了字句主義與寓意主義相結合的怪胎。所幸的是，迦萊特派和西班牙的猶太人，堅持了比較正確的解釋舊約的方法，產生了許多有價值的釋經文獻。[66]

使徒時期

主耶穌開始事奉時，在加利利的會堂中宣告，《以賽亞書》六十一章1-2節的預言已經應驗在祂身上了（路四：16-21）。後來，當施洗約翰差人來問耶穌是否就是彌賽亞時，主耶穌以「瞎子看見，瘸子行走，長大痲瘋的潔淨，聾子聽見，死人復活，窮人有福音傳給他們」（路七：18-22）作答，正如《以賽亞書》卅五章5-6節所預言的。「事實上，耶穌已經照字面應驗了舊約的預言。」這構成了使徒們的基本釋經原則。[67]

作為第一代的基督徒釋經者，使徒們一方面繼續遵循猶太人的字義釋經路向，另一方面，以耶穌是彌賽亞的嶄新角度去解釋舊約，徹底地離開了猶太人的傳統觀念。克萊茵等人認為，使徒們至少採用了三種釋經取向。[68]

使徒的第一種釋經取向是預表釋經（typological interpretation）。即在舊約中出現的事、物、觀念中，找出神所默示的象徵，預言神在未來歷史中的作為（參見卷一第九章，「新約作者對舊約的引用」；關於「預表」，本卷後面的章節還將討論），以此告訴第一世紀的猶太讀者，舊約和新約的連續性，而且新約超越了舊約，因為「基督教才是舊約對神的敬拜的巔峰」。

使徒的第二種釋經取向是「字面——上下文釋經（literal-contextual interpretation）」。主耶穌直接引用舊約經文，駁斥撒但歪曲經文原意的巧妙試探（太四：1-9）。祂還兩次按字面意思引用「我喜愛良善〔或作憐恤〕，不喜愛祭祀」（何六：6），來回應法利賽人對他本人和其門徒的批評（太九：13，十二：

7）。使徒們效法祂的榜樣，使徒保羅引用「主說，伸冤在我；我必報應」（申卅二：35）和「你的仇敵若餓了，就給他飯吃；若渴了，就給他水喝」（箴廿五：21）的字面意思來支持他的不要以惡報惡、而要以善勝惡的教導（羅十二：17-21）。使徒彼得也是如此。他引用《箴言》三章34節的經文來支持他的關於「神阻擋驕傲的人，賜恩給謙卑的人」的論點（彼前五：6）。

使徒的第三種釋經取向是「原則／應用」（principle/application）。運用這一取向時，他們不是直接引用舊約經文的字面意思，而是找出它們背後的原則，將其應用到與原來的處境不同、但可以相比擬的情境中。比如，使徒保羅說：「就像神在何西阿書上說：『那本來不是我子民的，我要稱爲我的子民；本來不是蒙愛的，我要稱爲蒙愛的』」（羅九：25）其實，在《何西阿書》中，「不蒙愛」和「不是我民」是先知何西阿的兩個兒女的名字（何二：6，8-9），象徵被神棄絕。「保羅從何西阿的說話中，抽出一個神學原則：神本著祂的憐愛，可以使那些從前不屬祂的，變成屬祂的民。然後，他引用這原則來證明，外邦信徒可以成爲神子民的一分子。」[69]

敘利亞的安提阿學派

安提阿學派是指在教父時期，在基督論（Christology）上與亞歷山大學派對壘的一派思想。[70] 當然，基督論並不是本書討論的議題。這裏要說的是，安提阿學派重視釋經多於系統神學。此學派的主要領袖均有《聖經》注釋。蘭姆指出，雖然安提阿學派中，有些人在實際釋經時，還是落入了寓意法的陷阱中，但總的說，在釋經的理論上，他們是堅決主張字義和

歷史的釋經方法的。[71] 事實上，這兩個學派在基督論上的分歧，也與他們不同的釋經方法有關係。[72] 路迦諾（Lucian）、戴阿多諾（Diodorus）、摩普綏提亞的狄奧多若（Theodore of Mopsuestia）和屈俊多模（Chrysostom）等，都是這個學派的代表人物。

安提阿學派認爲，「字義」包括純粹的字義和象徵性的字義。純粹的字義是完全照字面意思解釋，沒有任何象徵意思。狄奧多若是安提阿學派的主要《聖經》注釋家和神學家。除非聖經本身很清楚是寓意性的，否則他對寓意法總是敬而遠之。舊約《聖經》中的《雅歌》，即使現代的保守更正教基督徒也常將它當作基督愛教會的寓言，但狄奧多若卻把它當作眞實的情歌。因爲他看不出將它看作寓言的必要。[73] 然而，「耶和華的眼目遍察全地」（代下十六：9）中的「耶和華的眼目」的字面意思，不是純粹字義的「眼目」，而是它的象徵性的字義——「神的全知」。[74] 蘭姆指出，安提阿學派堅持舊約歷史事件的眞實性。他們承認，貫穿整本《聖經》的，是基督論；同時，神的啟示是漸進發展的，因此人們不可能在《創世記》中發掘出基督的教訓。連接新、舊約的，乃是預言。而這些預言必須依照漸進的啟示、以字義和歷史的方法予以解釋。也就是說，彌賽亞的含義並不是漂浮在《聖經》各個歷史事件之上的一種更屬靈、神秘的意義。歷史的意義和彌賽亞的含義就像經緯交織。彌賽亞的含義是透過歷史的意義暗示出來的。這樣，舊約《聖經》中的基督論就被安放在預表法這個比較令人滿意的基礎上，而不是建立在難以把握的寓意法之上。[75]

蘭姆感慨地寫道：「有人說，第一個更正教解經學派是在敘利亞的安提阿城興起的。假如不是那些正統派的人，因爲

指控這個學派和所謂的涅斯多留異端（Nestorians）相勾結，
從而摧毀了這個學派的話，整部教會歷史可能都要改寫。」
[76]涅斯多留是小亞細亞人，安提阿修士，主後428年出任君
士坦丁堡主教長；由於他主張，不應稱馬利亞爲「神之母」
（Theotokos），而應稱她爲「生基督的人」（Christotokos），
於主後451年的以弗所議會上被判爲異端，黜免逐放致死。[77]城
門失火，殃及池魚。涅氏被黜，安提阿學派及其釋經理論，也
遭到貶抑。

　　但是，克萊茵等人卻對把亞歷山大學派和安提阿學派劃分
爲相互對立的釋經學派的觀點提出了異議：

> 　　我們依循近期的教父研究，不再把「亞歷山大學派」
> 和「安提阿學派」視爲兩個對立者，各自提倡寓意（被認
> 爲是「壞」的）和文法—歷史（被認爲是「好」的）方
> 法。那些認爲安提阿學派的解經是一致的概念，已經被證
> 明是由十九世紀學術界創造出來的。現時的共識是，相信
> 亞歷山大學派和安提阿學派擁有相同的取向，儘管彼此間
> 存在著明顯的差異。[78]

　　可見，對於這兩學派的釋經方法上是「完全對立」還是
存在著「明顯差異」的問題，尚有爭議。但事實是，安提阿學
派的一些著名領袖確實寫出了許多優秀的釋經文獻。有學者評
論說：「狄奧多若的《羅馬書》注釋，乃是古代教會所產生的
第一本、也是最後一本可以和現代《聖經》注釋相比較的著
作。」蘭姆認爲，安提阿學派的釋經方法，不僅影響了耶柔
米，對中世紀的釋經也有相當的影響，並成爲改教運動的柱石

和基督教會最主要的釋經原則。[79]

中世紀時期

　　如前所述，寓意釋經是中世紀的釋經主流。與此同時，也有學者主張字義釋經，維克多修道派（Victorines）就是其中之一。此派是十二世紀在巴黎近郊的聖維克多修道院（Abbey of St. Victor）的一個群體，包括釋經家、詩人、神秘派作者等。他們按奧古斯丁的傳統，過苦修的生活。他們致力修道生活與學術研究的平衡。[80] 這一學派的著名人物有聖維克多的亞當（Adam of St. Victor, 約1110-1180 AD），是詩人和禮儀學者；笏哥（Hugh，約1096-1141 AD），是《聖經》注釋家；查理（Richard of St. Victor，約1123-1173 AD），爲屬靈文學家；和威格莫爾的安德列（Andrew of Wigmore，1175 AD 卒）。[81] 其中，笏哥、查理和安德列都效法中世紀的著名的猶太釋經家拉希（Rashi，1040-1105 AD），「強調字義解經，如同明光照在中世紀這黑暗時代。」不過，相比而言，查理更注重經文的神秘意義。[82]

　　蘭姆歸納了維克多學派釋經的主要原則：

　　　　維克多學派主張，人文科學、歷史和地理，乃是經文釋義所必需的。特別是歷史和地理更形成了字義的經文釋義的自然背景。由字義的經文釋義才能產生教義，而教義乃是任何寓意解釋的基礎。他們嚴格地限制寓意解釋。任何寓意解釋必須建立在教義之上，而教義必須建立在字義的解釋上。[83]

　　克萊茵等人指出，在中世紀，經院哲學（scholasticism）運動，使字義釋經的取向得到了更有影響力的支持。經院哲學是歐洲在文藝復興之前的一個理性覺醒運動，首先在修道院興起，然後擴展到其他大學。[84] 經院學派（scholastic）一詞，最早是十六世紀的哲學歷史學家、人文主義者用來形容中世紀的神學家和哲學家的，原帶有貶義。[85]「scholastic」源自拉丁文的「學校」（schola）；「schola」也是英文的「學者」（scholar）與「博學的」（scholarly）等字的來源。關於「經院哲學」的精確定義，目前尚無共識。但大多數學者同意，它基本上是一種運動，想用方法論和哲學，證明基督教神學固有的理性和一致性。[86] 也就是說，要為基督教信仰奠定一個可靠的理性和哲學的基礎。

　　在中世紀的歐洲，政治相對穩定，人民生活安穩，為學者提供了治學的環境；同時，基督教之前的古典哲學家（尤其是亞理斯多德）重新被發現，為經院學派提供了理性工具。[87] 經院學派的先鋒之一是出生於義大利的安瑟倫（Anselm，1033-1109 AD）。他是坎特布裏的主教，在教皇之下，位居整個英國天主教之首。但因他拒絕讓英國的諾曼第國王擁有管轄教會的權利，曾兩次被放逐。面對歐洲慢慢抬頭的懷疑論，以及蒸蒸日上的伊斯蘭教和猶太社團對基督教的挑戰，安瑟倫認為，應該在完全不依靠基督教自身資源的條件下，只訴諸理性之光，為基督教信仰提供一個符合理性的描述和辯護。他提出的著名的神存在的本體論證，至今仍定期再版。[88] 奧爾森（Roger E. Olson）說：「安瑟倫顯然是第一位基督教神學家，想要完全根據邏輯，不依靠任何神聖啟示或信仰，來描述基本的基督教信仰。」[89]

當然，經院學派最主要的代言人是才華橫溢的基督教思想家阿奎那（Thomas Aquinas, 1225 or 1227-1274 AD）。他的巨著《神學大全》（Summa Theoligica），綜合了幾個世紀學術討論的理性成果，以理性和系統的方式表達基督教信仰，最後成爲天主教會神學的標準總論。[90] 主後1323年，阿奎那被封爲聖徒，並被授予「天才博士」的頭銜。主後1567年的天特會議（Council of Trent）上，又再賜給他「普世教會的博士」的美名。主後1879年，教皇利奧十三世在他的教皇通諭《永恆的歸宿》（Aeterni Patris）中，把阿奎那的神學尊爲天主教神學的典範。直到二十世紀，阿奎那仍然是天主教的標準和典範。[91] 克萊茵等人指出：「較之同時代的人，阿奎那更重視經文的字面意思。對他來說，經文的其他含義（寓意、靈意等），都是以字面意思爲依據的。事實上，他認爲經文的字面意思已經包含了信仰的一切所需。」[92]

宗教改革時期（約1500-1650 AD）

蘭姆指出，在宗教改革之先，首先有了釋經學的改革。[93] 中世紀占主導地位的寓意釋經法的武斷、猜測的性質，令人愈來愈不滿意，引發了人們對尋找一種更好的釋經取向的渴求。以伊拉斯姆爲代表的人文主義者批評經院哲學的邏輯過於瑣碎、複雜，不能提供靈糧，餵養基督徒的饑渴心靈。英國人俄坎（Occam or Ockham, ？-1349 AD）是方濟會的修士，也是惟名論（nominalist）的領袖。惟名論主張，事物的普遍性（或共相）只是一個名字而已，並沒有實質內容；人要認識神，只能靠神的啓示，而不是人的理性。俄坎的哲學體系，震撼了以實名論（Realism，主張普遍概念不依靠人的思想而獨立存在）爲

基礎的經院哲學的自然神學。此外，文藝復興促使人們研讀希伯來文和希臘文的原文《聖經》。主後1516年，以拉斯姆印行了第一版希臘文新約《聖經》。而早在主後1494年，希伯來文舊約《聖經》也已出版。對原文《聖經》的研讀，使人們對經文獲得了嶄新的見解。同時，愈來愈多的人對研究《聖經》的早期抄本產生興趣，發現了拉丁文《武加大譯本》的許多誤譯之處，從而削弱了它的作爲支持教會教義的絕對權威的地位。在這樣的大環境中，湧現出偉大的宗教改革家馬丁路德（Martin Luther, 1483-1546 AD）。正像十六世紀流傳的一句諺語所說的：「伊拉斯姆生了蛋，路德把它孵出來。」[94]

　　首先，路德提出「惟獨《聖經》」的權威原則。《聖經》是最高、最終的權威，應該超越教會的權威；同時，一個敬虔、有能力的基督徒能夠瞭解《聖經》的眞正含義，無須再像以前那樣依賴羅馬天主教會所提供的官方解釋，才能明白《聖經》。這樣，就突破了長期以來的一個根深蒂固的原則，即教會傳統和教會領袖在制定教義上擁有與《聖經》同等的權威。其次，路德猛烈地抨擊寓意釋經法，進一步表達了中世紀一些學者對《聖經》字面意思的首要性的強調，再次宣導歷史和文法的釋經原則。釋經的人必須注意文法，注意《聖經》寫作的時代、環境和條件，注意整段經文的上下文。路德說，《聖經》本身就是解經家，可用意思清楚的經文解釋難解的經文，即「以經解經」。[95] 有學者指出，雖然路德在實踐中未能完全擺脫寓意釋經法，但他從理論上已經揚棄了這一方法。[96] 此外，路德還提倡基督論的原則和律法與福音的原則。路德曾經說過：「如果解釋《聖經》要解得好而正確，請隨時帶著基督在你身旁，因爲《聖經》所論的一切都關係到祂。」[97]

聖經的詮釋

　　蘭姆指出，路德衝破了時代的限制，奠定了新的基督教的釋經學，功不可沒；但是真正給人們留下模範的，卻是極具天賦的加爾文（John Calvin, 1509-1564 AD）。[98] 梁家麟也有相似的觀點。他說，路德和加爾文均是宗教改革的主將；若說路德是宗教改革的創始者，加爾文則是更正教神學的奠基人。對路德來說，宗教改革是基於一樁偶發的事件（反對賣贖罪券），最後才被迫地一步一步走上與教皇制度和大公教會決裂的不歸路。因此，路德並沒有預先設計一套周密的宗教改革的神學，制定一個完整改革方案，而是在新的形勢和挑戰中，不斷調整自己，「摸著石頭過河」。所以，路德雖不乏神學上的洞見，卻缺乏系統性。比路德年輕廿六歲的加爾文，走過了完全不同的路。他年輕時，宗教改革的局面已經打開。他沒有受過經院哲學的薰陶，與大公教會的神學傳統的淵源也不深，而且，他是一個思想清晰、受過嚴格法律訓練的學者。客觀和主觀條件使他可以通盤思考建立一套思路周密、首尾一貫的更正教神學。[99] 梁家麟說：「加爾文的神學思想賦予更正教獨特的身分、性格。要是沒有他在神學思想上的貢獻，宗教改革也許只停留在一連串個別的歷史事件的地步，而不能發展成一個活潑而有生命的信仰系統。」[100]

　　加爾文為包括摩西五經、所有先知書在內的廿三卷舊約經卷寫了注釋；除《啟示錄》外，新約各經卷他也有注釋。最重要的是，他撰寫了《基督教要義》，一共修訂五次，初版只有六卷，到主後1559年，已為七十九卷了。[101] 和路德一樣，加爾文拒絕寓意釋經法，採納字義—歷史釋經法；「以經解經」是他的強烈主張和基本信念。[102]「一般來說，改教家們的精神和規則，成為後來更正教正統派解釋《聖經》的指導原則。」[103]

靈修釋經

所謂靈修釋經，是指在解釋《聖經》時，強調《聖經》對信徒的造就功能，釋經的目的就是促進信徒的靈命增長。[104]

中世紀不但產生了經院學派，也產生了以維克多學派某些學者和克勒窩的聖伯爾納（Bernard of Clairvaux, St. 1090-1153 AD）為代表的神秘派。他們把釋經作為增進神秘經歷的工具。神秘派最看重《聖經》中的《雅歌》，把書卷中的愛情解釋為神與他們之間的關係，把書中所描寫的那些由愛而產生的肉體上的喜樂享受比作他們靈裏經歷神時的那種喜樂享受。單單《雅歌》的頭兩章，伯爾納就寫了八十六篇講章。[105]

宗教改革後期，有不少異端興起，更正教各宗派相應地各自以教義、信條堅固其立場。所以這個時期乃是一個神學上的教條時期，教會生命低沉。[106]克萊茵等人指出：

> 諷刺的是，在十六世紀末，加爾文和路德的屬靈後裔，似乎又倒退為一種新教形式的經院哲學。在新興的信義宗加爾文派教會之間，對莫測高深的教義進行雞毛蒜皮的爭論，簡直是無日無之。……在旁觀者的眼中，改革宗教會在某些方面偏離了路德和加爾文，他們似乎更重視在理性上認同新教的教義，多過活出親切、活潑和個人化的敬虔生活。他們佔據了新教的正統，不幸地看起來非常像是經院哲學思想，是宗教改革運動早已拒絕的。他們共同的虔誠，不足以填補他們之間的教義深谷。[107]

在這樣的背景下，敬虔主義（Pietism）首先在德國興起，

後擴展到西歐和美洲。敬虔主義是一種反彈，爲要抗衡新教經院哲學那種索然無味的理性教條主義，和新教崇拜禮儀所呈現的僵化的形式主義。他們透過小組查經、禱告和個人靈修，把基督教重新變成一種生活方式。敬虔主義的領袖是德國牧師施本爾（Philip Jacob Spener, 1653-1705 AD），他創建「敬虔小會」（Collegia Pietatis），專供信徒讀經、禱告、靈修，「敬虔主義」由此得名。針對教條式的經文釋義，敬虔主義努力將《聖經》恢復爲屬靈的糧食和滋養，強調讀經是爲了造就靈命。他們強調按文法和歷史解釋《聖經》，著眼於經文的靈修和現實意義。[108]

敬虔主義的代表人物還有富朗開（August H. Francke，1663-1727 AD）和本革爾（Johann Albrecht Bengel, 1687-1752 AD）。敬虔主義影響很大。它影響了親岑多夫（Nicolaus Luduig von Zinzendorf 1700-1760 AD）領導的莫拉維夫弟兄會（Moravians Brethren），英國的清教徒和衛斯理（John Wesley, 1703-1791 AD）領導的循道主義（Methodism），美國的愛德華茲（Jonathan Edwards, 1703-1758 AD）和貴格派人士（Quakers）。 敬虔主義的影響至今不衰。現今廣泛流行的小組查經和禱告會，就是在延續他們的作法。當下一般信徒研讀《聖經》的目的，是爲了吸取屬靈的糧食，也正是敬虔主義的傳統。[109]

蘭姆指出，研讀、講解《聖經》時，強調靈修和把《聖經》的教導應用於實際生活，是絕對必要的。同時，他也指出，以靈修爲目的的釋經法，有兩個弱點。首先，因爲努力想從經文中尋找屬靈的眞理和實際應用，往往容易忽略經文的基本含義，落入寓意釋經的陷阱。如果不是用寓意法，也易把預

表法用得太過，解釋舊約時尤其如此。其次，以靈修爲目的的釋經法，有可能完全取代以經文釋義和教義研究的方式研讀《聖經》的方法。蘭姆說：「若要靈命健康，一定要以扎實的經文釋義作骨幹，以堅強的教義研究爲聯絡各骨幹的筋脈。如果讀經完全以靈修爲目的，那麼《聖經》中的教義和眞理就無法完全展現出來。」[110] 關於教義、神學與釋經的關係，第二章還將作進一步討論。

小　結

幾千年來，釋經的方法和路向是五彩繽紛、異常複雜的。本章僅介紹了寓意法、字義法和靈修法。而且對這三種方法的論述也是極其簡單和粗線條的。十九世紀出現的自由派神學的釋經法、《聖經》批判法和後現代主義的釋經法，在第一卷中已有討論，故不贅述。第二次世界大戰後興起的解放釋經學、文化鑑別學和婦女釋經學等，也未納入本書的論述範圍。[111]

的詮釋

注釋

[01] Roy B. Zuck著，《基礎解經法》，楊長慧譯（香港：宣道出版社，2001年2版），第27頁；Bernard Ramm著，《基督教釋經學》，詹正義譯（美國活泉出版社，1989年3版），第10頁。

[02] Roy B. Zuck著，《基礎解經法》，楊長慧譯（香港：宣道出版社，2001年二版），第28頁。

[03] Walter C. Kaiser著，《解經神學探討》，溫儒彬譯（臺北：中華福音神學院出版社，1988年修訂版），第25頁。

[04] Roy B. Zuck著，《基礎解經法》，楊長慧譯（香港：宣道出版社，2001年2版），第28頁；Bernard Ramm著，《基督教釋經學》，詹正義譯（美國活泉出版社，1989年3版），第10頁。

[05] Bernard Ramm著，《基督教釋經學》，詹正義譯（美國活泉出版社，1989年3版），第11頁。

[06] William W. Klein ，Craig L. Blomberg, and Robert L. Hubbard, Jr著，蔡錦圖主編，《基道釋經手冊》，尹妙珍等譯（香港：基道出版社，2004年），第4頁。

[07] 同[05]，第90頁。

[08] 同[05]，第90-91頁。

[09] 潘秋松、陳一萍編譯，《活泉希臘文解經 卷八》，美國加州：美國活泉出版社，1999年，第 375頁。

[10] William W. Klein ，Craig L. Blomberg, and Robert L. Hubbard, Jr著，蔡錦圖主編，《基道釋經手冊》，尹妙珍等譯（香港：基道出版社，2004年），第3 頁。

[11] 轉引自：Bernard Ramm著，《基督教釋經學》，詹正義譯（美國活泉出版社，1989年3版），第91頁。

[12] Roy B. Zuck著，《基礎解經法》，楊長慧譯（香港：宣道出版社，2001年二版），第24-26，96-107頁。

[13] Gorden D. Fee and Dougla Stuart著，《讀經的藝術——瞭解聖經指南》，魏啓源、饒孝榛譯（中華福音神學院出版社，1999年），第6-7頁。

[14] Grant R. Osborne著，《基督教釋經手冊》，劉良淑譯（臺北：校園書房出版社，1999年），第17頁。

[15] Gorden D. Fee and Dougla Stuart著，《讀經的藝術——瞭解聖經指南》，魏啓源、饒孝榛譯（中華福音神學院出版社，1999年），p. X

[16] 同[06]，第27-28頁。

[17] 有興趣的讀者可參見：Bernard Ramm著，《基督教釋經學》，詹正義譯（美國活泉出版社，1989年3版），第23-83頁；Roy B. Zuck著，《基礎解經法》，楊長慧譯（香港：宣道出版社，2001年二版），第37-69頁；G. Waldemar Degner著，《釋經學的理論與實踐》，劉秀珠譯（臺灣新竹：中華信義神學院，1998年），第53-82頁；William W. Klein 等著，蔡錦圖主編，《基道釋經手冊》，尹妙珍等譯（香港：基道出版社，2004年），第27-74頁。

[18] 陳濟民著，《認識解經原理》，臺北：校園書房出版社，1995年，第68頁。

[19] 陳終道著，《以經解經》，香港：金燈檯出版社，1995年，第174-175頁。

[20] 同[10]，第30頁。

[21] 同[05]，第24-25頁。

[22] 同[10]，第29-30頁。

[23] 同[05]，第25頁。

[24] 同[05]，第26頁。

[25] 同[05]，第26頁；William W. Klein ，Craig L. Blomberg, and Robert L. Hubbard, Jr著，蔡錦圖主編，《基道釋經手冊》，尹妙珍等譯（香港：基道出版社，2004年），第30頁。

[26] 同[06]，第31頁。

[27] 轉引自: Bernard Ramm著，《基督教釋經學》，詹正義譯（美國活泉出版社，1989年3版），第25頁。

[28] 同[05]，第27頁。

[29] 楊牧谷主編，《當代神學詞典（下）》，臺北：校園書房出版社，1997年，第867頁。

[30] 同上。

[31] 同[06]，第41頁。

[32] 同[29]。

[33] 同[06]，第42-49頁。

[34] 趙中輝編，《英漢神學名詞辭典》（增訂再版），臺北：基督教改革宗翻譯社，1990年，第36頁。

[35] 同[06]，第43頁。

[36] 同[05]，第27頁。

[37] 同[06]，第42頁。

[38] Francis P. Jones（總編），《基督教早期文獻選集》，謝扶雅譯（香港：基督教文藝出版社，1995年），第12頁：《革利免一書》12：1-8。

[39] Francis P. Jones（總編），《基督教早期文獻選集》，謝扶雅譯（香港：基督教文藝出版社，1995年），第120頁：《巴拿巴書》（The Epistle of Barnabas）12：2-3。

[40] 同[02]，第43頁。

[41] Francis P. Jones（總編），《基督教早期文獻選集》，謝扶雅譯（香港：基督教文藝出版社，1995年），第117頁：《巴拿巴書》（The Epistle of Barnabas）9：7-9；參見：Roy B. Zuck著，《基礎解經法》，楊長慧譯（香港：宣道出版社，2001年二版），第43頁。

[42] Francis P. Jones（總編），《基督教早期文獻選集》，謝扶雅譯（香港：基督教文藝出版社，1995年），第117-118頁：《巴拿巴書》（The Epistle of Barnabas）10：1-4；參見：William W. Klein，Craig L. Blomberg, and Robert L. Hubbard, Jr著，蔡錦圖主編，《基道釋經手冊》，尹妙珍等譯（香港：基道出版社，2004年），第42頁。

[43] 同[06]，第44頁。

[44] 同[06]，第45頁。

[45] 同[06]，第46頁。

[46] 同[06]，第48-49頁。

[47] 同[02]，第49頁。

[48] 同[05]，第32頁。

[49] 同[02]，第50-51頁。

[50] 同[02]，第53頁。

[51] 同[06]，第50頁。

[52] 同[02]，第53頁。

[53] 同[34]，第116頁。

[54] 同[02]，第51頁。

[55] 參見：Roy B. Zuck著，《基礎解經法》，楊長慧譯（香港：宣道出版社，2001年二版），第51-52頁；William W. Klein，Craig L. Blomberg, and Robert L. Hubbard, Jr著，蔡錦圖主編，《基道釋經手冊》，尹妙珍等譯（香港：基道出版社，2004年），第51頁。

[56] 同[06]，第51頁。

[57] 同上。

[58] 同[06]，第52頁。

[59] 同[05]，第28-29頁。

[60] 同[06]，第55頁。

[61] 同[05]，第28-29頁。

[62] 同[05]，第39頁。

[63] Walter C. Kaiser著，《解經神學探討》，溫儒彬譯（臺北：中華福音神學院出版社，1988年修訂版），第61頁。

[64] 同上，第63頁。

[65] 參見：同[63]，第31-32頁；Bernard Ramm著，《基督教釋經學》，詹正義譯（美國活泉出版社，1989年3版），第39-41頁。

[66] 同[05]，第41頁。

[67] 同[06]，第38頁。

[68] 同[06]，第38-40頁。

[69] 同[06]，第40 頁。

[70] 同[34]，第27頁。

[71] 同[05]，第42頁。

[72] Roger E. Olson著，《神學的故事》，吳瑞成、徐成德譯（臺北：校園書房出版社，2002年），第238頁。

[73] 同上，第237頁。

[74] 參見：同[05]，第42頁。

[75] 同[05]，第43頁。

[76] 同[05]，第42頁。

[77] 參見：趙中輝編，《英漢神學名詞辭典》（增訂再版），臺北：基督教改革宗翻譯社，1990年，第513頁；Roger E. Olson著，《神學的故事》，吳瑞成、徐成德譯（臺北：校園書房出版社，2002年），第247-250頁。

[78] 同[06]，第45頁，註釋61。

[79] 同[05]，第42-43頁。

[80] 同[29]，第1174頁。

[81] 參見：楊牧谷主編，《當代神學詞典（下）》，臺北：校園書房出版社，1997年，第1174頁；Roy B. Zuck著，《基礎解經法》，楊長慧譯（香港：宣道出版社，2001年二版），第54頁。

[82] 同[02]，第54頁。

[83] 同[05]，第44頁。

[84] 同[06]，第52頁。

[85] 同[29]，第1040頁。

[86] 同[72]，第369頁。

[87] 同[06]，第53頁。

[88] 同[72]，第376，378，379頁。

[89] 同[72]，第381頁。

[90] 同[06]，第53頁。

[91] 同[72]，第393-394頁。

[82] 同[06]，第53頁。

[93] 同[05]，第44頁。

[94] 參見：William W. Klein ，Craig L. Blomberg, and Robert L. Hubbard, Jr著，蔡錦圖主編，《基道釋經手冊》，尹妙珍等譯（香港：基道出版社，2004年），第54-55；Bernard Ramm著，《基督教釋經學》，詹正義譯（美國活泉出版社，1989年3版），第44-45頁；趙中輝編，《英漢神學名詞辭典》（增訂再版），臺北：基督教改革宗翻譯社，1990年，第523-524頁；

Roger E. Olson著，《神學的故事》，吳瑞成、徐成德譯（臺北：校園書房出版社，2002年），第416-422；楊牧谷主編，《當代神學詞典（下）》，臺北：校園書房出版社，1997年，第830-831頁。

[95] Bernard Ramm著，《基督教釋經學》，詹正義譯（美國活泉出版社，1989年3版），第44-47頁；William W. Klein ，Craig L. Blomberg, and Robert L. Hubbard, Jr著，蔡錦圖主編，《基道釋經手冊》，尹妙珍等譯（香港：基道出版社，2004年），第55-57頁；Roy B. Zuck著，《基礎解經法》，楊長慧譯（香港：宣道出版社，2001年二版），第56-58頁。

[96] 同[05]，第46頁。

[97] 轉引自：Bernard Ramm著，《基督教釋經學》，詹正義譯（美國活泉出版社，1989年3版），第47頁。

[98] 同[05]，第48頁。

[99] 梁家麟著，《基督教會史略──改變教會的十人十事》，香港：更新資源有限公司，1998年，第210頁。

[100] 同上，第211頁。

[101] 同[34]，第110頁。

[102] 同[05]，第49頁。

[103] 同[05]，第49頁。

[104] 同[05]，第50頁。

[105] 參見：Bernard Ramm著，《基督教釋經學》，詹正義譯（美國活泉出版社，1989年3版），第50頁；Roy B. Zuck著，《基礎解經法》，楊長慧譯（香港：宣道出版社，2001年二版），第54頁。

[106] 同[05]，第50-51頁。

[107] 同[06]，第58頁。

[108] 參見：Bernard Ramm著，《基督教釋經學》，詹正義譯（美國活泉出版社，1989年3版），第50-51頁；William W. Klein ，Craig L. Blomberg, and Robert L. Hubbard, Jr著，蔡錦圖主編，《基道釋經手冊》，尹妙珍等譯（香港：基道出版社，2004年），第58-59頁；Roy B. Zuck著，《基礎解經法》，楊長慧譯

（香港：宣道出版社，2001年二版），第63頁。

[109] 參見：Bernard Ramm著，《基督教釋經學》，詹正義譯（美國活泉出版社，1989年3版），第52頁；William W. Klein，Craig L. Blomberg, and Robert L. Hubbard, Jr著，蔡錦圖主編，《基道釋經手冊》，尹妙珍等譯（香港：基道出版社，2004年），第60頁；Williston Walker著，《基督教會史》，謝受靈（原譯）、趙毅之（修譯）（香港：基督教文藝出版社，1998年），第783頁。

[110] 同[05]，第52-53頁。

[111] 對這些釋經法有興趣的讀者，可參閱William W. Klein ，Craig L. Blomberg, and Robert L. Hubbard, Jr著，蔡錦圖主編，《基道釋經手冊》，尹妙珍等譯（香港：基道出版社，2004年），第93-121頁。

第 2 章

釋經的條件

釋經者的素質

釋經者應該是一個重生得救的基督徒。主耶穌對尼哥底母說：「我實實在在的告訴你，人若不重生，就不能見神的國。」（約三：3）主耶穌所說的「重生」的「重」（ἄνωθεν）字，有「從上頭」（可十五：38）、「從天上」（約三：31）、「從起頭」（路一：3）和「再」（加四：9）等含義。尼哥底母的困惑在於，他只把它理解為「再」。主耶穌所講的，「是第二次的生，可以肯定地說是重生；但卻是由聖靈從上頭而生的。這是約翰常用的雙關語用法。」[1] 使徒保羅說：「你們既聽見真理的道，就是那叫你們得救的福音，也信了基督，既然信祂，就受了所應許的聖靈為印記」（弗一：13），成為一個新造的人（林後五：17）。有聖靈進駐的人，就是重生得救的人。為甚麼要求釋經者必須是重生得救的人呢？對此，達茲（Marcus Dods）有精闢的見解：

> 若要瞭解並使用《聖經》，讀《聖經》的人必須擁有

當初感動《聖經》的作者瞭解並記錄神給他們的啓示的同一個靈。《聖經》是一份記錄，但它不是一份已死的人和事的死記錄，而是一份由活的聖靈所默示、現在仍對人説話的記錄……《聖經》是一個媒介，藉著它，活神把自己顯現給人認識。但是，讀《聖經》的人，若要在《聖經》中找到神的靈，他自己必須擁有那位聖靈。[2]

這並不是說，沒有重生的人完全看不懂《聖經》。使徒保羅說：「然而屬血氣的人不領會神聖靈的事，反倒以爲愚拙；並且不能知道，因爲這些事惟有屬靈的人才能看透。」（林前二：14）在這裏，「領會」的希臘字是 δέχομαι（dechomai），在和合本新約《聖經》中，它主要被譯爲「接待」（27次），其次是「領受」（8次），再其次是：「承受」、「拿」、「接」、「接過……來」（各2次），「留」、「接受」、「接納」、「領會」、「戴上」等（各一次）。[3] 可見，δέχομαι 的基本含義是「接待」，如，「凡不接待你們，不聽你們話的人，你們離開那家，或是那城的時候，就把腳上的塵土跺下去」（太十：14）；「人接待你們，就是接待我；接待我，就是接待那差我來的。」（太十：40）此外，《哥林多前書》二章14節的經文中，「知道」一詞的希臘字是 γινώσκω（ginōskō），在和合本新約《聖經》中，絕大分被譯爲「知道」，但「約瑟醒了，起來，就遵著主使者的吩咐，把妻子娶過來；只是沒有和她同房，等她生了兒子，就給祂起名叫耶穌」（太一：24-25）中的「同房」也是 γινώσκω。[4] 所以，這個字不僅是頭腦中的知識，更是從經驗中獲得的、與認知對象之間的親密認識。

主耶穌對尼哥底母說：「人若不重生，就不能見神的國。」（約三：3）也就是說，不重生就不能瞭解神國的性質，不能分享神國的福分。[5] 不相信耶和華神的人，可以讀懂神六天造天地萬物和用塵土造人的記載，但只會把它們當成天方夜譚，是不會相信的；他們能讀懂耶穌的十字架上為人的罪死了、第三天又從死裏復活的事實，但會覺得愚昧可笑，是不會認罪悔改、接受耶穌救恩的；他們可以讀明白主耶穌關於凡事仰望、交託神、不要為明天憂慮的教導，但認為是根本不現實、是行不通的；等等。所以，屬血氣的人可以懂得《聖經》的字面意思，但「沒有屬靈的容量去接納或支取屬靈的真理」。[6] 當然，慕道的人在讀《聖經》時，被《聖經》的話語所開啓、震撼，從而降伏在神面前的事例也時有發生。但這是聖靈藉著《聖經》在人身上所作的感動的工作，而非來自慕道者自身的領悟能力。

釋經者的態度

首先，釋經者要敬畏《聖經》。

耶和華神說：「我所看顧的，就是虛心痛悔，因我話而戰兢的人〔虛心原文作貧窮〕。」（賽六十六：2）主耶穌向天父禱告時說；「父阿！天地的主，我感謝祢，因為祢將這些事，向聰明通達人，就藏起來，向嬰孩，就顯出來；父阿！是的，因為祢的美意本是如此。」（太十一：25-26）釋經者首先要敬畏《聖經》——活神的活道。《聖經》既然是至高神的自我啓示，對渺小有限的人來說，自然會有奧妙、難明之處。釋經者要存受教的心來研讀《聖經》，正像先知以賽亞所說：「主每早晨提醒，提醒我的耳朵，使我能聽，像受教者一樣。」（賽五

十：4）陳終道指出，釋經者最忌諱的是，要求《聖經》處處要符合自己的心思意念，「讀《聖經》好像老師批改小學生的文章那樣，覺得這裏不合理，那裏不滿意。」[7]陳終道還寫道：

> 讀任何一段或一章《聖經》，可能會遇到一些難解的經文。……但不論是否有疑難，或有難明之處，總要除去「不信的惡心」。不該疑惑神的話語本身有錯誤，而是承認自己屬靈或屬世各方面認識還不夠，因而產生疑難。這樣才不會給魔鬼留地步，不讓牠借不明而把不信的火箭射入我們的心。只有從心裏完全信任神的絕對無誤的人，才能得著聖靈的教導，明白《聖經》的啟示。人的邏輯或科學的考據，不能取代聖靈叫人明白《聖經》。[8]

寇爾森（Charles Colson）說：「路德說：講道會使他雙膝顫抖。英國傑出的傳道人司布真說，他『恐懼顫慄』，以免他將神的道闡釋錯了。」[9]波伊斯（James M. Boice）則尖銳地說：「除非我們願意讓《聖經》來改變我們，我們絕不可能認定我們能夠充分瞭解《聖經》的任何章節。」[10]

對神的話語的敬畏，也會鑄成誠實、謙卑、開放、專注和忍耐等釋經者應該具備的基本美德。[11]

第二，釋經者要渴慕真道。釋經者必須有追求認識神話語的火一般的熱情，在研讀神的話語時，既心存敬畏，又肯付出努力。有渴慕神的話語的心，反復誦讀、回味，就容易得到靈感，體會到神話語的甘甜。所以，詩人說：「祢的言語，在我上膛是何等甘美！在我口中比蜜更甜。」（詩一一九：103）先知耶利米也禱告說：「耶和華萬軍之神阿，我得著祢的言語，

就當食物吃了；祢的言語是我心中的歡喜快樂，因我是稱為祢名下的人。」（耶十五：16）

第三，釋經者必須依靠聖靈的引導和指示。主耶穌應許門徒說：「只等真理的聖靈來了，祂要引導你們明白〔原文作進入〕一切的真理。」（約十六：13）因為「除了神的靈，也沒有人知道神的事。」（林前二：11）主耶穌對門徒說：「我對你們所說的話，就是靈，就是生命。」（約六：63）釋經者對住在自己裏面的聖靈的引導，應該具有高度的敏感性。只有依靠聖靈的開啟、光照，釋經者才可能真正明白《聖經》。這一點在下文還將討論。藍姆說，中世紀著名的天主教神學家阿奎那遇到難解的經文時，就禁食禱告；在《聖經》學者中，其著作能夠造就教會的人，大部分都是以充分的禱告伴隨其研究的人。[12]

釋經的信仰前設

克萊茵等人指出：「當任何人說，他已經摒棄所有的前設，只是集中在經文上，作客觀地研讀時，他不是自欺欺人，就是表現了無知。」[13]因為，每一位釋經者在詮釋《聖經》之前，都帶著一套觀點或假設，無人能夠避免。釋經的信仰前設人人皆有，正像魚在水中游，卻毫不察覺被水包圍一樣。[14]差別僅僅在於，釋經者對自己的信仰前設是否自覺、自己的信仰前設是否全面、正確而已。有信仰前設不一定是成見或偏見。如果釋經者的前設是源於《聖經》的啟示，那麼，釋經者與《聖經》的作者就保持了一致，這樣的前設就是可取的。

在釋經的前設中，最基本、最重要的是關於《聖經》的本質、權威和無誤的前設。筆者曾指出：

「《聖經》無誤」一詞沒有在《聖經》中出現過，正像「三一神」沒有在《聖經》中出現過一樣。「《聖經》無誤」來自「《聖經》都是神所默示的」教義：神是真實無誤的；神呼出了《聖經》；因此《聖經》是真實無誤的。[15]

《聖經》的內在和外在的特點都表明，它是神的話語。但是，如前所述，「《聖經》無誤」是一個推演性的結論。也就是說，相信「《聖經》無誤」是有其信心的前設的：必須相信神是真實無誤的；必須相信先知們所說的，當他們寫《聖經》的時候，是神的話或神的靈臨到了他們；也必須相信使徒保羅所說的：「《聖經》都是神所默示的。」這種信心乃是基於聖靈在信徒心中的見證。[16]

從對《聖經》的基本的前設，可以演繹出釋經的其他信仰前設。

由於《聖經》是神賜給人的啟示，這就決定了《聖經》內在和外在的清晰性，即聖靈在信徒心中的光照的工作和《聖經》在文法上的清晰性（見拙作《聖經的權威》第一章）。釋經者可以在聖靈的幫助下，按照語言學的規則來解讀《聖經》。因此，基督教傳統的釋經方法是「文法—歷史法」。

因為《聖經》是神的啟示，所以它必定具有屬天的奧秘，不是每一部分都可以被人完全瞭解的。比如，神的創造（創一：1-31），是人類史前的事，人無法證明其真偽；關於「三一神」和耶穌基督的神、人二性的啟示等等，是超越人的理性、邏輯的；《聖經》中記載的許多神蹟、奇事，是科學無法解釋

的。這些，釋經者都必須用信心接納和相信。

相信《聖經》是神的啓示，遇到難解或前後不一致的經文時，釋經者就不會懷疑《聖經》本身有錯誤，而會意識到是自己知識的不足，從而更懇切地禱告，更勤奮地鑽研，以期更多、更深入地明白《聖經》。即使一些難題暫時無法化解，也不會動搖釋經者對「《聖經》無誤」的信心。

神是《聖經》的眞正作者，因此釋經者相信，在多樣化的文體和題材的背後，《聖經》一定有一個眞理或神學的統一體系，所有的教導一定彼此和諧。所以，對個別經文的解釋，不能與《聖經》整體的教導相衝突。這就是所謂「信仰的類比」（the analogy of faith）的原則：「從神所默示的作者所寫的直接、清楚、可以瞭解的話語中，所演繹出來的信心和行爲，其基本的要點，在整本《聖經》裏，經常是、永遠是和諧一致的。」[17] 進而，「以經解經」的釋經原則也從中被演繹出來：以整本《聖經》作爲背景和指引，來解釋個別的經文；以含義清晰的經文來解釋含義不明的經文。[18]

藍姆指出，由於相信《聖經》有合一的主題，故系統神學是可以構建的。即通過釋經者的分析、整理，按照主題將貫穿在整本《聖經》中的教訓系統化，以便更忠實地表達神在《聖經》中啓示的眞理，使之成爲基督教信仰的基本框架。這種系統化的教訓常常以「信條」或「信經」的形式表現出來。藍姆同時指出，《聖經》並沒有把神的心意完全告訴信徒，而且，信徒的理性也不完全；加之，《聖經》啓示的歷史性和漸進性，人們不可能把《聖經》的教訓全部系統化，也不能把它所有的教訓放在同一個平面上和諧化。所以，系統神學只能致力於將《聖經》的教訓的最終目的系統化。系統神學的目標是從

《聖經》教訓中摘取神學系統，雖然人們也知道絕對無法完全達到這一目標。[19]

沒有釋經者能夠離開信仰的前設。然而，信仰的前設是釋經者的「擁有資產」還是「危險的罪犯」，則完全取決於釋經者的眼光，取決於釋經者的前設是否正確。[20]避免前設的偏差的根本途徑是認眞查考《聖經》並降伏於它的權威。稍後，筆者還會進一步討論。

神學裝備

適當的神學裝備，對釋經者會有很大幫助。可是，一提到「神學」，有人就搖頭，將其視爲「人的東西」而全盤否定之。在一些人的口中，「神學」已成爲一個貶義詞。有人說，王明道「先生」，倪柝聲「弟兄」，寇世遠「監督」，吳勇「長老」，沒有一位是神學「碩士」、「博士」，但他們都是神所重用的人。言下之意，神學可有可無。這種說法是似是而非的。雖然這些被神重用的人沒有正式在神學院就讀，但這並不表明他們沒有接受過神學方面的裝備。

全盤否定神學的觀點，可能有如下原因。

首先，神學教育自身存在某些缺陷。且不說偏離正統信仰的神學教育會使受教者的基本信仰被拆毀，使教會蒙受損失（見拙作《聖經的權威》，第116-118頁），就是信仰純正的神學院，有的偏重於學問的研究而忽視了靈命的培養，以致使受訓者知識高深而熱心不足，神學豐富而靈命枯乾，使人嚴重懷疑神學教育的價值。[21]有人便因噎廢食、以偏概全，否定一切神學。

其次，否定神學的人並沒有意識到，沒有人在釋經時能

夠離開神學，正像沒有人能夠離開釋經的前設一樣。任何人都有自己的神學觀點，未接受神學訓練的人也不例外。周天和指出，即使最極端的，完全否認神學價值的一派，表面上他們似乎沒有甚麼神學主張，但骨子裏，他們所堅持的「否定一切神學」的觀點，便是他們主張的神學理論呢！[22] 每個人都不可避免地有自己的神學觀點。差別在於，自己的神學觀點是否正確、是否系統、全面而已。所以，一位稱職的釋經者，應該努力使自己具備正確、全面的神學裝備。周天和指出，宗教改革家加爾文曾經說過：「蒙神呼召作祂話語職事的人，是蒙召作第一流的學者。」[23]

第三，有人說，釋經只需直接來到神面前，直接向神學，根本不需要向人學。這種把神學一味斥之爲「人的東西」，而一概予以否定的觀點，實際是有意或無意在宣稱，神只開啓他自己，而不開啓別的任何人。乍聽之下，這樣說似乎言過其實、過於刻薄了。但不幸的是，事實確實如此。一位從來不看神學著作、不讀別人著作的人，當他們釋經有了心得以後，便在講臺上、在團契中宣講，甚至錄音、錄影、出書，以各種方式與人分享。這本無可厚非。但是，與此同時，他們又勸誡信徒不要讀別人的東西。這不是「惟我屬靈」又是甚麼？再說，如果信徒眞的接受了他們的觀點，惟讀《聖經》，不讀別的，那麼，他們的宣講、他們的錄音、錄影、書籍豈不也就沒人聽、沒有人看了麼！如果眞是這樣，教堂裏還需要講道麼？信徒還需要聽道麼？英國著名的傳道人司布眞，曾懇切地批評過這種自以爲是和自我中心的人：

當然，你們不會自以為聰明到可以用自己的方法來

解釋《聖經》，可以無需尋求古聖先賢的幫助，就是那些
在釋經園地上先你而行、努力耕耘者的成果。假使你們有
那種想法，請停下來禱告，因為你們配不上真正悔改的結
果，而且你們就像那少數跟你們一般見識的人一樣，認為
尋求幫助的行動，是對你們絕對無誤的一種侮辱。奇怪的
是，某些人口裏常說聖靈如何向他們啓示真理，卻沒有想
到自己在幫助別人明白《聖經》一事上，竟是如此貧乏。
[24]

克萊茵等人則從另外一個角度評論說：

作為一個釋經者，我們必須警惕自己不要陷入個人
主義的網羅。我們要認清自己是基督的身體（教會）的一
員。首先，在教會（不論是地方性或是普世性的）中有許
多真正聆聽經文的需要，以便得到餵養。我們並不是在真
空的狀態下工作的；我們不是第一個思索、找出《聖經》
意思的人。我們需要同路人的豐富、努力和幫助，來驗證
我們的看法，並確定這些看法的準確性。同樣，我們的結
論如果正確，對別人自然就有其重要性。歷代以來，由聖
靈建立和組成的教會，承擔了這個責任；教會提供了一個
場地，使我們能在其中有系統地表達對《聖經》的詮釋。
上述的責任、守望避免了自以為是和個人化的釋經。對那
些無法超越個人處境、視野狹窄的人，它可以防範他們得
出為滿足自己而作的結論。假如我們試圖只以個人的努力
來解釋《聖經》，以致局限了對《聖經》的詮釋和對神的
真理的表達，我們便無疑否定了一個事實——耶穌基督的

教會是一個普世、跨越所有文化界限和狹隘思想利益的群體。倘若我們發現了神啟示的意思，那麼在基督的普世教會中，當別人衡量我們用來達致結論的證據時，也會覺得合情合理。[25]

當然，「神學無用」的另一端，就是「惟獨神學」。有機會接受比較系統的神學訓練的人，就有可能從否定神學的極端跳到「惟獨神學」的極端。2001年，在美國「海外神學院」第三屆畢業典禮上，筆者在應屆畢業生的致辭中曾這樣說過：

面向將來的事奉，重讀德國著名神學家邸立基（Helmut Thielicke）的著作《神學第一步》（A little Exercise for Young Theologians），[26] 仍有鮮活感。他對神學生的警告切中要害。對我們有機會窺視神學殿堂一角、淺嘗神學豐筵的畢業同學而言，不會再有人認為神學無用了，但確須避免走向「惟獨神學」的另一個極端。「書到用時方知少」。其實，還沒有到用的時候，我們就知道少了：學院圖書館裏的許多書，我們都未看過。但當我們進入工場後，在平信徒面前，「山中無老虎，猴子稱大王」，擺出一付教師爺的架子，張口釋經原則怎樣，閉口《聖經》原文如何：認為沒有受過正規神學訓練的人，釋經既膚淺，又錯誤百出；把神學裝備當作炫耀自己的資本，處處表現出高人一等的優越感。邸立基指出，這是神學生常犯的「理性的驕傲」。

《聖經》決不是只有神學生才可以解讀，它是屬於千萬萬信徒的。事實上，主耶穌所揀選的十二個門徒都是

「沒有學問的小民」（徒四：13）；正是他們，把福音傳到世界各個地方，有的還成為了《聖經》的作者。相反，飽學的文士和法利賽人對《聖經》的理解又如何呢？許多《聖經》原文專家卻成為批判、割裂《聖經》的人。許多平信徒對《聖經》的悟性遠遠地超過有的神學家。因為，神的話是靈，是生命（約六：63），需要主「開心竅」（路廿四：45）才能明白。有了從神來的領悟力，再加上神學裝備，就會「如虎添翼」；缺少屬靈的直覺，神學裝備只能是嚇唬人的「紙老虎」。所以，我們要力戒驕傲，虛心向弟兄姊妹學習。我們有力、深刻的釋經、講道，美善的屬靈生命的流露，就是為「海外神學院」作見證，可以吸引更多的信徒以不同的方式接受神學裝備，為神國培養更多工人。這不僅蒙神悅納，也會使院長、老師和同工深得安慰，也是我們對他們的最好報答。願我們彼此共勉。

屬靈生命的操練和神學知識的追求之間的平衡，是每個釋經者必須努力把握的。

按照筆者個人的經驗，在神學裝備中，對釋經幫助最大的是系統神學、教會歷史、釋經學和講道學。如前所述，系統神學是信徒從《聖經》的啟示中摘取的神學體系，是基督教信仰的基本構架，如神論，聖經論，基督論，聖靈論，天使論，人論，救贖論，教會論，末世論等等。這樣的神學體系，是許多世紀以來，無數受聖靈光照的聖徒、學者，經過艱辛的耕耘，一代一代地積累而成的，是任何個人窮一生的精力讀經無法得到的。有了系統神學的知識，釋經時就能夠站在更高的高度瞭

解每一段經文的意義，而不至於只見樹木不見森林。陳惠榮和胡問憲認為：「在這個懷疑主義高漲的世代，我們若沒有同時掌握到《聖經》的神觀、人觀、罪觀、救贖觀，以及歷史急速邁向最終的目標，能否清晰而全面地瞭解《聖經》的性質及解釋《聖經》的方法，實在頗成疑問。」[27]

教會歷史能幫助信徒瞭解基督教會兩千年的歷程，看到教會的發展和壯大，看到人的軟弱和失敗，更看到神的信實和大能。教會歷史還能幫助釋經者瞭解基督教主要教義（即系統神學的要點）的形成歷史，從而加深對這些教義的認識和理解。

釋經學、講道學與釋經有更直接的關係，可以幫助釋經者掌握釋經的基本方法，盡可能讀出《聖經》的作者想要表達的意思，並幫助釋經者預備講章，把《聖經》的教訓應用到當代信徒身上。

對《聖經》原文（希伯來文和希臘文）的學習也是重要的。當然，神學訓練中的原文學習，對多數受訓者來說，僅僅是入門而已。雖對原文談不上精通，但對於查考有關原文研究的書籍、資料卻大有幫助。藍姆引用若列（H. H. Rowley）的話說：

> 並不是每一個解釋《聖經》的人都能受到理想的裝備。事實上，沒有一個人擁有的裝備能臻於理想。……若是要求每個解釋《聖經》的人在語言上都有廣泛的裝備，那麼就只有少數幾個專家夠格從事解釋《聖經》的工作。從另一方面說，在語言方面有豐富知識的這些專家，也許缺少了解釋《聖經》的其他一些必不可少的條件。但是，要求一個有意對別人解釋《聖經》的人，對希臘文和希

伯來文有適當的認識，是合理的。一個人若是自稱為解釋希臘悲劇的專家，卻對希臘文一竅不通，或是自稱儒學專家，卻不懂得一個中國字，我們會覺得驚訝。可是，解釋《聖經》的人往往對原文一點認識都沒有，卻可以滿有把握地放言高論。[28]

同時，藍姆也強調說：「資質中等的人，加上自己的努力、教師和書籍的充分指導，足可以發現《聖經》中絕大部分經文的中心意思。《聖經》中主要的真理，並不需要高深的學問才能明白，彷彿《聖經》只是為高等學者寫的似的。」[29] 聖靈對信徒的帶領是各不相同的。各人可按自己的領受，決定對學習《聖經》原文的態度。「毫無疑問，一個單純、真摯、未受過任何教育的信徒，可以領悟《聖經》中最重要的真理。」然而，「受過高深訓練達到研究和專業水準的人，可以從事需要慎密思考和技能的研究，編寫注釋書，進行經文鑑別，翻譯、評估為《聖經》帶來新的亮光的古代文學作品，以及編譯現代的《聖經》譯本。」[30]

聖靈的光照和個人的本分

在釋經過程中，處理好依靠聖靈和刻苦專研之間的關係也是非常重要的。這與前文談到的如何看待神學裝備的問題很相似。《聖經》不是一部屬世的書，而是神啟示的話語，是屬靈的。故釋經者只有依靠聖靈的引導，才可能真正明白《聖經》。另一方面，《聖經》又是神藉人的手、用人的文字寫出來的。所以，釋經者必須按照《聖經》所使用的語言的文法規則來瞭解經文的意思；同時，還要瞭解《聖經》的作者在寫

《聖經》時的歷史、文化背景。只有這樣，才可能比較貼切地解讀《聖經》的作者在原文中所要表達的意思。對《聖經》的這種屬神、屬人的「雙重性質」有全面地認識，才能處理好上述關係。

把《聖經》只看成是人寫的書的釋經者，以為僅憑豐富的學識、原文的造詣就可以解讀《聖經》，那就大錯特錯了。試問，當代的釋經者，有誰比耶穌時代的法利賽人、撒都該人和文士更精通希伯來文和希臘文？有誰比他們更瞭解當時的政治、歷史、文化、地理和風土人情？但是，即便是法利賽人、撒都該人和文士，主耶穌仍批評他們「不明白《聖經》，也不曉得神的大能」（太廿二：29）。他們尚如此，何況今天的釋經者呢！不依靠聖靈的開啓，不相信《聖經》是神的話語，就不會相信《聖經》記載的神蹟、奇事，不會相信《聖經》宣告的預言的真實性，就會把難解的經文當成「錯誤」。這樣，他們的學識越豐富、研讀越勤奮，《聖經》就越被曲解、被批判、被割裂。這是一些《聖經》批判學者已經走過或正走著的路。

另一方面，如果看不到《聖經》屬人的一面，就容易導致釋經者輕忽釋經的基本原則，輕忽對與《聖經》相關的資料和知識的學習，輕忽他人對經文的理解和詮釋，而單單尋求聖靈在釋經中的引導。持此種觀點的釋經者，起碼有幾個方面的誤區。

首先，這是以個人為中心的心態。藍姆寫道：

> 往往有些敬虔的人主張，他們完全不用借助於任何外力，就可以瞭解《聖經》。他們經常在其著作前面的序言

中説：「親愛的朋友，我沒有讀人的書。我不借助於人寫的《聖經》注釋。我直接研讀《聖經》，看看《聖經》怎麼説。」這樣的話聽起來很屬靈，也能引起讀者「阿們」的共鳴。

可是，這是智慧之路麼？有任何人能夠不顧教會歷史上那麼多敬虔信徒所寫、所得的知識麼？我們認為，不！

首先，自稱不讀人的書，直接讀《聖經》，這話聽來似乎敬虔而屬靈，可是，實際上，骨子裏是自我中心作祟。説這樣的話，是肯定他可以不顧前人不眠不休、敬虔研究的成果，而靠自己就可以瞭解《聖經》。與之相反的一個好例子，是偉大的解經家亨德孫（A. Henderson，小先知書注釋的作者）。為了解釋《聖經》，他歷盡千辛萬苦，把原文學通曉了，然後又耐心地、徹底地研讀別人的著作中那些對他解釋《聖經》有幫助的書。他把整顆心，以及一切與他解釋《聖經》有關的事物，都奉獻上，這才是真正更高層次的敬虔。[31]

自稱不讀人的書、直接讀《聖經》的人，把別人寫的書一概定性為「人的書」，只有他自己寫的書才是從神那裏領受的。這實際是在宣稱：在釋經時，聖靈只引導他自己，而不引導古今中外別的任何人。

從事自然科學研究的人都知道，沒有人可能事事直接經驗，或親手去做每一個試驗。別人試驗的結果（直接經驗），就可以成為自己的間接經驗。釋經工作也是如此，只有站在前人的肩頭上，才能不斷有所進步。

第二，持此種觀點的人，是把聖靈默示的工作和聖靈光

照的工作相混淆了。聖靈的默示只發生在《聖經》的作者寫作《聖經》的時候；默示是聖靈在《聖經》作者的身上產生控制性的影響，使他們寫出的完全是神要他們寫的話，即是神的話。在《聖經》正典形成後，聖靈在信徒身上是作光照的工作，不再傳達新的真理，或是指示未知的知識，乃是把《聖經》已經啓示的真理，光照給人看見。因此，對於涉及事實的一些議題，釋經者不能只靠禱告或聖靈光照來解決。比如，一個人不能依靠禱告來認識甚麼是「巴力」，或爲甚麼猶太人把撒瑪利亞人視爲可憎的混種，也不能只靠禱告就可以明白「神的兒子們」（創六：1-4）或「在監獄裏的靈」（彼前三：18-22）的含義。解決這些問題的有效途徑，就是求助於《聖經》注釋或《聖經》辭典。[32]

聖靈的默示和聖靈的光照的另一個區別是，聖靈的默示保證《聖經》的作者不會犯任何錯誤，而聖靈的光照並不保證每一個釋經者都會被光照，也不保證每一個釋經者都能正確無誤地領悟光照。有時，釋經者認爲自己的見解是受到了聖靈的光照，但其實不然。常聽人說，在有些教會裏，經常有信徒對人說，聖靈對他（她）們如何如何說……；不過，筆者親身經歷到這樣的事，還是在不久以前。

有一次，筆者在一間教會服事完後，一位愛主、心裏火熱的肢體，主動提出要和送行的弟兄一起去機場送別，這樣，途中可以有時間進一步與筆者交通。在去機場的路上，她談到聖靈怎樣一步一步帶領自己，並舉了一個例子。她說，當她讀到「拿你的嬰孩摔在磐石上的，那人便爲有福」（詩一三七：9）時，開始非常困惑，但迫切禱告後，聖靈開啓她，她立即明白了這句詩的含義。筆者聽後大爲驚訝。因爲她舉的這節經

文，是《詩篇》的詛咒詩中最著名、最令人困惑的一句。爲了瞭解它的含義，筆者花了許多功夫，還不敢說把它徹底理解了（參見拙作《聖經的權威》，第474-483頁）。怎麼她一禱告就明白了呢？筆者急切地想知道她是怎樣被開啓的。她緩慢而清晰地對筆者說：「『磐石』是指耶穌基督；『拿嬰孩摔在磐石上』，就是把嬰孩交給主耶穌……」筆者聽後，啼笑皆非，但仍誠摯地對她說，這樣解釋是不合適的。筆者建議她買一本有詳細注釋的串珠《聖經》，比如，海天書樓出版的中文和合本《聖經》（啓導本）。她說，她已經買了這樣一本《聖經》，還是鑲金邊的，只是至今還沒有機會翻開過。

每一個敬虔的基督徒都會在每天的晨禱中，懇求神帶領他們一天的工作、學習和生活。但是，晨禱並不能代替他們去工作、學習和生活，他們必須用神給他們的智慧、能力和愛心，刻苦地工作，努力地學習，愉快地生活。同理，禱告也不能代替釋經者使用正確的方法、工具和勤奮的釋經工作。正如克萊茵等人所說：「我們不是用禱告來取代認眞勤勉的釋經功夫。我們祈求能夠盡力做好自己的本分，能夠銳敏於聖靈的引導，並且能夠順服於自己所發現的眞理。我們承認，我們會陷於罪惡、錯誤、自欺和有限；我們祈求敞開自己的心懷，領悟神所啓示的眞理，而且願意在漫長的釋經歷史中，向其他人多多學習。」[33]

第三，不願意向別人學習的人，是把聖靈光照自己，與聖靈光照別人，以及聖靈可能藉著別人的幫助來光照自己等層面，分割、對立起來了。聖靈可以直接光照釋經者，使之明白《聖經》。筆者認識很多老一輩的傳道人，他們很年輕的時候就被主呼召，全職事主。他們大都到偏遠的鄉村傳道，除了一

本《聖經》外，沒有任何注釋書或工具書。讀不懂《聖經》，就懇切禱告；讀經、禱告交替進行，逐漸被神開啓，成爲大有能力的傳道人，爲後人留下了「一本《聖經》，兩個膝蓋」的極其寶貴的屬靈財富。但是，在許多注釋書、工具書垂手可得的條件下，聖靈可能直接開啓釋經者，也可能藉他人被光照的成果來開啓釋經者。釋經者不能企盼或要求每次光照都必須直接從聖靈而來。否則，他就會限制聖靈的工作，自己也必受虧損。這正像一個流傳很廣的故事：一個信徒被洪水捲走，幸而抓住了漂在水中的木頭，但命在旦夕。他懇切禱告，求神拯救。不一會兒，一條船開過來救他，被他拒絕了；又一會兒，一架直升機飛來，放下了軟梯，請他登梯，仍被他拒絕了；他在等待神親自來救他，故事的結局就不言而喻了。

與此同時，藍姆也指出：

> 不錯，《聖經》注釋可能成為人和神之間的攔阻。不錯，過分依賴注釋可能使人讀死書，而讓自己的創造力枯竭了。但是，有人濫用《聖經》注釋，並不就是說，那些偉大的、敬虔的、保守的《聖經》注釋都沒有用了。這些注釋都可成為我們的福分和好處。

> 賀爾恩（Thomas Horne）給我們一些很好的建議，告訴我們怎樣使用《聖經》注釋。他說，《聖經》注釋的優點是：1）它們給了我們解釋《聖經》的好榜樣；2）它們幫助我們解釋困難的經文。但是，他也警告我們：1）不要以《聖經》注釋取代自己的查經。2）不要把《聖經》注釋當作權威，成為它們的奴隸。3）只選用最好的注釋。4）當它們解釋經文憑人自己的臆測時，要格外小

心。5）使用原始的《聖經》注釋，不要用那些經過後人改編的。[34]

曾霖芳指出，明白《聖經》有三種途徑。一是「解悟」，讀了別人的解釋而領會；二是「證悟」，從自己或他人的經驗中明白了《聖經》的啓示；三是「領悟」，即是對《聖經》的直接悟性。三者當中，「領悟」最重要，也最難。如果自覺對《聖經》的領悟力遲鈍，不必灰心，在釋經前，向主祈求：「耶和華阿，願我的呼籲達到祢面前，照祢的話賜我悟性。」（詩一一九：169）主會藉著聖靈，「引導你們進入一切的眞理」（約十六：13）。這是主的應許，必能兌現。[35] 筆者在「海外神學院」就讀期間，有幸多次親聆曾院長的教誨、鼓勵，使自己對《聖經》的領悟力進了一大步。筆者以爲，曾霖芳牧師講述的解讀《聖經》的三種途徑，觀點全面、平衡，可以作爲這一段討論的小結。

釋經螺旋

如前所述，每位釋經者都不可避免地有一套信仰的前設；如果這些前設是源於《聖經》的，那麼，釋經者和《聖經》作者就站在共同的立場上，這對正確地釋經是大有幫助的。基督教釋經者的兩大前設，一是《聖經》的默示、權威和無誤性，二是由系統神學所歸納出來的一整套信仰體系。系統神學家所用的方法，是把整本《聖經》不同層面、重點的教訓，按主題綜合、歸納起來，形成一個完整的體系，並在傳遞神話語的過程中顯出它的內在聯繫。[36] 關於《聖經》的默示、權威和無誤性，在《聖經的權威》一書中已有詳盡闡述。系統神學所建立

的信仰構架，對於保持真理的完整性和一貫性，幫助信徒在真道上扎根，建立護教學的基礎、抵擋異端的侵犯，都有非常重要的意義。[37] 從釋經學的角度看，源於《聖經》的神學體系，可以幫助釋經者站在更高的高度，以更廣闊的視野來解讀每一段經文的含義，對加深經文的理解大有裨益。

然而，正像前面已經討論過的那樣，一方面，由於《聖經》是神默示的、有貫穿前後的主題，所以，建構從《聖經》而來的神學體系是可能的；另一方面，由於《聖經》並未將神的心意完全啟示給人，以及人的理性、智慧的有限，加之《聖經》啟示的歷史性和漸進性，所以要從《聖經》建立一個盡善盡美的神學體系是不可能的。唐佑之指出，系統神學「有片面之嫌，難免挂一漏萬」。[38]

筆者在《聖經的權威》第三章寫道：

> 一個對《聖經》抱有錯誤成見的學者，愈研究愈覺得《聖經》有錯誤。因為，當他發現《聖經》中的矛盾、衝突時，不再深入研究就下結論說《聖經》有錯誤；然後他戴著「《聖經》有誤」的有色眼鏡去解讀他所獲得的資料；這些被誤解的資料又反過來誤導他，使之陷入負面迴圈，不能自拔。自以為瞭解《聖經》的「內幕」、「真相」，卻不知是被煙幕、假像所迷惑，他的學識反而成為他明白《聖經》的絆腳石。[39]

既然沒有任何神學體系是完善的，那麼，當釋經者以這樣的體系為前設去釋經時，豈不同樣可能曲解《聖經》、陷入負面迴圈麼？答案是肯定的。惟一的解決之道，是釋經者不要把

自己的神學體系絕對化，而是要不斷地校正自己的神學體系。可是，現實情況不容太樂觀。陳濟民指出，世人受到的最大引誘，是將自己「神化」；基督教宗教改革否定了教皇的絕對權威後，許多人卻又將一些神所重用的僕人或自己神化了。「解經時好像只要與馬丁路德，或加爾文、衛斯理、王明道、倪柝聲的教導一樣，就絕對不會錯。其實這正是改教者所反對的教皇。」陳濟民認為，基督教自改教以來的一大偏差，是要求所有的信徒在一切教義上（包括各種細節）都絕對一致。[40]

將自己的神學體系絕對化的表現之一，就是高舉自己的神學體系的權威，使之甚至超越了《聖經》的權威：竭力要把《聖經》納入自己的神學構架中，甚至不惜強解《聖經》。其表現之二是，宣稱自己的神學系統是直接源於《聖經》、最符合《聖經》的。言下之意，凡與自己不同的神學體系，都是不忠於《聖經》或偏離《聖經》的，因而都是不純正的。其實，這種宣稱，除了「自我標榜」以外，還能是甚麼呢？人是非常有限的。如果有人說，他已經掌握了《聖經》啟示的所有真理，這表明，他離《聖經》啟示的真理還遠著哪！

如何才能避免將自己的神學體系絕對化呢？就是反其道而行之，釋經者要存一顆謙卑、柔軟、開放的心，認真、仔細地查考《聖經》，把自己的思想、觀念、神學體系降伏於《聖經》的權威之下，願意接受《聖經》審視和矯正。奧斯邦（Grant R.Osborne）提出兩點具體的建議。第一，讓《聖經》對自己的體系發出挑戰。即使自己非常欣賞自己的神學體系，也要持開放的態度，要按照《聖經》的證據，隨時準備修改。沒有一個神學體系能夠完全符合《聖經》；其目標是，尋找最接近《聖經》永恆真理的神學體系。第二，要歡迎不同的神學體

系，使它們成爲強迫自己重新檢視自己的體系的基礎與結構的最佳途徑。[41] 關於釋經螺旋問題，筆者將在本卷第八章進一步闡述。

敬虔的人都盡力從《聖經》的啓示來建構自己的神學體系。由於人的有限，自己所建造的神學體系必然是不完善、有偏差的。所以，雖同爲福音派，神學體系仍各有不同。既然基本信仰一致，這些不同的神學體系，就不應該彼此對立，而應是互爲補充的。釋經者應有寬廣的胸襟，不要被自己的體系所束縛、要求別人和自己的觀點（哪怕是細枝末節）完全一致，否則就耿耿於懷；而應該虛心學習、接納其他體系中符合《聖經》的部分。要時刻思想《聖經》怎麼說，而不是自己的體系怎麼說。筆者很贊成曾霖芳牧師的觀點。他說：「我哪一個學派都不是。我是《聖經》派。」只有博採眾家之長，不斷地充實、完善自己的神學體系，才能使之不斷地逼近《聖經》的眞理。

因此，奧斯邦主張，用釋經螺旋（hermeneutical spiral）取代釋經迴圈（hermeneutical circle）：「讓經文和釋經前設不斷地交互作用，形成上升的螺旋，通往神學的眞理。」[42] 也就是說，釋經的前設不是靜態，而是動態的。克萊茵等人指出，因爲人是按著神的形像造的，所以人類擁有超越前設和衡量、改變它的能力：

> 承認我們的前解的角色，不會把我們引入一個死胡同──只能在經文中發現我們想發現的──即使那是一個永遠存在的憂慮。釋經者若是真誠、反省和謙卑的，就常會保持心胸開放，面對改變，甚至是在前設上的重大轉變。

這就是釋經的螺旋互動。因著我們接受《聖經》通過聖靈而來的權威，我們就隨時準備面對它的信息要我們做出的修正。[43]

每個釋經者都帶著某一種前設展開工作。經過對某段《聖經》經文的研究後，那段經文往往會在釋經者身上產生影響。他的前解不再是之前的模樣。接著，隨著釋經者得到新的啟迪，繼續進一步探討經文時，就從新的前解中進一步（也許會有不同）提出問題和答案。一種嶄新的理解出現了。釋經者不只是沿著一個惡性循環繞圈子，而是螺旋式地向前進。經文的意思沒有改變，不過釋經者卻增進了（我們由衷地期望）（更）正確地理解它的能力。[44]

所以，克萊茵等人的結論是：「每一次當我們與經文產生互動，因而改變自己的前設時，我們就證明這個過程有客觀的約束，否則就不會有任何改變出現；而我們將永遠埋藏在自己一直堅持的觀念中。」[45]

注釋

[01] Archibald T. Robertson原著，《活泉新約希臘文解經 卷三：約翰福音》，潘秋松編譯（美國活泉出版社，1998年），第123-124頁。

[02] Marcus Dods, The Nature and Origin of the Bible. p. 102；轉引自：Bernard Ramm. Protestant Biblical Interpretation. MI: Ann Arbor, 1970, p. 12-13.

[03] 潘秋松編著，《解析式新約經文彙編》，美國麥種傳道會，2002年，第746，966頁。

[04] 同上，第230，406-407頁。

[05] Bernard Ramm著，《基督教釋經學》，詹正義譯（美國加州：美國活泉出版社，1989年），第12頁。

[06] Roy B. Zuck著，《基礎解經法》，楊長慧譯（香港：宣道出版社，2001年），第31頁。

[07] 陳終道著，《怎樣研讀聖經》（修訂版），臺北：中國信徒佈道會臺灣分會，1996年，第38頁。

[08] 同上，第74-75頁。

[09] Charles Colson, Who Speaks for God？ p. 21；轉引自：Dave Hunt著，《誘惑的超越》，劉訓澤譯（臺北：中華福音神學院出版社，1989年），第34頁。

[10] James M. Boice, Foundation of the Christian Faith. p. 97；轉引自：Dave Hunt著，《誘惑的超越》，劉訓澤譯（臺北：中華福音神學院出版社，1989年），第20頁。

[11] 參見：Bernard Ramm著，《基督教釋經學》，詹正義譯（美國加州：美國活泉出版社，1989年），第12頁；William W. Klein，Craig L. Blomberg, and Robert L. Hubbard, Jr著，蔡錦圖主編，《基道釋經手冊》，尹妙珍等譯（香港：基道出版社，2004年），第163頁，注釋1。

[12] 同[05]，第12頁。

[13] William W. Klein，Craig L. Blomberg, and Robert L. Hubbard, Jr

著，蔡錦圖主編，《基道釋經手冊》，尹妙珍等譯（香港：基道出版社，2004年），第172頁。

[14] 同上，第189 頁。

[15] 里程著，《神的聖言 卷一 聖經的權威》，美國：基督使者協會、海外校園雜誌社，2005年5月，第75-76頁。

[16] 同上，第118頁。

[17] 同[05]，第97頁。

[18] 同[05]，第95頁。

[19] 同[05]，第97-98，159-160頁。

[20] 同[13]，第189 頁。

[21] 周天和著，《從金杯和瓦杯說起》，載於：張楊淑儀、黃淑玲（編輯），《聖經時代的見證》，香港：香港讀書會，1992年，第129頁。

[22] 同上，第134頁。

[23] 同上，第137頁。

[24] 轉引自：William W. Klein ，Craig L. Blomberg, and Robert L. Hubbard, Jr著，蔡錦圖主編，《基道釋經手冊》，尹妙珍等譯（香港：基道出版社，2004年），第168 頁。

[25] 同[13]，第170頁。

[26] Helmut Thielicke著，《神學第一步》，陳佐人譯（香港：卓越書樓，1995年再版）。

[27] 陳惠榮、胡問憲主編，《證主21世紀聖經新釋》，潘趙任君、高陳寶嬋、邵尹妙珍、葉裕波合譯（香港：福音證主協會，2000年再版），第1 頁。

[28] H. H. Rowley, The Relevance of Biblical Interpretation, Interpretation, 1: 10-11, January, 1947；轉引自：Bernard Ramm著，《基督教釋經學》，詹正義譯（美國加州：美國活泉出版社，1989年），第13-14頁。

[29] 同[05]，第13頁。

[30] 同[13]，第171頁。

[31] 同[05]，第15頁。

[32] 參見：Bernard Ramm著，《基督教釋經學》，詹正義譯（美

國加州：美國活泉出版社，1989年），第15-16頁；William W. Klein ，Craig L. Blomberg, and Robert L. Hubbard, Jr著，蔡錦圖主編，《基道釋經手冊》，尹妙珍等譯（香港：基道出版社，2004年），第171 頁。

[33] 同[13]，第169-170 頁。

[34] 同[05]，第16頁。

[35] 曾霖芳著，《講道學》，臺北：嘉種出版社，1995年，第16-20頁。

[36] 楊牧谷（中文版主編），《當代神學辭典（下）》，臺北：校園書房出版社，1997年，第1121頁。

[37] 任以撒著，《系統神學》，香港：基道出版社，1998年6版，第2-4頁。

[38] 唐佑之著，《神人、學人、僕人》，載於：張楊淑儀、黃淑玲（編輯），《聖經時代的見證》，香港：香港讀書會，1992年，第146頁。

[39] 同[15]，第106頁。

[40] 陳濟民著，《認識解經原理》，臺北：校園書房出版社，1995年，第94頁。

[41] Grant R. Osborne著，《基督教釋經手冊》，劉良淑譯（臺北：校園書房出版社，1999年），第406-412頁。

[42] 同上，第406頁。

[43] 同[13]，第201頁。

[44] 同[13]，第199頁。

[45] 同[13]，第201頁。

第 **3** 章

字 義

　　單字是語言的基本單位，就像磚頭是建築物的基本單位一樣。準確地理解單字的含義，對於準確地理解經文的含義是至關重要的。當然，句子或文章並不是由單字堆積而成的，必須有相應的結構。所以，單字是積木，文法和句法是其設計。一句話的意思絕非每一個字的意思的聚合，而是一個信息，是由語法關係構成的一個整體。如果改變其中任何一個字，或改變任何一個字與其他字的關係，就會改變整句話的意思。字與字之間若沒有語法關係，就沒有意義可言。[1]

　　奧斯邦指出，語言學家發現，一個人可使用的單字約兩萬個，但一個人一生會表達的不同想法卻有四百萬至五百萬個之多！有限的單字必須以不同的方式組合，才能滿足表達遠為豐富的不同意思的需要。這就決定了單字的「多重意義」（polysemy）。[2] 在一段經文中，釋經者就應盡可能地從單字的多重意義中，找出作者想表達的單一意思。

詞源學

　　詞源學或語源學（Etymology）是一門研究單字的根源及其
發展的學科。[3]瞭解一個單字的起源和構成成分，對於瞭解它的
含義是很有幫助的。在整本《聖經》中，約有1,330個字只出現
過一次，約有500個字只出現過兩次。[4]對《聖經》中這些罕見
的字，詞源學的研究更顯重要。

　　比如，「聖經都是神所默示的」（提後三：16）中的「神
所默示的」（θεόπνευστος theopneustos）一詞，在新約《聖
經》中僅出現這一次。它是由「神」（θεòς）和「吹氣」（
πνε´ω pneō 或 πνευμα pneuma）組成的，可直譯爲「神所吹氣
的」，表明《聖經》作者所寫的，不代表他們自己，而是出自
神之口。[5]又如，英文字「hippopotamus」（河馬）是由兩個
希臘字組成的：ἵππος（hippos，馬）和 ποταμός（potamos，
河）。[6]中文也類似。例如，「家」是房屋下有一頭豬，可見
豬在人們的日常生活中的重要性。「安」是房屋下面有一個女
人，說明遠古時期，女人的地位是很高的。[7]

　　但是，運用詞源學尋找單字的意義，需特別謹慎。這有幾
方面的原因。

　　首先，不少人都以爲，一個字的字根有一種基本含義，
無論怎樣組合，它都具有字根的意思。其實，這是一種誤解。
[8]有些字，當它們經過組合後，其本來的含義就完全改變了。
最著名的例子有：「dandelion」（蒲公英）源自法文「dent de
lion」，解作「獅子的牙齒」；「broadcast」（廣播）的原意
是「casting it abroad」（撒種時廣泛地扔出去）；[9]「butter」
（奶油）加上「fly」（蒼蠅）不是「奶油蒼蠅」，而是「蝴

蝶」（butterfly）；「pine」（松）加上「apple」（蘋果）變成了「pineapple」（鳳梨）。中文亦然。「鋼」加「筆」是「鋼筆」而不是「鋼的筆」；「黃」加「瓜」是「黃瓜」而不是「黃色的瓜」；「冬」加「瓜」是「冬瓜」而不是「冬天的瓜」；「馬尾巴」加「草」是「馬尾巴草」而不是「馬尾巴的草」等等。[10] 奧斯邦還引用了巴爾（James Barr）舉的一個例子。希伯來文「麵包」（lehem）和「戰爭」（μιληαμα¨η）的詞根是相同的，但兩者一點關係都沒有。巴爾問道：「難道要說，戰爭是為麵包而打，或麵包是供應戰爭的必需品麼？」[11]

其次，語言是在不斷發展的，詞義也在不斷的演化之中。所以，一個詞原來的意思不一定也是現在的意思。比如，英文「nice」一字，十三世紀有「愚蠢」、「笨」的意思；十四世紀變為「荒唐」之意；十五世紀為「靦腆」、「羞怯」；十六世紀則是「微妙」、「精確」的意思；現在，它是「美好」、「令人愉快」等意思。這與它所起源的拉丁字「nescius」（「簡單」或「無知」）的意思已相去甚遠了。[12] 黃朱倫說，諸葛亮在《出師表》中，自稱「卑鄙」：「先帝不以臣卑鄙，猥自枉屈，三顧臣於草廬之中。」究其原意，「卑」和「鄙」是指一個人地位低下，見識平常。可是，隨著時間的推移，「卑鄙」一詞產生了延伸意義，特指道德低下了。[13]

因此，在字義的解釋上，要小心避免犯「以今溯古」或「以古論今」的錯誤。常被學者引用的一個例子是，有人把「神的大能」（羅一：16）解釋為「神的炸藥」；因為從英語看，dynamite（炸藥）源自 δύναμις（dynamis，意指「能力」、甚至「奇事」）。但當保羅用 δύναμις 這個字時，恐怕不會想到「炸藥」，因為在那個時代尚無炸藥。再說，神使主耶穌從死

裏復活的大能、改變信徒生命的大能與炸藥的爆炸力、破壞力是毫不相干的。[14]

總之，詞源學有其重要性，但卻不可過分依賴它。

準確把握字義

準確地把握字義，不僅對理解一節經文的意思很重要，有時甚至涉及到基督教的基本信仰問題。現僅舉幾例。

「倒空」

使徒保羅在《腓立比書》二章7節用了一個字 ἐκένωσεν，是動詞 κενόω（kenoō）的過去不定時，主動態。[15] κενόω 在新約《聖經》中出現過五次，在中文和合本《聖經》中，三次譯為「落了空」（林前一：17，九：15；林後九：3），一次為「歸於虛空」（羅四：14），再一次就是《腓立比書》二章7節的「虛」。[16]

對「ἀλλὰ ἑαυτὸν ἐκένωσεν」這一短語，不同的《聖經》譯本的翻譯稍有不同：

「卻使自己空虛」（思高譯本），

「反而將自己傾倒出來」（呂振中譯本），

「相反地，他自願放棄一切」（現代中文譯本），

「反而倒空自己」（新譯本），

「but made himself nothing」（但使自己不算甚麼）（NIV）

「but emptied himself」（但倒空自己）（NRSV），

「but made himself of no reputation」（但使自己默默無聞）（KJV）。

奧斯邦指出：

> 《腓立比書》二章7節的 ἑαυτὸν ἐκένωσεν（倒空自己），因「虛己說」（探討基督的「倒空自己」是否指祂的神性而言）而成為爭論的焦點。傳統的福音派回應方式乃是説，基督倒空了自己的神性的特權與榮耀，卻未倒空祂的神性。然而，正如霍桑（Hawthorne）指出的，這種説法忽略了上下文。在文中，「倒空」並沒有内容（屬格），由此看來，我們最好承認這個動詞的不及物性（intransitive nature）。在語意範疇中，另外一個用法較適用於這裏的上下文，就是「傾倒」，或「使自己算不得甚麼」。這個意思符合從「不以為是強奪的」轉接到「取了奴僕的形像」，也配合第8節的平行語「謙卑」。只要給予上下文適當的看重，就可以不必進到虛己説的範圍裏面去爭論。[17]

這樣看來，中文和合本《聖經》將 ἀλλα ἑαυτὸν ἐκένωσεν 譯爲「反倒虛己」，是非常貼切的。

一個餅

使徒保羅説：「我們所祝福的杯，豈不是同領基督的血麼？我們所擘開的餅，豈不是同領基督的身體麼？我們雖多，仍是一個餅，一個身體；因爲我們都是分受這一個餅。」（林前十：16-17）陳終道指出，有人根據這兩節經文，認爲領主餐時，只能用一個杯、一個餅。[18] 但這樣理解，在實踐上是行不通的。陳終道説，當保羅説「我們雖多，仍是一個餅，一個

身體」時，他是在以弗所，所擘的是以弗所那個「餅」；即便以弗所教會只用一個餅，哥林多教會也只用一個餅，但加起來已經是兩個餅了。何況，還有腓立比、帖撒羅尼迦、加拉太諸教會，加起來必然十多個餅。[19] 此外，這一段經文的主題是講主的筵席與鬼的筵席。凡守主餐的，就與基督有分，就同在基督的身體裏。另一方面，雖然偶像所代表的神是虛無的，祭物本身也算不得甚麼，但偶像崇拜背後有鬼魔的工作；若參與偶像崇拜中的吃喝，就是與鬼魔打交道、背棄主了。[20] 所以保羅說：「你們不能喝主的杯，又喝鬼的杯；不能吃主的筵席，又吃鬼的筵席。」（林前十：21）

因此，保羅在這裏講論的「一個餅」，是指教會──基督的身體，而不是指領主餐時被擘開的物質的餅。「眾信徒同領一個餅，表徵基督身體──教會的合一，這個身體同受一個生命之糧的滋養。」[21] 陳終道的結論是：

> 這不是說，用一個餅、一個杯紀念主不好。雖然只是關乎外表的事，能照著《聖經》的榜樣作，總是好事。而是說，如此解釋《聖經》，是受先入為主觀念影響，因而可能有偏見。信徒不應為這一類並非絕對的事，起爭論，不同心。所以尋找真理是要防備先入為主的觀念。不要武斷，要慎思明辨，要深入地體會，就能正確地瞭解和應用《聖經》了。[22]

子孫／後裔

使徒保羅說：「所應許的原是向亞伯拉罕和他子孫說的；神並不是說眾子孫，指著許多人，乃是說：『你那一個子

孫，』指著一個人，就是基督。」（加三：16）如何理解保羅的這句話呢？保羅在此說的「子孫」（σπέρματί）是「種子」（σπέρμα sperma）的單數間接受格。[23] 原來，《創世記》十三章15節等希伯來經文裏的「後裔」（ζερα）和希臘文經文裏的「子孫」（σπέρμα）都是集合名詞（collective noun），雖然本身是單數形式，其意義卻可以是複數的。[24] 羅伯特遜（A.T. Robertson）寫道：

> 神所賜給亞伯拉罕的應許原是指著「那一個子孫」（σπέρμα）說的；單數而作集合名詞解，故可適用於所有相信基督的人（包括猶太人與外邦人），正如保羅在加拉太書三：7-14所顯示的；他當然充分瞭解這一點。在此，他使用的是拉比文學精緻的筆法，思想脈絡仍清晰可尋。亞伯拉罕的後裔——以色列人，正是彌賽亞的表徵，因此保羅將應許推到極致，而將焦點彙聚在基督身上；但是並不是說創世記十三：15，十七：7、8就是特別指著基督而言。[25]

有人認為，保羅採納了寓意式的解經法，而對經文原來的意思置之不顧。對此，馮蔭坤指出兩點，望大家注意。第一，無論在希伯來文或希臘文，譯為「後裔」這個字可以用來指一個後裔。第二，保羅乃是從預言已經應驗的角度來說話的；從救恩歷史的實際情況看，保羅確信，原來應許中的後裔，只能解讀為基督。[26]

更大的恩賜

保羅教導說：「你們要切切的求那更大的恩賜」（林前十二：31）。有人將「更大的恩賜」解釋為「愛」。但是，「更大的恩賜」中的「恩賜」是 χαρίσματα，是 χάρισμα（charisma）的複數形式。所以，它不可能是指「愛」。學者一般認為，保羅講的「更大的恩賜」是先知講道和教導的恩賜。因為這樣的恩賜最能造就教會。[27] 其根據有二。首先是保羅談恩賜的順序，將先知講道和教導的恩賜列在最前面：「神在教會所設立的：第一是使徒；第二是先知；第三是教師；其次是行異能的；再次是得恩賜醫病的；幫助人的；治理事的；說方言的。」（林前十二：28）其次，是保羅在以後的章節的論述是：「你們要追求愛，也要切慕屬靈的恩賜，其中更要羨慕的，是作先知講道〔原文作是說預言，下同〕。」「所以我弟兄們！你們要切慕作先知講道，也不要禁止說方言。」（林前十四：1、39）

在「更大的恩賜」之後，保羅講到了「最妙的道」（林前十二：31），這顯然是指下一章所講的「愛」。「更大的恩賜」與「最妙的道」的關係是：恩賜應該在愛中運用；若沒有愛，任何恩賜都沒有價值。[28]

字的翻譯

大部分讀者所使用的《聖經》都是《聖經》的譯本，而不是原文《聖經》。有時，同一個原文字會被譯為不同的字；有時，不同的原文字又會被譯為同一個外文字。借助辭典等工具書，瞭解這些情況，對把握經文的字義是有幫助的。現舉例如下。

牧師

　　有人不贊成在教會裏設立牧師，一個理由是：「牧師」一字在新約《聖經》中只被提及一次（弗四：11），表明牧師的職分在教會裏並不重要。其實，雖然「牧師」一詞在中文和合本《聖經》中僅出現一次，但在新約原文《聖經》中卻出現過多次。

　　「牧師」的希臘文是 ποιμήν（poimēn），在新約《聖經》中出現過十九次，其中，十三次被譯爲「牧人」，三次爲「牧羊的人」，另外，被譯爲「牧羊的」、「牧羊之人」和「牧師」各一次：[29]

　　　　祂看見許多的人，就憐憫他們；因爲他們困苦流離，
　　　　如同羊沒有**牧人**一般。（太九：36）

　　　　萬民都要聚集在祂面前，祂要把他們分別出來，好像
　　　　牧羊的分別綿羊山羊一般。（太廿五：32）

　　　　那時，耶穌對他們說：「今夜你們爲我的緣故，都
　　　　要跌倒；因爲經上記著說：『我要擊打**牧人**，羊就分散
　　　　了。』」（太廿六：31）

　　　　耶穌出來，見有許多的人，就憐憫他們；因爲他們
　　　　如同羊沒有**牧人**一般；於是開口教訓他們許多道理。（可
　　　　六：34）

耶穌對他們說：「你們都要跌倒了；因為經上記著說：『我要擊打**牧人**，羊就分散了。』」（可十四：27）

在伯利恆之野地裏有**牧羊的人**，夜間按著更次看守羊群。（路二：8）

眾天使離開他們升天去了，**牧羊的人**彼此說：「我們往伯利恆去，看看所成的事，就是主所指示我們的。」（路二：15）

凡聽見的，就詫異**牧羊之人**對他們所說的話。（路二：18）

牧羊的人回去了；因所聽見所看見一切事，正如天使向他們所說的，就歸榮耀與神，讚美祂。（路二：20）

從門進去的，才是羊的**牧人**。（約十：2）

我是好**牧人**，好牧人為羊捨命。（約十：11）

若是雇工，不是**牧人**，羊也不是他自己的，他看見狼來，就撇下羊逃走；狼抓住羊，趕散了羊群。（約十：12）

我是好**牧人**；我認識我的羊，我的羊也認識我。（約十：14）

　　我另外有羊，不是這圈裏的；我必須領他們來，他們
也要聽我的聲音；並且要合成一群，歸一個**牧人**了。（約
十：16）

　　祂所賜的有使徒，有先知，有傳福音的，有**牧師**和教
師。（弗四：11）

　　但願賜平安的神，就是那憑永約之血使羊群的**大牧人**
我主耶穌，從死裏復活的神，在各樣善事上，成全你們，
……。（來十三：20-21）

　　你們從前好像迷路的羊；如今卻歸到你們靈魂的**牧人**
監督了。（彼前二：25）。

　　……他們作**牧人**，只知餵養自己，無所懼怕，是沒有
雨的雲彩，被風飄蕩；……（猶十二）

　　不難看出，「$\pi o \iota \mu \eta \nu$」一詞，主要是主耶穌自稱是信徒的
「牧人」、「好牧人」；新約作者則稱主耶穌是信徒的「大牧
人」（來十三：21）、「牧長」（$\dot{a} \rho \chi \iota \pi o \iota \mu \eta \nu$ archipoimēn，牧
人之長）（彼前五：4）。「牧人」與「牧師」既是同一個希臘
字，就可以稱呼主耶穌是信徒的「牧師」、「好牧師」、「大
牧師」和「牧師之長」。這樣，牧師的職分的重要性就顯而易
見了。

　　在教會中，有教導恩賜的肢體可以被稱為「教師」；那
麼，牧養會眾的肢體被稱為「牧師」，並無不妥。教會中聖職

的設立，不是本書的議題。但是，以「牧師」一字在中文《聖經》中僅出現一次爲由，從而反對設立牧師職位的觀點，是缺乏《聖經》依據的。

認識

在新約《聖經》中，被譯爲「認識」的動詞是「γινώσκω」（ginōskō）和「οἶδα」（oida），以及由「γινώσκω」衍生的「ἐπιγινώσκω」（epiginōskō），它們在新約《聖經》中分別出現過30次，10次和4次。[30]「οἶδα」和「γινώσκω」是同義詞，有「認識」、「知道」等含義，在經文中可以互用，比如：

耶穌說：「若是認識（οἶδα）我，也就認識（οἶδα）我的父」（約八：19）。

耶穌說：「你們若認識（γινώσκω）我，也就認識（γινώσκω）我的父」（約十四：7）。[31]

但是，「γινώσκω」有一個「οἶδα」所沒有的語意，在《聖經》中被譯爲「同房」或「出嫁」：

「約瑟醒了，起來，就遵著主使者的吩咐，把妻子娶過來；只是沒有和她同房（γινώσκω，認識），等她生了兒子〔有古卷作等她生了頭胎的兒子〕，就給祂起名叫耶穌。」（太一：24-25）

「馬利亞對天使說：我沒有出嫁（ἄνδρα οὐ γινώσκω ＝ I am a virgin；直譯應為『我還不認識一個男人』），怎麼有這事呢？」（路一：34）[32]

　　「γινώσκω」（認識）在此是表達男女之間的閨房關係，是希臘文化的習慣用法；在《七十士譯本》中也常這樣使用，被譯爲「親近」、「嫁」[33]比如：

　　　　「兩月已滿，她回到父親那裏，父親就照所許的願向她行了；女兒終身沒有**親近**男子。」（士十一：39）

　　　　「他們在基列雅比人中，遇見了四百個未**嫁**的處女，就帶到迦南地的示羅營裏。」（士廿一：12）

　　「認識（γινώσκω）祢獨一的眞神，並且認識（原文沒有這個動詞[34]——筆者注）祢所差來的耶穌基督，這就是永生。」（約十七：3）基督徒對神的認識，不只是頭腦中的知識，更是與神建立親密的個人關係，瞭解神的心意，遵循神的旨意，討神的喜悅。這是基督教信仰的核心。「我們若在光明中行，如同神在光明中，就彼此相交，祂兒子耶穌的血也洗淨我們一切的罪。」（約壹一：7）

通觀全書

　　前文已經談到，一個字常常有多重意思。因此，解讀《聖經》時，從上下文來瞭解單字的意思的重要性是怎麼強調也不爲過的。聯繫上下文解經的原則，又稱爲「以經解經」，即以整本《聖經》解釋個別經文。釋經者最容易出現的偏差之一，就是忽視上下文，斷章取義。關於這個解經原則，筆者在後面還將用一整章的篇幅討論。這裏，僅用幾個例子，說明如何根據上下文確定經文中的字義。

世界

希臘字 κόσμος（kosmos）通常被譯為「世界」，但在《聖經》中，它有宇宙、世界、天地、天下、世代、世俗、世物、世間、世人、裝飾等多種含義。[35] 因此，只有根據上下文，才能確定它在一個句子中的單一意思。下面是它在經文中的不同含義的部分例子（κόσμος 的譯文用黑體字表示）：

「第一，我靠著耶穌基督，為你們眾人感謝我的神；因你們的信德傳遍了**天下**。」（羅一：8）

「自從造**天地**以來，神的永能和神性是明明可知的，⋯⋯。」（羅一：20）

「你們是**世上**的光；城造在山上，是不能隱藏的。」（太五：14）

「神差祂獨生子到**世間**來，使我們藉著祂得生，神愛我們的心，在此就顯明了。」（約壹四：9）

「你們顯在這**世代**中，好像明光照耀，將生命的道表明出來，叫我在基督的日子，好誇我沒有空跑，也沒有徒勞。」（腓二：15 b-16）

「神愛**世人**，甚至將祂的獨生子賜給他們，叫一切信祂的，不至滅亡，反得永生。因為神差祂的兒子降世，不

是要定**世人**的罪〔或作審判世人，下同〕，乃是要叫**世人**因
祂得救。信祂的人，不被定罪；不信的人，罪已經定了，
因為他不信神獨生子的名。光來到世間，**世人**因自己的行
為是惡的，不愛光倒愛黑暗，定他們的罪就是在此。」
（約三：16-19）

「用世物的，要像不用**世物**；因為這世界的樣子將要
過去了。」（林前七：31）

「你們不要以外面的辮頭髮、戴金飾、穿美衣為**妝
飾**，⋯⋯。」（彼前三：3-4）

「在神我們的父面前，那清潔沒有玷污的虔誠，就
是看顧患難中的孤兒寡婦，並且保守自己不沾染**世俗**。」
（雅一：27）

「不要愛**世界**和**世界**上的事；人若愛**世界**，愛父的心
就不在他裏面了。因為凡**世界**上的事，就像肉體的情欲、
眼目的情欲，並今生的驕傲，都不是從父來的，乃是從**世
界**來的。這**世界**和其上的情欲都要過去；惟獨遵循神旨意
的是永遠長存」（約壹二：15-17）。

陳終道指出，即便「κόσμος」被譯為「世界」，其含義
仍有差別。「未有世界以先，我同祢所有的榮耀」（約十七：
5）中的「世界」，應該是指物質的宇宙；「我不求祢叫他們離
開世界，只求祢保守他們脫離那惡者〔或作脫離罪惡〕」（約十

七：15）中的「世界」指物質的地球；「世界又恨他們」（約十七：14）中的「世界」應是世界上的人；「他們不屬世界，正如我不屬世界一樣」（約十七：16）中的「世界」意為物質的世界及其邪惡的勢力和罪惡的潮流。[36]

可見，只有根據上下文，才有可能確定「κόσμος」這個字的含義。

童女

《以賽亞書》七章十四節被視為關於彌賽亞的偉大預言：「因此，主自己要給你們一個兆頭，必有童女懷孕生子，給祂起名叫以馬內利〔就是神與我們同在的意思〕。」但是，這裏的「童女」的希伯來字是「'alamâ」，其字根是「性生理成熟」之意，可指處女，或已婚而未生育的少婦。此字在舊約《聖經》中出現過七次，不同的譯本將它譯為「年輕女子」、「童女」、「女孩」等。[37] 那麼，怎麼確定《以賽亞書》七章十四節中的「'alamâ」是「處女」還是「少婦」呢？這就需要由上下文來決定。

首先，這節經文說，「童女懷孕生子」是「一個兆頭」。「兆頭」的希伯來文是「ōt」，有「用來傳遞信息的印記」、「先知所說預言的證據」、和「神蹟奇事」等多種意思。[38] 在新約《聖經》中，「兆頭」的希臘字是「σημεῖον（sēmeion）」，共出現75次，被譯為「兆頭」、「奇事」、「記號」、「異兆」、「異像」、「暗號」等，但是絕大多數（58次）被譯為「神蹟」。[39] 在《約翰福音》中，此字出現17次，全部被譯為「神蹟」。[40] 可見，「兆頭」雖不完全指超然的事，但卻都是指有特殊意義的事。如果「童女懷孕生子」

中的「童女」是指少婦，那就是極平常的事，算不得「兆頭」了。[41] 只有處女懷孕生子，才是神蹟、兆頭，而且，處女「從聖靈懷了孕」（太一：18）與下文的「以馬內利」也十分吻合。

其次，新約《聖經》中只有兩處經文論及童女生子（太一：18-25；路一：26-38），「童女」所用的希臘字都是「παρθένος（parthenos）」。這個字在新約《聖經》中被使用過9次，其中，7次被譯為「童女」，2次譯為「童身」：[42]

> 這一切的事成就，是要應驗主藉先知所說的話，說：「必有童女懷孕生子，人要稱祂的名為以馬內利〔以馬內利翻出來，就是神與我們同在〕。」（太一：22-23）

> 那時，天國好比十個童女，拿著燈，出去迎接新郎。（太廿五：1）

> 那些童女就都起來，收拾燈。（太廿五：7）

> 其餘的童女，隨後也來了，說：「主阿！主阿！給我們開門。」（太廿五：11）

> 到一個童女那裏，是已經許配大衛家的一個人，名叫約瑟，童女的名叫馬利亞。（路一：27）

> 又有女先知名叫亞拿，是亞設支派法內力的女兒，年紀已經老邁，從作童女出嫁的時候，同丈夫住了七年，就

寡居了；現在已經八十四歲〔或作就寡居了八十四年〕，並不離開聖殿，禁食祈求，晝夜事奉神。（路二：36）

我為你們起的憤恨，原是神那樣的憤恨；因為我曾把你們許配一個丈夫，要把你們如同貞潔的童女，獻給基督。（林後十一：2）

論到童身的人，我沒有主的命令，但我既蒙主憐恤，能作忠心的人，就把自己的意見告訴你們。（林前七：25）

這些人未曾沾染婦女，他們原是童身。（啓十四：4）

在這九處經文（包括引用《以賽亞書》七章4節的經文）中，「παρθένος」無一例外地都是指沒有性經驗的處女或處男。同時，福音書的記載也清楚表明，馬利亞是尚未出嫁的處女。

第三，瑞特（J.S. Wright）指出：

路加的同伴保羅所採用的字眼，暗示他也接受童女生子的事。當他講述耶穌基督的來臨或出生時，他採用了普通動詞ginomai（如：羅一：3；腓二：7），而不是gennaō；後者常用於與丈夫有關聯的情況。這在《加拉太書》四章4節中尤為明顯：「神就差祂的兒子，為女人所生（genomenon）。」與此成為強烈對比的是，《加

拉太書》四章23節中記述以實瑪利「出生」的動詞是gegennētai（源於gennaō）。[43]

綜上所述，《以賽亞書》七章4節的「童女懷孕生子」的「童女」應該是「處女」，而不是「少婦」。馬丁路德曾這樣說：「如果有哪一個猶太人或基督徒，能向我證明，在《聖經》有經文表示'almah 是指已婚婦女，我就給他一百金幣。雖然我將到哪兒去找這麼多錢，只有神知道。」[44]

麵酵

論到天國時，主耶穌設了一個比喻，說：「天國好像麵酵，有婦人拿來，藏在三斗麵裏，直等全團都發起來。」（太十三：33）「麵酵」象徵甚麼呢？學者有不同理解。

有的學者認為，這裏的「麵酵」是指罪惡、錯誤的教訓或異端。主要依據是，《聖經》一向以「酵」為錯誤、罪惡的象徵：以色列人吃逾越節羔羊時禁止帶酵而吃（出十二：8），其後要守除酵節七日（出十二：15），甚至在四境之內，不可見有酵之物（出十三：7）；《聖經》中，除五旬節的搖祭（利廿三：15-17）外，一切獻祭均禁止用酵（如，出卅四：25；利二：11）；主耶穌以「酵」代表敗壞信仰的錯誤教訓，警告門徒說：「你們要謹慎，防備法利賽人和撒都該人的酵」（太十六：6）；使徒書信也用「酵」代表罪惡，會影響教會全體：「你們這自誇是不好的；豈不知一點麵酵能使全團都發起來麼？」（林前五：6；參見加五：8-10）因此，主耶穌用「麵酵」提醒門徒，在天國未實現前，屬地的教會可能受各種罪惡和錯誤教訓的影響。[45]

　　另一些學者則認為，主耶穌用「麵酵」比喻天國，是以此展示天國的某些特性，並不是指罪惡。因為，雖然聖經中麵酵大多表徵罪惡，但並非全部如此。比如，出埃及時吃無酵餅是因為時間倉促，與罪惡無關：「他們用埃及帶出來的生麵，烤成無酵餅；這生麵原沒有發起，因為他們被催逼離開埃及不能耽延，也沒有為自己預備甚麼食物。」（出十二：39）又如，加酵烤成的餅被指定用來慶祝五旬節，獻給耶和華（利廿三：15-20）。賴德（George Eldon Ladd）指出，主耶穌用麵酵比喻天國所要表明真理是：有時天國看來似乎渺小而不重要，可能被世界所忽視、所唾棄；但是，天國充滿全地的那一天一定會來臨，就像麵酵要充滿全團一樣。[46]

　　這兩種解釋都有一定的道理和經文的依據，但筆者更贊同第二種解釋。這是基於兩方面的考量。

　　首先，要看最接近的上下文：「天國好像麵酵」（太十三：33），「我拿甚麼來比神的國呢？好比麵酵，……」（路十三：20-21），即天國與麵酵有相似之處。而「天國」的基本含義就是神統治管理的權柄（詩一〇三：19；太六：33；可十：15；路十九：15）。在詩一〇三：19中，「權柄」的原文是「國」。比如，「先求祂的國和祂的義」（太六：33）：就是在我們的生命中，先求祂的主權、統治和管理；「承受神國」（可十：15）：是用孩童般單純、依賴的心，完全信靠、順服神的統治權柄；「得國回來」（路十九：12，和合本）被譯為「計畫得立為王，然後回來」（呂振中譯本）或「為取得了王位再回來」（思高譯本），或「to get royal power for himself and return.（為他自己取得皇權後回來）」（NRSV）等等。既然天國是指神的管理權柄，怎麼可能被罪完全侵蝕佔據

呢？[47]所以，這裏的麵酵似不應指罪惡。

其次，通觀《馬太福音》第十三章，主耶穌講論的、包括麵酵在內的關於天國的七個比喻，似乎都與「神國的奧秘」（可四：11）有關（「神國」和「天國」在《聖經》中是同義詞，可以互換）。《聖經》講的神國的奧秘，是長久以來曾經是隱藏不言的，如今卻藉著耶穌基督的道成肉身顯明出來了（羅十六：25-26）。神國已經來臨，卻又沒有完全來臨。爲了闡明這一點，須簡要地談談舊約先知的神國觀和主耶穌教導的神國觀。

在舊約先知的心目中，「神國」將帶著極大的榮耀和全能從天而降，剷除一切敵對的政權和勢力，結束黑暗、罪惡的現今世代，進入榮耀、公義的將來世代（但二：34-35，44-45）。神國的降臨既是指歷史內神的臨到，也歷史外的末世事件；既是人類歷史的終結，同時又是完美的將來世代的開始。總之，舊約先知們視兩個世代的轉換爲突發性的單一事件。[48]

作爲舊約時代的最後一位先知，施洗約翰宣講「天國近了」，指出天國的來臨將帶來雙重的洗禮：聖靈的洗使人經歷天國中彌賽亞的救贖；火的洗禮要帶來最後的審判。在他的宣講中，似乎更強調最後的審判，如，斧子已經放在樹根上，要砍下，要丟在火裏；簸箕已經拿在手裏，要揚淨，要篩選，要用不滅的火燒盡（太三：1-12）。

主耶穌開始傳道時，說：「日期滿了，神的國近了；你們當悔改，信福音！」（可一：15）「信福音」爲人們指出了得救之路，更突出了神的拯救；同時表明，神的國不是將要來，而是藉著祂的工作已經來到。主耶穌說：「我若靠著神的靈趕鬼，這就是神的國臨到你們了。人怎能進壯士家裏搶奪他的

傢俱呢？除非先捆住那壯士，才可以搶奪他的家財。」（太十
二：28-29）「那七十個人歡歡喜喜的回來說：『主阿！因祢的
名，就是鬼也服了我們。』耶穌對他們說：『我曾看見撒但從
天上墜落，像閃電一樣。我已經給你們權柄，可以踐踏蛇和蠍
子，又勝過仇敵一切的能力，斷沒有甚麼能害你們。』」（路
十：17-19）撒但被「捆住」和「墜落」，正是神國臨到的表現
和結果。最後，主耶穌要用祂代贖性的死，徹底敗壞罪惡、死
亡和撒但的權勢。

主耶穌清楚地講論說，神的國已經臨到。

「法利賽人問：『神的國幾時來到？』耶穌回答說：『神
的國來到不是眼所能見的。人也不得說：看哪，在這裏！看
哪，在那裏！因為神的國就在你們心裏〔心裏：或譯中間〕。』」
（路十七：20-21）

希臘字 ἐντὸς（entos「心」，「裏面」）與所有格連用，意
為「在……裏」或「在……中間」。[49] 那麼，究竟應譯為「神
的國就在你們心裏」，還是「神的國就在你們中間」呢？學者
的看法不一致。

一種觀點是：

> 「神的國就在你們的心裏」，大概指神的國是屬靈
> 的、內在的，而不是屬物質的、外在的。另可意指，神的
> 國度彰顯於君王耶穌身上。然而緊鄰的上文（路十七：
> 20）似乎是指向前一種解釋：神國是屬靈的，因此非肉眼
> 可見。如果這是正確的解釋，那麼「在你們的心裏」的
> 「你們」這個代名詞，就是一般性的「你們」，而不是那
> 些不信的法利賽人，天國當然不會在他們裏面。[50]

另一種觀點為，譯為「神的國就在你們心裏」不恰當，「原因不單是天國不會在提問的法利賽人心中，也因為耶穌沒有在任何其他地方提到天國是一個內在、屬靈的經歷。故此，『神的國就在你們中間』是較佳的譯法，這片語可以指：神國是伸手可及的。」[51]

筆者以為，譯為「神的國就在你們中間」（思高譯本，呂振中譯本）似更恰當。因為神國是與救恩歷史和末世實踐緊密相連的，並不僅是個人內在的屬靈經歷；其次，這段話是主耶穌對著法利賽人說的，「你們」顯然是指（起碼是包括）法利賽人，但天國當然不會在他們裏面；第三，「不是眼所能見的」可理解為，神國的榮耀和全能在當時是隱藏的。

《路加福音》記載主耶穌一次在會堂裏讀經時，讀了《以賽亞書》中一段關於彌賽亞的預言（路四：18-19）。先知以賽亞主要是預言以色列民未來將從被擄至巴比倫的境況中得釋放；而耶穌在此卻是宣告人類將從罪惡及其一切後果中得釋放。[52] 然後，主耶穌語出驚人地說：「今天這經應驗在你們耳中了。」（路四：21）主耶穌宣稱自己就是為人類帶來拯救的彌賽亞。

但主耶穌引用《以賽亞書》六十一章2節，只到一半就中止了，沒有引用「和我們神報仇的日子」。也許「神報仇」不是祂當時的使命，要待祂再臨時，才會實現。本來，施洗約翰已十分篤定拿撒勒人耶穌就是以色列人久盼的彌賽亞（約一：29-36），但為甚麼後來又疑惑了呢？（太十一：2-3；路七：18-20）有的解經家認為，作為彌賽亞的先鋒，他被監禁，彌賽亞不僅沒有設法營救他，甚至沒有探監安慰他，於是他開始懷疑耶穌的真實身分，這體現了施洗約翰人性軟弱的一面。這種

解釋有一定道理，但似乎與他的「祂必興旺，我必衰微」的宣
稱（約三：30）和主耶穌對他的稱讚（太十一：7-11）不太相
符。一種可能的解釋是：耶穌並未帶來聖靈與火的雙重洗禮，
沒有帶來最後的審判；羅馬人的強權仍日如中天，暴戾的希律
仍坐著為王。主耶穌的言行與施洗約翰期盼中的彌賽亞差距太
大。[53] 主耶穌用施洗約翰已知道的、祂所施行的神蹟回覆其
門徒，表明自己就是《以賽亞書》所預言的彌賽亞，同時提醒
說：「凡不因我跌倒的，就有福了。」（路七：23）當時，彌
賽亞的榮耀還是隱藏的，這是容易使人跌倒之處。賴德寫道：

> 耶穌的回答是：「凡不因我跌倒的，就有福了。」祂
> 的意思是：「是的！神的國就在這裏，然而有一個奧秘，
> 就是對國度的新的啟示；神的國就在這裏，但是並非要
> 摧毀人為的政權，而是要擊破撒但的權勢；神的國就在這
> 裏，但不是要改變這個世界的外在的政治秩序，而是正在
> 改變屬靈的秩序和世人的生命。」
>
> 這就是神的國的奧秘，是神首次在救恩歷史上所顯
> 明出來的真理。神的國要分為兩個不同的階段，在世人當
> 中工作：一方面，神的國要以但以理所預言的那種方式降
> 臨，到那時候，世上一切人為的政權都要被神的權柄所取
> 代，這個世界將要看到祂的國度大有能力地降臨；另一方
> 面，一個奧秘和新的啟示就是，神的國現在已經以一種完
> 全出人意外的方式，在世人當中工作，它並非現在就要毀
> 掉一切屬人的權柄，也沒有現在就從世上除掉罪惡，更不
> 是現在就帶來如施洗約翰所說的火的洗禮。國度悄悄地、
> 安靜地來到，在世人當中動工卻不被多數人察覺。就屬靈

而言，國度帶給人因神作王而來的祝福，釋放人脫離罪惡
與撒但的權勢。神的國是個賞賜，也是件禮物，世人可以
接受，也可以拒絕。神的國在此時此刻，是要勸化人心，
而非以強力征服。[54]

綜上所述，神國的降臨和伴隨而來的現今世代與將來世代
的轉換，不是單一的突發事件，而是一個過程；兩個世代是有
重疊的。神的國度的降臨處於「已然」和「尚未」（already, but
not yet）的張力之中。這就是神藉著耶穌道成肉身所顯明的「神
國的奧秘」。主耶穌講論麵酵的比喻，是關於神國的七個比喻
（太十三：1-50）之一。如果從「神國的奧秘」和神國的逐漸擴
展這一總體去把握這七個比喻，就比較清晰。[55] 關於這一點，
本卷第五章還會論及。

「神聖的愛」與「世俗的愛」

教會裏流行一種說法：希臘文動詞「ἀγαπάω（agapaō）」
是神的不變的、崇高的愛，而「φιλέω（phileō）」只是人的友
情之愛。傳道人常常以《約翰福音》廿一章15-17節的經文（主
耶穌復活後三次問彼得的問題）說明這兩個希臘動詞的區別。
黃朱倫記載了他的一次經歷：

> 最近有人在教會之中，向會眾分享了一篇頗為感人的
> 信息，經文背景是《約翰福音》廿一章15-17節。講章把
> 經文作了稍微的改動，講章寫道：「耶穌對西門彼得說：
> 『約翰的兒子西門，你愛我比這些更深麼？』彼得說：
> 『主阿，是的，你知道我**百分之六十**的愛你。』（黑體是

作者原有的──筆者注）」我萬分震驚，講章中百分之六十的精確度是從何而來的呢？原來是對希臘文中兩個關於愛的文字「agapaō」和「phileō」的不同理解而得出的結論。因為傳講者認為，「agapaō」是聖潔無瑕的愛，而「phileō」是世俗的兄弟之愛。彼得明知主耶穌從死裏復活，卻執意要以兄弟之愛來愛耶穌，看來這樣的愛真的也只能給六十分了。不過我們可能還是會想，這真的是彼得的心意麼？儘管他性格直率，他也不可能沒有聖潔之愛的心智，去愛他生命中已經見證、為世人的救恩捨身被釘十字架的惟一救主吧？否則他怎麼會對主的第三次提問，甚感「憂愁」呢？我不去評論這篇講章最後到底帶出了甚麼樣的信息，我也一點不懷疑那位講員本身的真誠，但問題是：我們到底傳講了甚麼呢？[56]

筆者也聽過對這一段經文的講解，也是強調「agapaō」和「phileō」的不同含義，只是角度有所不同。講者說，主耶穌前兩次都問彼得是否能用聖潔的愛（agapaō）愛祂，但彼得皆以世俗的愛（phileō）回應；所以，第三次主耶穌降低了標準，問彼得能否用世俗的愛（phileō）愛祂，充分展示了主耶穌的俯就、謙卑和對信徒的軟弱的體貼，「因為我們的大祭司並非不能體恤我們的軟弱。」（來四：15）這樣的信息的確很打動人，很有感召力。但是，這樣的解釋，真是這段經文要傳達的信息麼？

巴克萊（William Barclay）指出，希臘文有四個字是關於「愛」的：名詞 erōs 及動詞 eran 主要是表示兩性之間的愛；名詞 storgē 及動詞 sterigein 主要用於家人之間的愛；希臘文最常

用的愛是名詞 philia 及其動詞 phileō，溫暖可人，最好譯為「熱愛」；而新約《聖經》用得最多的愛字是名詞 agepē 及其動詞 agepaō。erōs 及 eran、storgē 及 sterigein 在新約《聖經》都沒有出現過。巴克萊認為，phileō 與 agepaō 的一個區別是，前者顯出溫暖，後者則無：「你愛（phileō）他像父親一樣，但你尊敬（agepaō）他像恩公。」此外，他認為，agepē 與意志有關，不僅僅是一種自然的情緒，而是一個深思熟慮的意志原則，它的最好注釋是主耶穌吩咐信徒「愛仇敵」（太五：43-48）。[57] 巴克萊指出，在新約《聖經》中，phileō 出現的次數比較少，而 agepē 則有近一百二十次，agepaō 更在一百三十次以上。[58] 但是，按照潘秋松的統計，在新約《聖經》中，phileō 出現過廿五次，agepē 一百六十六次，agepaō 一百四十三次。[59] 卡森（D.A. Carson）指出，在主前第四世紀的希臘文學中，agepaō 逐漸成為標準動詞，其原因是 phileō 在其語意範圍內，已被解釋為「接吻」。[60]

從字源和字的發展歷史看，agepaō 與 phileō 之間是有差別的。比如，phileō 就曾三次用於加略人猶大親吻耶穌（太廿六：48；可十四：44；路廿二：47）[61]，而 agepaō 卻從未在這樣的語境中出現過。[62] 但是，這兩個動詞之間的差異並不像有人宣稱的那樣大。這可以從幾方面來看。

首先，agepaō 不完全都是指「正面」的愛、犧牲的愛，或者神聖的愛；在舊約《七十士譯本》中，agepaō 這個字有十四次是用在性愛方面，[63] 而且，名詞 agepē 及動詞 agepaō 皆用來描述暗嫩玷污他同父異母的妹妹他瑪（撒下十三：1-17）。[64] 不僅如此，在新約《聖經》中，「底馬貪愛現今的世界」（提後四：10）和先知巴蘭「貪愛不義之工價」（彼後二：15）中

的「貪愛」也是 agepaō。[65] 因此，卡森認為，「不論是動詞也好，名詞也罷，這些辭彙本身並不具任何內在的性質，以提示我們有關它實際的語意、隱藏的語意，或某種特殊之愛。」[66]

其次，如前文所述，字源學和字義的發展過程對瞭解字義是有價值的；但確定字義的關鍵是要看作者在寫作時是如何使用它們的。在《約翰福音》中，agepaō 和 phileō 常常是被交替使用的。比如，[67]

天父對聖子的愛：
父愛（agepaō）子，已將萬有交在祂手裏。（約三：35）
父愛（phileō）子，將自己所作的一切事指給祂看。（約五：20）

天父對信徒的愛：
人若愛我，就必遵守我的道；我父也必愛（agepaō）他，……。（約十四：23）
父自己愛（phileō）你們，因為你們已經愛我，……。（約十六：27）

主耶穌對人的愛：
愛我的必蒙我父愛他，我也要愛（agepaō）他，……。（約十四：21）
主阿！祢所愛（phileō）的人病了。（約十一：3）

人對主耶穌的愛：
你們若愛（agepaō）我，就必遵守我的命令。（約十四：15）

父自己愛你們，因爲你們已經愛（phileō）我。（約十六：27）

可見，在《約翰福音》的作者的筆下，agepaō 和 phileò 基本上是被當著同義詞來使用的。同義詞的含義是，它們的語意有重疊的部分，但並不是全部相同；否則就找不到任何同義詞，因爲沒有任何兩個字的語意是完全相同的。[68]

第三，卡森還提醒人們，堅持認爲在《約翰福音》廿一章15-17節的經文中 agepaò 和 phileō 具有不同含義的人，卻很少注意到在主耶穌與彼得的三段對話中，還有一些其他的細微的區別。主耶穌三次吩咐彼得：

「你餵養我的小羊」（約廿一：15）；
「你牧養我的羊」（約廿一：16）；
「你餵養我的羊」（約廿一：17）。

「餵養（Βόσκω boskō）」與「牧養（ποιμαίνω poimainō）」、「小羊（ἀρνίον arnion）」與「羊（πρόβατον probaton）」確有差別，但很少有傳道人主張，這些用字的差別在經文的詮釋上有任何重大意義。因爲從經文的上文下裏，實在很難看出這些用字的變化，有任何神學上、語言學上或語句結構上的理由，似純屬「感覺」或「風格」這類難以清楚定界的領域之細微變化。約翰對 agepaō 和 phileō 的使用，也可以從這個角度來理解。

卡森的結論是：在這段經文中，只強調兩個「愛」字的不同，卻忽視其他同義字的細微變化，是不合理的。[69] 戈登費依（Gordon D. Fee）也持相同的看法：「有時選擇不同的字也

是爲了有所變化（如約翰交互使用 agepaō〔愛〕和 phileō〔愛〕），是用字的藝術，或是由於押韻或文體偏好的原因。」[70]

得救/救/拯救

蘇克指出，在《聖經》中，得救、救（saved）或拯救（salvation）不一定都是指從罪惡中被救出來，它們可能有幾種意思：

從困難的環境中得平安或得幫助；

身體或情緒的康復；

以色列全國從敵人的壓迫下的釋放；

基督代贖之死將人從罪的刑罰下拯救出來；

從罪中得到最終的拯救。[71]

例如：

摩西對百姓說：「不要懼怕，只管站住！看耶和華今天向你們所要施行的救恩，因為你們今天所看見的埃及人，必永遠不再看見了。」（出十四：13）

主以色列的神，是應當稱頌的；因祂眷顧祂的百姓，為他們施行救贖，……拯救我們脫離仇敵，和一切恨我們之人的手。（路一：68-71）

耶穌站住，吩咐把他領過來；到了跟前，就問他說：「你要我為你做甚麼？」他說：「主阿！我要能看見。」耶穌說：「你可以看見；你的信救了你了。」（路十八：40-42）

耶穌説：「潔淨了的不是十個人麼？那九個在那裏呢？除了這外族人，再沒有別人回來歸榮耀與神麼？」就對那人説：「起來走吧；你的信救了你了。」（路十七：17-19）

因為神差祂的兒子降世，不是要定世人的罪〔或作審判世人，下同〕，乃是要叫世人因祂得救。（約三：17）

我們得救，乃是因主耶穌的恩，和他們一樣，這是我們所信的。（徒十五：11）

禁卒叫人拿燈來，就跳進去，戰戰兢兢的，俯伏在保羅西拉面前；又領他們出來，説：「二位先生！我當怎樣行才可以得救？」（徒十六：29-30）

太陽和星辰多日不顯露，又有狂風大浪催逼，我們得救的指望就都絕了。（徒廿七：20）

因為我們作仇敵的時候，且藉著神兒子的死，得與神和好；既已和好，就更要因祂的生得救了。（羅五：10）

祂曾救我們脱離那極大的死亡，現在仍要救我們，並且我們指望祂將來還要救我們。（林後一：10）

我們得救是在乎盼望；只是所見的盼望不是盼望，誰還盼望他所見的呢〔有古卷作人所看見的，何必再盼望呢〕？（羅八：24）

再者，你們曉得現今就是該趁早睡醒的時候，因為我們得救，現今比初信的時候更近了。（羅十三：11）

因為我知道這事藉著你們的祈禱，和耶穌基督之靈的幫助，終必叫我得救。（腓一：19）

請讀者將上面這些經文「對號入座」，確定每節經文中「救」、「得救」或「拯救」的含義。

首生的

使徒保羅論到耶穌基督時，說：「愛子是那不能看見之神的像，是首生的，在一切被造的以先。」（西一：15）古今的許多異端，都曲解「首生」的字義，否認耶穌基督的神性。

主後四世紀（約在320 AD），安提阿一位名叫亞流（Arius）的教會長老主張，基督是一切受造物中的首生者；雖然世界是藉著祂造成的，但基督與其他受造物一樣，是被造的。所以，亞流認為，基督雖可以被人尊為神，但祂並不是神；基督不全是神，也不全是人，乃是神、人之間的「半神」（Demigod）。這就是在歷史上被大公教會定為異端的亞流主義（Arianism）。[72]

今日的異端耶和華見證人會（Jehovah's Witnesses），是亞流主義的死灰復燃。他們聲稱：耶穌基督是「上帝的獨生子，惟一由耶和華獨力創造的兒子。這個兒子是一切受造物中的首生者。上帝通過他創造了天上和地上的萬物。他在宇宙中的地位僅次於上帝。」「他們（指耶和華見證人會——筆者注）相信耶穌基督不是三位一體中的一位，反之正如聖經所說，他是上

帝的兒子，是上帝最先創造的受造物。」[73]

應該怎樣理解「是首生的，在一切被造的以先」呢？

第一，「首生的」（πρωτότοκος prōtotokos）不應該理解爲「第一個被生的」。

πρωτότοκος 這個希臘字在古碑銘和蒲紙文獻中常常出現，不算是《聖經》的專用字。從詞源看，此字由 πρῶτος（prōtos 首先，第一，在上）和 τίκτω（tiktō，生產）複合而成。[74]

πρῶτος 除了表示時間的較早、最早外，也用於地位和等級中的第一、首要、最顯著等意思（用黑體字表示），例如：[75]

那人末後的景況，比**先前**更不好了。（路十一：26）

這樣，那在後的將要**在前**，**在前**的將要在後了。（太二十：16）

誰願意爲**首**，就必作你們的僕人。（太二十：27）

這十二個使徒的名，**頭一個**叫西門，……。（太十：2）

因為有預備的帳幕，**頭一層**叫作聖所。（來九：2）

這是**第一條**帶應許的誡命。（弗六：2）

有一個文士來，……就問祂說：「誡命中那是**第一要緊**的呢？」（可十二：28）

父親卻吩咐僕人說：「把那**上好的**袍子快拿出來給他穿；……。」（路十五：22）

過了三天，保羅請猶太人的**首領**來。（徒廿八：17）

祭司長和文士，與百姓的**尊長**，都想要殺祂。（路十九：47）

並有許多虔敬的希利尼人，**尊貴的**婦女也不少。（徒十七：4）

但猶太人調唆虔敬尊貴的婦女，和城內**有名望的**人，逼迫保羅巴拿巴，將他們趕出境外。（徒十三：50）

在罪人中我是個罪**魁**。（提前一：15）

在大多數《聖經》經文中，πρῶτος 都不是表示時間的先後。

由 πρῶτος 和 τίκτω 複合而成的 πρωτότοκος，在《七十士譯本》中，出現過一百三十多次，原指人或動物的「頭胎」，但後來轉變為指與神的特殊親密關係：「神的長子」。如，耶和華說：「以色列是我的兒子，我的長子。」（出四：22）在這種用法中，πρῶτος 和 τίκτω 這兩個字根已經失去原有的意義。[76]

在新約《聖經》中，πρωτότοκος 這個字出現了九次（用黑體字表示）：[77]

只是沒有和她同房，等她生了兒子〔有古卷作等她生了頭胎的兒子〕，就給祂起名叫耶穌。（太一：25）

他們在那裏的時候，馬利亞的產期到了。就生了頭胎的兒子，用布包起來，放在馬槽裏，因為客店裏沒有地方。（路二：6-7）

他因著信，就守逾越節〔守，或作立〕，行灑血的禮，免得那滅長子的臨近以色列人。（來十一：28）

因為祂預先所知道的人，就預先定下效法祂兒子的模樣，使祂兒子在許多弟兄中作長子。（羅八：29）

再者，神使長子到世上來的時候〔或作神再使長子到世上來的時候〕，就說：「神的使者都要拜祂。」（來一：6）

有名錄在天上諸長子之會所共聚的總會，有審判眾人的神，和被成全之義人的靈魂，並新約的中保耶穌，以及所灑的血；這血所說的比亞伯的血所說的更美。（來十二：23-24）

愛子是那不能看見之神的像，是首生的，在一切被造的以先。（西一：15）

祂也是教會全體之首；祂是元始，是從死裏首先復生

的，使祂可以在凡事上居首位。（西一：18）

　　並那誠實作見證的，從死裏**首先**復活，為世上君王元首的耶穌基督，有恩惠平安歸於你們；祂愛我們，用自己的血使我們脫離罪惡〔脫離，有古卷作洗去〕；又使我們成為國民，作祂父神的祭司；但願榮耀權能歸給祂，直到永永遠遠！阿門。（啓一：5）

　　西一：15之外的這八處經文，有三處仍保留著字根原始的意思，即一個家庭裏的頭生的兒子（路二：7；來十一：28）；其餘五處都是寓意性的，不能按原初的意思解。其中，四次是特指耶穌基督（是神的長子，首先復活的），一次是指在天上聚會的「諸長子」。所以，即使按字面意義解釋，「首生的」也不一定等同「長子」，因為「首生的」也可能是「長女」。如果「長子」不是寓意性的，那麼，按照《希伯來書》十二章23-24節的經文，一個家庭就最多只有一個孩子（長子）可以得救，而且在天上的聖徒也就只有弟兄，而沒有姊妹了。[78]此外，在新約《聖經》中，「凡頭生的男子，必稱聖歸主」（路二：23）中的「頭生的」，不是 πρωτότοκος，而是 διανοιγω（dianoigō，開、開導）加 μήτρα（μετρα，生育）。[79]

　　「首生的」更不能解釋爲「首先被造的」。羅伯特遜指出：「保羅使用『πρωτότοκος』（首生），而不用指天使中最高階級的『πρωτόκτιστοι』（首先被造），表示基督並不在受造之列。」[80]

　　保羅論述耶穌基督是「首生的」，起碼有三方面的含義。

　　首先，基督是先於萬有的。作爲自有、永有的三一神的位

格之一的基督，「祂的根源從亙古，從太初就有。」（彌五：
2）在世界被創立之前，父神已經愛祂，祂已與父神同享榮耀
（約十七：5，24）。祂在萬有之先，「萬物是藉著祂造的；凡
被造的，沒有一樣不是藉著祂造的。」（約一：3）

其次，基督是神的長子，是超越萬有的。猶太人談到「長
子」，決不僅指一個家庭中首先出生的男孩，更著重的是長子
特別的地位、尊榮和繼承權。耶和華說：「以色列是我的兒
子，我的長子」（出四：22），以色列被神稱爲「長子」，表
明以色列作爲神的選民的特殊身分和地位。保羅稱基督是神的
「長子」，正像神立大衛爲祂的長子一樣，是要祂「成爲世上
最高的君王」：「我也要立他爲長子，爲世上最高的君王」
（詩八十九：27），這是神對以色列最偉大的君王大衛的應
許。但是，大衛並不是家裏的長子；相反，按出生順序說，他
是耶西最小的兒子（參見撒上十六：4-13）。神卻賜給他長子應
有的一切特權。神對大衛的應許，在耶穌降世時才完全應驗，
因爲只有耶穌基督才是神的眞正的「長子」。[81]

最後，基督是從死裏「首先復生」、「首先復活」的，使
祂成爲教會的元首，在凡事上居首位。基督的「復生」，是最
大的得勝與榮耀，也是基督教信仰的根基和盼望所在。[82]保羅
在《以弗所書》中詳細地闡述說，神「照祂在基督身上所運行
的大能大力，使祂從死裏復活，叫祂在天上坐在自己的右邊，
遠超過一切執政的、掌權的、有能的、主治的，和一切有名
的；不但是今世的，連來世的也都超過了。又將萬有服在祂的
腳下，使祂爲教會作萬有之首。教會是祂的身體，是那充滿萬
有者所充滿的」（弗一：20-23）。在《腓立比書》中，保羅
也有類似的論述：「你們當以基督耶穌的心爲心。祂本有神的

形像，不以自己與神同等爲強奪的；反倒虛己，取了奴僕的形像，成爲人的樣式；既有人的樣子，就自己卑微，存心順服，以至於死，且死在十字架上。所以，神將祂升爲至高，又賜給祂那超乎萬名之上的名，叫一切在天上的、地上的，和地底下的，因耶穌的名，無不屈膝，無不口稱耶穌基督爲主，使榮耀歸與父神。」（腓二：5-11）

第二，「是首生的，在一切被造的以先」（πρωτότοκος πάσης κτίσεως）（西一：15）決不能被解釋爲「是一切被造物中所首生的。」雖然，「首生的」（πρωτότοκος）之後的「一切被造的」（πάσης κτίσεως）是所有格，可直譯爲「一切被造的首生的」（NRSV 譯爲「the firstborn of all creation」；KJV譯爲「the firstborn of every creature」），但卻不能將「首生的」隸屬於「一切被造的」之列。也就是說，「the firstborn of all creation」決非「the first creation」。[83]因爲，希臘文的所有格的用法不是只有一種，而是有三種。[84]

爲闡述的方便，不妨把所有格簡化爲：A of B

所有格的第一種用法是「部分所有格」（partitive genitive），意爲：A是B的一部分；可直譯爲「一切被造中首生的」。

所有格的第二種用法是「受詞所有格」（objective genitive），意爲：B來自A；此時應譯爲「一切被造的來自首生的」。

所有格的第三種用法是「比較所有格」（a genitive of comparison），意爲：時間上，A在B之先，此時應譯爲「首生的是在一切被造的之先」。

那麼，怎樣確定「首生的」與「一切被造的」之間的所有

格是那一種用法呢？這就需要運用以經解經的原則了。

　　首先，耶穌基督「是神榮耀所發的光輝，是神本體的眞像，常用祂全能的命令托住萬有，祂洗淨了人的罪，就坐在高天至大者的右邊」（來一：3）。這表明基督是神、是造物主，而非受造物。其次，既然基督「在一切被造的以先」（西一：5），「萬有都是靠祂造的」（西一：16）、「祂在萬有之先」（西一：17），那麼，基督就不在萬有和受造物之中，而在其之先、之上。第三，如前所述，保羅使用「πρωτότοκος」（首生），而不用指天使中最高階級的「πρωτόκτιστοι」（首先被造），表示基督並不在受造之列。所以，「首生的」與「一切被造的」之間的所有格，不可能是「部分所有格」，只能是「受詞所有格」或「比較所有格」。

　　因此，把「是首生的，在一切被造的以先」譯爲「是首先的，在一切被造的以上」是更加貼切的。[85] 事實上，《新譯本》就是這樣譯的。NIV譯爲「the firstborn over all creation」；《呂振中譯本》譯爲「是首先者超越一切被創造者」，意思也都很清楚。

　　羅伯特遜指出，保羅在寫《歌羅西書》的時候，諾斯底主義（Gnosticism）已經開始在猶太人中流行。該異端聲稱，基督不是神，而是神所發出的一系列「愛安」（aeon）之一，是地位高於天使的受造物。保羅在此強調基督在萬有之先的永恆性和統管萬有的超越性，正是爲了駁斥諾斯底主義在基督論上的的謬誤。[86]

　　此外，排除不正確的前設，對準確理解這節經文，也是有幫助的。有人想，既然父神是父，基督是子，那麼，從時間順序說，必定是先有聖父、後有聖子。因此，當年的亞流主義的

一句名言是：「基督有一刻是不存在的！」他們聲稱，無論這「一刻」多麼短暫，基督也是有開始的，以此否定基督的永恆性。今日的異端，也重施故技。而且，很多人覺得，這更合情理、更容易被接受。其實，聖父和聖子的說法，是擬人法，是一種修辭方法，便於讀者瞭解。聖父和聖子的關係，決不是人間的父子關係；起碼，沒有聖母，聖子從何而來？亞流們所談的聖父與聖子在時間上的先後，是出自受時空限制的受造物的心態。作為時空的創造者的神，是超越時空的，是沒有過去、現在和將來之分的。「耶穌基督，昨日、今日，一直到永遠是一樣的。」（來十三：9）神永遠是現在。所以，當神說「我是」時，永遠用「是」（to be）的現在時態。神是自有、永有的；聖父與聖子的存在，從亙古到永遠，絕無「時間先後」之別。

人是非常渺小、有限的，應該不斷被神的話語所開啟、所校正，而不是用人的理性去批判《聖經》。

作者要表達的字義

字是多義的，每一個作者的寫作習慣、風格又不盡相同。因此，同一個字，不同作者所側重的意思也可能不同。卡森指出，不要以為某一個新約作者對某一個字彙有特定的用法，其他新約作者也會如此；事實上，很多時候都不是這樣。[87] 下面是一些例子。

稱義

希臘動詞「δικαιο´ω」（dikaioō）在新約《聖經》中出現了39次，其中，29次是使徒保羅所使用的。這個動詞主要被譯

爲「稱義」（23次），也被譯爲「以……爲義」、「稱……爲義」、「算爲義」等等。[88] 巴刻指出，使徒保羅使用這個動詞時，他是指神白白地施恩給不虔不義的罪人，藉著他們在基督裏的信心，除去他們的罪孽，算他們爲義；這不是基於人自己的行爲，而是基於耶穌基督的寶血的救贖功能。保羅把它當作一個法律用語，由法官宣判罪人「不算有罪」、「算爲義」，是神賦予人一個無罪釋放的法律地位，而不是指人內在的改變；是神所賜的一個新的身分，而不是一顆新心所帶來的後果。因此，「稱義」的宣判是把末日的審判提前到現在，是一個最後的判決，是永不會改變的。[89]

有時，「δικαιο'ω」也有「顯明……有理」、「顯爲公義」的含義：

> 那人要顯明自己有理，就對耶穌說：「誰是我的鄰舍呢？」（路十：29）

> ……不如說，神是真實的，人都是虛謊的；如經上所記：「祢責備人的時候，顯為公義；被人議論的時候，可以得勝。」（羅三：4）

雅各在《雅各書》中使用「δικαιο'ω」這個動詞時，就基本是「顯明……義」的意思。也就是說，他是運用這個動詞的更普遍的意思，即，爲人伸冤，證明對方是對的。這樣，對雅各來說，「稱義」的意思不是指被神接納爲義，而是證明某一個人是真正信主、被神稱爲義的人。在雅各看來，一個被神稱爲義的人，應該可以從他的生命裏找到證據，證明他有一種活潑

的、有行動的信心，表明他已得到神的接納、被神算爲義了。
[90]

由於保羅和雅各使用「稱義」一字時所側重的方面不同，所以保羅的「因信稱義」與雅各的「因行爲稱義」不是相互衝突，而是相輔相成的。正如筆者曾寫道的：

> 雷勵（Ryrie）指出，保羅強調的，是基督的作爲與信心的關係；雅各強調的，則是信徒的作爲與信心的關係。這就是説，保羅講因信稱義，是傳揚神的憐憫和救贖：人只要願意相信神，就可以白白地領受神的恩典，在神面前成爲義人；而雅各講因行爲稱義，則是闡明人當盡的本分：信心先存於行爲，卻須靠行爲成全。雅各並不是要在因信稱義之外另倡救恩之途，他只是要人們明白「惟獨信心」的含義。信心沒有行爲是死的，結果就是魔鬼般的信心。
>
> 陳終道認爲，有人之所以將保羅的思想與雅各的思想對立起來，是因爲誤解了「靠好行爲」與「有好行爲」的區別。 沒有人靠自己的好行爲能在神面前稱義；一個被神稱爲義的人一定會有相應的好行爲。好行爲不是稱義、得救的先決條件，卻是稱義、得救的必然結果。不是信心加上好行爲，才能稱義、得救；而是使人稱義、得救的信心，必然會帶出好行爲。因爲當一個人因信稱義、得救時，聖靈就會進入他的心中，使之成爲一個新造的人。新造的人有了新的生命，必然會有新的表達。有人説得好：信仰、盼望是基督徒的特質，行爲、見證是基督徒的標誌。整本新約《聖經》也強調同樣的真理，即，基督教

必須藉信徒的倫理、道德行為表達其信仰的真實性和可行性。[91]

蒙召

「蒙召」的希臘文動詞是「καλέω」（kaleō），名詞是「κλησις」（klēsis），形容詞是「κλητός」（klētos）。「καλέω」這個動詞在新約《聖經》中被使用過148次；中文和合本《聖經》譯爲「召」27次，「稱爲」26次，「請」16次，「蒙召」15次，「名叫」15次，有時也被譯爲「稱」、「稱呼」、「叫作」、「被提」等等；名詞「κλησις」被譯爲「召」、「恩召」、「蒙召」、「選召」等；形容詞「κλητòς」則被譯爲「蒙召」、「奉詔」等。[92]

巴克萊指出，在新約《聖經》中，「召」有四層意思：蒙神召喚，成爲祂的兒女；奉召執行某種職責；召人接受某種特權（如赴宴）；和傳召受審。[93]

在和合本新約《聖經》中，動詞「καλέω」有15次被譯爲「蒙召」，2次分別用在《彼得前書》（彼前二：21，三：9）和《希伯來書》（來九：15，十一：8），其餘11次在保羅書信裏。[94]這15次動詞的意思，都是被神揀選，成爲神的兒女，比如：

> 弟兄們！你們蒙召，是要得自由；只是不可將你們的自由當作放縱情慾的機會；總要用愛心互相服事。（加五：13）

> 我爲主被囚的勸你們，既然蒙召，行事爲人就當與蒙召的恩相稱。（弗四：1）

為此祂作了新約的中保；既然受死贖了人在前約之時所犯的罪過，便叫蒙召之人得著所應許永遠的產業。（來九：15）

不以惡報惡，以辱罵還辱罵，倒要祝福；因為你們是為此蒙召，好叫你們承受福氣。（彼前三：9）

與此成對比的是，在和合本新約《聖經》中，動詞「καλέω」有16次被譯爲「請」；其中，絕大多數出現在福音書（14次）。[95]比如：

天國好比一個國王，爲他兒子擺設娶親的筵席。就打發僕人去，請那些被招（καλέω 的分詞——筆者注）人來赴席；他們卻不肯來。（太廿二：2-3）

耶穌見所請的客揀擇首位，就用比喻對他們說……。（路十四：7）

第三日，在加利利的加拿有娶親的筵席；耶穌的母親在那裏。耶穌和祂的門徒也被請去赴席。（約二：1-2）

可見，福音書的作者和新約書信的作者，在使用「καλέω」這個動詞時，側重的含義是不同的。「在保羅書信中，神的『恩召』是具果效性的：『被召』即成爲信徒。相反，對觀福音書論及神的『呼召』時，卻是指神的『約請』。」所以，當福音書的作者說「被召的人多，選上的人少」（太廿二：14）

時，其含義應被理解爲：「被邀請的人多，選上的人少」；而不是「蒙召成爲信徒的多，選上的人少」。[96] 也就是說，「被召的人多，選上的人少」不能成爲「重生得救的基督徒仍可能失去救恩」的經文依據。

模棱兩可的字義

釋經者應盡最大努力，盡量準確把握經文中每一個辭彙的意思。但是，經文中仍然有些辭彙的意思是模棱兩可的。這可能因爲釋經者掌握的資料不夠、無法瞭解作者的意圖，也可能因爲作者刻意使用一語雙關的修辭手法。因此，奧斯邦忠告說，承認釋經者的有限，是非常重要的；不要試圖將所有的經文都解讀得很清楚，以致超過了它的原狀。過分強調同義詞或反義詞的相同或相異之處，就容易產生這類問題。[97]

奧斯邦指出，模棱兩可是釋經最難之處；因爲，聯繫上下文，一個辭彙的一個以上的意思都講得通。面對多重意義的問題時，一個對應的原則是，辭彙「最佳的意義就是最少的意義」。意思是說，當辭彙的意義模棱兩可時，它的最可能的意義就是使上下文改變最少的那個意義。[98] 比如，「你們受苦如此之多，都是徒然的麼」（加三：4）中的「受苦」一字，就是難解的例證之一。「πάσχω」（paschō）這個動詞在新約《聖經》中出現過42次，大多是「受苦」、「受難」、「受害」的意思；只有一次是「所受的」（林後一：6），可理解爲「經歷」。[99] 由於《加拉太書》整卷書中從來沒有提到信徒受到過甚麼逼迫，所以，如果把「πάσχω」譯爲中性的「經歷」，而不是負面的「受苦」，整段經文所受到的干擾會更少。奧斯邦主張，這節經文可讀爲：「你們經歷這麼多（亦即，從聖靈來

的祝福），難道是徒然的麼？」[100]

有些字義的模棱兩可，可能是作者刻意的。比如，《創世記》一章2節的「風」或「靈」就是著名的例子。此外，「《約翰福音》善用雙重意義，名不虛傳。」[101]

《約翰福音》第三章，主耶穌對猶太人的官尼哥底母談道時，對他說：「人若不重生，就不能見神的國。」（約三：3）主耶穌所說的「重生」，是由「重」（ἄνωθεν anōthen）和「生」（γεννάω gennaō）這兩個字組成的。但當尼哥底母回答說「人已經老了，……豈能再進母腹生出來麼」的時候，他所說的「重生」是著重「生」（γεννάω），與主耶穌所說的「重生」顯然不一樣。[102]

在新約《聖經》中，ἄνωθεν 原來的意思是「從上」，然後逐漸演繹爲「從天上」、「從起頭」和「再」等意思。[103] 例如：

> 耶穌大聲喊叫，氣就斷了。殿裏的幔子，**從上**到下裂為兩半。（可十五：37-38）

> 耶穌回答說：「若不是**從上頭**賜給你的，你就毫無權柄辦我。」（約十九：11）

> 各樣美善的恩賜，和各樣全備的賞賜，都是**從上頭**來的；從眾光之父那裏降下來的；在祂並沒有改變，也沒有轉動的影兒。（雅一：17）

> 惟獨**從上頭**來的智慧，先是清潔，後是和平，溫良柔

順，滿有憐憫，多結善果，沒有偏見，沒有假冒。（雅三：17）

從天上來的，是在萬有之上。（約三：31）

這些事我既從起頭都詳細考察了，就定意要按著次序寫給你。（路一：3）

現在你們既然認識神，更可說是被神所認識的，怎麼還要歸回那懦弱無用的小學，情願再（πάλιν ἄνωθεν）給他作奴僕呢。（加四：9）

如此看來，主耶穌對尼哥底母講的「重生」，是「從上頭生」，「從天上生」，或「再一次生」、「重新生」。從上下文看，這些意思都講得通。但尼哥底母的困惑在於，他只將 ἄνωθεν 理解爲「再」，即第二次從母腹而生。「第二次的生，可以肯定地說是重生；但卻是由聖靈從上頭而生的。這是約翰常用的雙關語的筆法。」[104]

又如，主耶穌對撒瑪利亞的婦人說：「你若知道神的恩賜，和對你說：『給我水喝』的是誰，你必早求祂，祂也必早給了你活水。」（約四：10）這個「活」（ζάω zaō）字，在新約《聖經》中出現過140次，被譯爲「活著」（64次）、「活」（33次）、「永生」（14次）、「活人」（9次）、「得生」（6次）、「復活」（5次）、「活潑」（4次），「活活的」（4次）等等。[105] 所以，主耶穌所說的「活水」，可以理解爲「活的（流動的）水」，更可以解讀爲「活著的水」、「得永

生的水」。[106]

　　再如，主耶穌說：「我若從地上被舉起來，就要吸引萬人來歸我」（約十二：32）中的「舉起來」（ὑψόω hypsoò），可以理解為「上十字架」受難，也可以解釋為「升為高」，到天父那裏去。[107]

小　結

　　辭彙是語言的最基本的單位。雖然語言並不是辭彙的堆積，但辭彙在很大的程度上決定了語言的意思。所以，準確地掌握辭彙的意思，對於正確地解讀經文的意思是非常重要的。學者指出，語言研究有兩個角度。一是動態地研究語言在不同歷史時期的演變，可稱之為歷史語言學或比較語言學，是一種「歷時性」（diachronic）的研究。另一種是靜態地研究語言在某個特定時期中的狀態，又稱為「共時性」（synchronic）研究。[108]

　　「歷時性」和「共時性」的語言研究，對於瞭解字義都是有益的，但後者更顯重要。字源學和詞根的研究，有助於瞭解一個字的含義，對那些比較生僻、在經文中出現次數較少的單字，更是如此。但是，由於單字的含義一直處於變化之中，它過去的含義並不一定等於現在的含義，因此，當從歷時性的角度來確定單字的意思時，要持審慎的態度。由於辭彙往往是一詞多義的，釋經者需要更加注意的是單字的共時性，即一個辭彙在作者寫作的當時是甚麼含意、作者在使用它時是側重它的哪一方面的含意，以及它們在上下文中與其他辭彙的關係。

　　瑞士語言學家索蘇爾（Ferdinand de Saussure）曾經這樣論述道：「語言學家所感興趣的研究內容，如棋子變化多端的

移動，以及它們在棋盤上的佈局。至於棋子是木頭的還是象牙的，則無關緊要，因爲他們的質料不能改變下棋的規則。」[109]實際上，正是一個辭彙的共時性含義，和它在語言的佈局中與其他共時性的辭彙的在含義上的相互關係，決定了該辭彙的意義。[110]

注釋

[01] Grant R. Osborne著，《基督教釋經學手冊》，劉良淑譯（臺北：校園書房出版社，1999年），第92，93，113頁。

[02] 同上，第104-105頁。

[03] 參見：Roy B. Zuck著，《基礎解經法》，楊長慧譯（香港：宣道出版社，2001年2版），第122頁；Grant R. Osborne著，《基督教釋經學手冊》，劉良淑譯（臺北：校園書房出版社，1999年），第100頁。

[04] Roy B. Zuck著，《基礎解經法》，楊長慧譯（香港：宣道出版社，2001年2版），第127頁。

[05] 參見：潘秋松著，《解析式新約經文彙編》，美國麥種傳道會，2002年，第308，835頁；Fritz Rienecker（原著），Cleon Rogers修訂，高陳寶嬋編輯，《新約希臘文精華》，第801頁。

[06] 同[04]，第122頁。

[07] 時學祥、趙伯平主編，《語林趣話》（1），四川出版集團，2004年，第2頁。

[08] 同[01]，第96頁。

[09] 同[04]，第124頁。

[10] 黃朱倫著，《語言學與釋經》，楊碧芳譯（臺北：校園書房出版社，2001年），第36頁。

[11] James Barr, The Semantics of Biblical Language, Oxford: Oxford University Press, 1961, p. 102；轉引自：Grant R. Osborne著，《基督教釋經學手冊》，劉良淑譯（臺北：校園書房出版社，1999年），第96頁；另參見：D. A. Carson著，《再思解經錯謬》，余德林、郭秀娟合譯（臺北：校園書房出版社，1998年），第30頁。

[12] 同[04]，第123頁。

[13] 同[10]，第29頁。

[14] 參見：D. A. Carson著，《再思解經錯謬》，余德林、郭秀娟合譯（臺北：校園書房出版社，1998年），第35頁；黃朱倫著，《語

言學與釋經》，楊碧芳譯（臺北：校園書房出版社，2001年），
第30-32頁。

[15] Fritz Rienecker原著，Cleon Rogers修訂，高陳寶嬋編輯，《新約希臘文精華》，香港：角石出版有限公司，1996年，第698頁。

[16] 潘秋松著，劉淑媛編輯，《解析式新約經文彙編》，美國加州：美國麥種傳道會，2002年，第648，999頁。

[17] 同[01]，第108頁。

[18] 陳終道著，《以經解經》，香港：金燈檯出版社，1995年，第264頁。

[19] 同上。

[20] 中國神學研究院編撰，《聖經──串珠‧注譯本》（增訂版），香港：福音證主協會，2000年，第166 6頁，林前10：14-22注釋。

[21] 鮑會園（總編），《聖經新國際版研讀本》，美國新澤西州：更新傳道會，1996年，第2175頁，林前10：17注釋。

[22] 同[18]，第265頁。

[23] Archibald T. Robertson原著，詹正義（總編），陳一萍編譯，《活泉新約希臘文解經 卷七》，美國加州：美國活泉出版社，1991年，第79頁。

[24] 馮蔭坤著，《真理與自由──加拉太書注釋》（增訂版），香港：福音證主協會證道出版社，1987年，第216-217頁；G. Waldemar Degner著，《釋經學的理論與實踐》，劉秀珠譯（新竹：中華信義神學院出版社，1998年），第153頁。

[25] 同[23]，第80頁。

[26] 馮蔭坤著，《真理與自由──加拉太書注釋》（增訂版），香港：福音證主協會證道出版社，1987年，第215-216頁

[27] 參見：詹正義（總編），《活泉希臘文解經 卷六》美國加州：美國活泉出版社，1990年，第197-198頁；《中文聖經啟導本》，香港：海天書樓，1993年，第1645頁，林前12：31注釋；陳終道著，《新約書信詳解》（合訂本），香港：金燈檯出版社，第164頁；陳惠榮、胡問憲主編，《證主21世紀聖經新釋 II》，香港：福音證主協會，2000年，第1242頁。

[28] 陳終道著，《新約書信詳解》（合訂本），香港：金燈檯出版社，第164 -165頁。

[29] 同[16]，第404，1027 頁。

[30] 同[16]，2002年，第724頁。

[31] 同[16]，第724頁。

[32] 參見：詹正義（總編），《活泉希臘文解經 卷二》，美國加州：美國活泉出版社，1990年，第34頁；潘秋松著，劉淑媛編輯，《解析式新約經文彙編》，美國加州：美國麥種傳道會，2002年，第176頁。

[33] 詹正義（總編），《活泉希臘文解經 卷二》，美國加州：美國活泉出版社，1990年，第34頁。

[34] 同[16]，第724頁。

[35] 同[16]，第2922頁。另參見：Roy B. Zuck著，《基礎解經法》，楊長慧譯（香港：宣道出版社，2001年2版），第129-130頁。

[36] 同[18]，第120頁。

[37] 吳羅瑜（總編），《聖經新辭典》（下冊），香港：中國神學研究院，2000年，第760頁。

[38] 同上，第597頁。

[39] 同[16]，第1034頁。

[40] 同[16]，第521頁。

[41] 同[18]，第136頁。

[42] 同[16]，第641頁。

[43] 同[37]，第761頁。

[44] 轉引自：Bruce A. Demarest著，《耶穌是誰》，嚴彩琇譯（美國加州：美國活泉出版社，1990年二版），第54-55頁。

[45] 陳終道著，《天國君王──馬太福音講義》（修訂版），香港：宣道出版社，1998年，第343-344頁。

[46] George Eldon Ladd著，《認識上帝的國》，林千俐譯（臺北：校園書房出版社，1996年），第59頁。

[47] 同上。

[48] 同上，第49-50頁。

[49] 同[15]，第262頁。

[50] 同[21]，第1964頁。

[51] 陳惠榮、胡問憲（主編），《證主21世紀聖經新釋》，香港：福音證主協會，2000年，第1066頁。

[52] 同[21]，第1929頁，路4：19注釋。

[53] 同[46]，第51頁。

[54] 同[46]，第52頁。

[55] 同[46]，第52-62頁。

[56] 同[10]，第17-18頁。

[57] William Barclay著，《新約原文字解》，鄧肇明譯（香港：基督教文藝出版社，1994年），第1-7頁。

[58] 同上，第5頁。

[59] 同[16]，第945，1047 頁。

[60] D. A. Carson著，《再思解經謬誤》，余德林、郭秀娟合譯（臺北：校園書房出版社，1998年），第59頁。

[61] 同[16]，第780頁。

[62] 參見：潘秋松著，劉淑媛編輯，《解析式新約經文彙編》，美國加州：美國麥種傳道會，2002年，第780頁；D. A. Carson著，《再思解經謬誤》，余德林、郭秀娟合譯（臺北：校園書房出版社，1998年），第60頁。

[63] 同[57]，第4頁。

[64] 同[60]，第32頁。

[65] 參見：潘秋松著，劉淑媛編輯，《解析式新約經文彙編》，美國加州：美國麥種傳道會，2002年，第600頁；D. A. Carson著，《再思解經謬誤》，余德林、郭秀娟合譯（臺北：校園書房出版社，1998年），第32頁。

[66] 同[60]，第32頁。

[67] 參見：潘秋松著，劉淑媛編輯，《解析式新約經文彙編》，美國加州：美國麥種傳道會，2002年，第665 頁；黃朱倫著，《語言學與釋經》，楊碧芳譯（臺北：校園書房出版社，2001年），第88頁。

[68] 同[60]，第60頁。

[69] 同[60]，第61頁。

的詮釋

[70] Gordon D. Fee著，《新約解經手冊》，顏添祥譯（臺北：中華福音神學院出版社，1983年），第100頁。

[71] 同[04]，第131頁。

[72] 參見：Williston Walker著，《基督教會史》（增訂本），謝受靈（原譯）、趙毅之（修譯）（香港：基督教文藝出版社，1998年），第186-187頁；謝家樹著，《基督教歷代別異神學思想簡介》，臺北：財團法人基督教、中國主日學會，1983年，第45頁。

[73] 《根據聖經而推理》，Watchtower Bible and Tract Society of New York, NY: Brooklyn, 1989, 第209，199頁。

[74] 同[23]，第427頁。

[75] 同[16]，第1031頁。

[76] 同[23]，第427頁。

[77] 同[16]，第1031頁。

[78] 黃錫木著，《新約經文鑑別學概論》，香港：基道出版社，1997年，第168頁。

[79] 同[16]，第786頁。

[80] 同[23]，第427頁。

[81] 參見：《尋道本聖經》，美國新澤西州：更新傳道會，2002年，第932頁，詩89：27的注釋；Archibald T. Robertson原著，詹正義（總編），陳一萍編譯，《活泉新約希臘文解經 卷七》，美國加州：美國活泉出版社，1991年，第427頁。

[82] 陳終道著，《新約書信詳解》（合訂本），香港：金燈檯出版社，第416頁。

[83] 同上，415頁。

[84] 同[23]，第428頁。

[85] 同[23]，第428頁。

[86] 同[23]，第428頁。

[87] 同[60]，第74頁。

[88] 參見：潘秋松著，劉淑媛編輯，《解析式新約經文彙編》，美國加州：美國麥種傳道會，2002年，第968頁；J. I. Packer著，《字裏珍藏》，林來慰譯（香港：宣道出版社，1994年3版），

第142頁。

[89] J. I. Packer著，《字裏珍藏》，林來慰譯（香港：宣道出版社，1994年3版），第142-144頁。

[90] 同上，第148頁。

[91] 里程著，《聖經的權威》，美國：基督使者協會、海外校園出版，2005年，第439頁。

[92] 同[16]，第723，995，1000 頁

[93] 同[57]，第116頁。

[94] 同[16]，第723頁。

[95] 同[16]，第762-763頁。

[96] 同[60]，第74頁。

[97] 同[01]，第125頁。

[98] 同[01]，第126頁。

[99] 同[16]，第1023，391頁。

[100] 同[01]，第126頁。

[101] 同上。

[102] 同[16]，第480頁。

[103] 參見：Archibald T. Robertson原著，詹正義（總編），陳一萍編譯，《活泉新約希臘文解經 卷三》，美國加州：美國活泉出版社，1991年，第123頁；潘秋松著，劉淑媛編輯，《解析式新約經文彙編》，美國加州：美國麥種傳道會，2002年，第953頁；。

[104] Archibald T. Robertson原著，詹正義（總編），陳一萍編譯，《活泉新約希臘文解經 卷三》，美國加州：美國活泉出版社，1991年，第124頁

[105] 同[16]，第988頁。

[106] 同[01]，第126頁。

[107] 參見：潘秋松著，劉淑媛編輯，《解析式新約經文彙編》，美國加州：美國麥種傳道會，2002年，第794，1046頁；Grant R. Osborne著，《基督教釋經學手冊》，劉良淑譯（臺北：校園書房出版社，1999年），第126頁。

[108] 同[10]，第27頁。

[109] Ferdinand de Saussure，Course in General Linguistics. New York: McGrawhill,1966,p.99-100；轉引自：黃朱倫著，《語言學與釋經》，楊碧芳譯（臺北：校園書房出版社，2001年），第28頁。

[110] 同[10]，第28頁。

第 **4** 章

文 體

　　文體即文學體裁（literary genre）。「genre」（體裁）為法文字，源自拉丁文「genus」，意思是「種類」，是生物分類學的一個分類單位——「屬」；在文學上則是指具有特定形式和內容的寫作類別或種類。[1]

　　《聖經》是舉世無雙、集各種文體之大成的文學巨著。但《聖經》不是單純的文學著作，更是神的啟示。[2]一些批判學者只把《聖經》當作一般的文學著作，用《聖經》的不同文體來否定《聖經》的真實性，否定《聖經》的權威。因此，一提到《聖經》的文體，有人就心存疑慮。這是可以理解的。但是應該看到，神藉著多種多樣文學形式對人說話；各種文體是神用以傳達祂的啟示的方式，在神的啟示中扮演了積極的角色，是《聖經》有機體的一部分。《聖經》中的文學技巧與其神學、道德、歷史等是和諧的，與《聖經》的真實性、無誤性是沒有衝突的。因此，不必一提《聖經》的文體就談虎色變。[3]

　　事實上，識別《聖經》的文體，對正確詮釋《聖經》是很重要的。蘇克指出，《芝加哥釋經學宣言》（Chicago Statement on Biblical Hermeneutics）的廿五項條文中，有四條是與文體有

關的：

> 「我們肯定：《聖經》藉著多樣的文學形式，用語
> 言向我們講明神的真理。」（第十條）「我們肯定：注意
> 《聖經》不同部分的文體、形式及風格，是正確釋經的必
> 要條件，因此我們看重體裁批判，視之為研究《聖經》的
> 學科之一。」（第十三條）「我們肯定：《聖經》雖然
> 運用許多恰當的文學形式來記載事件、講論及談話，然而
> 均符合歷史事實。」（第十四條）「我們肯定：必須按照
> 字面或慣常的意思來解釋《聖經》。按字面的意思就是按
> 文法、歷史的意思，即是按作者所要表達的意思來解釋。
> 字義解釋包括考慮《聖經》中所有的修辭手法和文學形
> 式。」（第十五條）[4]

藍姆將文體分為三個範疇。1）象徵性語法：用一個片語
或句子，表達超出普通字面意義的意思。如明喻、暗喻、借
喻、誇張、反語、擬人、雙關語等；2）較大的文體類別，如比
喻、寓言等；3）《聖經》的每卷書，都屬於一種更廣泛的文體
類別，如律法書、歷史書、先知書、智慧書等。[5]藍姆講的第
一類，就是修辭：「運用詞或短語，表達超出字面和自然的意
思。」[6]本章主要論及各經卷所屬的文體；第一、二類文體將在
以後的章節討論。

敘事體

敘事體（narrative）就是所謂的「故事」（story）。但因為
人們容易把「故事」與「虛構小說」畫等號，一般《聖經》學

者喜歡稱這種文體為「敘事體」，即以故事形態來呈現歷史和神學。[7]《聖經》所傳講的是「神的故事」，是「完全真實、極其重要、而且常常是非常複雜的故事」。[8]

費依和史督華（Gordon & Stuart）指出，舊約《聖經》占整本《聖經》四分之三的篇幅，而舊約《聖經》的百分之四十以上是敘事，舊約的歷史書大都屬此類；在新約《聖經》中，占主要篇幅的四福音書和《使徒行傳》也大都是敘事。所以敘事體是《聖經》使用最多的一種文體。[9]

奧斯邦說，自克瑞格（Krieger）以來，人們常用圖畫、窗戶和鏡子來形容《聖經》的敘事體。《聖經》敘事的文學，像一幅圖畫或肖像，呈現敘事所描述的世界；《聖經》敘事的歷史，像一扇窗戶，使讀者看出敘事背後的事件；《聖經》敘事的神學，有如一面鏡子，使讀者能領受經文「鎖定」的信息。[10] 因此，對《聖經》敘事經文的詮釋，必須包括文學、歷史和神學三個層面，才算完全。這是《聖經》故事與世俗文學的不同之處。[11]

費依和史督華從另一個角度，也將《聖經》敘事分為三個層次。上層是藉神的創造和救贖而實現的普世計畫，包括神的創造，人的墮落，罪的權勢，神的拯救，基督的降生、受難、復活、升天、再來等，新天新地的降臨則將故事推至高潮。中層則以以色列人為主題，包括神呼召亞伯拉罕，以色列民族的形成，神領以色列人出埃及進迦南，以色列的悖逆、不忠，神的懲罰和挽救，以色列的亡國、被擄，及被擄後的歸回等。底層是所有組成前兩個層面的數百個個別的故（敘）事。每一個個別敘事（底層）都是更大的敘事（中層）的一部分；更大的敘事又是最大敘事（上層）的一部分。上層敘事涵蓋新舊約。

只有瞭解個別敘事在其他兩種敘事裏的地位，才能充分理解它的意義。[12]

敘事一般包含故事背景、角色描寫和結構佈局三大元素。《聖經》故事大都相當質樸、簡潔，比較接近民間口傳文學。詮釋者必須格外留心一切細節的描寫。故事背景可分為實物、時間和文化三種。角色有主角、配角、反面角色、龍套角色等。結構佈局的核心則是張力與衝突。[13]

費依和史督華提出一些在詮釋《聖經》敘事經文應把握的原則，對詮釋者是有幫助的。比如：

舊約的敘事通常不是直接的教導。但是，蘊藏在事件中的含蓄教導（暗示），更形像、生動，有時比直接、明確的教導更能使讀者銘心刻骨。比如，大衛王犯姦淫，對他個人和王國帶來的極為深重的災難。

敘事所記錄的事情，不一定是應該發生的事情。敘事裏的人物的言行，不一定是信徒的好榜樣，有時正好相反。

不能用敘事的結局來判斷所發生的事是好是壞。

所有的敘事都是經過選擇的，是不完全的，不能回答讀者對某一問題的所有疑問。讀者必須學習滿足於這種對敘事的有限瞭解，約束其好奇心。但敘事已記錄了受聖靈默示的作者認為讀者應該知道的一切重要的事。

神是《聖經》所有的故事的主角。[14]

現在來看兩個例子。

約瑟的故事

《創世記》從十二章開始直到結束，主要敘述的就是亞伯拉罕、雅各和約瑟這三位族長的故事。人們所稱的「約瑟的故

事」（創卅七～五十章）是一個由許多關於約瑟的個別故事組成的複合故事。敘事記載約瑟原是一個被父親以色列所溺愛、頗為自負的孩子，後被嫉妒他的哥哥們賣到埃及為奴；經過許多艱難、坎坷，他最後成為埃及的宰相，使以色列全家在埃及團聚。

敘事會引導讀者思考，一個被賣到外邦的猶太少年，無親無故，無依無靠、無權無勢，憑甚麼不僅能存活下來，而且能一躍成為強大的埃及王國的第二號人物呢？

答案是不難覓見的。這是一個「神對一個不可能成功的人所行的事」的故事。[15]「耶和華與約瑟同在」的語義不斷出現的敘事裏：

約瑟被賣到埃及，成為埃及法老的內臣、護衛長波提乏的僕人後，「約瑟在他主人埃及人的家中，耶和華與他同在，他就百事順利。他主人見耶和華與他同在，又見耶和華使他手裏所辦的盡都順利」（創卅九：2），於是主人派約瑟管理家務。

「自從主人派約瑟管理家務和一切所有的，耶和華就因約瑟的緣故，賜福與那埃及人的家；凡家裏和田間一切所有的，都蒙耶和華賜福。波提乏將一切所有的，都交在約瑟的手中，除了自己所吃的飯，別的事一概不知。」（創卅九：5-6）由於耶和華的賜福，約瑟才能成為波提乏的管家。

由於波提乏妻子的誣陷，約瑟被下在監裏。在監獄裏，神同樣與約瑟同在。神首先使約瑟在監獄長面前蒙恩。「耶和華與約瑟同在，向他施恩，使他在司獄的眼前蒙恩。司獄就把監裏所有的囚犯，都交在約瑟的手下；他們在那裏所辦的事，都是經他的手。凡在約瑟手下的事，司獄一概不查，因為耶和華與約瑟同在；耶和華使他所作的盡都順利。」（創卅九：

21-23）其次，神使他與埃及王的酒政、膳長同關一獄，並幫助他解開了他們的夢（創四十：8），爲後來他替埃及王解夢鋪墊了道路。

後來埃及法老作了夢，無人能解。經曾被監禁的埃及王的酒政舉薦，約瑟被帶去爲法老解夢。約瑟很清楚，解夢的智慧來自神：「法老對約瑟說：『我作了一夢沒有人能解，我聽見人說，你聽了夢就能解。』約瑟回答法老說：『這不在乎我，神必將平安的話回答法老。』」（創四十一：15-16）約瑟將夢解開，深得王的賞識，被任命爲埃及王國的宰相，年僅三十歲。

約瑟知道，他到埃及後所發生的一切，都是神的看顧和保守。所以，「約瑟給長子起名叫瑪拿西〔就是使之忘了的意思〕，因爲他說：『神使我忘了一切的困苦和我父的全家。』他給次子起名叫以法蓮〔就是使之昌盛的意思〕，因爲他說：『神使我在受苦的地方昌盛。』」（創四十一：51-52）

可見，神是約瑟故事的第一主角。

被神揀選的人，一定要敬畏神，才能被神使用。神揀選約瑟的父親雅各（後被神改名爲以色列）時，雅各並非善良忠誠的人，而是狡猾欺詐之輩。但後來神把他塑造成一個敬畏神的人。以色列臨終前，還「在床頭上〔或作扶著杖頭〕敬拜神」（創四十七：31）。相反，當神揀選掃羅作以色列王國的第一位君王時，他似乎還比較謙卑。先知撒母耳奉命膏他之前，對他說「以色列眾人所仰慕的是誰呢？不是仰慕你，和你父的全家麼」時，他尚回答說：「我不是以色列支派中至小的便雅憫人麼？我家不是便雅憫支派中至小的家麼？你爲何對我說這樣的話呢？」（撒上九：20-21）但他作王以後，不但擅自獻祭，

而且公然違背神的命令，存留亞瑪力王亞甲的性命，存留許多本當宰殺的牛羊。所以撒母耳對掃羅說：「因為你厭棄耶和華的命令，耶和華也厭棄你作以色列的王。」「今日耶和華使以色列與你斷絕，將這國賜予比你更好的人。」（撒上十五：26、28）

在約瑟故事中，約瑟是第二主角。約瑟的成功，第一要素是外在的，是神與他同在；第二要素是內在的，是他對神的敬畏。他在波提乏家作管家時，天天遭到波提乏妻子的引誘、挑逗，他都嚴詞拒絕了：「這家裏沒有比我大的，並且他沒有留下一樣不交給我，只留下了你，因為你是他的妻子。我怎能作這大惡，得罪神呢？」（創卅九：9）當波妻抓住他衣裳不鬆手時，約瑟乾脆把衣裳丟在婦人手裏，跑到外面去了。對神的敬畏，使約瑟能抵擋色情的試探。以色列去世後，約瑟的哥哥們怕約瑟為他們以前的惡行懲罰他們，所以再一次向約瑟俯伏。但約瑟對他們說：「不要害怕，我豈能代替神呢？」（創五十：19）他告訴哥哥們：伸冤的事是在神手中，祂會作出公正判決；他本人絕不會代替神，自報私仇。上述這兩件事情，都是常人不易處理好的。神與他同在和他對神的敬畏，使約瑟在這些棘手的事上都能得勝。

另外，從約瑟故事看，有神的同在，並不表示就沒有坎坷、磨難。約瑟有神同在，取得波提乏的信任，作了管家，但卻常受到波妻的性侵擾；他靠著神的恩典，拒不犯淫亂，卻遭致冤獄之苦。在獄中，神幫他替王的酒政和膳長解了夢，但酒政出了監獄後，卻忘了替約瑟伸冤。在逆境中，約瑟沒有對神發過半句怨言，他默默地等候著神。其實，苦難常常是化了裝的祝福。試想，如果約瑟不被波妻誣陷下監，他怎能結識王的

酒政和膳長呢？如果他不替他們解夢，約瑟怎麼會被推舉去為埃及王解夢呢？如果不為王解夢，約瑟就不可能被任命為宰相。正如一位老弟兄所說：不問是禍是福，只問是不是神的旨意。如果是神的旨意，禍會變成福；如果不是神的旨意，福會變成禍。[16]

按照費依和史督華的觀點，上述約瑟的綜合故事，仍屬於底層故事，是包含在較大的故事——關於以色列人的中層故事中的。是的，約瑟從家鄉被賣到埃及，從奴隸到宰相，都是神的計畫，為的是後來迦南地鬧饑荒時，以色列全家能遷到埃及而倖免於難。這在約瑟心目中是很清晰的。他對他的哥哥們說：「神差我在你們以先來，為要給你們存留餘種在世上，又要大施拯救，保全你們生命。這樣看來，差我到這裏來的不是你們，乃是神。……從前你們的意思是要害我，但神的意思原是好的，要保全許多人的性命，成就今日的光景。」（創四十五：7-8、20）

神的主權和人的責任是貫穿整部《聖經》的主題之一。從人的理性看，這兩方面是不能共存的：如果神掌管一切，人就沒有責任；如果人要負責任，就必須在神的主權之外。但是，《聖經》既高舉神的主權，又強調人的責任。這看似矛盾，卻是神啟示的真理不可缺失的兩個方面，是超越人的理性的。約瑟的哥哥們當年出於嫉妒把約瑟賣到埃及，但神卻藉著這一惡行成就了祂的永恆計畫。約瑟從巴勒斯坦到埃及，不是一個偶發事件，而是神的計畫；但他的哥哥們將會因自己的惡行受到神的審判。新約《聖經》也有相似的例子，其中最著名的是加略人猶大出賣主耶穌。主耶穌被釘十架是為了完成是神的救贖計畫，決非偶然（民廿一：8-9；約三：14-15，十九：

10-11）；加略人猶大賣主，是出於他的貪財，他必將面對神的審判。主耶穌的一句話，就把這兩方面都講清楚了：「人子必要去世，正如經上指著祂所寫的，但賣人子的人有禍了！那人不生在世上倒好。」（太廿六：24）耿拉德和朗文（Dillard & Longman）寫道：

> 約瑟本人給了我們一個神學框架，來衡量他的一生。……在約瑟的生平故事中，神顯明自己是掌管歷史細節的神。從人的角度來看，約瑟從巴勒斯坦到埃及，從波提乏的家中到牢裏，實在是陷入惡運。那些想害他的人——他的兄弟和波提乏的妻子——似乎決定了他的命運。但是，約瑟卻明白，他生命中一切經歷的背後，都有神的意思。他又知道，神翻轉了他兄弟和其他人的惡意，讓他在宮廷身居要職，乃是為了要保存他的全家，以持續應許之約。
>
> 神翻轉人的惡意，為要保存他的子民，這個主題出現於整個舊約之中，但在約瑟的故事裏看得最清楚。[17]

約瑟的故事中的以色列的故事又包含在最大的上層故事——神藉創造和救贖而實現的普世計畫中。當初，以色列率領全家到埃及投靠約瑟時，僅七十人（創四十六：27）。由於約瑟的幫助，以色列家族得以在埃及居住、繁衍。四百三十年後，當摩西領以色列人出埃及進迦南時，以色列人已有百萬之眾了（僅男人就有六十萬）（出十二：37）。此時，神的子民——以色列人——已經以一個民族的姿態登上了人類歷史舞臺。神引領他們進入應許之地，神把聖言交託給他們（羅三：1-2），神要藉著他們，拯救全人類。雖然猶太人有心硬不信的，神的救

恩轉到了外邦，但神卻應許說：「以色列人有幾分是心硬的，等到外邦人的數目添滿了；於是以色列全家都要得救，如經上所記：『必有一位救主，從錫安出來，要消除雅各家的一切罪惡。』」（羅十一：25-26）

約瑟對這個上層故事也認識很清楚：

> 約瑟對他弟兄們說：「我要死了，但神必定看顧你們，領你們從這地上去，到祂起誓所應許給亞伯拉罕、以撒、雅各之地。」約瑟叫以色列的子孫們起誓，說：「神必定看顧你們，你們要把我的骸骨從這裏搬上去。」約瑟死了，正一百一十歲；人用香料將他薰了，把他收殮在棺材裏，停在埃及。（創五十：24-26）

《創世記》以「約瑟的棺材停在埃及」爲結束，神的救贖計畫告一段落。但是，幾百年後，當以色列人抬著約瑟棺材從埃及起行時，神的子民的威武悲壯、跌宕起伏的歷史舞劇，才剛剛拉開了帷幕。

以斯帖的故事

以斯帖的故事也是膾炙人口的舊約《聖經》故事之一。《以斯帖記》是被擄後的三卷歷史書中的一卷，其餘兩卷是《以斯拉記》和《尼希米記》。

故事背景：

主前722年，北國以色列爲亞述所滅，其民被擄往北方瑪代的城邑（王下七：16）。主前587/6年，耶路撒冷被巴比倫攻

陷，南國滅亡，百姓被擄（王下廿五：1-22）。亞述和巴比倫相繼覆滅後，波斯王古列於主前539年完成統一大業。原居瑪代城邑的猶太人部分東遷，入住波斯中部城鎮。主前537年，古列下詔，允准第一批猶太人（約五萬人）回歸本土，但仍有幾百萬猶太人滯留波斯。《以斯帖記》所記載的，是波斯王亞哈隨魯（即薛西）在位時期（486-465 BC），發生在波斯國的多宮所在地書珊城（巴比倫東三百公里）中的猶太人反屠殺的驚心動魄的鬥爭。從亞哈隨魯王出征希臘前大擺宴席（斯一：3；483 BC）到猶太人慶祝第一個普珥節（473 BC），時間跨度為十年。十六年後，文士以斯拉率另一批猶太人歸國。所以，《以斯帖記》所敘述的事件，當發生於《以斯拉記》的第六和第七章的記載之間。[18]

故事角色：

出場的主角是亞哈隨魯王的妻子——猶太藉王后以斯帖，和她的養父——便雅憫支派人末底改；其對立角色是亞哈隨魯王的寵臣、亞甲族人哈曼；亞哈隨魯王在故事中的地位雖舉足輕重，但似乎只是一個中間角色。

結構佈局：

故事的衝突由末底改不向哈曼下拜開始，兩人之間仇恨源於兩個民族之間的對抗，最後激化為哈曼陰謀屠殺波斯全境的猶太人和猶太人反屠殺的扣人心弦的殊死鬥爭。

現在較詳細地來看這個故事的情節。

波斯王亞哈隨魯出征希臘前大宴群臣，在宴會上一時性起，廢了王后瓦實提（第一章）；戰敗回國的亞哈隨魯，賠了

夫人又折兵，心情鬱悶，決定選美立后；猶太女子以斯帖奇蹟般地被立爲王后（二：5-17），成爲整個故事的楔子。

亞哈隨魯抬舉大臣哈曼，吩咐在朝門的一切臣僕都要跪拜他。但在朝門的末底改，無論臣僕們怎麼勸，他對哈曼就是不跪不拜，而且還告訴他們，自己是猶太人。爲甚麼身爲猶太人，末底改就不向哈曼下拜？經文沒有解釋。但這可從二人的背景找到答案。哈曼是亞甲族人（斯三：1）。對「亞甲族」雖有不同解釋，但猶太人的傳統看法是，亞甲族是亞瑪力王亞甲（撒上十五：17-20）的後裔。[19] 這種觀點很合理。在進軍迦南的途中，亞瑪力人是第一個在曠野攻打以色列人的敵人。所以，「耶和華對摩西說：『我要將亞瑪力的名號，從天下全然塗抹了，你要將這話寫在書上作紀念，又念給約書亞聽。』」（出十七：14）摩西說：「耶和華已經起了誓，必世世代代和亞瑪力人爭戰。」（出十七：16）進入迦南後，耶和華又藉先知撒母耳命令掃羅王（便雅憫支派人）滅盡亞瑪力人（撒上十五：2-3）。但掃羅卻違背耶和華的命令，擅自存留了亞瑪力王亞甲的性命（撒上十五：7-9）。沒想到，五百年後，掃羅王的後裔末底改（便雅憫支派人），與亞瑪力王亞甲的後裔哈曼，在波斯國的冬宮再次相遇，形同水火。

在這樣的歷史背景下，就能理解爲甚麼末底改決不拜哈曼。其實，猶太人不是絕對不可對人下拜的。大衛就拜過掃羅王（撒上廿四：8）。但末底改拒不向以色列人的仇敵亞瑪力人下拜，是由於民族之恨。同樣，哈曼不僅惱怒末底改，而且遷怒於整個猶太民族，不惜以重金換取王旨，通令各省各地，要在當年十二月十三日，將波斯境內的所有猶太人，「無論老少婦女孩子」，「全然剪除，殺戮滅盡，並奪他們的財爲掠物」

（斯三：13）。哈曼的舉動也只能從這個歷史背景來詮釋。這一場衝突，是神的子民和神的子民仇敵的衝突。

面臨突發的滅頂之災，淪爲被擄之民、毫無自衛能力的猶太人，「大大悲哀，禁食哭泣哀號，穿麻衣躺在灰的甚多。」（斯四：3）末底改希望以斯帖利用她王后的身分，求王阻止這一場屠殺。但當時以斯帖的處境也不妙。此時她爲后已有五年（斯二：16；三：7），三十天沒有蒙王召見了，可見她已不太得寵了。而王有一定例：「若不蒙召，擅入內院見王的，無論男女必被治死。」（斯四：10-11）在民族存亡的關頭，嬌弱的猶太女子以斯帖，經過三晝三夜的禁食後，把個人的生死置之度外，公然違例進內院見王（斯四：16）。以此爲契機，形勢開始逆轉。

在《以斯帖記》的第五至第七章，作者以非常平實的手法，記載了十一個「偶然」事件，使猶太人轉危爲安，轉敗爲勝：

1）以斯帖違例去見王，王不僅不罰，而且施恩予她，答應她的請求（斯五：1-3）；

2）以斯帖第一次宴請王和哈曼後，當晚王竟失眠了（斯六：1）；

3）睡不著可以做各種事，王卻想看書（斯六：1）；

4）王想看書，而且偏偏想看歷史書（斯六：1）；

5）歷史書內容浩瀚，卻正好讀到末底改救王性命那一段記載（斯六：2）；

6）末底改救了王的性命（斯六：19-23），立了大功，卻未受獎，看似反常，實爲伏筆；

7）王聽到這段歷史後，偏偏問末底改得到甚麼爵位沒有

（斯六：3），如果王不問，也就沒戲了；

8）恰好，此時哈曼進到王宮的外院（斯六：4-5）；

9）哈曼以為王所喜悅尊榮的人是他自己（斯六：6-9）。

以上九種「巧合」，缺一不可，否則，末底改不可能得尊榮（斯六：7-11）；末底改雖得到了尊榮，卻沒有得到權力。猶太人仍危在旦夕。所以，「偶然」事件繼續發生：

10）第二次宴請時，以斯帖當面揭露了哈曼的陰謀，哈曼不設法平息王怒，反向仇人以斯帖求情（斯七：7）；

11）哈曼驚恐之際，不顧對王后應有的禮節，竟伏向王后所倚的榻求救，王以為他在凌辱王后，鑄成死罪（斯七：8）。否則，哈曼是很可能被赦免的。因為他是王的寵臣；陰謀畢竟還未實施；若再以重金相贈，定可得王的喜悅。然而，對王后的不恭——而非王后對哈曼的控告——竟成為哈曼的直接死因，實為人始料不及。

十一個「偶然」事件，件件相扣，猶太人才能徹底挫敗哈曼的陰謀。單看每一件事，有可能是偶然的；但一連串的「偶然」的背後，一定有一個「必然」。這就是神的掌管。狄拉德和朗文寫道：

> 《以斯帖記》的作者所講述的故事，其實最重要的主角並沒有現身——神的同在是盡在不言中，讀者自能從整個故事中會意，這一大堆的巧合不過是祂掌管歷史、眷顧祂子民的副產品。這位作者所寫的書，從頭到尾都在講神的作為與掌權，可是整個故事沒有一頁提到神，這種文筆

實在太不凡了。對與作者同時代的猶太人，以及歷世歷代讀這故事的人，這個有關神保守、揀選的故事，帶來了安慰與肯定的信息。神在歷史中的作為或許是隱藏的，並非人人都能看透。可是儘管我們不能瞭解神對一切所發生之事的旨意，但沒有一件事不在祂的掌握之中。[20]

曾霖芳將《以斯帖記》的主題概括爲「隱藏的神，默然的愛」。[21]

神掌管一切；同時，神也一直在尋求合祂心意的人來達成祂的事工。得知哈曼的陰謀後，末底改曾對以斯帖說：「你莫想在王宮裏強過一切猶太人，得免這禍。此時你若閉口不言，猶太人必從別處得解脫、蒙拯救，你和你父家，必至滅亡。焉知你得了王后的位分，不是爲現今的機會麼？」（斯四：14）而以斯帖則要求書珊城所有的猶太人和她的宮女都禁食三晝三夜，然後她冒死去見王，「我若死就死吧！」（斯四：17）末底改對神的信心和以斯帖爲民族獻身的決心，都爲神所悅納。這樣，《以斯帖記》「將人的責任與神的保守奇妙地協調在一起。」[22]

《以斯帖記》不僅是關於以斯帖、末底改和哈曼的故事，也是關於以色列民族的故事；而這些底層和中層的故事，又包含在神的救贖這個上層故事中。以色列民族是神的選民，他們必會蒙神的拯救，以便神藉著他們實現對人類的救贖計畫。「本書中，在那離伯利恆千里之外的遙遠城市（指書珊城，筆者注），幾個世紀以前，神已經在掌管歷史，使它逐步向前，直到祂自己的兒子來到；那時，猶太人和外邦人的隔閡才能完全除去。」[23]

敘事體中的重複和省略

重複是敘事問題中常見的寫作技巧，以加深讀者的印象。重複有不同類型：用同源字，如《路得記》中的「去」和「回」；一個具體意象的重複，如參孫故事中的火，摩西故事中的水；同一個主體的重複，如《士師記》中以色列人的悖逆─受懲罰─悔改─蒙拯救的模式；重大事件的重複，如亞伯蘭兩次謊稱撒萊不是他的妻子，主耶穌餵飽五千人和四千人，保羅三次提及自己在大馬色路上蒙召的經歷等等。[24]

使用重複技巧並不等於是虛構情節。奧斯邦指出，歷史記載和文學技巧是可以並存的。《聖經》的作者在敘事時，是有選擇的，他們省略的比記錄下來的多得多。他們不單是為了撰寫歷史，更是有意要記錄一些重複的史實，以強調某些重點。[25]

「節制敘事」（narrative reticence）又稱為「省略」（omission）或「斷層」（gapping），[26]即作者刻意省略某些資料，以激勵讀者更深地潛入敘事的世界，在經文中挖掘、搜尋，填補斷層，達到更清晰地掌握敘事內容的目的。[27]

例如，關於該隱和亞伯獻祭的敘事（創四：1-15）。經文只說耶和華「看不中該隱和他的供物」（創四：5），卻沒有說是甚麼原因，也沒有描述該隱獻祭的心態。讀者為要明白其中的緣由，就得仔細讀經文。文中記載，亞伯獻上羊群中「頭生的」，並且是羊肉中最好的「脂油」部分；而該隱獻的僅為「地裏的出產」，並沒有使用「初熟的」或「最好的」這類字眼。可見，亞伯獻上了最好的，而該隱則沒有。這樣理解該隱的祭不蒙神悅納，是較有說服力的。[28]

又如，在大衛王與拔示巴的敘事（撒下十一章）中，作者沒有講拔示巴的丈夫烏利亞對她和大衛犯姦淫的事瞭解多少，也刻意不說大衛為何將烏利亞從前線召回來，讀者只能自己揣摩。這樣，烏利亞一句原本很平常的話，就加倍產生了反譏的力量：「約櫃和以色列，與猶大兵，都住在棚裏；我主約押和我主〔或作王〕的僕人，都在田野安營，我豈可回家吃喝，與妻子同寢呢？我敢在王面前起誓〔原文作我指著王和王的性命起誓〕：我決不行這事。」（撒下十一：11）讀者不能確知，烏利亞這樣說，是單純地向大衛表忠心——大敵當前，願和前線的戰士們同甘共苦、同仇敵愾——而不願苟且偷安呢，還是他明確地表示不願與不忠的妻子同寢、不讓大衛擺脫困境呢？不論是哪一種可能，都會令讀者感受到經文蘊育的強烈情緒，心靈受到震撼。[29] 在前方將士浴血奮戰和後方君王醉生夢死的極大反差中，讀者對大衛後來藉敵人之手殺害烏利亞的罪行會更加切齒痛恨。

再如，《約翰福音》第一章記載，施洗約翰的兩個門徒跟隨了主耶穌，並和祂同住了一夜。作者刻意不講主耶穌在那一夜對這兩個門徒說了甚麼、作了甚麼。但第二天，其中一個門徒安德烈就找到自己的哥哥西門彼得，對他說：「我們遇見彌賽亞了〔彌賽亞翻出來，就是基督〕。」（約一：41）這句看似平常的話，在當時卻是石破天驚的！自舊約《瑪拉基書》完成後，神四百年沒有在以色列中興起先知。以色列人在長夜中等待，引頸長盼彌賽亞的來到。但當時的以色列人對將要來到的彌賽亞，有些傳統的偏見。首先，祂必須是一位政治、軍事上的領袖，以便領導他們推翻羅馬的統治，建立獨立的以色列國（約六：15）。其次，以色列人認為，彌賽亞是突然來臨的，

無人知道他從何而來、甚麼時候來；但拿撒勒人耶穌是木匠的兒子，同他們一起生活了三十年，不可能是彌賽亞（太十三：55-57；約七：26-27）；彌賽亞會降生伯利恆，不可能出自加利利的拿撒勒（約一：45-46）（許多人不知道耶穌確實生於伯利恆）。這些傳統觀念，攔阻了不少猶太人認識主耶穌。

但是，為甚麼僅僅在耶穌那裏住了一夜，安德烈就如此篤定主耶穌的彌賽亞身分呢？這個斷層促使讀者反覆鑽研、思考。一定是主耶穌生命中流露出的公義、聖潔、慈愛和能力，使安德烈篤信不疑。「因為神本性一切的豐盛都有形有體地居住在基督裏面」（西二：9）；「從來沒有人看見神，只有在父懷裏的獨生子將祂表明出來」（約一：18）。這個斷層引起的思考，也定能加深讀者對老約翰所說的「生命之道」（約壹一：1-4）的領悟。

律法書

摩西五經，舊約《聖經》的頭五卷書，一般被稱為律法書，因為從《出埃及記》第二十章至《申命記》第卅三章，記載了神向以色列人所頒佈的六百多條律例、誡命；在舊約《聖經》的卅九卷經卷中，只有這四卷書記載了這些律法。[30]

梁潔瓊指出，從篇幅看，摩西五經分為人物（23%）、律法（40%）和史錄（37%）三大部分；「律法」和「教師」的希伯來文是同一詞根，含「教導、訓示」的意思。許多看似嚴屬的律例，主要是為了產生一種防範性的威懾效果。[31]

舊約律法的分類

內容上，舊約律法可歸納為三類。第一類是道德律法，主

要體現在「十條誡命」（出二十：3-17）中。第二類是民事律法，對社會關係制定了明確的準則。第三類是宗教禮儀律法，大都是關於會幕、祭祀和節期的規定，是律法中最為細膩、冗長的部分。道德律法是另兩類律法的基礎。[32]

形式上，舊約律法可分為絕對律法（Apodictic Law）和相對律法或決疑（個案處理）的律法（Casuistic Law）。絕對律法是權威的、不可抗拒的命令，常以「要」或「不可」開始。「十條誡命」屬於這類律法；部分宗教、民事律例也屬此類，如：「行邪術的女人，不可容她存活。」（出廿二：18）相對律法常以「若」或「假如」開始，先假設一個個案，然後提出解決的方法。民事律法大都屬於這一類。舊約律法大部分是這一類律法。[33]

狄拉德和朗文則將舊約律法分為「十條誡命」和「約書」兩大類。神先賜下十條誡命，「約書」（出廿四：7）則是，十條誡命的基本原則在以色列民出埃及時的文化中和在神的救贖歷史情境中的具體應用。[34]

費依和史督華指出，即便是以色列人必須遵守的絕對律法，也不是詳盡和包羅萬象的。它們主要是藉著一些實例，來設立一項人人都須遵從的標準，但卻沒有把一切可能的實例都列出來。比如《利未記》十九章9-14節命令道：

在你們的地收割莊稼，不可割盡田角，也不可拾取所遺落的。不可摘盡葡萄園的果子，也不可拾取葡萄園所掉的果子，要留給窮人和寄居的。我是耶和華你們的神。……不可欺壓你的鄰舍，也不可搶奪他的物。雇工人的工價，不可在你那裏過夜留到早晨。不可咒罵聾子，也不可

將絆腳石放在瞎子面前，只要敬畏你的神。我是耶和華。
（利十九：9-14）

其中，第9到10節經文，神命令以色列人在收穫農產品時，要與窮人和寄居的分享；雖然經文只提到地裏的莊稼和葡萄，但其原則對收穫無花果、橄欖等同樣適用。第13節的經文是禁止遲付雇工的工錢。如果雇主在天將破曉前才給雇工的工錢，又會怎樣？也許，耶穌時代的文士和法利賽人會辯稱雇主無罪，因為他付工錢沒有「過夜」；但這種自私、狹隘的律法主義完全曲解了這條律例。又如，第十四節經文命令不可虐待有殘疾的人，文中只提到「聾子」和「瞎子」；但若傷害啞巴、瘸子或智力遲鈍的人，同樣違背了這條律法。費依和史督華認為，舊約律法提綱挈領地闡明了各種原則，更接近美國的憲法，而不大像含有各種細節的美國聯邦法或州法。[35]

詮釋舊約律法的一些原則

很多人覺得，舊約律法與現今沒有甚麼關係，而且律法條文冗長、繁瑣、枯燥。所以，學習舊約律法被許多基督徒視為畏途。大家常說，讀律法書時，《創世記》比較好讀，埃及也一般可以走出來（讀《出埃及記》），但《利未記》這一關就很難跨越了。

梁潔瓊認為，若從歷史意義、救贖意義和啟示意義這三個層面解讀舊約律法，會大有裨益。[36]

契約都有條款。舊約律法就是神和他的子民所立的西乃之約（出二十～廿三，廿四：3、7-8）的條款，具有彼此約束的力量（出廿三：20-33）。律法是以色列人早期歷史的一個產物，

是進入迦南地生活的指引。這就是律法的歷史意義。

律法的救贖意義在於，律法不僅讓人知道自己有罪，而且使人認識到人不可能靠自己的力量達到律法的要求，因而無法逃脫神的震怒和懲罰，「沒有一個人靠著律法在神面前稱義，這是明顯的。」（加三：11）這就迫使人們在律法以外尋求神的救恩。「這樣，律法是我們訓蒙的師傅，引我們到基督那裏，使我們因信稱義。」（加三：24）律法不是福音的本身，卻是福音的預工。

從神的救贖的角度，就比較容易瞭解舊約宗教律法的功能和意義。《希伯來書》的作者說：這類「律法既是將來美事的影兒，不是本物的眞相，總不能藉著每年常獻一樣的祭物，叫那進前來的人得以完全。若不然，獻祭的事豈不早已止住了麼？因爲禮拜的人，良心既被潔淨，就不再覺得有罪了。但這些祭物是叫人每年想起罪來。因爲公牛和山羊的血，斷不能除罪。」（來十：1-4）舊約的祭祀，是耶穌基督救贖的預表。「凡祭司天天站著事奉神，屢次獻上一樣的祭物；這祭物永不能除罪。但基督獻了一次永遠的贖罪祭，就在神的右邊坐下了；從此等候他的仇敵成了祂的腳凳。因爲祂一次獻祭，便叫那得以成聖的人永遠完全。」（來十：11-14）「影兒」不是「眞相」，卻顯示「眞相」的存在。

除了預表基督的救贖外，舊約的祭祀律法在當時仍有重要的意義。首先，神藉著律法向祂的子民啓示：得罪神的人不應該活著；但祂也預備了罪人逃避死亡的辦法——用祭牲的死代替他們的死。[37] 祭牲的死一再提醒以色列人關於罪的可怕後果。其次，從「約」的角度表明，因著以色列人的某些過犯，約的關係遭到破壞；悔改的以色列人要按神所指定的方式，奉上一

祭牲替他們的罪受罰，以恢復約的關係。[38] 第三，既然只有藉著恩典，人才能進到神那裏，信徒就只能藉著神所命定的特殊方法，來到神跟前。所以，關於祭祀和禮儀的律例，必定來自神，而不是出於人。[39] 第四，以色列人的祭祀律法與異教鄰邦不同，顯示他們是耶和華神的子民。[40] 第五，舊約的信徒嚴格地按神的要求獻祭，是對神信靠、順服的表現，神就賜恩，寬恕他們的罪。[41]

賈玉銘寫道：「如此說來，舊約的祭物，有何功效呢？其功用乃是美事的影兒：論牛羊的血，絕無除人罪過的功能與價值，若能藉此仰望美事的實體，就算於人的良心中生發功效了。上帝所以悅納舊約的信徒，究不在所獻牛羊的血，全在於美事的實體；若無美事的實體，這影兒全歸無效了。」[42]

律法的啟示意義是，藉著律法，立法的神向人們彰顯祂的聖潔、慈愛、公義的本性。

令人卻步的《利未記》，主要講述的是關於獻祭的禮儀、食物和純淨性生活的法規。在這些法規的背後，其主要的啟示是：「我是耶和華你們的神」（利十八：2、4、5，十九：3-4、10，二十：7）；「所以你們要聖潔，因為我是聖潔的」（利十一：45）；「你們要歸我為聖，因為我耶和華是聖的；並叫你們與萬民有分別，使你們作我的民。」（二十：26）狄拉德和朗文認為，「獻祭是使不潔淨之物再度潔淨、恢復與神的關係的途徑」；而「祭司的主要功能可以濃縮為一句話：要在營中保持神的聖潔」；潔淨和不潔淨的法規是神要祂的子民過聖潔的生活。[43]

關於食物的律例，曾有很多人提出各種理由來解釋，但都不具有充分的說服力。[44]

其中一個理由是保護以色列人的健康。這雖有一定道理，但並不能解釋所有的條例。有些不可吃的食物並非不健康。再者，耶穌基督曾宣佈，所有的食物都是潔淨的（太十五：11；羅四：14），這暗示潔淨的條例不全在於衛生的考量。

另一個常見的解釋是，爲要避免以色列人墮入偶像崇拜。如，「不可用山羊羔母的奶煮山羊羔」（申十四：21），因爲它可能與迦南人的同感巫術有關。[45] 然而，對巴力的追隨者而言，牛是巴力的象徵。但食物的律例中卻沒有對公牛的禁令，讓人費解。

再一個理由是人類學家道格拉斯（Mary Douglas）提出來的。她認爲，聖潔不單指分別出來事奉神，而是指完整和全備，即，「聖潔要求個體順從自己所屬的類別。」按此思路，動物逾越了自己類別的規範，就算爲不潔淨。如，無翅無鱗的魚，爲不潔淨（利十一：10）；能飛、又有許多腳的昆蟲爲不潔淨；蝗蟲雖有翅膀，卻只用兩條腿行走，故算潔淨（利十一：20-23）；蠕動（移動方式不定）的動物，算不潔淨（利十一：41-44）。[46]

基督徒與舊約律法

關於基督徒與律法的關係，筆者曾經指出：

> 從初期教會開始，基督徒不再獻祭了。「凡祭司天天站著事奉神，屢次獻上一樣的祭物；這祭物永不能除罪。但基督獻了一次永遠的贖罪祭，就在神的右邊坐下了；從此等候祂仇敵成了祂的腳凳。因為祂一次獻祭，便叫那得以成聖的人永遠完全。」（來十：11-14）獻祭是基督救

贖的預表。由於基督已經完成了救贖計畫，祂的寶血可以潔淨一切願意相信祂的人的罪，重新與神和好，成為神的兒女。所以，主耶穌的救贖，不是廢掉了祭祀制度，而是成全了祭祀制度。

主耶穌的教導清楚表明，以神的十條誡命為主要內容的神的律法，是神的聖潔和榮美的化身，是神對祂所揀選的子民的旨意，是永不改變、永遠長存的。「耶和華因自己公義的緣故，喜歡使律法〔或作訓誨〕為大，為尊。」（賽四十二：21）只要恩典、不要律法的反律法主義認為，基督徒不必傳揚、也不應該遵守舊約律法。這種觀點與恩典所建立的神與人的關係是相牴觸的。神的律法叫世人知罪，催逼他們接受耶穌基督的救恩；神的律法（已被主耶穌成全的、有關禮儀方面的律法〔如祭祀〕除外）也是基督徒過聖潔生活的指南。只是，基督徒遵守律法，不再出於對刑罰的懼怕，而是出於對聖潔的喜愛；不再拘泥字句，乃是以榮神、益人為依歸；不再徒憑自己的努力，而是時時依靠聖靈的引導；不再自我炫耀，乃是將一切榮耀歸給神。[47]

現再補充幾點。

第一，學者們指出，舊約律法中，惟有那些在新約裏明確重申的，才可以被視為「基督的律法」的一部分；這一類的律法包括十誡，和「你要盡心、盡性、盡力愛耶和華你的神」（申六：5）和「要愛人如己」（利十九：18）兩條大誡命。他們認為，「其他的舊約律法再也沒有一條可以被證實是基督徒應該嚴格遵守的。」[48]

當然，這在任何意義上都不是說，這類基督徒無須再遵守的律法不是神的話，可以被廢掉。這些律法仍是神的話，只不過它們不是神對基督徒的直接命令而已。在新約《聖經》中，也有類似的例子。比如，主耶穌說：「你們去把所聽見的所看見的事告訴約翰。」（太十一：4）這是神的命令，但這是給施洗約翰的門徒的命令，而不是給基督徒的命令。然而，基督徒仍應該努力學習這些舊約律法。這些律例雖然對基督徒不具有條款式的約束力，但神仍然期待基督徒按這些律例所啟示的真理的精義而行。同時，認真學習這些律法，基督徒可以明白神的義的標準是何等的高，任何人想靠己力達到神的這些標準是何等的不可能。這樣，信徒能加深對神的聖潔、慈愛和公義以及對神的計畫和目的的認識，從而更謙卑、感恩地俯伏在神面前，尊祂的旨意而行。[49]

筆者曾指出，認為舊約中的神是殘忍的，而新約中的神是慈愛的觀點，是對神的誤解：

> 認為新、舊約的神不同，不獨是對舊約中的神的誤解，也是對新約中的神的誤解。造成這種誤解的一個重要原因是，人們往往容易把注意力集中在給人的感官留下印象深刻的地方；同時，對《聖經》又欠熟悉。故此，很容易以偏概全，或抓住一點，不及其餘。解決之道是，以敬畏之心，恭讀《聖經》，熟讀《聖經》，力求融會貫通，領悟精義。[50]

造成這種誤解的一個重要原因是對《聖經》欠熟悉；而對《聖經》欠熟悉的個中緣由，是認真研讀舊約律法不夠。

第二，律法與恩典的平衡，是基督徒要處理好的重要課題。神的律法和恩典是密不可分的。舊約時代有神的律法，也有神的恩典；同樣，新約時代有神的恩典，也有神的律法。當今，基督徒既要反對只要神的恩典、不要神的律法的反律法主義（見前述），又要避免過分高舉神的律法的傾向。狄拉德和朗文指出，有一種稱爲「神治論」（Theonomy）的運動，企圖將舊約的律法和刑罰運用於當代社會。鑑於對社會的世俗化的震驚，一些基督徒團體的人士都被神治論所吸引。狄拉德和朗文認爲，「這種作法根據不足，也很危險；不但沒有考慮到文化的巨大差異，更重要的是，忽略了舊約以色列人與當代社會在救贖歷史上的差別。」[51]

總之，梁潔瓊認爲，在解讀舊約律法時，如能嘗試從歷史、救贖和啓示三層意義去思想每一條律例，舊約律法將不再是過時的或枯燥無味的了；如能將學習心得運用到自己的生活中，那就更有意義了。[52]

智慧書

《聖經》中的《約伯記》、《傳道書》、《箴言》、《詩篇》和《雅歌》這五卷書被有的學者統稱爲「智慧書」。[53] 另一些學者則將這五卷書稱爲「詩歌書」，「智慧書」只包括《約伯記》、《傳道書》和《箴言》；中世紀的馬索拉學者將這三卷書稱爲「眞理之書」，因爲此三卷書的署名的第一個字合起來就是「眞理」（'emeth）。[54]《約伯記》和《傳道書》有時又被稱爲「較高的（或沉思的）智慧」（higher or reflective wisdom），因爲它們所探討的是關於公義、苦難、人生的意義等大的哲理問題；而《箴言》就實際多了，被稱爲「較低的智

慧」（lower wisdom）。[55]

　　智慧書主要探討如何達臻幸福的人生及相關的問題。因此，智慧書的對象是個人，而非整個社會。歷史不是它們關注的焦點。然而，智慧書所討論的問題，關乎每一個人，具有普世性。[56]

　　作爲有深厚信仰的民族，希伯來人的智慧（希伯來文bokmáb）與智商無關。《聖經》中的智慧不是指人的聰明、才幹或世俗人生的經驗總結，而是以神爲本的，是「與神建立關係、從中獲得討祂喜悅的能力」。[57]

　　智慧書的共同要旨是「敬畏耶和華」。敬畏神就是智慧（伯廿八：28）。尋求智慧即是尋求如何成爲更敬畏神的人。「敬畏耶和華」，不是指情緒上的害怕，也不是「敬」或「畏」能完全表達的，它「是描述個人敬拜耶和華的最淋漓盡致的片語，涵蓋了個人與神的關係的全部」。[58]「敬畏耶和華，是智慧的開端」（箴九：10），借此獲得幸福的人生（箴十：27，十四：26-27，十五：16，十九：23）。「敬畏耶和華不僅是達到目的的手段，它本身就是目的，與神、人、和世界和諧共處，共享美善的生活。」[59]尋求智慧只爲個人利益的人，是被神警告的：「禍哉！那些自以爲有智慧，自看爲通達的人。」（賽五：21）

　　要尋求人生的幸福，必須回到人的源頭。所以，智慧書不渲染人類的智慧和能力，而是著力強調作爲造物主的神的崇高地位，相信神在人類的思想與生命中擁有絕對的主權。葡洛克（C.H. Bullock）說：「智慧書的倫理內涵，是穩固地建立在『神是造物主』的教義上的。但在智慧書中，神沒有像透過眾先知那樣地直接說話，而是藉著大自然和人的理智向人啓示祂

自己。」[60]

智慧書的主要文學形式是格言、謎語、類比文章，和歌曲等等。[61]

約伯記

葡洛克認為，此卷書的文體，可以被視為一闋史詩，一齣悲劇，或一篇比喻；但它具有所有這些文體的特點，卻不屬於其中任何一種。[62]

《約伯記》的核心議題是義人受苦，要探索在這世上關於神的公正的廣大領域和其中的奧秘。這是《聖經》中最典型的神義論（theodicy），即認為，世上雖有苦難和罪惡，神仍是善良、公義的。[63]義人受苦是古今中外一直為人們所議論、但又困惑不已的問題。《約伯記》吸引人之處還在於，從辯論開始到神說話之前，讀者不能完全地或固定地贊成約伯或他朋友們觀點。因為約伯和他的朋友的議論都含有合理的部分及謬誤的部分。義人受苦的牽涉面很廣，也可能包含人們現在無法瞭解的奧秘。事實上，約伯受苦的直接起因就是人們無法洞悉的一場靈界爭戰。

即使神最後對約伯說話，祂也沒有直接回答義人為甚麼受苦的問題，沒有給予義人受苦一個過於簡單和公式化的答案。費依和史督華寫道：

> 一方面，神糾正約伯，他並未正確處理整個情況；但另一方面，祂也證明約伯是無辜的，同時反駁他的朋友的「智慧」。至於人生是否公平的問題，約伯是對的；人生並不公平。至於約伯的疑問，「為甚麼是我？」神是對

的；祂的道路遠高過我們的道路，祂容許苦難並不表示祂不知道祂在做甚麼，也不表示祂這樣做的權利應該受到懷疑。祂的選擇總是優於我們的選擇。

這是最高超的智慧。《約伯記》的讀者不但領悟世界的智慧是甚麼——似乎合乎邏輯，實際上是錯的，而且領悟神的智慧是甚麼，甚麼事能使人對神的主權和公義有信心。因此，這個對話與故事情節聯合起來，成為舊約的智慧思辨的最佳典範。[64]

拉比們把《約伯記》的年代定在列祖時代；許多學者認為它成書於被擄之前。[65] 葛洛克指出，在詮釋《約伯記》時，應注意不要完全用新約的觀點解讀它，因為神的啟示是漸進的。

比如，在序幕中對撒但的描寫。「有一天，神的眾子來侍立在耶和華面前，撒但也來在其中。」（伯一：6）「神的眾子」可能是指天使。[66]「來在其中」雖可表示撒但合法地位列其中，但更表示它的身分有別於「神的眾子」，可看到「墮落的天使」的影子。撒但兩次出現在耶和華神面前，都顯示它的一切作為必須經過耶和華神的批准（伯一：12，二：6）。這表明耶和華神對撒但的絕對主權，清楚地避免了善、惡兩個源頭並存的二元神學。然而，「我們看序幕中的撒但，有如舊約中彌賽亞的概念，在基督教以前的時期並未完全顯明，直到第一世紀神藉著基督道成肉身才完全顯明。」[67]

又如，約伯說：「我知道我的救贖主活著，末了必站立在地上。我這皮肉絕滅之後，我必在肉體之外得見神。」（伯十九：25-26）這位「救贖主」是誰？不能排除約伯得到神的特殊啟示的可能性，因為他和神的關係非常親密：「我願如壯年的

時候：那時我在帳棚中，神待我有密友之情。」（伯廿九：4）
但讀者也不能認定，約伯說的「救贖主」就是耶穌基督。卜洛
克警告讀者，千萬不要將約伯的「救贖主」套入基督道成肉身
的教義裏：

> 我們應當向約伯的朋友一樣靜坐著，直到約伯說話。
> 因為惟有他開口說話，我們才能感受到本書的奇妙。他伸
> 出手想要抓住神在未來才會顯示的啟示，然而他痛苦地察
> 覺到，這遠非他所能及。即使在本書結尾的答案中，我們
> 所得到的僅能叫我們依然心存疑惑而活，而且探索之手乃
> 應稍許縮回。
>
> 顯然我們不能脫去我們的基督教外衣，而穿上古代心
> 靈的華服，但我們能夠既察覺到我們的神學外衣，又不要
> 求約伯也要同樣穿上。採取這種解經態度，我們對《約伯
> 記》的瞭解就更豐富了。……若說約伯熱切盼望有一位中
> 保是不可否認的話，說他曾預言我們的代求者——耶穌基
> 督，就不正確了。然而，他卻曾專注於這一存在的真空，
> 這是每一個苦惱心靈的深刻需求：巴望道成肉身的救主。
> 但是，巴望和先知預言之間，有一個極大的差異——一個
> 是熱切的盼望，表達一個空虛心靈的需要；另一個則是
> 應許，是將來要應驗之事的實底。後者不曾在《約伯記》
> 中發現，前者則確實存在。在人類的困境裏，《約伯記》
> 的「救贖主」的觀念總會找到一個家。然而，單就「救贖
> 主」而言，我們不應過度斷言祂確曾來到人們中間，是十
> 分具體的存在，如同祂在耶穌基督裏來到一般。[68]

傳道書

對許多人來說，《傳道書》的內容悲觀、厭世，與《聖經》其他經卷所教導的不相符，不合正統。其實，此卷書是傳道者的反思式的自傳。傳道者心係死亡，覺得一切，不論是財富、智慧還是慈善，都無意義，都是虛空；畢竟，死亡會結束這一切。因此，傳道人在「恨惡生命」（傳二：17）和及時行樂（傳二：24-26）之間猶疑、徘徊。這是遠離神（「日光之下」）的人生、沒有盼望、無法超越死亡的人生的真實寫照。

本書的要旨在結尾。「這些事都已聽見了。總意就是敬畏神，謹守祂的誡命，這是人所當盡的本分。因為人所作的事，連一切隱藏的事，無論是善是惡，神都必審問。」（傳十二：13-14）《傳道書》以反譏和襯托的手法，生動地描繪了沒有神的人生的無奈、無助、無望和可怕。[69] 作為智慧書的共同因素，「敬畏神」這個基本前提是傳道者在他的哲學的默想中的要素，「是使鐘錶擺回中間的動力，那兒才是他在天地間安身立命的所在。」[70]

狄拉德和朗文指出：「當年傳道者感到最痛苦的地方，如今基督徒卻能經歷到最深的意義。耶穌使智慧、勞力、愛心，和生命都重獲意義。因為，耶穌面對死亡，征服了傳道者最大的恐懼，顯明死亡並非一切意義的結束，而是通往神的門路。」[71] 研讀《傳道書》，可以使基督徒更感謝神的救贖，更珍惜神所賜予的新生命。

箴言

《箴言》在希伯來文裏被稱為meshallim，意為「比喻之

辭」、「比喻」或「特別精思的格言」；《箴言》是簡潔、特殊的真理之言。[72]《箴言》的主要寫作形式是格言：「簡短的普世真理，用便於記憶的方式寫成。」[73] 它是要顯明，一個敬畏神的智慧人應有的道德表現，如何將真理應用在個人的生活中：箴言「要使人曉得智慧和訓誨，分辨通達的言語；使人處事，領受智慧、仁義、公平、正直的教誨」（箴一：2-3）。[74] 所以，基督徒常說：「不會禱告讀《詩篇》；不會作人學《箴言》》。」

讀《箴言》時，有幾個方面需要特別注意。

《箴言》常採用的形式是兩行格言（distich），有四種基本形式，變化在第二行。[75]

第一種是「同義」：第二行重複第一行的意思。如：

> 驕傲在敗壞以先，
> 狂心在跌倒之前。（箴十六：18）

第二種是「反義」：第二行表達與第一行相反的意思。如：

> 暴怒的人，挑啓爭端；
> 忍怒的人，止息紛爭。（箴十五：18）

第三種是「合成」：第二行擴展第一行的意思。如：

> 隱藏怨恨的，有說謊的嘴。
> 口出讒謗的，是愚妄的人。（箴十：18）

第四種是「比較」或「比喻」：用明喻或暗喻來說明眞理。如：

> 一句話說得合宜，
> 就如金蘋果在銀網子裏。（箴廿五：11）

《箴言》的格言是相對獨立的，在解讀時，應記住本書的不連貫性，以避免牽強附會的解釋。[76] 同時，也不可離開本書和整部《聖經》的啓示去孤立地解釋一節經文，否則就容易斷章取義。比如，「到愚昧人面前，不見他嘴中有知識（或，〔你應當遠離愚昧的人，由他口中決得不到明哲〕——思高譯本）」（箴十四：7）。這節經文是甚麼意思呢？是要人們遠離愚昧的人麼？不是。焦源濂指出，通觀《箴言》，愚人可大體分爲三類。1）愚蒙人：希伯來文 p'thee，英文the simple，指不愛思想、沒有學識、缺乏經驗而粗心大意的人（箴一：4，十四：15，廿二：3等）；2）愚妄人：希伯來文 k'seel，英文the fool，意爲遲鈍、固執、自以爲是，對眞理存藐視之心的人（箴十三：19，十四：7，十五：2、14，十七：24等），或希伯來文 ĕveel，英文evil，有放縱身心習慣的人的含義（箴十七：28，廿四：4等）；3）愚頑人：希伯來文 nāh-vähl'，有時也譯爲「愚妄人」，含有邪惡、下賤、粗野之意（箴十七：7，三十：22等）。這三類人，一類比一類問題嚴重。《箴言》十四章7節的「愚昧人」則屬於第二類人。[77] 這三類人的共同特點是，「他們之所以『愚』，不是由於天資愚笨，乃是由於他們爲人的態度不正確造成的。因此是靈性的問題，不是天分問題。」[78] 所以，遠離這類人是明智的。

《箴言》被稱為「濃縮的經歷」，故不可囫圇吞棗；有些經句需要花時間思考，才易明瞭。比如，「追求公義仁慈的，就尋得生命、公義和尊榮。」（箴廿一：21）為甚麼追求公義仁慈，就尋得生命？需要思考。又如，「不要照愚昧人的愚妄話回答他，恐怕你與他一樣。要照愚昧人的愚妄話回答他，免得他自以為有智慧。」（箴廿六：4-5）這兩節經文乍看似乎矛盾，實則極富哲理。如何回答愚昧人的愚妄話，經文沒有提供簡單的答案。但它讓讀者思考，作為一個智慧人，如何根據愚昧人的話，作出不同的回應，既不會顯得自己和愚昧人一樣，又要使愚昧人察覺自己的愚昧。[79] 又如，「君王若聽謊言，他一切臣僕都是奸惡。」（箴廿九：12）這並非說，有一個愛聽謊話的上司，他的下屬就都是壞人。它乃是說，如果一個統治者只愛聽謊話、不愛聽實話，那麼，忠良的臣僕必無立腳之地，他周圍雲集的只能是一群阿諛奉承之輩。[80]

《箴言》中有的格言用了比喻，有時還明顯地帶有當時的文化色彩。此時，就不能完全按字面解釋（詳見本書第五章）。比如，「婦女美貌而無見識，如同金環帶在豬鼻上。」（箴十一：22）這不是否定美貌，也不是羞辱婦女是豬；它乃是凸顯一種不和諧、不相稱的現象，並暗示追求見識比美貌更重要。[81] 再如，「寧可住房頂的角上，不在寬闊的房屋與爭吵的婦人同住。」（箴廿五：24）此節經文也許可以意譯為：「寧可住在車庫裏，也不要與你本來就不該娶的女人住在寬敞的房屋之中。」這節經文的精義不是如何對待愛吵架的妻子，而在於勸告人要審慎地選擇配偶。[82]

最後，《箴言》是用格言的方式表達真理。所以，讀《箴言》時要細心琢磨。[83] 比如，「你所作的，要交託耶和華，你

所謀的，就必成立。」（箴十六：3）這決不是說，人們所作的任何事情，包括倉促的婚姻、輕率的商業決定、無謂的冒險等等，只要交給神，就都能成功。它乃是教導人：「把生命交託給神並按祂的旨意而活，就必然會按照神的成功的定義獲得成功。」[84]

《雅歌》和《詩篇》

對《雅歌》的詮釋是五彩紛呈、令人著迷的。

教會早期和中世紀，大都採用寓意或預表的解釋方法，把「良人」比作基督、「女子」喻為教會。中世紀的猶太學者，把《雅歌》與《傳道書》、《路得記》、《耶利米哀歌》和《以斯帖記》劃歸為一類，稱為「五卷彌基錄」（Five Megilloth），這些卷書要分別在猶太人的重要節期中朗讀，這一習慣一直保持到今日。《雅歌》是在逾越節朗讀的，以強調耶和華神與以色列人之間的愛情。[86] 此外，狄拉德和朗文指出，早期和中世紀的基督教思想家吸收了伯拉圖和亞理斯多德的哲學體系，視身體及其活動為短暫、有罪和邪惡的，提倡苦待身體；禁絕性交成為一種美德。這在修道運動時期，更是如此。在這樣的思想環境中，用寓意或預表法解釋《雅歌》，是極其自然的。[87]

但是，有的學者認為，所羅門不配代表神或基督。而且，對那些相信《雅歌》中的主角不是兩位而是三位（女子所愛的是牧人，而非君王）的學者來說，以寓意或預表法解釋《雅歌》就有困難。[88]

從十九世紀中葉開始，出現了按字義詮釋《雅歌》的風潮。一個重要原因是美索不大米和埃及情詩的發現。這些情詩

與《雅歌》有許多相似之處，而且只能解釋爲對男女之愛的頌揚。持這種觀點的學者認爲，對性愛的扭曲有兩方面。一方面，將性愛視爲偶像，它霸佔了許多人的心。許多人拒絕神，卻試圖用性愛來塡補他們心靈的空虛。另一方面，教會有時扭曲了性愛，把它視爲不潔或禁物，即使在婚姻中也是如此。《雅歌》卻糾正了這些扭曲，對於正確地對待性愛，提供了從神來的亮光和教訓。《雅歌》必須按照神的律法來解釋，而神的律法不允許婚前或婚外的性行爲。《雅歌》告訴人們，享受婚姻範圍內的性愛，是神所賜的禮物。在《雅歌》中，人們可以看到，這對夫妻在園中赤身露體，毫不感到羞恥。這卷書，將人間的愛恢復到人墮落之前的祝福中。[89]

但是，葡洛克指出，如果完全拋棄寓意或預表的解釋方法，又容易把西方心態的解經方法強加在古代東方作者的身上。而且，以色列人和基督教會的聖徒對神的專注、熱情的愛，所賦予本卷書的深刻寓意，也是不可輕忽的。[90]

在《聖經》各經卷中，人們最喜愛誦讀的，非《詩篇》莫屬。《詩篇》以崇拜和禱告爲中心，是植根於聖約之中的。耶和華神是以色列人的神，以色列人是祂的子民。由於聖約的維繫，以色列人會像神祈禱、讚美，或在特殊情況下向神呼求。所以，《詩篇》主要是描述耶和華神和祂的子民的關係。[91]

費依和史督華認爲，研讀《詩篇》有三大益處。第一，《詩篇》是崇拜指南。在敬拜、讚美、祈求神時，《詩篇》可以作爲敬拜者正式表達思想和感情的媒介。第二，《詩篇》引導讀者如何誠實、敞開地向神表達自己的喜樂、失望、憤怒或其他感情。第三，《詩篇》能幫助讀者常常回憶和默想神的奇妙作爲，不斷加深對神的偉大、慈愛和信實的認識。[92] 筆者曾

親聆一些老傳道人的禱告。幾乎他們的每一句話都是出於《詩篇》，但卻已化爲自己的心聲，聽來自然、和諧，親切感人。

希伯來詩主要是由它的平行句型和韻律來辨認的。但奧斯邦指出，「《詩篇》並不容易瞭解；其中的平行句與韻律模式常不容易明白；而草率的讀者很容易將額外的意思讀進平行句，超過上下文所允許的範圍。」[93] 爲了能比較準確地掌握《詩篇》的信息，葛洛克提出兩點建議。首先，要瞭解每一篇詩的歷史背景。若離開歷史因素，讀者就無法完全瞭解詩篇的眞正意義。讀者要盡力瞭解詩篇的背景，雖然許多詩篇的歷史資料具隱喻性。其次，《詩篇》是以色列人靈性歷程的航行日誌。開始解釋一篇詩時，除了要問其歷史背景外，還要問，一件歷史事件的宗教意義如何？[94]

先知書

舊約稱呼先知最基本和最普遍的希伯來字是 nābhî'。雖然學者對此字的詞根的來源的看法尚不一致，但舊約《聖經》的經文清楚地表明，nābhî' 的意思就是「替神發言的人」。七十士譯本的譯者明白nābhî' 的含義，他們用希臘字 prophētēs 來翻譯此字。prophētēs 是由介詞pro（意爲「爲，代替」）和動詞 phèmi（意爲「說」）合併而成的。nābhî' 的另兩個同義詞是 rō'eh 和 hōzeh，被譯爲「先見」。[95] 另一個稱呼先知的字是 'îs'ᵉlōhîm，被譯爲「神人」。[96]

以色列的宗教和歷史是啓示性的。以色列的宗教和同時代的鄰國的宗教迥異，是基於神透過歷史而呈現的啓示，並不是憑形而上的臆測、迷信或哲學推論。舊約時代的啓示是神藉著先知傳遞的啓示（來一：1）。因此，在希伯來正典中，《約書

亞記》、《士師記》、《撒母耳記》和《列王紀》被稱為「前
先知書」（Former Prophets）。[97]

傅理曼（H. E. Freeman）指出，先知是神所指派的道德和倫
理的宣講者，是真宗教的教導者。他們大無畏地斥責邪惡、拜
偶像、背信、欺壓和一切可見的社會道德及政治的腐敗，呼籲
百姓順從摩西的律例。同時，先知又是守望者，向百姓警告信
仰上背道的危險。所以，交織在他們倫理的講章中的，有無數
關於以色列人、外邦人，以及將要發生的事情的預言，和關於
審判、救恩、彌賽亞和祂的國度的論述。先知的神學重點是，
歷史是一座舞臺，演出神的智慧、公義、慈愛、信實、能力和
榮耀；舊約的歷史並非純粹的歷史，而是救贖性的歷史；神在
以色列歷史中的彰顯，是詮釋全人類歷史的鑰匙──神不僅是以
色列人的神，也是外邦人的神，是全人類的神和人類歷史的主
宰；先知異口同聲地宣告，人類歷史的導向，就是要建立「神
的國」──神在地上至尊的王權和治理。[98]

把握了先知的神學重點後，就比較容易理解，為甚麼從篇
幅看，先知書占了舊約《聖經》的近三分之一，[99] 但從時間
看，先知書的寫作卻集中於主前760-460年這300年（或者從主
前845年的俄巴底亞、主前835年的約珥至主前433年的瑪拉基的
近400年 [100]）的區間，只是以色列歷史中很窄的一環。因為這
一環是以色列歷史中非常重要的一個時期──以色列的聯合王國
分裂，北國以色列和南國猶大先後被外邦所滅，百姓被擄及歸
回，正如費依和史督華所寫的：

> 為甚麼從阿摩司（約西元前760年，「寫作的先知」
> 中最早的一位）到瑪拉基（約西元前460年，「寫作的先

知」中最晚的一位）的三百年間，會有這麼密集的先知著作？答案是：在以色列人的歷史中，此段時期特別需要有人促成約的執行，而這就是先知的工作。第二個原因是，神顯然要為後來的歷史，記錄先知在那段極重要的時期代表祂宣告的警告和祝福。

在西元前760年以前，以色列是因長期持續的內戰而永遠分裂的國家。北方幾個支派——被稱為「以色列」，或有時被稱為「以法蓮」——與南方的支派猶大是分離的。北方支派不遵守約的程度遠超過猶大的所作所為，神因其罪而預定要將它毀滅。阿摩司（約於西元前760年開始）和何西阿（約於西元前755年開始）都宣告即將到來的毀滅。北方的支派於西元前722年被那時的中東超級強國亞述所滅。後來，猶大不斷增加的罪惡和另一個超級強國巴比倫的興起，成為許多先知宣講的主題——這些先知包括以賽亞、耶利米、約珥、彌迦、拿鴻、哈巴谷和西番雅。猶大也因為不遵守神的約而於西元前587年滅亡。然後，以西結、但以理、哈該、撒迦利亞和瑪拉基就宣告神的旨意要復興祂的子民（從西元前538年被擄的人回歸開始）、重建國家，並重立正統。這一切都是根據《申命記》四章25至31節所呈現的基本模式。[101]

按著作篇幅的長短，先知書可分為大先知書（《以賽亞書》、《耶利米書》、《耶利米哀歌》、《以西結書》和《但以理書》）和小先知書（其餘12卷先知書）。按事奉的歷史時期、地域和對象，先知們的工作也可這樣分：阿摩司和何西阿對滅亡前的北方支派宣講；約珥、以賽亞、彌迦、哈巴谷和西番雅向亡國前的南方猶大支派宣講；耶利米、以西結和但以理

向南方猶大被擄中的百姓宣講；哈該、撒迦利亞和瑪拉基向南方猶大被擄歸回的百姓宣講；俄巴底亞向外邦以東宣講；約拿和那鴻對外邦尼尼微宣講。[102]

梁潔瓊指出：

> 先知是社會的良心，他的信息是時代的警語，所以屬宣告性居多，預告性較次。宣告性信息包括對當代：1）道德和宗教狀況的剖析；2）宣判神的指責和刑罰；3）勸勉悔改並應許安慰。預告性信息指向將來，超越時空地預告，包括：1）以色列國日後的命運；2）外邦列國末後的結局；3）神救恩計畫的發展和目的等。在閱讀先知書時，能辨別這兩種不同性質的信息，並應用合宜的閱讀原則，不僅能減少不必要的困惑，更能激發我們對先知的信息的濃厚興趣。[103]

費依和史督華認為，「先知書是《聖經》中最難解釋、也最難讀懂的部分。」[104] 克萊茵等也曾引用著名的宗教改革家馬丁路德的話，說：「先知講話的方式稀奇古怪，就好像某些人沒有規規矩矩地一步一步走，反而是東倒西歪，讓人分不出來龍去脈，弄不清他們究竟要說甚麼。」[105]

先知書難讀的部分原因如下。

第一，先知的講論主要不是講論關於將來的預言，而是針對以色列百姓當時的狀況的訓令。但當今的讀者與古代以色列人的宗教、歷史、文化和生活相距甚遠，因而很難將先知的話置於當時的處境來瞭解。所以應該借助工具書（如，《聖經》辭典、注釋書、《聖經》手冊等）的幫助，盡可能詳盡、準確

地把握有關當時的背景資料。[106] 此外，梁潔瓊指出，雖然先知們各自傳遞從神領受的信息，但他們並不孤單。幾乎每一位先知都有同時期的同工，也就是說，在同一位君王的統治下，往往出現多位先知。若能對照閱讀這些在相同的歷史背景中的信息，必能產生互補互制的作用。她建議，《彌迦書》六章可與《以賽亞書》廿九章同讀；《彌迦書》二章可以《以賽亞書》一章為參照；《哈巴谷書》作者為百姓的罪孽捶胸的原因可在《耶利米書》二至六章找到等等。[107]

第二，較長的先知書大都是「口傳的神諭集」[108]，而且常常沒有顯示一個神諭在那裏結束、另一個神諭從哪裏開始，也不一定都按年代順序呈現。先知的信息，似乎內容比時間更重要。《聖經》常常是不說明預言應驗的時間，只提供預言的內容和應驗的前兆，可能是為了使信徒保持儆醒。[109]

第三，先知書常見的結構是，在同一神諭中，「現狀」與「預告」交替出現。正確地分析這種結構，才能把握預言的起訖點。[110]

最後，先知的象徵性預告不易明白，解讀時須謹慎小心。不過，先知往往會附有解釋。所以，要留心經文本身的解釋或暗示。比如，以賽亞露身赤腳行走三年（賽二十：2-3），是預告埃及將被擄蒙羞（賽二十：4）；耶利米將繩索與軛套在自己頸項上（耶廿七：2），是預告列國將降服在巴比倫的軛下（耶廿七：8）等等。[111]

福音書

新約《聖經》中的《馬太福音》、《馬可福音》、《路加福音》和《約翰福音》統稱福音書。福音書的真實性和歷史

性，筆者在《聖經的權威》中已討論過。[112] 這裏將簡略地談一談福音書的詮釋問題。

在古代社會，對一個人作出多於一個的記載，是很罕見的；由幾乎同時代的人爲同一個人作出四個記載，更是前所未有。[113] 爲甚麼關於耶穌基督的故事有四本福音書，而且兩千年來一直在教會並存、被信徒所喜愛呢？因爲四位作者從不同的角度記載、見證了耶穌基督，彼此互補，缺一不可。比如，馬太以「大衛的子孫」開始，描述了一幅皇家的肖像；它凸顯耶穌的教訓及其權威性，並著力闡述耶穌的生命和事奉如何印證了舊約《聖經》，表明祂就是那位舊約《聖經》所預言的彌賽亞。[114] 馬可用淺白簡潔、樸實無華的筆法所呈現的耶穌基督，是一位一直忙碌工作、深切地關切著周遭人需要的僕人的形像。路加的筆調溫暖、細膩，充滿人情味，並有更多喜樂的主題。使徒約翰則闡明耶穌基督是「道成肉身」的神，他強調耶穌基督與父神的父子關係，目的在於使人相信耶穌是神的兒子，從而可以因祂的名得生命。[115]

在詮釋福音書時，讀者應該瞭解，福音書所記載的，並不是耶穌基督的生平，也不是耶穌基督的編年史。福音書沒有提供關於耶穌的家庭的詳細背景，甚至關於耶穌本人的相貌、特徵、語音等細節也絲毫沒有提及。福音書所記載的，主要是耶穌三十歲開始傳道後的一些事情。奧斯邦說，符類福音（馬太、馬可、路加）給人的印象是，耶穌只工作了一年，因爲它們只提到一個逾越節，即耶穌被釘十字架的那個逾越節；《約翰福音》卻記述了耶穌兩年多的工作，因爲它提到三次逾越節（約二：13，六：4，十一：55）。而且，福音書有時被稱爲「前言冗長的受難故事」，因爲其中關於耶穌受難的記載很

長，與描述祂的其他工作不成比例。可見，福音書的作者對記載的內容是經過精心挑選的。對他們而言，問題不是要寫甚麼，而是要省略甚麼。[116] 福音書的作者很清楚，「但記這些事，要叫你們信耶穌是基督，是神的兒子；並且叫你們信了祂，就可以因祂的名得生命。」（約二十：31）

明白了福音書作者的寫作目的後，就不難理解，除了路加記載了一件在耶穌十二歲時發生的事（路二：41-52）外，為甚麼作者們會把從耶穌降生後至三十歲之間這一段耶穌人生中最長的時間的事情全部都省略了。

但是，如果讀者把福音書的記載看作是耶穌基督的生平，就會心存疑惑。三十歲以前的耶穌在幹甚麼呢？為甚麼福音書對此隻字不提呢？是不是這期間有甚麼不便讓讀者知道的事呢？這種由於不瞭解福音書的性質而產生的疑問，就為一些蠱惑人心的作品的出台提供了土壤。

筆者曾讀過一本書（書名記不清了），其中提到，一些不相信耶穌基督是神的人說，耶穌只不過是一位功力超常的氣功師而已；這些功力是耶穌年輕時去印度取經時練就的。戴馬雷斯（Bruce A. Demarest）在他著作中也提到，二十世紀七十年代，一位研究死海古卷的知名學者亞萊果（John Allegro）寫了一本自毀聲譽的書——《神聖的蘑菇與十字架》（The Sacred Mushroom and the Cross），堅稱耶穌只是某種敬拜蘑菇的東方色情宗教中的一位英雄而已。[117]

無獨有偶，丹布朗（Dan Brown）於2003年出版了他的虛構小說《達芬奇的密碼》或《達文西的密碼》（The Da Vinci Code），一時洛陽紙貴，一年多銷售了近一千萬本。小說歪曲福音書、歪曲教會歷史，說：耶穌只是一個曾與抹大拉的馬利

亞結婚的凡人；達文西、牛頓、雨果等名人原來是秘密組織的
人；名畫《蒙娜麗莎》背後另有玄機；新約《聖經》是經過第
四世紀羅馬一個皇帝的審核和改寫而來的等等。禤浩榮指出，
這本書對於非信徒或不熟悉《聖經》的基督徒來說，無疑會產
生負面的衝擊，但對熟識《聖經》的基督徒，就不會有任何影
響；相反，這正是基督徒向世人辯護基督教眞理的好機會。[118]
基督徒讀讀這類的書，未嘗不可。但如果把精力集中在認識
《聖經》、熟讀《聖經》上，也許更好。掌握了眞理，就能提
高識別眞僞的能力。根基深了，才能在風雨中屹立。

因爲福音書不是耶穌一生的傳記或編年史，所以，其中
的記載顯然沒有按時間順序。作者所關注的，是要表明耶穌是
誰，以及祂的事工所產生的影響，而非耶穌的生平。這樣，在
符類福音書中，一些事件的記錄順序有相當的差異，就不足爲
奇了。[119]

使徒行傳

這一卷書常被稱作「初期教會的歷史」。但有的學者對
此有不同看法。費依和史督華指出：要確定路加寫此卷書的目
的，是非常困難的。首先，無法確定「提阿非羅」（意爲「愛
神的人」，徒一：1）是誰，路加爲甚麼要寫這卷書給他？其
次，路加對許多重要的歷史資料並不感興趣。比如，他對使徒
們的「生平」沒有興趣，雅各是惟一記載了其結局的使徒（徒
十二：2）；他對教會的組織或行政制度沒有興趣，第六章中
的七個人並沒有被稱爲執事，只有一次提到「長老」是被「選
立」的（徒十四：23）。此外，除了提到福音由耶路撒冷傳至
羅馬這一條路線之外，書中沒有記載福音在其他地區的擴展。

他們認為，路加的目的根本不是要寫純粹的教會歷史；路加對聖靈所引導的福音進展的關注，似乎是瞭解本書的關鍵：[120]

> 我們的基本假設是：路加旨在顯示教會如何從一個以耶路撒冷為基地、以猶太教為中心的、猶太信徒所組成之教派，逐漸發展成為以外邦人為主要信徒的普世現象，以及聖靈如何直接造成所有的人惟靠恩典得救的現象。任何事都無法阻擾聖靈所賦予能力的教會的發展——這一重複出現的主題，使我們想到，路加也有意要他的讀者以此為他們的生活模式。《使徒行傳》屬於新約正典的事實，使我們進一步想到，這必定是教會始終應有的特色——熱心傳揚福音、充滿喜樂、擁有聖靈的能力。[121]

在詮釋《使徒行傳》時要考慮的另一個問題是，該書所記載的事情，是否應該成為歷代教會必須遵循的楷模或原則？梁家麟指出，十九世紀末在北美信仰保守的教會頗為流行的復原主義（Restorationism）對華人教會的神學路線和教會模式有深遠的影響。復原主義認為，兩千年來，教會承襲了太多不符合《聖經》的遺傳，破壞了教會的純正；主張教會應回到《聖經》所記載的初期教會的模式，凡《聖經》沒有直接言明的（如，牧師制度，宗派名稱等），教會都不應實行。他還指出：

> 復原主義者大量引用《使徒行傳》，把初期教會的做法視作與《聖經》的直接教導具同等的權威；換言之，儘管《聖經》只是描述性地敘述早期信徒的活動，他們卻認

為這也已樹立了不能替易的永恆權威，必須為教會效法追隨。這種將「榜樣」與「命令」混淆的做法，帶來了相當嚴重的危機。[122]

在《使徒行傳》中，路加似乎並沒有把事情標準化。比如，他記錄個人悔改信主時，通常包括水的洗禮和聖靈的恩賜這兩個要素，但它們的先後順序可能相反；而且，有時按手，有時沒有按手；有時提到方言，有時沒有提及方言。這些不同的記載，可能表明路加無意將一些特殊的事例定為教會生活和信徒的經歷的典範。[123] 費依和史督華認為，如果路加有意將《使徒行傳》的大部分內容作為典範的話，那應該不是在一些特殊的事上，而是在整體上，即，把福音在聖靈的帶領下成功地傳到外邦，使許多個人和團體的生命得到改變的歷程，看成是神為繼續發展中的教會鎖定的目標。[124]

基督徒不同程度上都傾向於將先例視為權威的典範，但做到始終如一的卻很少。比如，即便強烈主張以《使徒行傳》的記載為教會模式的人，也未必都同樣宣導在當今教會中，信徒都要把自己的財物拿出來，大家公用（參見《使徒行傳》第五章）。費依和史督華幽默地說：「如果耶穌生命中的每一件事對我們都有規範的意義，那麼，我們就都應該被釘死在十字架上，並且在三天後復活。」[125]

其實，在《使徒行傳》中所記載的個別事例中，能被當作典範的並不多。但是，如何判斷哪些事例可以作為後世教會的規範呢？費依和史督華提出了一個建議。那就是，如果一個事例的原則，在其他經卷也同樣被教導了，它也許可看作是一個規範。比如，《使徒行傳》中說方言的恩賜，也在《哥林多前

書》十二至十四章關於屬靈恩賜的教導中找到了依據。[126]

新約書信

新約《聖經》的多數經卷都是書信。書信可按寫信人、受信人、信的形式、內容等，分成各種類別，如，保羅書信，普通書信，監獄書信，教牧書信等等。

書信的最大特點，就是它的應實性。也就是說，新約書信的作者是針對收信人所面臨的具體處境寫的，是「因事而生」的。因此，在這些書信中，作者不是系統地闡述自己的神學觀點，而是用神學來回應特殊的情景。[127]有學者稱書信中的神學爲「特殊事工神學」（task theology），而不是神學論文。即使像《羅馬書》這樣詳盡、系統地闡述保羅神學的書信也不例外。《羅馬書》只是保羅神學的一部分而已。比如，據費依和史督華的統計，「稱義」一詞在《羅馬書》中是非常重要的，出現過15次，在《加拉太書》也有8次之多，在保羅的其他書信中出現了2次（林前六：11；多三：7）。[128]

新約書信的應時性質，給釋經帶來一定的困難。

首先，讀者不瞭解收信人的具體狀況，雖然書信本身能提供一些，但不詳盡。費依和史督華形容爲，讀者好像在聽一個人打電話：只聽見打電話的人在說話，卻不知與之通話的另一方是誰，也不知對方說甚麼。[129]由於對當時的處境不盡明白，像「女人爲天使的緣故，應當在頭上有順服權柄的記號」（林前十一：10）、「那些爲死人受洗的」（林前十五：29）、基督「曾去傳道給那些在監獄裏的靈聽」（彼前三：19）、「那大罪人」（帖後二：3）這樣的句子、短語，收信人一定明白是甚麼含義，但對當今的讀者，卻成了難題。因爲這

些書信是寫給第一世紀的信徒的,而不是寫給後世信徒的,所以,讀者要安於自己的瞭解不足。同時也要相信,神需要讀者知道的,已傳達給了讀者;神沒有告訴讀者的,就應審慎,切忌武斷。[130] 又如《希伯來書》的收信人是誰(是猶太人還是外邦信徒),對信中那些警告的經文(六:4-6,十:26-27)的解釋將產生重大影響。鑒此,在解讀書信時,應盡可能地多使用工具書,多掌握書信的背景知識。

其次,讀者應如何妥善地處理書信的應時性、文化性與超越性的關係? 一方面,書信的作者是針對第一世紀的一些特定的讀者寫的,必然與當時的歷史處境與文化有關。因此,不能把書信中的教導不加分析地硬搬到今天,使之成為僵化的律法。另一方面,書信是神藉著特定的歷史處境所賜下的永恆的話語,要對各個世代的人說話。否則,這些書信就不會在正典中了。

既要避免把與處境、文化有關聯的教導普遍化、絕對化,又要防止將永恆的原則處境化、相對化。從特殊的歷史處境中識別永恆的原則,是不容易的。加之,每位讀者都帶有自己的神學前設,都自覺或不自覺地把自己的神學的好惡參雜其中,使問題變得更加複雜。關於文化與超文化的問題,筆者在稍後的第八章還將討論。

為了能比較準確地讀出書信的信息並恰當地應用到今日,首先要端正讀經的態度,要敬畏神的話,祈求經文不斷地對自己說話,以便不斷地修正自己的神學前設,使之更趨近於神的啟示;而不要把自己的神學前設絕對化,以致用它去強解經文。此外,費依和史督華也提出一些有幫助的建議。

第一,當讀者的處境與第一世紀的收信人的處境相似時,

神對他們說的話和與讀者說的話是一樣的。正因爲如此，書信中大部分的神學經文和給教會的倫理命令，使今天的信徒對第一世紀有直接感。

第二，要區分書信的中心信息（如人的墮落、神的救恩、基督的再來等）和次要信息（如婦女的蒙頭、屬靈的恩賜與事奉等）。

第三，與道德有關的事是絕對的，是每個文化都應遵循的；與道德無關的事，可能因文化而異。比如，保羅所列舉的罪（包括淫亂、偶像崇拜、醉酒、同性戀活動、偷竊、貪婪等）從未包含任何與文化有關的項目，故永遠是錯的。而彼此洗腳、女人蒙頭或保羅個人對獨身的愛好等，則與道德無關。

第四，新約《聖經》各經卷一致認同的事（如，愛是基督徒的基本倫理態度、對同性戀行爲的指控等），是信徒應努力遵守的；而新約《聖經》的記載不盡相同的事（如婦女在教會的事奉），在引申應用時就須格外審慎。[131]

《啓示錄》是使徒約翰寫給亞細亞七間教會的信，可歸入書信一類；但其內容又充滿預言和啓示，是書信、預言和啓示這三種文體的巧妙結合。[132] 預言常是先知直接傳達的「神諭」，而啓示則多以天使爲仲介、以異夢和異象的形式呈現，其語言是神秘和象徵性的；從內容看，預言大多是先知警告和指責以色列，啓示則側重安慰和肯定聖徒。[133]

費依和史督華認爲，《啓示錄》的主題是：教會與羅馬帝國必然發生衝突，而且羅馬帝國會獲得最初的勝利；因此它警告教會，苦難與死亡就在面前；但是，神掌管萬事，歷史和教會都在基督的手中；教會能藉著苦難與死亡而最終得勝。[134]奧斯邦也持類似的觀點：「從某個角度而言，整個《啓示錄》

可以說是期盼聖徒作『得勝者』（請注意七封書信每一封的結語），而不作『膽怯的人』。」[135]

詮釋《啓示錄》的困難主要來自對卷中的神秘象徵的解釋，以及經文很少按年代順序陳述。因此，首先要留意經文已解明的象徵，如，像人子的那一位是基督（一：13-20），金燈臺是七間教會、七星是教會的七位使者（一：20），大龍就是撒但（十二：9）等等，並以此作爲瞭解其他象徵的起點。[136]對意義不確定的象徵，如「十角七頭的獸」（十三：1），「六六六」（十三：18）等，要謹慎，不可強解，不可牽強地與當今的一些社會、政治的事件連在一起。

著名的宗教改革家加爾文承認，他不知道如何處理《啓示錄》。他爲大部分新約經卷都寫過注釋書，卻沒有爲《啓示錄》寫過注釋書。[137]加爾文的謹慎和詮釋《啓示錄》的難度，可見一斑。費依和史督華甚至警告說：「凡沒有眞正謙卑的人，就不應該研究《啓示錄》！」[138]

奧斯邦猜測，啓示文學使用神秘象徵的原因之一，是爲了避免讀者過分看重未來的應驗，超過全書的其他信息；作者希望幫助讀者轉向神，而不是轉向未來的事件。「所以，所預言的眞實事件被象徵的雲霧包圍起來，使讀者不得不轉向神，惟有祂能成就這一切。」[139]

小　結

對經卷文體的分類，不同的詮釋者有不盡相同的意見。《出埃及記》既是律法書的組成部分，又屬於歷史書的範疇；《約書亞記》、《士師記》、《撒母耳記》和《列王紀》是歷史書，但又被稱爲「前先知書」。實際上，同一經卷中，常常

4. 文體

包含許多不同的文體。本章的重點不是論述《聖經》的文體的本身，而在顯示識別不同的文體對詮釋經文的重要性；而且，本章的這種闡述是非常扼要、挂一漏萬的。像《詩篇》、啓示文學等複雜、龐大的文體類別，由於篇幅的限制，本章基本沒有涉及。

注釋

[01] Roy B. Zuck著，《基礎解經法》，楊長慧譯（香港：宣道出版社，2001年2版），第154頁。

[02] 梁潔瓊著，《如何研讀舊約》，臺北：校園書房出版社，2002年，第187頁。

[03] 參見：Bernard Ramm著，《基督教釋經學》，詹正義譯（美國加州：美國活泉出版社，1989年），第129頁；梁潔瓊著，《如何研讀舊約》，臺北：校園書房出版社，2002年，第186-187頁。

[04] 轉引自：Roy B. Zuck著，《基礎解經法》，楊長慧譯（香港：宣道出版社，2001年2版），第155頁。

[05] Bernard Ramm著，《基督教釋經學》，詹正義譯（美國加州：美國活泉出版社，1989年），第128-129頁。

[06] 同[01]，第177-178頁。

[07] 郭秀娟著，《認識聖經文學》，臺北：校園書房出版社，2003年二刷，第23-24頁。

[08] Gordon D. Fee and Douglas Stuart著，《讀經的藝術——瞭解聖經指南》，魏啟源、饒孝榛譯（中華福音神學院出版社，1999年），第88頁。

[09] 同上。

[10] Grant R. Osborne著，《基督教釋經手冊》，劉良淑譯（臺北：校園書房出版社，1999年），第210-211頁。

[11] 同[07]，第24頁。

[12] 同[08]，第89-90頁。

[13] 同[07]，第26-32頁。

[14] 同[08]，第91-95頁。

[15] 同[08]，第97頁。

[16] 摘自江守道弟兄的一次講道錄音。

[17] Raymond B. Dillard and Tremper Longman著，《21世紀舊約導論》，劉良淑譯（臺北：校園書房出版社，1999年），第62頁。

[18] 余也魯（總編輯），《聖經》（啓導本），香港：海天書樓，1993年6版，第756-757頁。

[19] 參見：余也魯（總編輯），《聖經》（啓導本），香港：海天書樓，1993年6版，第761頁；Raymond B. Dillard and Tremper Longman著，《21世紀舊約導論》，劉良淑譯（臺北：校園書房出版社，1999年），第237頁。

[20] 同[17]，第236頁。

[21] 曾霖芳院長在美國「海外神學院」的授課，「被擄後的歷史書」，2000年。

[22] 同[17]，第236頁。

[23] 同[17]，第238頁。

[24] 同[10]，第220-221頁。

[25] 同上。

[26] 同[07]，第30頁。

[27] 同[10]，第221頁。

[28] 同[07]，第30-31頁。

[29] 同[10]，第221-222頁。

[30] 同[08]，第182-184頁。

[31] 同[02]，第43，55-57頁。

[32] 同[02]，第55-56頁。

[33] 參見：Gordon D. Fee and Douglas Stuart著，《讀經的藝術——瞭解聖經指南》，魏啓源、饒孝榛譯（中華福音神學院出版社，1999年），第189-191頁；梁潔瓊著，《如何研讀舊約》，臺北：校園書房出版社，2002年，第56-57頁。

[34] 同[17]，第78頁。

[35] 同[08]，第188-190頁。

[36] 同[02]，第57-61頁。

[37] 同[08]，第198頁。

[38] Raymond B. Dillard and Tremper Longman著，《21世紀舊約導論》，劉良淑譯（臺北：校園書房出版社，1999年），第88頁。

[39] Gleason Archer, Jr. 著，《舊約概論》，梁潔瓊譯（香港：國際種籽出版社，1996年再版），第287頁。

[40] 《聖經》（尋道本），美國新澤西州：更新傳道會，2002年，第1999頁，來九：9的注釋。

[41] 《聖經》（靈修版[標準本]），香港：國際聖經協會，2003年四版，新約部分第635頁，來十：4的注釋。

[42] 賈玉銘著，《希伯來書講義》，臺北：財團法人基督教橄欖文化事業基金會，1994年，第148-149頁。

[43] 同[17]，第87-92頁。

[44] 同[17]，第93頁。

[45] 同[08]，第198-199頁。

[46] 轉引自：Raymond B. Dillard and Tremper Longman著，《21世紀舊約導論》，劉良淑譯（臺北：校園書房出版社，1999年），第93頁。

[47] 里程著，《神的聖言 卷一 聖經的權威》，美國：基督使者協會、海外校園雜誌社，2005年5月，第435-436頁。

[48] 參見：Gordon D. Fee and Douglas Stuart著，《讀經的藝術——瞭解聖經指南》，魏啓源、饒孝榛譯（中華福音神學院出版社，1999年），第186-187頁；梁潔瓊著，《如何研讀舊約》，臺北：校園書房出版社，2002年，第62頁。

[49] 參見：Gordon D. Fee and Douglas Stuart著，《讀經的藝術——瞭解聖經指南》，魏啓源、饒孝榛譯（中華福音神學院出版社，1999年），第187-188頁；梁潔瓊著，《如何研讀舊約》，臺北：校園書房出版社，2002年，第62頁。

[50] 同[47]，第463頁。

[51] 同[17]，第79頁。

[52] 同[02]，第61頁。

[53] 參見：馬有藻著，《舊約概論》，臺北：中國信徒佈道會，1996年五版，第157頁；梁潔瓊著，《如何研讀舊約》，臺北：校園書房出版社，2002年，第116-117頁。

[54] 參見：C. Hassell Bullock著，《舊約詩歌智慧書導論》，賴建國、陳興蘭合譯（臺北：中華福音神學院出版社，1999年），第2頁；陳崇桂著，《聖經總論》，香港：福音證主協會證道出版社，1987年，第88頁。

[55] C. Hassell Bullock著，《舊約詩歌智慧書導論》，賴建國、陳興蘭合譯（臺北：中華福音神學院出版社，1999年），第8頁。

[56] 同上，第6頁。

[57] 同[08]，第259頁。

[58] 同[55]，第37-38頁。

[59] 同[55]，第38頁。

[60] 同[55]，第36-37頁。

[61] 同[55]，第9頁。

[62] 同[55]，第56頁。

[63] 同[55]，第53頁。

[64] 同[08]，第268-269頁。

[65] 同[55]，第54-55頁。

[66] 同[18]，第773頁，伯1：6注。

[67] 同[55]，第67頁。

[68] 同[55]，第68-69頁。

[69] 參見：Raymond B. Dillard and Tremper Longman著，《21世紀舊約導論》，劉良淑譯（臺北：校園書房出版社，1999年），第312頁；Gordon D. Fee and Douglas Stuart著，《讀經的藝術——瞭解聖經指南》，魏啓源、饒孝榛譯（中華福音神學院出版社，1999年），第263-267頁。

[70] 同[55]，第184頁。

[71] 同[17]，第313頁。

[72] 同[08]，第270頁。

[73] 同[10]，第265-266頁。

[74] 同[02]，138頁。

[75] 同[55]，第150-151頁。

[76] 同[55]，第152頁。

[77] 參見：焦源濂著，《智慧的開端——箴言分題研經》，臺北：校園書房出版社，1997年，第114-123頁；John R. Kohlenberger III（原編）、王正中（主編），《舊約聖經中希英逐字對照（三）》，溫如彬譯（台中：浸宣出版社，1994年）及George V. Wigram（原編）、王正中（主編），《舊約希伯來文中文彙

聖經的詮釋

編》，溫如彬譯（臺北：浸宣出版社，1989年）的相關部分。

[78] 焦源濂著，《智慧的開端——箴言分題研經》，臺北：校園書房出版社，1997年，第114-頁。

[79] 參見：Raymond B. Dillard and Tremper Longman著，《21世紀舊約導論》，劉良淑譯（臺北：校園書房出版社，1999年），第299頁；焦源濂著，《智慧的開端——箴言分題研經》，臺北：校園書房出版社，1997年，第119-120頁。

[80] 同[08]，第275-276頁。

[81] 同[02]，139頁。

[82] 同[08]，第281頁。

[83] 參見：Gordon D. Fee and Douglas Stuart著，《讀經的藝術——瞭解聖經指南》，魏啓源、饒孝榛譯（中華福音神學院出版社，1999年），第274頁；Raymond B. Dillard and Tremper Longman著，《21世紀舊約導論》，劉良淑譯（臺北：校園書房出版社，1999年），第298-299頁。

[84] 同[08]，第273-274頁。

[86] 同[55]，第2頁。

[87] 同[17]，第319頁。

[88] 同[55]，第209-210 頁。

[89] 同[17]，第320-322頁。

[90] 同[55]，第211頁。

[91] 同[10]，第254-255頁。

[92] 同[08]，第251-252頁。

[93] 同[10]，第237頁。

[94] 同[55]，第108-109頁。

[95] Hohart E. Freeman著，《舊約先知書導論》，梁潔瓊譯（臺北：中華福音神學院出版社，1999年），第29-33頁。

[96] 同[10]，第281頁。

[97] 同[95]，第3頁。

[98] 同[95]，第3-5，39-41頁。

[99] 同[02]，66-67頁。

[100] 同[02]，76-77頁。

[101] 同[08]，第212-213頁。

[102] 同[02]，68頁。

[103] 同[02]，74頁。

[104] 同[08]，第202頁。

[105] William W. Klein ，Craig L. Blomberg, and Robert L. Hubbard, Jr著，蔡錦圖主編，《基道釋經手冊》，尹妙珍等譯（香港：基道出版社，2004年），第452頁。

[106] 同[08]，第204、210-211頁。

[107] 同[02]，79-81頁。

[108] 同[08]，第204頁。

[109] 參見：Gordon D. Fee and Douglas Stuart著，《讀經的藝術——瞭解聖經指南》，魏啓源、饒孝榛譯（中華福音神學院出版社，1999年），第204頁；梁潔瓊著，《如何研讀舊約》，臺北：校園書房出版社，2002年，90頁。

[110] 同[02]，88-89頁。

[111] 同[02]，89頁。

[112] 同[47]，第380-392頁。

[113] 陳惠榮、胡問憲（主編），《證主21世紀聖經新釋 II》，香港：福音證主協會，2000年再版，第955頁。

[114] 鮑會園（主編），新國際研讀本《聖經》，美國新澤西州：更新傳道會，1996年，第1799-1800頁。

[115] 參見：Donald Guthrie著，《基督生平》，臺北：中華福音神學院出版社，199年三版，第43-46頁；鮑會園（主編），新國際研讀本《聖經》，美國新澤西州：更新傳道會，1996年，第1864-1865頁。

[116] 同[10]，第216-217頁。

[117] Bruce A. Demarest 著，《耶穌是誰》，嚴彩琇譯（美國加州：美國活泉出版社，1990年2版），第9-10頁。

[118] 禤浩榮著，《達文西密碼的虛幻世界》，天道書樓有限公司，2004年，第9-17頁。

[119] 同[10]，第216頁。

[120] 同[08]，第114-115頁。

[121] 同[08]，第124頁。

[122] 梁家麟著，《華人教會歷史中的聖經觀》，載於：張楊淑儀、黃淑玲（編輯），《聖經時代的見證》，香港：香港讀經會，1992年，第64-65頁。

[123] 同[08]，第116頁。

[124] 同上。

[125] 同[08]，第128頁。

[126] 同[08]，第129頁。

[127] 同[10]，第345頁。

[128] 同[08]，第50頁。

[129] 同[08]，第49頁。

[130] 同[08]，第62-63頁。

[131] 同[08]，第70-83頁。

[132] 同[08]，第291頁。

[133] 同[10]，第300-303頁。

[134] 同[08]，第299頁。

[135] 同[10]，第303頁。

[136] 同[08]，第297頁。

[137] 同[105]，第540-541 頁。

[138] 同[08]，第290頁。

[139] 同[10]，第313頁。

第5章

修 辭

　　修辭是一種文學手法。有時，講者或作者故意違反文法，用新的形式來表達一個詞、句的意思。斯特雷特（T. Norton Sterrett）認為，修辭是運用詞或短語，表達超出字面和自然的意思。[1] 修辭的手法與字義釋經並不矛盾，它只是用一種更形像、與眾不同的方式傳達字面的意思，使字面的意思變得更生動、更具體、更簡潔，給聽者或讀者留下深刻的印象。[2] 比如，「雨下的好像天都快塌下來了」與「雨下得很大」，兩者表達的意思是一樣的，但前者就比後者生動、活潑多了。又如，「我很害怕」與「快嚇死我了」或「嚇得我心都快蹦出來了」相比，要表達的意思是相同的，但卻顯得平淡無味了。可見，修辭也是基於字義的。蘇克認為，「修辭」可稱為「修辭字義」；而「字義」意為「普通字義」，兩者都是「字義解釋」的一部分。[3]

　　蘇克指出，《聖經》包括了數以百計的修辭手法，「布林格（E. W. Bullinger）將《聖經》中修辭歸納出二百多種，舉了八千多個例子；二百多種修辭的目錄長達二十八頁！」[4] 限於篇幅，本章只能簡略論及，並將重點放在比喻上。

修辭舉隅

　　劉翼凌先生是「福音文宣社」（Evangel Literature, Inc.）的創辦人，對中國文學和《聖經》文學的研究皆有很深造詣。他著了《聖經與修辭學》一書，將中國文學中的修辭與《聖經》文學中的修辭相對比，使人大開眼界。羅香林在該書的序言中這樣寫道：

　　　基督（教）《聖經》譯成中文，已經有百多年了。現在通行的國語譯本也有幾十年了。城市與鄉村，都有人根據它來講、來讀、來唱。可是《聖經》行文，不注重華美，卻注重樸實，把原著的精神和風貌傳達出來，淺顯易解。好像宗廟茅屋潔雅無垢，好像平淡的肉羹，明淨的清水，一見到它，自然會心端意正。像這樣的經文，一讀到它，自然也會起莊嚴敬虔之感。

　　　我們要知道神言裏蘊藏的靈義，正像夜裏會閃耀發光的藏玉，自然會彰顯，甚麼都遮掩不住的。這正合老子的「大巧若愚」的話。不幸的是：時下文藝之士，論起《聖經》來，只惜其「拙」，未見其「巧」，以其真樸為可惜，而不知其簡淺可貴，這哪裏算得是知言？

　　　吾友劉翼凌先生，撰《聖經與修辭學》一書，分列廿四章，用以解析《聖經》修辭之美，並多引其他名著，以證實其說。這是主內作家所未曾嘗試的。這本書使尊榮聖道、悅服聖言的，不單可以遵行靈訓，還可以欣賞《聖經》的語文。正如韓愈（文公）所說：「不惟其辭之好，好其道焉爾。」劉先生算得上為主道而盡心盡力的人阿。[5]

　　筆者將順著劉翼凌先生的思路，從他的著作中採摘一些例子，窺豹一斑，品味《聖經》文學之美。

對偶

　　用字相等、句法相似的兩句話，成對地排列起來，都叫對偶；前後句的意思可以相似、相補，也可以相反。[6]例如：

　　「聖人不死，大盜不止。」（《莊子 月去篋》，《莊子集釋》第158頁）。意思是說，標榜仁義、自以為聖智的統治者不絕跡，大盜竊國奪權活動就不會停止。[7]

　　「流丸止於甌臾，流言止於知者。」（《荀子 大略》，《荀子集解》第339頁）。流丸：滾動的彈丸；甌臾（ouyù）：兩種瓦質的容器，在此指凹下之地；流言：謠言；知者：智者，聰明人。前句陪襯，引出後句：明智之人能識破流言蜚語，使之無法惑人。[8]

　　「白髮無情侵老境，青燈有味似兒時。」（南宋 陸遊《秋夜讀書每以二鼓盡為節》，《陸遊集》第24頁）。意思是：自己雖已是白髮老者，但在燈下讀書，仍像兒時一樣興趣盎然。[9]

　　「青山看景知高下，流水聞聲覺深淺。」（唐 張謂《西亭子言懷》，《全唐詩》第2021頁）。[10]

　　「青山高而望遠，白雲深而路遙。」（唐 王勃《送

白七序》，《全唐文》第1849頁）。描寫出行這路途遙遠。[11]

「挽弓當挽強，用箭當用長，射人先射馬，擒賊先擒王。」（唐 杜甫《前出塞九首》之六，《全唐詩》第2292頁）。挽弓：開弓；強：張力大的弓。[12]

「玩人喪德，玩物喪志。」（《尚書 旅獒》，《十三經注疏》第195頁）。[13]

「一葉蔽目，不見泰山；兩豆塞耳，不聞雷霆。」（《鶡冠子 天則》，《鶡冠子》（上）第6頁）。比喻受片面現象的影響，不能認清事物的本質。[14]

《聖經》中也不乏對偶：

「若不是耶和華建造房屋，建造的人就枉然勞力；若不是耶和華看守城池，看守的人就枉然儆醒。」（詩一二七：1）

「驕傲在敗壞以先，狂心在跌倒之前。」（箴十六：18）

「壓傷的蘆葦，祂不折斷；將殘的燈火，祂不吹滅。」（賽四十二：3）

「願公平如大水滾滾，使公義如江河滔滔。」（摩
五：24）

「誰願為大，就必作你們的用人；誰願為首，就必作
你們的僕人。」（太二十：26-27）

「智慧之子，使父親歡樂；愚昧之子，叫母親擔
憂。」（箴十：1）

「多言多語難免有過；禁止嘴唇是有智慧。」（箴
十：19）

「溫良的舌，是生命樹；乖謬的嘴，使人心碎。」
（箴十五：4）

映襯

對偶著意將兩個類似的句子互相對照，偏重於句子的形
式。映襯則是將相反的兩件事互相對照，更著眼於句子的內
容。[15] 例如：

「聖人千慮，必有一失；愚人千慮，必有一得。」
（《晏子春秋 內篇 雜下》，《晏子春秋校注》第167
頁）。聖人：聖智之人；慮：思考，謀算。[16]

「魚失水則死，水失魚猶為水。」（《屍子 君
治》，《屍子》（上）第18頁）。這是說：統治者需要人

民，而人民並不見得需要統治者。[17]

「朱門酒肉臭，路有凍死骨。」（唐 杜甫《自京赴奉先縣詠懷五百字》，《全唐詩》第2265頁）。[18]

「一日行善，天下歸仁；終朝為惡，四海傾覆。」（南朝宋 範曄《後漢書 朱穆傳》，《後漢書》第1468頁）。歸仁：歸服於仁德；傾覆：指政權覆滅。[19]

「一噎之故，絕穀不食；一蹶之故，卻足不行。」（漢 劉向《說苑 談叢》，《說苑校補》第336頁）。噎（ȳe）：咽喉因進食受阻；蹶（jué）：跌倒；卻足：後退。比喻遭受挫折便畏縮不前。[20]

《聖經》中也有許多映襯：

「祂的怒氣不過是轉眼之間，祂的恩典乃是一生之久。一宿雖有哭泣，早晨便必歡呼。」（詩三十：5）

「流淚撒種的，必歡呼收割。」（詩一二六：5）

「義人的勤勞致生；惡人的進項致死。」（箴十：16）

「入口的不能污穢人，出口的乃能污穢人。」（太十五：11）

「凡自高的必降為卑，自卑的必升為高。」（太廿三：12）

「祂必興旺，我必衰微。」（約三：30）

「神阻擋驕傲的人，賜恩給謙卑的人。」（雅四：6）

層遞

「物有本末，事有始終，知所先後，則近道亦。」（大學）劉翼凌說，若把這個道理用在語言上，便是層遞。層遞這種修辭方法，是把兩個以上、有先後、輕重、大小之分的事物依次排列，層層遞進。層遞分階升和趨下兩類。[21] 比如：

「天時不如地利，地利不如人和。」（《孟子 公孫醜》（下），《十三經注疏》第2693頁）。天時：指於攻守有益的自然氣候條件；地利：有利的地理形勢；人和：人的團結一致。[22]

「古之欲明明德於天下者，先治其國；欲治其國者，先齊其家；欲齊其家者，先修其身。」（《禮記 大學》，《十三經注疏》第1673頁）。明明德：彰顯美德；齊：整治。[23]

「生而知之者上也；學而知之者次也；困而學之，又次也；困而不學，民斯為下矣。」（《論語 季氏》，

《十三經注疏》第2522頁）。大意為：生來就明白道理的屬上等；經過學習而懂道理的屬次等；遇到困難才學道理的屬於更次一等；遇到困辱也不肯學習的，在民眾中以此為下等了。[24]

「上士聞道，勤而行之；中士聞道，若存若亡；下士聞道，大笑之。」（《老子》四一，《老子注》第26頁）。上士、中士、下士：按道家標準劃分的上等人、中等和下等人；若存若亡：將信將疑，既重視又不重視；笑：嘲笑。[25]

「上士忘名；中士立名；下士竊名。」（北朝齊顏之推《顏氏家訓 名實篇》，《顏氏家訓集解》第280頁）。[26]

「一鼓作氣，再而衰，三而竭。」（《左傳 莊公十年》，《十三經注疏》第1767頁）。鼓：擊鼓，軍中出擊的信號；作：振奮；再：第二次。意為：第一次擊鼓進軍，士氣振奮；第二次，士氣已低；第三次，士氣已殆盡了。故，作事要鼓足干勁，一舉成功。[27]

《聖經》中的層遞的例子：[28]

「不從惡人的計謀，不站罪人的道路，不坐褻慢人的座位。」（詩一：1）

「耶和華的聲音大有能力，耶和華的聲音滿有威嚴。耶和華的聲音震破香柏樹，耶和華震碎黎巴嫩的香柏樹。」（詩廿九：4-5）

「預先所定下的人又召他們來；所召來的人，又稱他們為義；所稱為義的人，又叫他們得榮耀。」（羅八：30）

「私慾既懷了胎，就生出罪來；罪既長成，就生出死來。」（雅一：15）

「正因這緣故，你們要分外的殷勤；有了信心，又要加上德行；有了德行，又要加上知識；有了知識，又要加上節制；有了節制，又要加上忍耐；有了忍耐，又要加上敬虔。有了敬虔，又要加上愛弟兄的心；有了愛弟兄的心，又要加上愛眾人的心。」（彼後一：5-7）

「耶和華在天上，在地下，在海中，在一切的深處，都隨自己的旨意而行。」（詩一三五：6）

「剪蟲剩下的，蝗蟲來吃；蝗蟲剩下的，蝻子來吃；蝻子剩下的，螞蚱來吃。」（珥一：4）

「只是我告訴你們，甚麼誓都不可起，不可指著天起誓，因為天是神的座位；不可指著地起誓，因為地是祂的腳凳；也不可指著耶路撒冷起誓，因為耶路撒冷是大君的

京城。又不可指著你的頭起誓，因為你不能使一根頭髮變黑變白了。」（太五：34-36）

矛盾詞和吊詭

將兩個相反或矛盾的詞放在一起，叫矛盾詞（epigram）或矛盾修辭法（oxymoron）；看似荒謬、與一般的意見相反的表達稱為吊詭（paradox）。這種修辭法往往表達更深的意思。[29] 比如：

「大直若屈，大巧若拙，大辯若訥。」（《老子》四五，《老子注》第28頁）。曲：彎曲；辯：口才好；訥（nè）：語言遲鈍。[30]

「至樂無樂，至譽無譽。」（莊子《至樂》）[31]

「勇於不敢則活。」（《老子》（下篇））[32]

「臨穴頻撫棺，至哀反無淚。」（唐 孟雲卿《古挽歌》，《全唐詩》第1607頁）。[33]

《聖經》也常用這種修辭法，比如：[34]

「因為凡要救自己生命的〔生命或作靈魂下同〕，必喪掉生命；凡為我和福音喪掉生命的，必救了生命。」（可八：35）

　　「你們中間，誰願為大，就必作你們的用人；在
你們中間，誰願為首，就必作眾人的僕人。」（可十：
43-44）

　　「我們四面受敵，卻不被困住；心裏作難，卻不至失
望；遭逼迫，卻不被丟棄；打倒了，卻不至死亡；身上常
帶著耶穌的死，使耶穌的生，也顯明在我們身上。因為我
們這活著的人，是常為耶穌被交於死地，使耶穌的生，在
我們這必死的身上顯明出來。」（林後四：8-11）

　　「榮耀羞辱，惡名美名；似乎是誘惑人的，卻是誠實
的；似乎不為人所知，卻是人所共知的；似乎要死，卻是
活著的；似乎受責罰，卻是不致喪命的；似乎憂愁，卻
是常常快樂的；似乎貧窮，卻是叫許多人富足的；似乎一
無所有，卻是樣樣都有的。」（林後六：8-10）

　　「我為基督的緣故，就以軟弱、凌辱、急難、逼迫、
困苦，為可喜樂的；因我甚麼時候軟弱，甚麼時候就剛強
了。」（林後十二：10）

　　「但那好宴樂的寡婦，正活著的時候，也是死的。」
（提前五：6）

　　再如，「神卻將死的痛苦解釋了，叫祂復活，因為祂原不
能被死拘禁。」（徒二：24）在這裏，彼得談到基督的死和復
活。此節經文中的「痛苦」的希臘文是 ὠδῖνας，原指婦女生

產之苦。所以，「死的痛苦」可直譯為「birth pain of death」
（「死亡的陣痛」）。「陣痛」和「死亡」是相反經歷，通常
不會相提並論，但彼得卻把它們放在一起，生動地描寫了基督
的死。[35] 筆者認為，彼得用這樣的矛盾詞，更可促使讀者深思
基督的死亡所蘊藏的深刻含義。

伴名和類名

　　用與之伴隨或附屬的東西稱呼一件事物的修辭法叫伴名格
或借代（metonymy）。比如，當人說「白宮的決定」時，其實
是說美國總統的決定。這是用美國總統的住所代替了美國總統
本人。有時，此修辭法也可以原因代替結果，或以結果代替原
因。「類名格」或「舉隅法」（synecdoche）則是整體與部分互
相代替，或普通名字與特殊名字互相代替。[36] 現舉幾例。

　　　　「紈絝不餓死，儒冠多誤身。」（唐 杜甫《奉贈韋
　　　左丞丈二十二韻》，《全唐詩》第2251頁）紈絝（wán kù
　　　）：紈是絲織的細絹，絝與褲同義；意指貴族子弟。儒
　　　冠：指讀書人。[37]

　　　　「萬國衣冠拜冕旒。」（王維和賈至舍人早朝大明宮
　　　之作）衣冠：代表群臣；冕旒（miǎn liú）：冕是上古天
　　　子、諸侯、大夫所戴的禮冠，後專指皇帝戴的禮帽；旒是
　　　旗幟邊上的垂飾飄帶，或古代帝王禮帽前後懸垂的玉串；
　　　這裏，冕旒代表天子。[38]

　　　　「無絲竹之亂耳，無案牘之勞形。」（唐 劉禹錫

《陋室銘》，《全唐文》第608卷）絲竹：代表樂器；案
牘：案桌上的公文，代表官府事務。即，沒有樂聲擾亂清
聽，沒有官府的公文勞累形體。[39]

「慨當以慷，憂思難忘。何以解憂？惟有杜康。」
（曹操《短歌行》）杜康：造酒之人，此處以造酒人代替
他所造的酒。[40]

「人皆可以為堯舜。」（《孟子 告子下》，《十三
經注疏》第2755頁）堯、舜：古代傳說中的兩位聖君，此
處代表聖人。[41]

「一日不見，如三秋兮。」（《毛詩 王風 采葛》，
《十三經注疏》第333頁）三秋：三年；這是用部分代表
整體。[42]

「過盡千帆皆不是，斜暉脈脈水悠悠，腸斷白蘋
洲。」（唐 溫庭筠《憶江南》，《全唐詩》第10061頁）
斜暉：夕陽的光暉；脈脈：含情的樣子；白蘋洲：長滿白
蘋花（一種多年生水草）的小洲；千帆：許多船；這是以
部分代表整體。[43]

《聖經》的這類修辭的例證很多：

「萬膝必向我跪拜，萬口必憑我起誓。」（賽四十
五：23）以「膝」、「口」代表人。

「願你的後裔，得著仇敵的城門。」（創廿四：60）以局部代表整體：用「城門」代表城市或國家。

「耶路撒冷阿！耶路撒冷阿！你常殺害先知，又用石頭打死那奉差遣到你這裏來的人！我多次願意聚集你的兒女，好像母雞把小雞聚集在翅膀底下，只是你們不願意！」（路十三：34）這裏，主耶穌是用「耶路撒冷」代表住在耶路撒冷的人或猶太人。[44]

「你必汗流滿面才得糊口。」（創三：19）這是以果代因：「汗流滿面」是勞苦的結果。

「那地原是流奶與蜜之地。」（民十四：8）這是以果代因：流奶流蜜，是物產豐富的結果。

「祢把旌旗賜給敬畏祢的人，可以為真理揚起來。」（詩六十：4）這也是以果代因：旌旗是勝利的結果。

「凡油滑的嘴唇和誇大的舌頭，耶和華必要剪除。」（詩十二：3）這是以因代果：舌頭和嘴唇是說話的因。

「這地大行淫亂，離棄耶和華。」（何一：2）「大地」是指住在地上的居民。

「婚姻，人人都當尊重，床也不可污穢。」（來十三：4）這裏，「床」是婚姻關係的借代。[45]

「無論何人，因為門徒的名，只把一杯涼水給這小子裏的一個喝，我實在告訴你們，這人不能不得賞賜。」（太十：42）「一杯涼水」代表一個小的恩惠。

「問百基拉和亞居拉安！他們在基督耶穌裏與我同工，也為我的命，將自己的頸項，置之度外。」（羅十六：4）這是用部分代表整體：「頸項」代表人的生命。

「我不以福音為恥；這福音本是神的大能，要救一切相信的，先是猶太人，後是希利尼人。」（羅一：16）這是以局部代表全體：用「希利尼人」代表所有的外邦人。[46]

「在拉瑪聽見號咷大哭的聲音，是拉結哭她女兒，……。」（太二：18）用特殊代表一般：「拉結」代表以色列人的母親。[47]

「他們有禍了！因為走了該隱的道路，又為利往巴蘭的錯謬裏直奔，並在可拉的背叛中滅亡了。」（猶11）這裏用特殊代表一般：「該隱」代表兇手，「巴蘭」代表貪財之人，「可拉」代表背叛者。[48]

「當那些日子，該撒亞古士督有旨意下來，叫天下人民都報名上冊。」（路二：1）這是以整體代表部分：「天下人民」是指羅馬人。[49]

誇張

誇張或跨飾（hyperbole）是故意誇大，言過其實，以加深印象。[50]例如：

> 「筆落驚風雨，詩成泣鬼神。」（唐 杜甫《寄李十二白二十韻》，《全唐詩》第2430頁）這兩句稱讚李白詩歌有使風雨為之吃驚、鬼神為之哭泣的感染力。仇兆鰲注：「驚風雨，稱其敏捷；泣鬼神，稱其神妙。」[51]

> 「北方有佳人，絕世而獨立，一顧傾人城，再顧傾人國。」（《漢書 外戚傳》）意指佳人有驚人的美麗，使一城一國的人都為之傾倒。[52]

> 「白髮三千丈，緣愁似個長。」（唐 李白《秋浦歌十七首》之十五，《全唐詩》第1724頁）緣：因；個：這般。[53]

> 「邊庭流血成海水，武皇開邊意未已。」（唐 杜甫《兵車行》，《全唐詩》第2254頁）武皇：明指漢武帝，暗指唐玄宗；開邊：用武力開拓邊疆。[54]

> 「蜀道難，難於上青天。」（唐 李白《蜀道難》，《全唐詩》第1680頁）蜀道：古代進入四川的道路，當時非常艱險。[55]

《聖經》中的誇張手法舉例：

「那地的民比我們又大又高，城邑又廣大又堅固，高得頂天，並且我們在那裏看見亞衲族人。」（申一：28）

「眾婦女舞蹈唱和，說：『掃羅殺死千千，大衛殺死萬萬。』」（撒上十八：7）

「我每夜流淚，把床榻飄起，把褥子濕透。」（詩六：6）

「我的眼淚下流成河，因為他們不守祢的律法。」（詩一一九：136）

「但願我的頭為水，我的眼為淚的泉源，好為我百姓中被殺的人，晝夜哭泣。」（耶九：1）

「耶和華豈喜悅千千的公羊，或是萬萬的油河麼？」（彌六：7）

「為甚麼看見你弟兄眼中有刺，卻不想自己眼中有梁木呢？你自己眼中有梁木，怎能對你弟兄說：容我去掉你眼中的刺呢？」（太七：3-4）

「人若賺得全世界，賠上自己的生命，有甚麼益處呢？人還能拿甚麼換生命？」（太十六：26）

「我又告訴你們，駱駝穿過針的眼，比財主進神的國還容易呢！」（太十九：24）

「你們這瞎眼領路的，蠓蟲你們就濾出來，駱駝你們倒吞下去。」（太廿三：24）

「耶穌所行的事，還有許多，若是一一的都寫出來，我想寫的書，就是世界也容不下了。」（約廿一：25）

示現

「示現」或稱「想見」（prosopopaeia），是一種形像的描述方法，把不聞不見之物，說得可聞可見。[56]比如：

「日出而作，日入而息，鑿井而飲，耕田而食。」（漢 王充《論衡 感虛篇》，引謠諺《論衡》第53頁）作：勞作；息：歇息。[57]劉翼凌指出，這幾句話寫出了堯治之下的安居樂業。如果只是籠統地說「安居樂業」，就不免空洞，不能使人得到鮮明、活潑的印象。[58]

「昨夜雨疏風驟，濃睡不消殘酒。試問捲簾人，卻道海棠依舊。知否？知否？應是綠肥紅瘦。」（宋 李清照《如夢令》）綠肥：雨後茁壯的海棠葉；紅瘦：風雨之後凋殘的海棠花。「綠肥紅瘦」極生動地形像地表露了作者惜春傷感、難於言表的惆悵之情，成為千古絕句。[59]但若只說：「昨兒夜裏風雨之後，海棠花都蔫兒了」，分量就差太多了。

「君不見高陽酒徒起草中，長揖山東隆准公。入門不拜騁雄辯，兩女輟洗來趨風。東下齊城七十二，指揮楚漢如旋篷。狂客落魄尚如此，何況壯士當群雄！」（唐 李白《梁甫吟》）

這是李白在長安時期的作品，時任翰林供奉，不參政事。玄宗昏庸縱情，信用權臣李林甫，朝政日趨腐敗。李白懷抱建功立業之志入朝，卻帶著失望、悲觀離去。因此他寫下不少現實性很強的作品，《梁甫吟》是其中一篇。詩中列舉大量歷史人物的遭遇，比擬自己懷才不遇和朝政黑暗。上面的引文是其中一個歷史人物的故事。

梁甫吟：古樂府楚調曲名，聲調悲涼；高陽酒徒：酈食其（li yi ji），漢初陳留高陽（今河南杞縣西）人，自稱高陽酒徒；長揖（yi）：深深地抱拳作揖；山東隆准公：指漢高祖劉邦，劉邦是山東人，隆准，即高鼻樑；騁（chěng）：奔跑，引申意義爲「放任」或「盡量展開」；輟（chuò）：停止；趨風：疾走如風；旋蓬：蓬草隨風旋轉，形容很輕易。引文的大意是：劉邦起兵經過陳留，酈食其前往竭見。當時劉邦正讓兩女洗腳，見酈進去，仍倚床不動。酈長揖不拜，並責備劉的傲慢。劉邦立即停止洗腳，認眞接待。後來酈代劉至齊國遊說，取得齊七十餘城。故李白感歎道，酈氏尚能如此，他在此亂世更應有所作爲。這幾句詩的描寫，栩栩如生，讀者似親臨其境。[60]

「君不見青海頭，古來白骨無人收，新鬼煩冤舊鬼哭，天陰雨濕聲啾啾。」（唐 杜甫《兵車行》，《全唐詩》第2255頁）青海頭：青海邊，玄宗年間，唐兵與吐蕃交戰多在這一帶。[61] 邊關戰事之殘酷，活靈活現，令人毛骨悚然。

《聖經》也是用示現的方法，例如：

「地雖改變，山雖搖動到海心，其中的水雖澎匐翻

騰，山雖因海漲而戰抖，我們也不害怕。」（詩四十六：
2-3）

「你豈要定睛在虛無的錢財上麼？因錢財必長翅膀，
如鷹向天飛去。」（箴廿三：5）

「製造雕刻偶像的，盡都虛空；他們所喜悦的，都
無益處；他們的見證，無所看見，無所知曉，他們便覺羞
愧。誰製造神像，鑄造無益的偶像，看哪，他的同伴都必
羞愧。鐵匠把鐵放在火炭中燒熱，用錘打鐵器，用他有力
的膀臂錘成；他饑餓而無力，不喝水而發倦。木匠拉線，
用筆劃出樣子，用鉋子鉋成形狀，用圓尺劃了模樣，仿照
人的體態，作成人形，好住在房屋中。他砍伐香柏木，又
取柞樹和橡樹，在樹林裏選定了一棵。他栽種松樹得雨長
養。這樹，人可用以燒火，他自己取些烤火，又燒著烤
餅，而且作神像跪拜，作雕刻的偶像向它叩拜。他把一分
燒在火中，把一分烤肉吃飽。自己烤火説：『阿哈！我暖
和了，我見火了。』他用剩下的作了一神，就是雕刻的偶
像。他向這偶像俯伏叩拜，禱告它説：『求你拯救我，因
你是我的神。』他們不知道，也不思想，因為耶和華閉住
了他們的眼不能看見，塞住了他們的心不能明白。誰心裏
也不醒悟，也沒有知識，沒有聰明，能説，我曾拿一分在
火中燒了，在炭火上烤過餅，我也烤過肉吃。這剩下的，
我豈要作可憎的物麼？我豈可向木不子叩拜呢？他以灰為
食，心中昏迷，使他偏邪，他不能自救，也不能説：『我
右手中豈不是有虛謊麼？』」（賽四十四：9-20）

這一段經文，將製作偶像的過程描寫得微妙微肖，令人忍俊不禁；從而，使偶像的虛無、拜偶像的荒唐，躍然紙上，一目了然。

「你們躺在象牙床上，舒身在榻上，吃群中的羊羔，棚裏的牛犢。彈琴鼓瑟唱消閒的歌曲，為自己製造樂器，如同大衛所造的。以大碗喝酒，用上等的油抹身；卻不為約瑟的苦難擔憂。」（摩六：4-6）

「鞭聲響亮，車輪轟轟，馬匹踢跳，車輛奔騰，馬兵爭先，刀劍發光，槍矛閃爍，被殺的甚多，屍首成了大堆，屍骸無數，人碰著而跌倒。」（鴻三：2-3）

這是描述亞述人的兇殘、驃悍，屠殺他國子民無數。

「雖然無花果樹不發旺，葡萄樹不結果，橄欖樹也不效力，田地不出糧食，圈中絕了羊，棚內也沒有牛；然而，我要因耶和華歡欣，因救我的神喜樂。主耶和華是我的力量，他使我的腳快如母鹿的蹄，又使我穩行在高處。這歌交與伶長，用絲線的樂器。」（哈三：17-18）

先知哈巴谷用生動、強烈的對比，將神的僕人的精神風貌一展無遺。

「何況這尼尼微大城，其中不能分辨左手右手的有十二萬多人，並有許多牲畜；我豈能不愛惜呢？」（拿四：11）

「不能分辨左手右手的」很生動，可能指兒童，也可能指尼尼微全城的人像嬰孩一樣，不知道如何生活，不認識神，需要神的眷顧。[62]

> 「論到從起初原有的生命之道，就是我們所聽見、所看見、親眼看過、親手摸過的；（這生命已經顯現出來，我們也看見過，現在又作見證，將原與父同在，且顯現與我們那永遠的生命，傳給你們；）我們將所看見、所聽見的傳給你們，使你們與我們相交，我們乃是與父並祂兒子耶穌基督相交的；我們將這些話寫給你們，使你們的喜樂充足。」（約壹一：1-4）

道成肉身的聖子——耶穌基督，將不可見之神的像活化在世人面前。耶穌基督是約翰等使徒們親眼見過、親手摸過的，是真實可靠的。使徒們的著作，為基督的言行作了權威的見證和解釋。所以，《聖經》能使人有智慧，因信基督而得著永恆的生命。

疊字

疊字也叫重言，是一個單字的重疊，以加強語氣。[63] 例如：

> 「大知閑閑，小知間間，大言炎炎，小言詹詹。」（《莊子 齊物論》，《莊子集釋》第25頁）知：通「智」；閑閑：廣博寬裕之貌；間間：細加區別之貌；炎炎：氣焰盛之貌；詹詹：言辯不休之貌。大意是：智力高

的人，海闊天空、無所不知；智力低的人，在細節上斤斤計較；口才強的人，講話盛氣凌人；口才不濟的人，講話喋喋不休。[64]

「尋尋覓覓，冷冷清清，淒淒慘慘戚戚。」（南宋李清照《聲聲慢》，《全宋詞》第932頁）戚戚：悲愁的樣子。[65]

「青青河畔草，鬱鬱園中柳。盈盈樓上女，皎皎當窗牖。娥娥粉紅妝，纖纖出素手。」（古詩）牖（yǒu）：窗户。[66]

「千夫諾諾，不如一士之諤諤。」（宋 蘇軾《講田友直字序》，《蘇東坡集》12冊第45頁）諾諾：疊聲答應，表示順服；諤諤：直言爭辯的樣子。[67]

「絲絲，裊裊，團團，片片──直接上青天。」（佚名氏《西窗晚望》）[68]

「側著耳朵兒聽，躡著腳步兒行，悄悄冥冥，潛潛等等，等我那整整齊齊，裊裊婷婷，姐姐鶯鶯。」（西廂記酬韻）[69]

《聖經》也常用疊字：[70]

「雅各説：『我的兒子不可與你們一同下去；他哥哥

死了，只剩下他，他若在你們所行的路上遭害，那便是你們使我白髮蒼蒼、淒淒慘慘的下陰間去了。』」（創四十二：38）

「眾婦女舞蹈唱和，說：『掃羅殺死千千，大衛殺死萬萬。』」（撒上十八：7）

「就是這地的人，也因酒搖搖晃晃，因濃酒東倒西歪。祭司和先知因濃酒搖搖晃晃，被酒所困，因濃酒東倒西歪。他們錯解默示，繆行審判。」（賽廿八：7）

「你必衰落，從地中說話，你的言語必微細出於塵埃；你的聲音必像那交鬼者的聲音出於地，你的言語低低微微出於塵埃。」（賽廿九：4）

「高高低低的要改為平坦，崎崎嶇嶇的必成為平原。」（賽四十：4）

「你們必歡歡喜喜而出來，平平安安蒙引導。」（賽五十五：12）

「他們各人欺哄鄰舍，不說真話；他們教舌頭學習說謊，勞勞碌碌的作孽。」（耶九：5）

「耶和華豈喜悅千千的公羊，或是萬萬的油河麼？我豈可為自己的罪過，獻我的長子麼？為心中的罪惡，獻我

身所生的麼？」（彌六：7）

「她丈夫約瑟是個義人，不願意明明的羞辱她，想暗暗的把她休了。」（太一：19）

「他聽見這話，臉上就變了色，憂憂愁愁的走了：因為他的產業很多。」（可十：22）

「賣耶穌的人曾給他們一個暗號，說：『我與誰親嘴，誰就是祂；你們把祂拿住，牢牢靠靠的帶去。』」（可十四：44）

「彎彎曲曲的地方要改為正直，高高低低的道路要改為平坦。」（路三：5）

「耶穌說：『摸我的是誰？』眾人都不承認，彼得和同行的人都說：『夫子！眾人擁擁擠擠緊靠著你。』耶穌說：『總有人摸我；因我覺得有能力從我身上出去。』那女人知道不能隱藏，就戰戰兢兢的俯伏在耶穌腳前，把摸祂的緣故，和怎樣立刻得好了，當著眾人都說出來。」（路八：45-47）

「眾人都默默無聲。」（徒十五：12）

「但願榮耀歸給祂，直到永永遠遠。」（啓一：6）

擬人法

語文中把無知覺的東西描繪成有知有情的人一般，這種修辭叫擬人法。[71] 例如：

> 「感時花濺淚，恨別鳥驚心。」（唐 杜甫《春望》，《全唐詩》第2404頁）感時：感懷時事；恨別：悵恨別離。有人解釋為因感時見花流淚，因恨別聽鳥鳴而驚心；但有人解釋為花自流淚，鳥自驚心。[72]

> 「蠟燭有心還惜別，替人垂淚到天明。」（唐 杜牧《贈別二首》，《全唐詩》第5988頁）[73]

> 「行宮見月傷心色，夜雨聞鈴斷腸聲。」（唐 白居易《長恨歌》，《全唐詩》第4818頁）行宮：皇帝出行時居住的地方。[74]

《聖經》運用擬人法的經文很多，例如：

> 「諸天述說神的榮耀，穹蒼傳揚祂的手段。這日到那日發出言語，這夜到那夜傳出知識。」（詩十九：1-2）

> 「慈愛和誠實，彼此相遇；公義和平安，彼此相親。」（詩八十五：10）

> 「滄海看見就奔逃，約旦河也倒流。大山踴躍如公

羊，小山跳舞如羊羔。」（詩一一四：304）

「你們曾說：『我們與死亡立約，與陰間結盟。』」
（賽廿八：15）

「你們必歡歡喜喜而出來，平平安安蒙引導；大山小
山必在你們面前發聲歌唱，田野的樹木也都拍掌。」（賽
五十五：12）

「以色列人哪，當聽耶和華的話。要起來向山嶺爭
辯，使岡陵聽你的話。」（彌六：1）

「牆裏的石頭必呼叫，房內的棟樑必應聲。」（哈
二：11）

「耶穌說：『我告訴你們，若是他們閉口不說，這些
石頭也必要呼叫起來。』」（路十九：40）

「因為知道基督既從死裏復活，就不再死，死也不再
作祂的主了。」（羅六：9）

「我們知道一切受造之物，一同歎息勞苦，直到如
今。」（羅八：22）

「死阿！你得勝的權勢在那裏？死阿！你的毒鉤在那裏？
死的毒鉤就是罪，罪的權勢就是律法。」（林前十五：55-56）

此外，《聖經》還用人來比擬神。用人的特徵、行為來形容神，稱神格擬人法（anthropomorphism）；比如，說神有指頭、眼睛、耳朵等。將人的情緒加諸於神，稱神性擬人法（anthropopathism），如，說神發怒、後悔等。將動物的特徵加於神，稱擬物法（zoomorphism）；比如說神「必用自己的翎毛遮蔽你；你要投靠在祂的翅膀底下」（詩九十一：40）。[75]

《聖經》的修辭法還有許多，如省略法（ellipsis），反問法（rhetorical question），直呼法（apostrophe），反諷（irony），反合（litotes）（用否定的話表達肯定的意思）等等，本章不再冗述。[76]

比 喻

比喻在中國文學中是很重要的修辭方法。比喻就是「以其所知，喻其所不知，而使人知之。」[77]比如：

「同心之言，其臭如蘭。」（《周易 系辭上》，《十三經注疏》第79頁）臭：味。[78]

「問君能有幾多愁，恰似一江春水向東流。」（五代南唐 李煜《虞美人》，《全唐詩》第10047頁）[79]

「人生一世，如白駒之過隙。」（漢 班固《漢書 張良傳》，《漢書》第2037頁）白駒：白馬；隙：縫隙。形容人生短促，如同白馬掠過小縫一般。[80]

「食言多矣，能無肥乎。」（《左傳 哀公二十五年》，《十三經注疏》第2182頁）。食言：吞吃諾言，言

而無信。[81]

「近朱者赤，近墨者黑。」（晉 傅玄《太子少傅箴》，《全上古三代秦漢三國六朝文》第1724頁）朱：朱砂。比喻接近好人可變好，接近壞人會學壞。[82]

「向晚意不適，驅車登故原。夕陽無限好，只是近黃昏。」（唐 李商隱《登樂遊園》）樂遊園：在長安南，地勢高而寬闊；向晚：傍晚；意不適：不遂心意。詩人用夕陽象徵個人的沉淪遲暮和大唐帝國奄奄一息的趨勢，用筆巧妙，比喻貼切。[83]

《聖經》中，比喻的重要性凸顯的一個原因，是它們大多出自耶穌基督之口。有人統計過，在符類福音書中，主耶穌的教導有三分之一是用比喻。[84]

比喻（parables）的希伯來文是 māšāl，希臘文是 parabolē；māšāl 可能源自動詞「相似」，也有「箴言」或「謎語」的意思，但基本意思是作比較。事實上，箴言的形式常有比較的性質。parabolē 由「para」（「旁邊」或「並列」）和「ballein」（「拋扔」）組成：故事與真理並排，以說明真理；它不單是指故事，同時也指短語。[85] 蘭姆寫道：

陶德（Dodd）給比喻所下的定義是：「用最簡單的方法說，比喻是從自然界或普通生活中，以活潑或奇異的方式，舉出明喻或暗喻，吸引聽者的注意力，並給聽眾心中留一個問題，到底講者所要表達的教訓是甚麼，以

引起聽者主動的思想。」因此比喻不同於寓言（fable），因為比喻既不重細節，也不想入非非；比喻不同於神話（myth），因為比喻不是杜撰的、容易被接受的民間故事；比喻也不同於寓意故事（allegory，筆者注），因為比喻並不是每一個細節都含有特別意義。[86]

《聖經》中的比喻的一個簡潔定義是：「以地上的故事來講天上的事。」[87]

比喻的種類

比喻可分為明喻、暗喻、借喻和短故事等等。

明喻（simile）又稱直喻，明白地用一件事比喻另一件事，常用「如同」、「好像」、「仿佛」、「若」、「似」等連接詞。比如：[88]

　　　「君子之交淡若水，小人之交甘若醴。」（《莊子山木》，《莊子集釋》第300頁）醴：一種甜酒。[89]

　　　「我必斷絕你們因勢力而有的驕傲，又要使覆你們的天如鐵，載你們的地如銅。」（利廿六：19）天如鐵，比喻不降雨；地如銅，比喻農作失敗。[90]

　　　「我的心平穩安靜，好象斷過奶的孩子在他母親的懷中；我的心在我裏面真像斷過奶的孩子。」（詩一三一：3）

　　　「看哪，弟兄和睦同居，是何等的善！何等的美！這好比那貴重的油，澆在亞倫的頭上，流到鬍鬚，又流到他

的衣襟。又好比黑門的甘露，降在錫安山，因為在那裏有
耶和華命定的福，就是永遠的生命。」（詩一三三：1-3）

「又必像饑餓的人，夢中吃飯，醒了仍覺腹空；或像
口渴的人，夢中喝水，醒了仍覺發昏，心裏想喝。攻擊錫
安山列國的群眾，也必如此。」（賽廿九：8）

「耶和華說：『我的話豈不像火，又像能打碎磐石的
大錘麼？』」（耶廿三：29）

「祂來的日子，誰能當得起呢？祂顯現的時候，誰能
立得住呢？因為祂如煉金之人的火，如漂布之人的鹼，祂
必坐下如煉淨銀子的，必潔淨利未人，熬煉他們像金銀一
樣；他們就憑公義獻供物給耶和華。」（瑪三：2-3）

「所以凡聽見我這話就去行的，好比一個聰明人，
把房子蓋在磐石上。雨淋，水沖，風吹，撞著那房子，房
子總不倒塌；因為根基立在磐石上。凡聽見我這話不去
行的，好比一個無知的人，把房子蓋在沙土上。雨淋，
水沖，風吹，撞著那房子，房子就倒塌了，並且倒塌得很
大。」（太七：24-27）

「你們去吧！我差你們出去，如同羊羔進入狼群。」
（路一：3）

隱喻（metaphor）也稱暗喻；比明喻更進一層，乾脆不用

「好像」、「如」等字眼，直接將一種事物說成是另一種事物。比如：[91]

> 「君者舟也，庶人者水也；水則載舟，水則覆舟。」
> （《荀子 哀公》，《荀子集解》第357頁）庶人：平民。[92]

> 「妓女是深坑，外女是窄阱。」（箴廿三：27）

> 「諸天哪，要因此驚奇，極其恐慌，甚為淒涼！因為我的百姓作了兩件惡事，就是離棄我這活水的泉源，為自己鑿出池子，是破裂不能存水的池子。」（耶二：13）

> 「他們中間的首領是咆哮的獅子；他的審判官是晚上的豺狼，一點食物也不留到早晨。」（番三：3）

> 「信我的人，就如經上所說，從他腹中要流出活水的江河來。」（約七：38）

> 「舌頭就是火，在我們百體中，舌頭是個罪惡的世界，能污穢全身，也能把生命的輪子點起來；並且是從地獄裏點著的。」（雅三：6）

《詩篇》廿三篇一整篇都可以看為是美妙的隱喻。

借喻（metonymy）或稱轉喻，比暗喻又進一層，連「是」都省略了，直接用一事物代以另一事物，即所謂「借題在此，寄意在彼」。[93]比如：

「煮豆燃豆箕，豆在釜中泣；本是同根生，相煎何太急？」或「煮豆持作羹，漉豉以為汁。箕在釜下燃，豆在釜中泣。本是同根生，相煎何太急？」（曹植《七步詩》）詩中，曹植以「豆」自喻，以「箕」喻其兄魏文帝曹丕。「煮豆燃箕」借喻兄弟間自相殘殺。[94]

「耶穌回答說：『你們拆毀這殿，我三日內要再建立起來。』」（約二：19）「殿」是借喻主耶穌的身體（約二：21）。

「摩西在曠野怎樣舉蛇，人子也必照樣被舉起來；叫一切信祂的都得永生。」（約三：14-15）

明喻、暗喻和借喻，可作如下顯示：

「這些惡人如同犬類！」（明喻）
「這些惡人是犬類！」（暗喻）
「這些犬類！」（借喻）

有時，在同一節經文裏，既有明喻，也有暗喻或借喻，如：「我們在這帳篷裏歎息，深想得那從天上來的房屋，好像穿上了衣服。」（林後五：2）其中，「那從天上來的房屋」是借喻，而「好像穿上了衣服」則是明喻。

明喻、暗喻或借喻都是短語或片語；比喻則是擴大的明喻、暗喻或借喻，是小小說。比如，《以西結書》卅四章12節

是明喻和借喻：「牧人在羊群四散的日子，怎樣尋找他的羊，我必照樣尋找我的羊。這些羊在密雲黑暗的日子散到各處，我必從那裏救回它們來。」在《路加福音》十五章4-7節就把這節經文擴大爲比喻（小小說）：[95]

> 你們中間誰有一百隻羊，失去一隻，不把這九十九隻撇在曠野，去找那失去的羊，直到找著呢？找著了，就歡歡喜喜的扛在肩上，回到家裏。就請朋友鄰舍來，對他們說：「我失去的羊已經找著了，你們和我一同歡喜吧！」我告訴你們，一個罪人悔改，在天上的也要這樣為他歡喜，較比為九十九個不用悔改的義人，歡喜更大。

比喻、寓意故事和寓言

關於比喻、寓意（故事）（allegory）和寓言（fable）的定義，學者不完全一致。

筆者在本書將採用蘇克的定義。比喻取材於實際的生活，通常只有一個比較的重點；寓意故事不一定都是真實的事件，大部分是象徵屬靈的真理，可有多個比較的重點。蘇克認為，「比喻是長篇的明喻，寓意則是長篇的暗喻。」[96] 寓意的希臘文是由 ἄλλος（allas「其他」）和 ἀγορεύειν（「說」、「講」）結合而成，字面意思是，「以言外之意的方式來講」。[97] 本仁約翰的《天路歷程》是長篇的寓意故事。不過，比喻和寓意故事有時很難作截然的劃分。

寓言則是虛構的故事，將動物或無生命之物擬人化，以教導一些道德上的道理。C. S.魯益師的許多作品都是寓言。舊約《聖經》也有寓言，例如：[98]

有人將這事告訴約坦，他就去站在基利心山頂上，向眾人大聲喊叫說：「示劍人哪！你們要聽我的話，神也就聽你們的話。有一時，樹木要膏一樹為王，管理它們，就去對橄欖樹說：『請你作我們的王。』橄欖樹回答說：『我豈可止住供奉神和尊重人的油，飄颻在眾樹之上呢？』樹木對無花果樹說：『請你來作我們的王。』無花果樹回答說：『我豈能止住所結甜美的果子，飄颻在眾樹之上呢？』樹木對葡萄樹說：『請你來作我們的王。』葡萄樹回答說：『我豈肯止住使神和人喜樂的新酒，飄颻在眾樹之上呢？』眾樹對荊棘說：『請你來作我們的王。』荊棘回答說：『你們若誠誠實實的膏我為王，就要投在我的蔭下；不然，願火從荊棘裏出來，燒滅利巴嫩的香柏樹。』」（士九：7-15）

以色列王約阿施差遣使者去見猶大王亞瑪謝說：「利巴嫩的蒺藜差遣使者去見利巴嫩的香柏樹說：將你的女兒給我兒子為妻。」後來利巴嫩有一個野獸經過，把蒺藜踐踏了。（王下十四：9）

對寓意故事的解釋，與靈意化（allegorizing）或靈（寓）意解經並不相同。後者是企圖尋索在經文明顯意思以外更深一層的意思（參見本書第一章中的「靈（寓）意解經」部分）。

耶穌基督使用比喻的目的

比喻的特點是，取材於百姓所熟悉的生活經驗，有簡潔的情節衝突、鮮明的對照、誇張的手法和滿佈的懸念，所以，

對聽眾很有吸引力。此外，比喻往往會向聽眾提出挑戰，並要求他們積極思考和作出回應。主耶穌談到使用比喻的目的時，說：「神國的奧秘，只叫你們知道，若是對外人講，凡事就用比喻；叫他們看是看見，卻不曉得；聽是聽見，卻不明白；恐怕他們回轉過來，就得赦免。」（可四：11-12）奧斯邦說：「這句話暗示耶穌使用比喻是要隱藏神國的真理，讓不信者無法明白，因此令現代詮釋者感到非常困惑。」[99] 但他進一步指出，耶穌使用比喻，對不同的人的作用是不相同的：

> 耶穌使用比喻，似乎確有更大的目的。比喻乃是「接觸技巧」，其功用視對象而定。在與以色列的領導階層和不信的人辯論時，比喻的目的就是將真理向他們隱藏。神用這個方法審判頑梗的以色列人，好像昔日對法老的審判，以及以賽亞時代對那背道之國的審判。由於他們拒絕耶穌的信息，神就用比喻，使他們的心更加剛硬。可是這種負面的用法，只是比喻更大目的的一部分；這目的的根基，是舊約智慧文學中比喻的用法，亦即，向百姓發出挑戰，使他們作出回應（如撒下十二章拿單對大衛講的比喻）。……因著比喻，群眾不得不作出決定：支持耶穌或反對祂；而祂的門徒也因此受到教誨和挑戰。比喻對每一種人（領袖、群眾、門徒）的作用都不相同。

> 比喻將耶穌的全新世界的異象，就是神的國，帶到聽眾、讀者面前，作出解釋，並發出邀請。這些乃是「演說事件」，不容許人保持中立；它們抓住人們的注意力，讓人們對在基督裏的國度不得不產生互動，或是積極投入（可四：10-12「跟隨」耶穌的人），或是消極拒絕

（「外人」）。學者們逐漸同意，「我要把天國的鑰匙給你；凡你在地上所捆綁的，在天上也要捆綁；凡你在地上所釋放的，在天上也要釋放。」（太十六：19）和「你們赦免誰的罪，誰的罪就赦免了；你們留下誰的罪，誰的罪就留下了。」（約二十：23）主要是指神真理的宣揚；聽眾必須有所回應，而回應會導致他們的得救或受審判。這對比喻正適合。因為凡拒絕神在耶穌裏臨在的人（猶太人的領袖），比喻便成為神審判的記號，使他們的心更加剛硬；凡態度開放的人（群眾），比喻便向他們發出挑戰，要他們作出決定；而凡相信的人（門徒），比喻就進一步教導他們神國的真理。[100]

解釋比喻的歷史

奧斯邦指出，教父時期和中世紀時期，比喻的基本解釋法為寓意法。比喻的每一部分都被重新解釋，賦予靈意，以描繪基督教的真理。愈到後期，對細節愈加考究。[101] 到了中世紀，則運用「四層詮釋法」：每一個比喻或一段經文，都要找出歷史、靈意、道德、類推這四層意思（參見本書第一章）。下面是俄利根和奧古斯丁靈意解釋比喻的兩個例子。

一個靈意解經的例子是俄利根（Origen）對十個童女的比喻的解釋。他說那五個聰明童女所拿的燈代表五種天生觸覺，必須適當地使用調整；油代表對話語的教導；賣油的代表教師；油價代表堅韌不屈。同樣，這種解釋是任意武斷的，因為《聖經》中沒有一處顯示這比喻應如此解釋。[102]

奧古斯丁對「好撒瑪利亞人」這個比喻的解釋，更在細節中尋找靈意：[103]

> 有一個人從耶路撒冷下到耶利哥去＝亞當
>
> 耶路撒冷＝天上的和平之城
>
> 耶利哥＝月亮，象徵亞當終將會死亡
>
> 強盜＝魔鬼及其使者
>
> 剝去他的衣裳＝奪去他的永生
>
> 打他＝說服他犯罪
>
> 半死＝就人的生命來說，他還活著，但靈性死了，所以是半死
>
> 祭司和利未人＝祭司的職分和舊約的事奉
>
> 撒瑪利亞人＝守護者，所以是基督本人
>
> 包紮他的傷處＝把「罪的轄制」捆綁起來
>
> 油＝美好的盼望所帶來的安慰
>
> 酒＝勤勉人在靈裏火熱工作
>
> 牲口＝基督道成肉身的肉體
>
> 旅店＝教會
>
> 第二天＝復活之後
>
> 兩錢銀子＝對今生和來生的應許
>
> 店主＝保羅

對於今天的讀者，恐怕很難想像，像奧古斯丁這樣博學聰明、思想深刻的教父，竟會如此解釋這個比喻。對奧古斯丁的靈意解釋，費依和史督華評論道：

> 這一切或許新奇有趣，我們卻可以肯定這並不是耶穌

的意思。畢竟，這比喻的上下文清楚地顯明祂所講的是人
與人的關係（誰是我的鄰舍？），而不是神與人的關係；
此外，我們無法想像耶穌會用這種愚笨的方式來預言教會
和保羅的事。[104]

宗教改革時期，改教家們雖然拒絕寓意法、主張字義解
釋，但在解釋比喻上，卻不一致。馬丁路德對「好撒瑪利亞
人」比喻的解釋，大致仍按教父的說法；加爾文則拒絕這樣的
解釋，不主張將比喻賦以靈意。但是，奧斯邦指出，「直到十
九世紀下半葉之前，加爾文的呼聲顯得很寂寞。許多牧師書架
上仍有特仁慈（Richard Chenivix Trench）的《我們主的比喻注
解》（Note on the Parables of Our Lord, 1841）一書，其中仍是
採用俄利根和奧古斯丁的路線。」[105]

奧斯邦繼續指出，現代對比喻的研究始於朱立策（Adolf
Julicher）的《耶穌的比喻》（Die Gleichnisreden Jesu, 1888）。
他主張比喻只有一幅圖畫，只教導一個要點；比喻不是寓意故
事，不能作靈意解。陶德（C.H. Dodd）的《天國的比喻》（The
Parables of the Kingdom，1966）更主張，比喻必須從耶穌的生
平和教導，尤其從祂對天國的教導來解釋。這些書的影響至今
仍很大，朱立策的觀點仍被許多人接受。不過，對他們過分強
調一個比喻只有一個重點以及對比喻與寓意故事的生硬劃分，
學者提出了修正。再有，朱立策屬於十九世紀的自由派，他的
傾向是將比喻道德化，不重視其中的末世要點，將耶穌講道中
充滿活力的國度重點，轉變成關於道德的純粹的人文主義，必
須被修訂。[106]

奧斯邦認為，最佳的解釋比喻的方法是，同時注意到比喻

的歷史和文學的層面。過於強調比喻的「背景」或「處境」，會貶低比喻的故事層面；而過於著重比喻的美學和文學，將悲劇或喜劇等文學模式應用到比喻上，比喻就會失去推動聽眾作決定的力量。比喻畢竟不屬於美學或詩歌，它們不能與社會情景脫節。所以，奧斯邦主張，每一個比喻都要按它在書卷中的上下文來解釋。[107]

正確識別比喻

一段經文或一個片語，如果是明喻、暗喻、借喻或比喻，就不能完全照字面意思解釋；如果不是這樣的修辭手法，就當按字義解釋。因此，正確地識別經文是否使用了修辭方法，對經文的解釋會產生很大的影響，有時甚至帶來嚴重的後果。

「門徒對耶穌說：『人和妻子既是這樣，倒不如不娶。』耶穌說：『這話不是人都能領受的；因為有人天生是閹人，也有被人閹的，並有為天國的緣故自閹的；這話誰能領受，就可以領受。』」（太十九：10-12）這段經文中，「天生是閹人」指生來就有生殖缺陷、不能婚娶的人；「被人閹的」是指古代在王宮中作太監的人；困難的是，「為天國的緣故自閹的」應如何解釋？「被人閹的」和「為天國的緣故自閹的」中的「閹」都是同一個希臘動詞 εὐνουχίςω（eunouchizō）。「閹人」和「被人閹的」顯然都應按字面意思理解。但「自閹」應按字義解釋還是按比喻解釋呢？一種觀點是，「自閹」應按比喻解釋為「不娶」：

> 「並有為天國的緣故自閹的」：就是在特殊情況下，或因有另外的職務，為天國的緣故，甘願不娶。主後二百

餘年，有一個很出名的注釋家俄利根（Origen），因把本句經文的字面意思誤解了，甚至把自己閹了；後來卻看出主耶穌所說的是比喻，就大大的後悔了。[108]

據說，早期教會中有一位亞歷山大的名教師俄利根（主後185-254年），在年少時因一時衝動，把這句話的字面意思當真，竟然親自動手閹了自己。直到晚年，他才瞭解得較為清楚；他在《馬太福音》的詮釋中，坦承以前曾接受字面解釋，如今卻不能苟同，他說這節經文要按「精義」，而不是按「字句」來解釋。

在耶穌時代所身處和教導的猶太文化中，婚姻是被普遍接受的生活模式，而獨身並未受到重視，像在後來的教會中受到的重視那樣。像施洗約翰和耶穌這種捨棄婚姻及舒適家庭生活的人，必然引來多人閒話，而這句話正是祂回答那些議論的人。有些人不結婚，是為了更全心投入天國的事奉。結婚成家的人，必須為妻子和小孩擔負特別的責任；妻子和小孩成為他注意的焦點。耶穌論到祂對家人的態度時，祂說凡遵行天父旨意的，就是祂的弟兄、姐妹和母親了（可三；35）。凡負起耶穌所說「天國的軛」的人，才真正是祂的家人。祂知道，若承擔了婚姻所必須的義務，必然會對祂的天國使命有所妨礙。

但祂同時也清楚提到，祂的門徒當中只有少數人「領受」這個託付，因為對大部分人來說，婚姻及家庭生活才是正常的生活方式。[109]

當代，有的釋經家對「自閹」的含義保持沉默，有的仍然認為，應該像當年俄利根那樣，按字義解釋「自閹」：

「並有為天國的緣故自閹的」——當時似乎有人為神國的偉大使命而自閹，以免有家室之累。按主耶穌在此說話的口吻，本句似乎帶著尊重的成分，因祂對「自閹」特別提「為天國……」，卻沒有提及負面的評語。

現今由於人口膨脹，多國政府都提倡節育或限制生育，本句經文成為基督徒節育之根據。但注意：1）經文本身未正面提及可以節育，所以不及明文的許可那麼有力。2）「為天國」而「自閹」，而不是為放縱情慾而自閹。3）當時沒有現代的節育方法，所以「自閹」可等於現今的節育。[110]

上述兩種觀點都有自己的依據。但是，如果聯繫上下文，筆者更贊同第一種觀點，即「自閹」是修辭方法，意指「不娶」。從上文看，主耶穌這段話是為回答門徒所說的「不如不娶」的議論而發的。也就是說，少數受特別託付的人，為天國的緣故，可以不娶。但是，「不娶」可以憑著神的恩典、用意志守住獨身，也可用「自閹」的方法迫守獨身。所以，單從上文，仍難以判斷「自閹」應按字義，還是按比喻解釋。從下文看，二十幾年後，使徒保羅談到了同樣的議題：

論到你們信上所提的事，我說男不近女倒好。但要避免淫亂的事，男子當各有自己的妻子，女子也當各有自己的丈夫。……我願意眾人像我一樣，只是各人領受神的恩賜，一個是這樣，一個是那樣。我對沒有嫁娶的和寡婦說，若他們常像我就好。倘若自己禁止不住，就可以嫁娶，與其慾火攻心，倒不如嫁娶為妙。（林前七：1-2、7-9）

　　這裏，保羅講的內容與主耶穌講的是一樣的。爲了天國的緣故，像他那樣有神的特別恩賜的人，可以不娶；但若沒有這樣的恩賜，不如嫁娶爲好。同樣的議題，但保羅沒有提到「自閹」。可見，按保羅的領受，主耶穌講的「自閹」就是「不娶」，而不是按字義理解的「自己閹了自己」。

　　主耶穌說：「若是你的右眼叫你跌倒，就剜出來丟掉；寧可失去百體中的一體，不叫全身丟在地獄裏。若是你的右手叫你跌倒，就砍下來丟掉；寧可失去百體中的一體，不叫全身下入地獄。」（太五：29-30）這裏的「剜眼」、「砍手」顯然應該被看成比喻，是講明人對付罪應有的決心，而不能按字面解釋。否則，上天堂的人將都是「殘疾人」，這當然不可能；更重要的是，「一個人作惡，是由心裏發出的，眼、手都是受心的指使；若眞拿眼、手來處罰，豈不冤枉？」[111] 若要按字面解，就應該「挖心」才是；可是一旦被挖心，誰還能存活呢？

　　主耶穌說：「凡爲我的名撇下房屋、或是弟兄、姐妹、父親、母親、兒女、田地的，必要得著百倍，而且承受永生。」（太十九：29）這裏的「百倍」，也應看著是比喻，不能照字義解釋。如果「百倍」果眞照字面解釋，得百倍房屋、田地固然不錯，可「誰願意得一百個父親呢？自己的一個，豈不正因爲他累贅，才要『撇下』麼？」[112]

　　主耶穌說：「你們聽見有話說：『以眼還眼，以牙還牙。』只是我告訴你們，不要與惡人作對；有人打你的右臉，連左臉也轉過來由他打。有人想要告你，要拿你的裏衣，連外衣也由他拿去。有人強迫你走一里路，你就同他走二里。」（太五：38-41）在耶穌時代，按照法律，羅馬士兵有權強迫老百姓與之同行，以便爲他們背負行李。[113] 所以，在這段經文

裏,「有人強迫你走一里路,你就同他走二里」,可以按字義解釋;甚至「有人想要告你,要拿你的裏衣,連外衣也由他拿去」,也可按字面意思解釋;但對「有人打你的右臉,連左臉也轉過來由他打」,就讓感到困惑。有的信徒讀到這裏就很難接受:難道基督徒就應該如此窩囊不成?!

從這段經文本身,很難判斷「打右臉,轉左臉」是不是比喻;必須看上下文,才能比較清楚。福音書記載,主耶穌被捉拿以後,被人打過六次:

> 他們就吐唾沫在祂臉上,用拳頭打祂;也有用手掌打祂的,說:「基督阿!你是先知,告訴我們打你的是誰?」(太廿六:67-68)

> 於是比拉多釋放巴拉把給他們,把耶穌鞭打了,交給人釘十字架。(太廿七:26)

> 他們給祂脫了衣服,穿上一件朱紅色的袍子;用荊棘編作冠冕,戴在祂頭上,拿一根葦子放在祂右手裏;跪在祂面前,戲弄祂說:「恭喜猶太人的王阿!」又吐唾沫在祂臉上,拿葦子打祂的頭。(太廿七:28-30)

> 就有人吐唾沫在祂臉上,又蒙著祂的臉,用拳頭打祂,對祂說:「你說預言吧!」差役接過祂來用手掌打祂(可十四:65)。

> 耶穌說了這話,旁邊站著的一個差役,用手掌打

祂説：「你這樣回答大祭司麼？」耶穌説：「我若説的不是，你可以指證那不是；我若説的是，你為甚麼打我呢？」（約十八：22-23）

兵丁用荊棘編作冠冕，戴在祂頭上，給祂穿上紫袍；又挨近祂説：「恭喜猶太人的王阿！」他們就用手掌打祂。（路十九：2-3）

在這六次被打中，五次都沒有記載耶穌的反應；記載耶穌惟一的一次反應是，祂問打祂的差役：「我若說的不是，你可以指證那不是；我若說的是，你為甚麼打我呢？」主耶穌並沒有主動地把臉湊過去，讓差役再打祂。

使徒保羅也多次被打，《聖經》也沒有記載保羅的左臉被打後，又轉過右臉給人打，卻記載了保羅被打後的據理力爭：

眾人就一同起來攻擊他們；官長吩咐剝了他們的衣裳，用棍打。打了許多棍，便將他們下在監裏，囑咐禁卒嚴加看守。……到了天亮，官長打發差役來説：「釋放那兩個人吧！」禁卒就把這話告訴保羅説：「官長打發人來叫釋放你們；如今可以出監，平平安安的去吧！」保羅卻説：「我們是羅馬人，並沒有定罪，他們就在眾人面前打了我們，又把我們下在監裏；現在要私下攆我們出去麼？這是不行的；叫他們自己來領我們出去吧！」差役把這話回稟官長；官長聽見他們是羅馬人，就害怕了。於是來勸他們，領他們出來，請他們離開那城。（徒十六：22-39）

上面的經文清楚地顯示，主耶穌和使徒保羅被打之後：
第一，都沒有還手打對方；第二，卻都充分地與對方理論。可
見，主耶穌講的「有人打你的右臉，連左臉也轉過來由他打」
是一種比喻，其精義是教導人不要以惡還惡，而要「以善勝
惡」：「所以『你的仇敵若餓了，就給他吃；若渴了，就給他
喝；因為你這樣行，就是把炭火堆在他的頭上。』你不可為惡
所勝，反要以善勝惡。」（羅十二：20-21）

還有一個著名例子是，「主耶穌被賣的那一夜，拿起餅
來，祝謝了，就擘開，說：『這是我的身體，為你們捨的，你
們當如此行，為的是紀念我。』」（林前十一：23-24）究竟應
如何理解「這是我的身體」？這曾在宗教改革家馬丁路德和慈
運理之間，爆發過激烈的爭論。華爾克（Williston Walker）寫
道：

> 慈運理……與路德在基督教教理上的不同見解，莫有
> 甚於對聖餐的解釋；就因為這一點不同，不幸最終致使福
> 音運動分成兩大派別。就路德而言，基督所說：「這是我
> 的身體」一語，當作字義的直解。路德深邃的宗教情緒，
> 使他覺察到在聖餐中實際地領受基督，為與基督聯合、交
> 通及蒙赦罪的證據，聖餐可為上帝應許的證明。但對基
> 督所說的這句話，早在1521年就有一位荷蘭律師，名和恩
> （Cornelius Hoen）者，極力主張以「這表明我的身體」
> 為正當解釋。和恩這種主張到1523年為慈運理所注意，於
> 是這位瑞士神學家才知道他所久已傾心的見解，正與這種
> 象徵的見解不約而同。自此以後，他乃公開否認基督的身
> 體臨在聖餐之中的任何主張，注重聖餐的紀念性質；他以

為聖餐的意義在乎聯合全教會的信眾，共同敬向他們的主表示忠誠。

　　到了1524年，這兩種對抗的見解，演成一場激烈的筆墨官司，雙方各以短文小冊發表意見。……雙方發表意見均疾言厲色，不稍寬假。依慈運理看來，路德這樣武斷地主張基督的身體臨在聖餐內，無非是公教中不顧理性的迷信所留下來的餘孽，一個物質的身體只能一時在一處地方。依路德看來，慈運理所主張的解釋，是將有罪的理性高舉超越於聖經之上；他借用一個大概是由俄坎傳下來的經院哲學派的判定，證明基督的身體能同時在千萬聖壇上臨在於聖餐之中。……路德宣揚慈運理及其所有擁護的人皆非基督徒；慈運理則斷言路德比較羅馬教健將更壞。然而，慈運理的見解不但得到操德語的瑞士人民的同情，即使在德國西南部的很多地方也表示贊成。對於福音運動勢力的這種分化，羅馬派自然表示欣慰。[114]

呂沛淵也寫道：

　　1529年，慈運理與路德在馬爾堡會談，旨在聯合路德宗與瑞士改革宗的力量，以抵抗天主教的武力壓迫。會中簽署《馬爾堡信條》，表白共同的改革信仰福音立場；然而因二人對「聖餐」的解釋不同，並未帶來預期的團結同盟，以互相祝福而分道揚鑣。1531年，瑞士森林區天主教諸幫集結武力，突襲蘇黎世，慈運理在戰中陣亡。[115]

　　關於馬爾堡會談，羅倫培登（Roland Bainton ）有一段生動的文字：

　　共同信仰的聲明又是另一回事，而且路德帶著一些疑懼接受了邀請，在菲利那風景如畫的城堡與一群德意志和瑞士神學家會談。那座城堡在俯覽細長的拉恩（Lahn）谷地和馬爾堡堡壘的小丘上。一群著名人士會集在一起，這裏只提那些比較著名的：路德和墨藍頓代表薩克森，慈運理來自蘇黎世，埃科蘭巴狄（Oekolampadius）來自巴色城，布塞珥來自斯特拉斯堡。大家都熱切地願意聯合。慈運理歡樂地望著路德和墨蘭頓的臉，眼中帶著淚水宣告說，沒有與別人比與他們契合使他更加快樂。路德也鼓勵要聯合。然而，當路德用粉筆在桌上畫了一個圓圈並在其中寫上「這是我的身體」時，一場惡戰便開始了。

　　共同的信仰聲明不能達成。瑞士人於是建議：雖然意見不一致，但可以實行聯合領聖餐；對於這一點，「路德暫時同意了。」我們從布塞珥的見證得知這一點：「直到墨蘭頓不顧菲迪南與皇上而加以干涉」為止。這句話具有非常重大的意義。這意味著路德並未扮演通常所加於他的那種全然無法和解的角色，而且是傾向於聯合的，直到墨蘭頓使他知道，與左派合併便會疏遠右派。墨蘭頓仍然抱著改革全基督教的願望，並借著路德派與大公派的和解，保存接近中古時代的協調。……路德對於大公派是不存奢望的，寧願見到一個團結的復原教；但他服從惟一的朋友墨蘭頓，墨蘭頓總是能夠改變他不妥協的道路。[116]

　　有學者指出，「這是我的身體」一語，不可能是認定的意思，因為「耶穌不可能將祂手上的餅與祂的身體視為等同，祂的手（身體的一部分）正在擘餅呀！」假如這句話中的「身

體」與祂雙手所屬的身體有些區別的話，那麼，「這是我的身體」中的「是」，應是修辭手法。[117]

可見，主耶穌說的「這是我的身體」是暗喻，不能按字義直解。

想不到，對這個片語的不同理解，經會造成兩大宗教改革陣營的決裂，雖然，這不僅僅是釋經的問題，深藏其後的是不同的宗教感悟和屬靈經歷；或許，也涉及彼此謙卑的問題。

解釋比喻的原則

有學者說：「比喻這種『要求回應』的性質，確使我們在解釋時陷入進退兩難的困境，因為在某種程度上，解釋一個比喻就破壞了它的本質。正像解釋笑話一樣。」[118]有的說得更絕對：「隱喻不能『解釋』——隱喻不是含有信息，它本身就是信息。」[119]但是，既然《聖經》中的比喻是用屬地的事講述屬天的事，那麼，當初的聽眾雖然熟悉屬地的事，但未必能明白屬天的事；事實也是如此，主耶穌講的比喻，不僅許多人聽不明白，甚至門徒也請求耶穌解釋（太十三：36）。何況，現今的讀者，連耶穌所講的屬地的事也不一定瞭解。所以，比喻是需要解釋的。「缺乏解釋，比喻就會失去能力，因為每一個比喻都必須先讓人瞭解，才談得上應用。」[120]

福音派的釋經者大都同意以下幾個解釋比喻的原則。

第一，讀者要緊記，主耶穌講的比喻，絕大部分都與神的國度有關。[121]奧斯邦說：「比喻是以基督論為中心，以耶穌為國度的先鋒，也是國度的內容，我們將它定義為『神的治理』。」[122]

有學者統計，「國度」一字在新約《聖經》中用了162

次，除4次譯爲「國度」外，全譯爲「國」。在福音書中，它與
「神」連用52次（《馬太福音》4次，《馬可福音》14次，《路
加福音》32次），與「天」連用37次，全在《馬太福音》中。
[123]

　　司可福（Cyrus Ingerson Scofield，1843-1921 AD）認爲，
天國是屬地、屬物質、暫時的；神國是屬天、屬靈、永久的。
[124] 其實，「神國」與「天國」，二者是同義的，可以互換
（太十三：11／路八：10；太十一：11／路七：28；太十九：
23-24）。猶太人出於敬畏，不敢直呼「神」，用「天」代替
（太廿一：25）。所以，「天國」對猶太讀者，「神國」對外
邦讀者。

　　《約翰福音》幾乎用「永生」取代了「神國」；「神國」
在《約翰福音》中僅用了幾次（約三：3、5），且皆與永生有
關。《聖經》中，「神國」與「永生」是同義的（太廿五：
32-34、46；可十：17-25）。[125]

　　如本卷第三章所述，耶穌基督宣講的「神國」與舊約先
知、施洗約翰宣講的都不同；神國的降臨不是一個突發的單一
事件，而是一個過程；神國現在處於「已然」和「尚未」的張
力中。主耶穌講的關於天國的七個比喻，都在講述天國的奧秘
和特點。

　　博愛思（James Montgomery Boice）指出，對這七個天國的
比喻，學者有不同的分類方法。比如，有的學者將它們分爲兩
組，前四個比喻爲一組，是主耶穌在眾人面前講的；後三個比
喻爲另一組，是單對門徒講的。但博愛思卻有自己的分類法。
他主張，第一個比喻是獨立的，是描述天國的起源；接下來的
三個比喻自成一組，揭露撒但急欲攔阻天國成長的企圖；第

五、六個比喻為另一組，顯示那些不顧撒但攔阻、熱心尋求神國之人的態度；第七個比喻則顯示國度的完成。[126]

撒種的比喻（太13：1-9，18-23）：

是比喻幾種人對神國的福音的態度。第一種是，「凡聽見天國道理不明白的，那惡者就來，把撒在他心裏的奪了去；這就是撒在路旁的了。」（太十三：19）；第二種是，「撒在石頭地上的，就是人聽了道，當下歡喜領受，及至為道遭了患難，或是受了逼迫，立刻就跌到了」（太十三：21）；第三種是，「撒在荊棘裏的，就是人聽了道，後來有世上的思慮、錢財的迷惑把道擠住了，不能結實」（太十三：22）；第四種是，「撒在好土上的，就是人聽道明白了，後來結實，有一百倍的，有六十倍的，有三十倍的。」（太十三：23）這個比喻的主要意思是：一方面，神的國已確實臨到，但並不是以不可抗拒的強權姿態出現，她不強迫世人接受；另一方面，在現今的世代，充滿罪惡，人心剛硬，「不信之人被世界的神弄瞎了心眼，不叫基督榮耀福音的光照著他們。」（林後四：4）對神國的福音，很多人不肯接受，但卻有人像好土一樣完全接受了。所以，這個比喻並不涉及人得到的救恩是否會失掉的問題。

稗子的比喻（太十三：24-30，36-43）：

「那撒好種的就是人子；田地就是世界；好種就是天國之子；稗子就是那惡者之子；撒稗子的仇敵就是魔鬼；收割的時候就是世界的末了；收割的人就是天使；將稗子薅出來，用火焚燒；世界的末了也要如此。」（太十三：37-40）有學者指出，這裏講的「稗子」（ζιζάνια zizania）乃是一種在巴勒斯坦常見的、酷似普通麥子的毒麥，其穗是黑色；在生長初期與一

般麥子沒有兩樣。[127] 這個比喻的重點是：按舊約先知的預見，當神的國來臨時，世上的一切邪惡和罪孽將徹底被剷除；但主耶穌說，神的國已經以一種出人意料的方式來到。天國之子（接受天國福音的人）和惡者之子要一起在這世上生長，直到末日審判。「天國已經來了，雖然罪惡仍繼續存在，但國度確實在世人中工作；天國已經來了，邪惡的世代仍繼續著，但天國已經來了！天國已經來了，惡人和義人要一同住在這混雜的世界裏，直等到主再來的日子。」[128]

雖然此處的「田地」是指世界（太十三：），不是指教會，但主耶穌也清楚地說：「人子要差遣使者，把一切叫人跌倒的，和作惡的，從他國裏挑出來，丟在火爐裏；在那裏必要哀哭切齒了。」（太十三：41-42）何況，教會中也確是真假信徒混雜（太七：21-23）。所以，這個比喻要傳達的重要信息是，撒但要帶一批假基督徒混在真基督徒當中，以破壞神的工作。[129]

芥菜種的比喻（太十三：31-32）：

此比喻的重點是：那將要充滿全地的神國，現在卻以人們不曾預料的方式，安靜地來到了，就像微不足道的芥菜種一樣；她看似微小，卻不應該被藐視，因為她終將長成參天大樹。

麵酵的比喻（十三：33）

如本卷第三章所討論的，此比喻通常有兩種解釋：福音將像麵酵一樣滲透，並征服全世界；或者，指教會腐化背叛，因在《聖經》中，麵酵是罪惡的象徵。這兩種解釋都有一定道理。但是，此比喻應該放在「神國的奧秘」這個大框架中來理解。在這個比喻中，麵酵是用來象徵神國的：「天國好像麵

酵」（太13：33）；「我拿甚麼來比神的國呢？好比麵酵。」
（路十三：20-21）神的國怎麼可能被罪惡完全侵蝕佔據呢？因
此，把麵酵視爲與芥菜種同義，都象徵神國的擴展，似更符合
大的脈絡。

藏寶和尋珠的比喻（太十三：44-46）：

這是芥菜種和麵酵比喻的接續：天國以卑微的外表臨到世
間，但卻是極寶貴的。雖然神國是禮物、是恩典，不是人可以
賺取的報酬，但她可能需要世人付出地上所有的財產（可十：
21），或是賠上朋友、親情，甚至是自己的生命（路十四：
26）。神的國就像寶貝或貴重的珠子，值得我們付出一切的代
價。

撒網的比喻（太十三：47-50）：

這個比喻的主要意思是：神國已經來到，她就像撒網一
樣，把各種人聚在一起，因爲末日審判還沒有來到。「我們可
以發現，在這世上被神國的事工所影響的人，不只是那些天國
之子，惡人也常常夾雜在這個潮流之中。」[130]

除了《馬太福音》十三章中的七個關於神國的比喻外，
主耶穌所講的其他比喻，也多與神國有關。比如，在《路加福
音》中，當主耶穌說了「在神國裏吃飯的有福了」（路十四：
15）之後，引出了大筵席的比喻（路十四：16-24）。「因他們
以爲神的國快要顯出來」（路十九：11），主耶穌就講了十僕
和十錠銀子的比喻（路十九：12-26）。當主耶穌講了一個寡婦
懇求不義的官的比喻（路十八：1-7）後，馬上把它與神國聯
繫起來：「然而人子來的時候，遇得見世上有信德的人麼？」
（路十八：8）講完兩個兒子的比喻（太廿一：28-31）後，主
耶穌對祭司長和民間的長老說：「我實在告訴你們，稅吏和娼

妓，倒比你們先進神的國。」（太廿一：31）[131]

　　除了與神國的末世論有關以外，一些比喻是與神國的倫理有關的。神的國在耶穌裏臨到，要求跟隨祂的人有更高的倫理水準。比如，門徒是世上的鹽、世上的光（太五：13-16），生活中要像天國的公民。神國的跟隨者應一心積財寶於天（太七：1-5），神國的公民不要論斷別人（太七：1-5），要走窄路（太七：13），要把房子蓋在磐石上（太七：24-27）等等。奧斯邦認爲，最重要的是，門徒要使自己的一生既活在世上，也活在神面前。綿羊和山羊的比喻（太廿五：31-46）表明，爲兄弟中最小的一個所作的，就是作在神身上。蓋房子和要打仗的王的比喻（路十四：28-33），要求神國的子民在神、人面前，都要有毫不動搖、全心效忠的決心。[132]

　　解釋比喻的第二個原因是，找出該比喻的中心意思。蘭姆認爲，判斷一個比喻試圖教導的中心眞理，「是解釋比喻的最高原則。」[133] 雖然比喻和寓意故事不能作截然的劃分，但二者還是有區別的。一般說，寓意故事可能是編撰的，編撰的人可以使它的每一個細節都有編者想要說明的事情；比喻則取材於日常生活的眞實經歷，其中，除了作者想要表達的主要意思（有時可能有一個以上）外，也必然有一些作爲背景或襯墊的細節。對這樣的細節，不可牽強解釋、一定要賦予它們甚麼屬靈的意義。

　　比如，好撒瑪利亞人的比喻（路十：30-37），主要是回答一個問題：「誰是我的鄰舍（我該幫助誰）？」（路十：29）主卻讓聽眾反躬自問：「我是樂意幫助人的人（我是好鄰舍）麼？」比喻的大部分細節只是故事的背景，不可強解。不義的管家的比喻（路十六：1-13）指出一個眞理：人應在他的資產上

有智慧，善於投資，以備不時之需；不可強解細節，得出「爲達到目的，可以不擇手段」的結論。在芥菜種的比喻中，很難斷定「飛鳥」意指甚麼。在藏寶和尋珠的比喻中，也不能說藏寶的人不誠實，或說，尋寶的人用財產買到了救贖。使徒彼得的「主的日子要像賊來到一樣」的比喻（彼後三：10），只能理解爲：主來的日子無人能知道；不能在「賊」字上挖甚麼意思等等。

解釋比喻的第三個原則是，注意比喻的上下文，注意比喻被置身的背景，注意比喻的聽眾，和注意講比喻的人自己是否對比喻作出了解釋。這些都可以幫助讀者把握比喻的主要意思。

如上所述，聯繫上下文，可以幫助讀者識別作者是否使用了比喻，進而找出比喻要教導的主要意思。

比喻的文化背景對瞭解比喻也很重要。蘭姆甚至說：「一個傳道者除非充分瞭解比喻中的地方色彩，就不應該講比喻。」[134]比如，主耶穌說：「人點燈，不放在斗底下，是放在燈檯上，就照亮一家的人。」（太五：16）這是取自當時的農舍生活：農舍的牆上有一塊突出的石頭，燈可以擺在上面；農舍通常就一間房，所以一盞油燈就可把全家照亮了。屋裏一般都有一個陶製的斗，用來量穀物。只有要熄燈時，才會用斗蓋住燈。[135]主耶穌這個比喻是說，沒有人剛點了燈，馬上又將它滅掉。

有時，主耶穌講完一個比喻，會對它作解釋。比如，講完撒種的比喻和稗子的比喻後，祂都有解釋。有時，比喻的結論會在最後。比如，主耶穌講完一個無知的財主的比喻（路十二：16-20）後，說：「凡爲自己積財，在神面前卻不富足的，

聖經的詮釋

也是這樣。」（路十二：21）

　　作為一個巡迴傳道人，主耶穌在不同場合，可能多次講同一個比喻。但因著聽眾的不同，同一個比喻的重心也可能會有差異。比如，失羊的比喻，在《馬太福音》十八章12-14節，是對門徒講的，天父「不願意這小子裏失喪一個」，強調的是使命；而在《路加福音》十五章1-7節，這個比喻是對法利賽人講的，重心是天上的歡欣，強調世人應悔改歸向神。[136] 將福音書中相同的比喻對照研讀，對理解比喻的精義會有幫助。

比喻與教義

　　學者們承認，比喻的重要主題都具有神學分量。但在查明是否有別的經文的支持以前，用比喻來建立教義就須十分謹慎。[137]

　　值得特別注意的是，不要把不同的神學觀念，如加爾文主義與亞米紐斯主義或千禧年觀的神學的爭論，帶進比喻的解釋中。[138]

　　比如，在葡萄樹的比喻（約十五：1-6）中，主耶穌說：「我是真葡萄樹，我父是栽培的人。凡屬我不結果子的枝子，祂就剪去；凡結果子的，祂就修理乾淨，使枝子結果子更多。」「人若不常在我裏面，就像枝子丟在外面枯乾，人拾起來，仍在火裏燒了。」這個比喻的重心是，屬主卻不結果子的人，是毫無用處的。這正像主在下文中教導的：「不是你們揀選了我，是我揀選了你們，並分派你們去結果子，叫你們的果子長存。」（約十五：16）主揀選信徒，是為了讓信徒結果子。信徒自身結出聖靈的果子（加五：22-23），同時結出領人歸主的果子。如果一個信徒不能結任何果子，就達不到神揀選

的目的，就是無用的，就像不能結果的葡萄枝子一樣，剪下來後，不能作別用（因是藤木），只能扔到火裏燒了。

但有人就以「凡屬我不結果子的枝子，祂就剪去」，「人拾起來，扔在火裏燒了」爲依據，說一個信徒若無好行爲，就會失去救恩。陳終道指出，若要按細節推理，枝子不結果，未必是枝子本身的問題，可能是別的枝子的阻礙，甚至可能是樹本身有問題呢！[139] 按照園藝學，葡萄等果木，枝子都有營養枝和果枝之分。營養枝不結果子，但行光合作用，製造養料供果枝結果。只是，這兩種枝子的比例要修剪得當，果樹才能多結果子。從園藝學看，不結果的枝子不一定都是不好的。所以，應抓住比喻的中心，不要在細節上發揮太多。

蘭姆指出，現代關於千禧年問題的爭論，往往集中在幾個比喻的解釋上。無千禧年派和後千禧年派，以樂觀的態度解釋那些比喻，如芥菜種長成大樹和麵酵發起來，是象徵基督教強而有力的擴張；而前千禧年派則用悲觀的態度解釋它們，說這是表示教會將被侵蝕敗壞。蘭姆寫道：

> 千禧年派的觀點，必須保持樂觀和悲觀之間的平衡。……前千禧年派不可對某些比喻中的樂觀氣氛熟視無睹，例如，麥子要在穗上成熟（即神的旨意，可在今世得以成全）；而後千禧年派也不可以忽視某些比喻中的悲觀氣氛，例如，仇敵在麥田中撒稗子。前千禧年派不一定要求麵酵一定是代表邪惡（雖然大部分的前千禧年派都如此解釋）。隱藏的財寶也不一定是以色列，珠子也不一定是教會。千禧年派的觀點，應該建立在比比喻更寬廣的基礎上。[140]

結語

　　奧斯邦認為，比喻和啓示文學，是人最常寫的《聖經》題材，但在釋經學上也是錯得最離譜的。因爲這兩種形式都最富動力，卻也是最難瞭解的《聖經》文體。[141] 主耶穌曾說：「神國的奧秘，只叫你們知道；至於別人，就用比喻，叫他們看也看不見，聽也聽不明。」（路八：10）托柏特（Mary Ann Tolbert）說得好：「對耶穌比喻的研究，意見極爲分歧，辯論無法止息。由此看來……現代解釋比喻的人，一定大半都屬於『別人』那一類。」[142] 當年的門徒要瞭解比喻尚且不容易，何況今日的信徒！求神保守今日的信徒，在研究《聖經》的比喻時，存一顆謙卑的心，

注釋

[01] 轉引自：Roy B. Zuck著，《基礎解經法》，楊長慧譯（香港：宣道出版社，2001年2版），第177-178頁。

[02] Roy B. Zuck著，《基礎解經法》，楊長慧譯（香港：宣道出版社，2001年2版），第179-180頁。

[03] 同上，第182頁。

[04] 同[02]，第177頁。

[05] 劉翼凌著，《聖經與修辭學》，美國加州：福音文宣社出版，香港宣道出版社總代理，1988年，第8-9頁。

[06] 同上，第27頁。

[07] 參見：劉蘭英等（主編），《中國古代名言雋語大辭典》，北京：商務印書館，2001年，第241頁；劉翼凌著，《聖經與修辭學》，美國加州：福音文宣社出版，香港宣道出版社總代理，1988年，第28頁。

[08] 參見：劉蘭英等（主編），《中國古代名言雋語大辭典》，北京：商務印書館，2001年，第597頁；劉翼凌著，《聖經與修辭學》，美國加州：福音文宣社出版，香港宣道出版社總代理，1988年，第28頁。

[09] 參見：劉蘭英等（主編），《中國古代名言雋語大辭典》，北京：商務印書館，2001年，第224頁；劉翼凌著，《聖經與修辭學》，美國加州：福音文宣社出版，香港宣道出版社總代理，1988年，第28頁。

[10] 劉蘭英等（主編），《中國古代名言雋語大辭典》，北京：商務印書館，2001年，第386頁。

[11] 同上。

[12] 參見：劉蘭英等（主編），《中國古代名言雋語大辭典》，北京：商務印書館，2001年，第571頁；劉翼凌著，《聖經與修辭學》，美國加州：福音文宣社出版，香港宣道出版社總代理，1988年，第28頁。

[13] 同[10]。

[14] 同[10]，第4頁。

[15] 同[05]，第33頁。

[16] 參見：劉蘭英等（主編），《中國古代名言雋語大辭典》，北京：商務印書館，2001年，第240頁；劉翼凌著，《聖經與修辭學》，美國加州：福音文宣社出版，香港宣道出版社總代理，1988年，第33頁。

[17] 同[10]，第447頁。

[18] 參見：劉蘭英等（主編），《中國古代名言雋語大辭典》，北京：商務印書館，2001年，第278頁；劉翼凌著，《聖經與修辭學》，美國加州：福音文宣社出版，香港宣道出版社總代理，1988年，第34頁。

[19] 同[10]，第3頁。

[20] 同[10]，第14頁。

[21] 同[05]，第5頁。

[22] 參見：劉蘭英等（主編），《中國古代名言雋語大辭典》，北京：商務印書館，2001年，第102頁；劉翼凌著，《聖經與修辭學》，美國加州：福音文宣社出版，香港宣道出版社總代理，1988年，第55頁。

[23] 參見：劉蘭英等（主編），《中國古代名言雋語大辭典》，北京：商務印書館，2001年，第192頁；劉翼凌著，《聖經與修辭學》，美國加州：福音文宣社出版，香港宣道出版社總代理，1988年，第55頁。

[24] 參見：劉蘭英等（主編），《中國古代名言雋語大辭典》，北京：商務印書館，2001年，第221頁；劉翼凌著，《聖經與修辭學》，美國加州：福音文宣社出版，香港宣道出版社總代理，1988年，第55頁。

[25] 同[10]，第58頁。

[26] 同[10]，第58頁。

[27] 同[10]，第14頁。

[28] 參見：同[05]，第57-60頁。

[29] 參見：Roy B. Zuck著，《基礎解經法》，楊長慧譯（香港：宣道出版社，2001年2版），第196-197頁；劉翼凌著，《聖經與修辭

學》，美國加州：福音文宣社出版，香港宣道出版社總第77頁。

[30] 參見：劉蘭英等（主編），《中國古代名言雋語大辭典》，北京：商務印書館，2001年，第48頁；劉翼凌著，《聖經與修辭學》，美國加州：福音文宣社出版，香港宣道出版社總代理，1988年，第78 頁。

[31] 同[05]，第78頁。

[32] 同[05]，第78頁。

[33] 同[10]，第266頁。

[34] 同[05]，第79-80頁。

[35] 參見：Archibald T. Robertson原著，賴耿中編譯，《活泉新約希臘文解經 卷四 使徒行傳》，美國加州：美國活泉出版社，1996年，第62-63頁；Roy B. Zuck著，《基礎解經法》，楊長慧譯（香港：宣道出版社，2001年2版），第196頁。

[36] 參見：Roy B. Zuck著，《基礎解經法》，楊長慧譯（香港：宣道出版社，2001年2版），第185-186頁；劉翼凌著，《聖經與修辭學》，美國加州：福音文宣社出版，香港宣道出版社總代理，1988年，第 103頁。

[37] 參見：劉蘭英等（主編），《中國古代名言雋語大辭典》，北京：商務印書館，2001年，第318頁；劉翼凌著，《聖經與修辭學》，美國加州：福音文宣社出版，香港宣道出版社總代理，1988年，第103頁。

[38] 參見：劉翼凌著，《聖經與修辭學》，美國加州：福音文宣社出版，香港宣道出版社總代理，1988年，第104頁；郭良夫（主編），《應用漢語詞典》，北京：商務印書館，2000年，第807、867頁。

[39] 參見：陳謙豫等（選注），《歷代名篇選讀》（上），上海古籍出版社，1984年，第440頁；郭良夫（主編），《應用漢語詞典》，北京：商務印書館，2000年，第1187頁。劉翼凌著，《聖經與修辭學》，美國加州：福音文宣社出版，香港宣道出版社總代理，1988年，第119頁。

[40] 同[05]，第107頁。

[41] 參見：郭良夫（主編），《應用漢語詞典》，北京：商務印書

館，2000年，第1459頁；劉蘭英等（主編），《中國古代名言雋語大辭典》，北京：商務印書館，2001年，第31頁；劉翼凌著，《聖經與修辭學》，美國加州：福音文宣社出版，香港宣道出版社總代理，1988年，第118頁。

[42] 參見：劉翼凌著，《聖經與修辭學》，美國加州：福音文宣社出版，香港宣道出版社總代理，1988年，第118頁；劉蘭英等（主編），《中國古代名言雋語大辭典》，北京：商務印書館，2001年，第3頁。

[43] 參見：劉蘭英等（主編），《中國古代名言雋語大辭典》，北京：商務印書館，2001年，第265頁；翼凌著，《聖經與修辭學》，美國加州：福音文宣社出版，香港宣道出版社總代理，1988年，第118頁。

[44] 同[05]，第109頁。

[45] 同[02]，第186頁。

[46] 同[02]，第186頁。

[47] 同[05]，第126頁。

[48] 同[05]，第126頁。

[49] 同[02]，第186頁。

[50] 參見：Roy B. Zuck著，《基礎解經法》，楊長慧譯（香港：宣道出版社，2001年2版），第190頁；劉翼凌著，《聖經與修辭學》，美國加州：福音文宣社出版，香港宣道出版社總代理，1988年，第131頁。

[51] 參見：劉蘭英等（主編），《中國古代名言雋語大辭典》，北京：商務印書館，2001年，第578頁；劉翼凌著，《聖經與修辭學》，美國加州：福音文宣社出版，香港宣道出版社總代理，1988年，第132頁。

[52] 郭良夫（主編），《應用漢語詞典》，北京：商務印書館，2000年，第1024頁。

[53] 同[10]，第224頁。

[54] 參見：劉蘭英等（主編），《中國古代名言雋語大辭典》，北京：商務印書館，2001年，第245頁；劉翼凌著，《聖經與修辭學》，美國加州：福音文宣社出版，香港宣道出版社總代理，

1988年，第132頁。

[55] 參見：劉蘭英等（主編），《中國古代名言雋語大辭典》，北京：商務印書館，2001年，第705頁；劉翼凌著，《聖經與修辭學》，美國加州：福音文宣社出版，香港宣道出版社總代理，1988年，第132頁。

[56] 同[05]，第137頁。

[57] 同[10]，第135頁。

[58] 同[05]，第137頁。

[59] 劉逸生著，《宋詞小劄》，香港：中華書局出版，2000年再版，第216-218頁。

[60] 參見：復旦大學古典文學教研組，《李白詩選》，北京：人民文學出版社，1995年，第41-42、70-72頁；劉翼凌著，《聖經與修辭學》，美國加州：福音文宣社出版，香港宣道出版社總代理，1988年，第138頁。

[61] 參見：劉蘭英等（主編），《中國古代名言雋語大辭典》，北京：商務印書館，2001年，第381頁；劉翼凌著，《聖經與修辭學》，美國加州：福音文宣社出版，香港宣道出版社總代理，1988年，第138頁。

[62] 《聖經》（啓導本），香港：海天書樓，1994年，第1257頁，拿4：10-10注釋。

[63] 同[05]，第182頁。

[64] 同[10]，第48頁。

[65] 參見：劉蘭英等（主編），《中國古代名言雋語大辭典》，北京：商務印書館，2001年，第309頁；劉翼凌著，《聖經與修辭學》，美國加州：福音文宣社出版，香港宣道出版社總代理，1988年，第183頁。

[66] 參見：劉翼凌著，《聖經與修辭學》，美國加州：福音文宣社出版，香港宣道出版社總代理，1988年，第184頁；郭良夫（主編），《應用漢語詞典》，北京：商務印書館，2000年，第1532頁。

[67] 參見：劉蘭英等（主編），《中國古代名言雋語大辭典》，北京：商務印書館，2001年，第68頁；劉翼凌著，《聖經與修辭

學》，美國加州：福音文宣社出版，香港宣道出版社總代理，1988年，第184頁。

[68] 同[05]，第184頁。

[69] 同[05]，第190頁。

[70] 同[05]，第188-190頁。

[71] 同[05]，第145頁。

[72] 參見：劉蘭英等（主編），《中國古代名言雋語大辭典》，北京：商務印書館，2001年，第702頁；劉翼凌著，《聖經與修辭學》，美國加州：福音文宣社出版，香港宣道出版社總代理，1988年，第147頁。

[73] 參見：劉蘭英等（主編），《中國古代名言雋語大辭典》，北京：商務印書館，2001年，第726頁；劉翼凌著，《聖經與修辭學》，美國加州：福音文宣社出版，香港宣道出版社總代理，1988年，第147頁。

[74] 參見：劉蘭英等（主編），《中國古代名言雋語大辭典》，北京：商務印書館，2001年，第288頁；劉翼凌著，《聖經與修辭學》，美國加州：福音文宣社出版，香港宣道出版社總代理，1988年，第147頁。

[75] 同[02]，第187-188頁。

[76] 同[02]，第188-196頁。

[77] 同[05]，第1頁。

[78] 參見：劉蘭英等（主編），《中國古代名言雋語大辭典》，北京：商務印書館，2001年，第271頁；劉翼凌著，《聖經與修辭學》，美國加州：福音文宣社出版，香港宣道出版社總代理，1988年，第3頁。

[79] 參見：劉蘭英等（主編），《中國古代名言雋語大辭典》，北京：商務印書館，2001年，第297頁；劉翼凌著，《聖經與修辭學》，美國加州：福音文宣社出版，香港宣道出版社總代理，1988年，第3頁。

[80] 參見：劉蘭英等（主編），《中國古代名言雋語大辭典》，北京：商務印書館，2001年，第23頁；劉翼凌著，《聖經與修辭學》，美國加州：福音文宣社出版，香港宣道出版社總代理，

1988年，第3頁。

[81] 參見：劉蘭英等（主編），《中國古代名言雋語大辭典》，北京：商務印書館，2001年，第529頁；劉翼凌著，《聖經與修辭學》，美國加州：福音文宣社出版，香港宣道出版社總代理，1988年，第10頁。

[82] 參見：劉蘭英等（主編），《中國古代名言雋語大辭典》，北京：商務印書館，2001年，第359頁；劉翼凌著，《聖經與修辭學》，美國加州：福音文宣社出版，香港宣道出版社總代理，1988年，第16頁。

[83] 莫中（選編）、秀龍、陸渾（注析），《唐宋絕句選注析》，山西人民出版社，1980年，第272-273頁。

[84] 參見： Grant R. Osborne著，《基督教釋經手冊》，劉良淑譯（臺北：校園書房出版社，1999年），第318頁；Roy B. Zuck著，《基礎解經法》，楊長慧譯（香港：宣道出版社，2001年2版），第241頁。

[85] 參見： Grant R. Osborne著，《基督教釋經手冊》，劉良淑譯（臺北：校園書房出版社，1999年），第318-319頁；Roy B. Zuck著，《基礎解經法》，楊長慧譯（香港：宣道出版社，2001年2版），第237，241頁。

[86] Bernard Ramm著，《基督教釋經學》，詹正義譯（美國加州：美國活泉出版社，1989年），第257頁。

[87] Grant R. Osborne著，《基督教釋經手冊》，劉良淑譯（臺北：校園書房出版社，1999年），第318頁。

[88] 參見：劉翼凌著，《聖經與修辭學》，美國加州：福音文宣社出版，香港宣道出版社總代理，1988年，第3-8頁；G. Waldemar Degner著，《釋經學的理論與實踐》，劉秀珠譯（臺灣新竹：信義神學院，1998年，第227-228頁。

[89] 參見：劉蘭英等（主編），《中國古代名言雋語大辭典》，北京：商務印書館，2001年，第375頁；劉翼凌著，《聖經與修辭學》，美國加州：福音文宣社出版，香港宣道出版社總代理，1988年，第3頁。

[90] 余也魯（總編），《聖經》（啟導本），香港：海天書樓，1993

年，第222頁，利26：19注釋。

[91] 參見：劉翼凌著，《聖經與修辭學》，美國加州：福音文宣社出版，香港宣道出版社總代理，1988年，第9-12頁；G. Waldemar Degner著，《釋經學的理論與實踐》，劉秀珠譯（臺灣新竹：信義神學院，1998年，第228-229頁。

[92] 同[10]，第382頁。

[93] 同[05]，第15頁；

[94] 參見：郭良夫（主編），《應用漢語詞典》，北京：商務印書館，2000年，第1658頁；劉翼凌著，《聖經與修辭學》，美國加州：福音文宣社出版，香港宣道出版社總代理，1988年，第16頁。

[95] G. Waldemar Degner著，《釋經學的理論與實踐》，劉秀珠譯（臺灣新竹：信義神學院，1998年，第235-236頁。

[96] 同[02]，第271頁。

[97] 同[95]，第249頁。

[98] 同[02]，第271-272頁。

[99] 同[87]，第321頁。

[100] 同[87]，第322-323頁。

[101] 同[87]，第337頁。

[102] 同[02]，第266頁。

[103] 參見：G. Waldemar Degner著，《釋經學的理論與實踐》，劉秀珠譯（臺灣新竹：信義神學院，1998年，第237-238頁；Gorden D. Fee and Dougla Stuart著，《讀經的藝術——瞭解聖經指南》，魏啓源、饒孝榛譯（中華福音神學院出版社，1999年），第162-163頁。

[104] Gorden D. Fee and Dougla Stuart著，《讀經的藝術——瞭解聖經指南》，魏啓源、饒孝榛譯（中華福音神學院出版社，1999年），第163頁。

[105] 同[87]，第337頁。

[106] 同[87]，第330，337-338頁。

[107] 同[87]，第330，338-339頁。

[108] F. C. H. Dreyer 著，《耶穌聖跡合參注釋》（增訂版），香港：

福音證主協會，1998年，第439頁；參見：，《聖經與修辭學》，美國加州：福音文宣社出版，香港宣道出版社總代理，1988年，第11頁。

[109] F. F. Bruce著，《聖經難解之言——耶穌篇》，曾念粵譯（臺北：校園書房出版社，1996年），第53-54頁。

[110] 陳終道著，《天國君王——馬太福音講義》（修訂版），香港：宣道出版社，1998年，第439頁。

[111] 同[05]，第12頁。

[112] 同[05]，第12-13頁。

[113] 《聖經》（啓導本），香港：海天書樓，1993年，第1352頁，太5：38-42注釋。

[114] Williston Walker著，《基督教會史》（增訂本），謝受靈（原譯）、趙毅之（修譯）（香港：基督教文藝出版社，1998年），第563-565頁。

[115] 呂沛淵著，《基督教會史》，美國加州：海外校園雜誌社、大使命中心，2000年，第39頁。

[116] Roland Bainton著，《這是我的立場——改教先導馬丁路德傳記》，古樂人、陸中石合譯（香港：道聲出版社，1993年），第389-391頁。

[117] D. A. Carson著，《再思解經錯謬》，余德林、郭秀娟合譯（臺北：校園書房出版社，1998年），第68頁。

[118] Gorden D. Fee and Dougla Stuart著，《讀經的藝術——瞭解聖經指南》，魏啓源、饒孝榛譯（中華福音神學院出版社，1999年），第166頁。

[119] 同[87]，第331頁。

[120] 同[87]，第331頁。

[121] 同[02]，第255頁。

[122] 同[87]，第328頁。

[123] 林道亮著，《國度的真理》，臺北：中華福音神學院，1988年，第25頁。

[124] 同上。

[125] George Ladd著，《認識上帝的國》，林千俐譯（臺北：校園書

房出版社，1996），第51頁。

[126] James Montgomery Boice著，《基督比喻精華》，美國加州：
美國活泉出版社，2004年，第5頁。

[127] 詹正義（總編），《活泉新約希臘文解經 卷一 馬太福音 馬可福
音》，美國加州：美國活泉出版社，1998年，第155頁。

[128] 同[125]，第55頁。

[129] James Montgomery Boice著，《基督比喻精華》，美國加州：
美國活泉出版社，2004年，第13頁。

[130] 同[125]，第60頁。

[131] 同[02]，第257-258頁。

[132] 同[87]，第328-329頁。

[133] 同[86]，第261頁。

[134] 同[86]，第261頁。

[135] 詹正義（總編），《活泉新約希臘文解經 卷一 馬太福音 馬可福
音》，美國加州：美國活泉出版社，1998年，第65頁。

[136] 同[87]，第325頁。

[137] 參見：Bernard Ramm著，《基督教釋經學》，詹正義譯（美
國加州：美國活泉出版社，1989年），第263頁； Grant R.
Osborne著，《基督教釋經手冊》，劉良淑譯（臺北：校園書房
出版社，1999年），第335-336頁。

[138] 同[86]，第263頁。

[139] 陳終道著，《是否永不滅亡》（增訂版），香港：天道書樓，
1987年，第49-50頁。

[140] 同[86]，第263頁。

[141] 同[87]，第317頁。

[142] 轉引自：同[87]，第317頁。

第**6**章

預表與數字

預 表

預表是解釋《聖經》的方法之一。由於預表被有的學者過度、極端地使用，故給人一種錯覺，以為預表法即是寓意解經法，以致引起一些學者對預表法的反感。因此，有人對預表法不予重視，或避而不談。其實，預表法是解釋《聖經》一種正當方法。蘇克指出，「新舊約的關係是預表（types）與本體（antitypes）、影像（shadow）與實體（fulfillments）。」[1]舊約《聖經》中的預言（包括預表，見下文），是聯繫新舊約《聖經》的真正軸心。舊約《聖經》對新約《聖經》的支持，是預表釋經法的基礎。[2]

甚麼是預表？

預表的希臘字是τύπος（typos），有學者認為它可能源於動詞「捶」、「打」、「傷」（τύπτω typto），原意為「擊打的結果」或「使留下印象的事物」，[3]在新約《聖經》中出現了十五次，被譯為「作……榜樣」或「榜樣」6次，「樣式」2次，

「痕」兩次,「模範」、「預像」、「像」、「鑑戒」或「大略說」各1次,[4]比如:

> 這不是因我們沒有權柄,乃是要給你們作**榜樣**,叫你們效法我們。(帖後三:9)

> 我們的祖宗在曠野,有法櫃的帳幕,是神吩咐摩西叫他照所看見的**樣式**作的。(徒七:44)

> 多馬卻說:「我非看見祂手上的釘**痕**,用指頭探入那釘**痕**,又用手探入祂的肋旁,我總不信。」(約二十:25)

> 感謝神!因為你們從前雖然作了罪的奴僕,現今卻從心裏順服了所傳給你們道理的**模範**。(羅六:17)

> 這些事都是我們的**鑑戒**,叫我們不要貪戀惡事,像他們那樣貪戀的。(林前十:6)

> 亞當乃是那以後要來之人的預像。(羅五:14b)

> 你們抬著摩洛的帳幕,和理番神的星,就是你們所造為要敬拜的**像**;因此,我要把你們遷到巴比倫外去。(徒七:43)

此外,新約《聖經》中還使用了幾個與 τύπος 相關的

字，如，ἀντίτυπος（antitypos，譯爲「表明」，「本體」，
「影像」），ὑπόδειγμα（hypodeigma，譯爲「形狀」，「樣
子」），和σκιά（skia，譯爲「影兒」，「影像」）。[5]比如：

他們供奉的事，本是天上事的**形狀**（ὑπόδειγμα
hypodeigma）和**影像**（σκιά），正如摩西將要造帳幕的時
候，蒙神警戒他，說：「你要謹慎，作各樣的對象，都要
照著在山上指示你的**樣式**（τύπος）。」（來八：5）

因爲基督並不是進了人手所造的聖所，（這不過是真
聖所的**影像**（ἀντίτυπα），乃是進了天堂，如今爲我們顯
在神面前。（來九：24）

當時進入方舟，藉著水得救的不多，只有八個人；
這水所**表明**（ἀντίτυπος）的洗禮，現在藉著耶穌基督復
活，也拯救你們；這洗禮本不在乎除掉肉體的污穢，只求
在神面前有無虧的良心。（彼前三：20b-21）

預先的記號或樣式，以顯明新約《聖經》中的人物或事
件，特別是關於耶穌基督和祂的聖工。預表是預言的一種。用
語言說出來的預告是預言；用人、物、事表達出來的預告就是
預表。[6]

預表法與寓意法

筆者在本書的第一章曾表明，學者對「寓（靈）意釋經
（allegory）」的定義不盡相同；爲論述的清晰，本書將採用

「寓意」或「靈意」釋經的定義是：一種尋求經文字面意思背後的意義的釋經方法。

預表解經法與寓意解經法是不是同一回事呢？有人主張，預表法是寓意法的一種；另有人則認為，兩者完全不同。蘭姆指出，不同的神學立場，也會產生不同的結論。時代主義論者堅持預表法是正確的，同時批評無千禧年派採用了不合宜的寓意解經法，因此，他們強調預表法和寓意法之間的區別。相反，無千禧年派論者卻認為，預表法和寓意法沒有甚麼區別，因為這對他們的神學立場有利。[7]

蘭姆進一步指出，關於預表法與寓意法的異同，不應該讓神學立場介入，而應單純從釋經學的立場來考慮。他認為，這兩種方法有明顯差異，許多人都足以把它們區分開來。寓意解經法是把外來的、奇特的、隱藏的意思引進到一種文獻中，以尋求其較深或真正的意義，也就是說，是把外來的主觀意思加入待解的文獻中。預表解經法則是一種特別的舊約解釋法，是建立在新、舊約神學的統一性的基礎上的。相信在神的設計下，舊約中某些人物和事件影射、反映新約某些人物和事件。主耶穌也是這樣看待舊約的，祂邀請人們從舊約中尋找祂：[8]

> 耶穌對他們說：「無知的人哪！先知所說的一切話，你們的心，信得太遲鈍了。基督這樣受害，又進入祂的榮耀，豈不是應當的麼？」於是從摩西和眾先知起，凡經上所指著自己的話，都給他們講解明白。（路廿四：25-27）

> 耶穌對他們說：「這就是我從前與你們同在之時，所

告訴你們的話，說，摩西的律法，先知的書，和《詩篇》
上所記的，凡指著我的話，都必須應驗。」（路廿四：
44）

可見，新舊約的這種關聯，不是外來、奇特、主觀的，而
是自然浮現出來的。

識別、解釋預表的原則

許多自由派神學家和《聖經》批判學者否認預表法的存
在，因為他們從根本上否認《聖經》含有超自然的預言的可能
性。在肯定預表法的學者中，對《聖經》中究竟有多少預表，
看法相當分歧。

有人在《聖經》中看到太多預表。比如，認為會幕洗濯盆
中的水，預表聖靈；士師參孫在沙漠打敗一隻獅子，預表基督
在曠野戰勝魔鬼（那咆哮的獅子）；摩西舉手禱告，預表基督
被釘在十字架上；大祭司亞倫發芽的杖，預表基督的復活；某
些動物的分蹄，預表走岔路的基督徒；以諾被神取去（創五：
24），預表聖徒在大災難之前被提等等。[9]

有學者宣稱，他已在《聖經》中發現了1,136個預表；而
蘇克則認為，《聖經》中只有17個預表。[10] 這二位學者從《聖
經》所辨認的預表的數目，竟相差幾十倍！

為甚麼學者們對《聖經》中的預表的確認會產生如此大
的分歧呢？一個重要原因是，預表「在神是預期，在人是對
證」。[11] 從神的方面說，預表是神設計的，是客觀存在的；從
人的方面說，預表是需要人從新、舊約《聖經》的對照中去識
別、辨認的。由於預表涉及表像（typos）和本體（antitypos）這

兩個層次，人的想像力就有入侵的機會。[12]也就是說，確認表像和本體的對應關係很容易帶主觀色彩。偏激的預表論最終導致寓意解經。

怎樣才能正確地辨認神在《聖經》中所設計的真正的預表，而不是人為地「製造」預表呢？雖然有學者堅持舊約中有很多預表，但安格斯（Joseph Angus）、馬施（Herbert Marsh）等人主張，只有新約作者所指明的預表才算是預表。馬施說，新約肯定舊約有多少預表，就有多少預表，不會有更多預表。因為新約作者寫新約《聖經》時，是在聖靈的默示下。只有他們才能準確無誤地辨認出神所設計的預表。但有學者在這兩種觀點之間採取中間立場，認為新約作者指明的和暗示的（雖未指明、但卻是可以看出來的）預表，都算預表。[13]

蘇克贊同安格斯和馬施等人的觀點，並提出預表必須同時具備的六個特徵：[14]

1) 相似：預表和本體之間有真實、自然的相似或對應之處。

2) 歷史事實：預表和本體都必須是歷史事實：曾生活過的人物，曾發生過的事件，和曾存在過的物體。

3) 預示：預表必須包含預告的成分，它們預見、預告並指向本體，雖然與預表有關的人並不一定知道它們是預表。

4) 提升：預表的本體比預表更重要、更超越，在更高的層次上。

5）神的設計：神設計預表，使它與本體相似；神也
　　　　　　　設計本體，使它實現、提升預表。大
　　　　　　　部分的預表與本體都相隔數百年，顯
　　　　　　　然必須有神的設計。

6）新約指明：必須是新約指明的預表才算預表。

　　在蘇克列舉的這六個特徵中，第三、五項特徵是由第六項
特徵決定的。因為，只有當新約明確指出舊約的某個人、物、
事是在預表新約的某個人、物、事時，人們才能肯定舊約的該
人、物、事是預表，是在預告，是神的設計。

　　不僅如此，蘇克還主張，新約《聖經》使用τύπος（typos）
這個字時，不能都當作預表；他將此字區分為「預表」和「說
明」兩類。他認為，「說明」不算預表，理由有兩條。第一，
「說明」沒有上述第三、四兩項特徵，「預表向前看，說明往
後顧。」比如，摩西在曠野舉銅蛇，只能是「說明」仰望基督
才能得救，因「那銅蛇並沒有向當世的人預示或預言基督」。
[15] 同理，聖殿只是「說明」教會，「約拿三日三夜在大魚肚腹
中」只是「說明」基督被埋葬的情況而已。[16] 第二，雖然新約
使用了「預表」這個字，但若預表和本體並不完全形似，就只
能理解為「說明」。比如，從亞當的墮落看，他絕對不可能預
表基督，只是「說明」基督而已。[17]

　　基於上述的考量，蘇克確定了十七個預表，包括麥基洗德
（根據來七：3，15-17）和亞倫（根據來五：4-5）兩個人物，以
色列的七大節期（根據西二：16-17），安息日（根據西二：17；
來四：3，9，11），五種獻祭（根據來九：9-10），帳幕（根據
來八：5，九：23-24）及帳幕的幔子（根據來十：20）。[18]

　　筆者認爲，蘇克把新約《聖經》中的τύπος（typos）這個字劃分爲「預表」和「說明」兩類，缺乏說服力，甚至是自相矛盾的。

　　首先，蘇克說，預表是「向前看」，而「說明」是「往後顧」，沒有預告，所以不算預表。其實，說預表是「向前看」，乃是從神的角度說的：神在舊約中就設計好預表，用以表明新約中的某些人、物、事。但從人的角度看，人們只有藉著新約的啓示，才能識別舊約中神所設計的預表。因此，不論是「說明」還是「預表」，從人來看，都是「往後顧」。如果說，摩西舉銅蛇時，因爲沒有言明是預告基督受難就不是預表，那麼，以色列人的七大節期、五祭和帳幕，在舊約中也同樣沒有講明是預告、指向新約的；按蘇克的標準，都不該視爲預表。

　　其次，預表和本體之間只是有相似之處，而非完全相同。如果亞當因爲墮落而不可能預表基督，那麼，大祭司亞倫，曾在西奈山下參與製造和敬拜金牛犢，使耶和華發烈怒（出卅二：1-10），又怎能預表基督的祭司事工呢？

　　筆者認爲，當新約作者談到舊約時，如果使用了τύπος（typos），或者άντίτυπος（antitypos），ύπόδειγμα（hypodeigma），σκιά（skia）等相關的字時，都可被視爲預表。筆者基本同意蘇克對預表的定界，但較他略微寬鬆一些。

　　在解釋預表時，蘭姆提出幾點忠告。第一，新約觸及預表時，大都與基督和祂的聖工、基督徒的道德和屬靈方面的眞理有關；會幕（及其獻祭、祭祀制度）和曠野漂流是預表的兩個主要範圍。「因此，在使用預表時，我們必須限制於主要的教義、中心的眞理、關鍵性的屬靈教訓和基要的道德原則。使用

預表時若太過於注重鎖碎的細節，就不符合新約《聖經》處理
預表的精神了。」[19] 第二，在一個預表中，要分辨預表部分
和非預表部分。比如，會幕及祭祀制度是預表，但這並非說，
會幕中的每一件物品、祭司的每一個舉動、獻祭中的每一個因
素，都可以在新約中找到相應的預表本體。「一個好的解經者
在解釋會幕時，一定會妥善控制自己的想像力。」[20] 第三，
「除非有新約權威的支持，不可引用預表來支持某種教理。很
明顯，《希伯來書》使用預表來證明某些神學立場。但是，我
們不可以這麼作，因為我們並未受聖靈的默示。」[21]

筆者認為，使用預表法時，應著重於《聖經》指明的預
表；新約沒有指明的，也可能還有預表，但就需要特別謹慎。
還是蘭姆說得好：「要避免受到新奇、聰明、原始或震撼的試
探。預表往往沒有得到應有的重視，因為有些研究預表的學者
走得太極端，以致引起其他學者對預表的反感。」「新約明確
指明的預表，我們可以放手解釋。超越這一點，就應該自我約
束。」[22]

預表舉例

麥基洗德預表基督

麥基洗德帶著神秘色彩，《聖經》對他的描述並不多；但
他是《創世記》中記載的真實人物，預表基督。

舊約《聖經》寫道：

> 又有撒冷王麥基洗德，帶著餅和酒，出來迎接；他是
> 至高神的祭司。他為亞伯拉罕祝福，說：「願天地的主，
> 至高的神，賜福與亞伯蘭。至高的神又把敵人交在你手

裏，是應當稱頌的。」亞伯蘭就把所得的，拿出十分之一來，給麥基洗德。（創十四：18-20）

新約《聖經》指明：

祂雖然為兒子，還是因所受的苦難學了順從；祂既得以完全，就為凡順從祂的人，成了永遠得救的根源；並蒙神照著麥基洗德的等次稱祂為大祭司。（來五：8-10）

作先鋒的耶穌，照著麥基洗德的等次，成了永遠的大祭司，就為我們進入幔內。（來六：20）

這麥基洗德，就是撒冷王，又是至高神的祭司，本是長遠為祭司的；他當亞伯拉罕殺敗諸王回來的時候，就迎接他，給他祝福。亞伯拉罕也將自己所得來的，取十分之一給他；他頭一個名翻出來，就是仁義王，他又名撒冷王，就是平安王的意思；他無父，無母，無族譜，無生之始，無命之終，乃是與神的兒子相似。你們想一想，先祖亞伯拉罕，將自己所擄來上等之物取十分之一給他，這人是何等尊貴呢！那得祭司職分的利未子孫，領命照例向百姓取十分之一，這百姓是自己的弟兄，雖是從亞伯拉罕身中生的〔身，原文作腰〕，還是照例取十分之一；獨有麥基洗德，不與他們同譜，倒收納亞伯拉罕的十分之一，為那蒙應許的亞伯拉罕祝福。從來位分大的給位分小的祝福，這是駁不倒的理。（來七：1-7）

根據新約的經文：

麥基洗德和基督都是真實的歷史人物。

麥基洗德「乃是與神的兒子相似」，都是大祭司。

新約指明，麥基洗德是預告基督：「作先鋒的耶穌，照著麥基洗德的等次，成了永遠的大祭司。」（來六：20）

基督超越麥基洗德：麥基洗德是人，基督是神；麥基洗德作為人所擔任的祭司，「天天站著事奉神，屢次獻上一樣的祭物；這祭物永遠不能除罪。但基督獻了一次永遠的贖罪祭，就在神的右邊坐下了。」（來十：11-12）

按照前述的特徵，麥基洗德是預表基督。

曾霖芳列出麥基洗德預表基督的幾個方面：[23]

預表基督為「大祭司」、「至高神的祭司」、「永遠的大祭司」（來五：10，六：20，七：1）；

預表基督又是君王（來七：2）；

預表基督無始無終（來七：3）；

預表基督尊貴的身分（來七：4、7）。

逾越節的羔羊預表基督

逾越節是以色列人最大的節期，紀念神帶領他們在正月十四日夜間出埃及。因為宰殺了羊羔，把它的血塗在門楣和門框上，當耶和華擊殺埃及人的長子和一切頭生的牲畜時，以色列人在塗羊羔血的屋內，得以保全生命。[24]

舊約《聖經》記載：

> 於是摩西召了以色列的眾長老來，對他們說：「你們要按著家口取出羊羔，把這逾越節的羊羔宰了。拿一把

牛膝草，蘸盆裏的血，打在門楣上和左右的門框上。你們誰也不可出自己的房門，直到早晨。因為耶和華要巡行擊殺埃及人，祂看見血在門楣上和左右的門框上，就必越過那門，不容滅命的進你們的房屋，擊殺你們。這例你們要守著，作為你們和你們子孫永遠的定例。」（出十二：21-24）

新約《聖經》寫道：

次日，約翰看見耶穌來到他那裏，就說：「神的羔羊，除去〔或作背負〕世人罪孽的。」……再次日，約翰同兩個門徒站在那裏。他見耶穌行走，就說：「看哪！神的羔羊。」（約一：29、36）

因為我們逾越節的羔羊基督，已經被殺獻祭了。（林前五：7b）

知道你們得贖，脫去你們祖宗所傳流虛妄的行為，不是憑著能壞的金銀等物，乃是憑著基督的寶血，如同無瑕疵、無玷污的羔羊之血。基督在創世以前，是預先被神知道的，卻在這末世才為你們顯現。（彼前一：18-20）

對比逾越節的羔羊和耶穌基督，可以看到：

兩者在歷史上都是真實的。
兩者的血的功效有相似之處。

新約明指逾越節的羔羊預表基督。

基督的血的功效超越逾越節羔羊的血的功效。

所以，逾越節的羔羊是預表基督。丁偉佑（G. W. Degner）認為，基督的獻祭不僅具有更超越的救贖功能，而且，「每一個逾越節的羔羊都是基督的預表。基督獻祭的無尚崇高性被用以支持保羅所主張的聖潔生活。」[25]

會幕預表天上的聖所

舊約《聖經》寫道：

> 耶和華曉喻摩西說：「又當為我造聖所，使我可以住在他們中間。」（出廿五：8）

> 耶和華曉喻摩西說：「我要在那裏與以色列人相會，會幕就要因我的榮耀成為聖。我要使會幕和壇成聖，也要使亞倫和他的兒子成聖，給我供祭司的職分。我要住在以色列人中間，作他們的神。他們必知道我是耶和華他們的神，是將他們從埃及地領出來的，為要住在他們中間。我是耶和華他們的神。」（出廿九：43-46）

> 耶和華曉喻摩西說：「我要眷顧你們，使你們生養眾多，也要與你們堅定所立的約。你們要吃陳糧，又因新糧挪開陳糧。我要在你們中間立我的帳幕，我的心也不厭惡你們。我要在你們中間行走，我要作你們的神，你們要作我的子民。」（利廿六：9-12）

摩西和亞倫並亞倫的兒子,在這盆裏洗手洗腳。他
們進會幕,或就近壇的時候,便都洗濯;是照耶和華所吩
咐他的。在帳幕和壇的四圍,立了院帷,把院子的門簾掛
上,這樣摩西就完了工。當時雲彩遮蓋會幕,耶和華的榮
光就充滿了帳幕。摩西不能進會幕,因為雲彩停在其上,
並且耶和華的榮光,充滿了帳幕。每逢雲彩從帳幕收上
去,以色列人就起程前往;雲彩若不收上去,他們就不起
程,直等到雲彩收上去。日間耶和華的雲彩,是在帳幕以
上;夜間雲中有火,在以色列全家的眼前,在他們所行的
路上,都是這樣。(出四十:31-38)

有學者指出,神只用六天造天地,卻用四十天吩咐摩西
關於建造會幕的細節;整本《聖經》只用了兩章記述宇宙的結
構,卻用了六章記述會幕的結構。[26] 這足以說明會幕的重要
性。

賴若瀚說,會幕是神為自己的名所立的聖所,使祂可以住
在以色列人中間(出廿五:8),是神與祂的百姓同在的象徵。
會幕是神紀念祂與亞伯拉罕、以撒、雅各所立的約,藉著形體
住在以色列人中間,證明祂是他們的神,他們是祂的子民;並
且,藉著會幕,神帶領、保護祂的子民走曠野的道路(出四
十:34-38)。[27]

新約《聖經》指出:

我們所講的事,其中第一要緊的,就是我們有這樣的
大祭司,已經坐在天上至大者寶座的右邊,在聖所,就是
真會幕裏,作執事;這會幕是主所支的,不是人所支的。

凡大祭司都是為禮物和祭物設立的；所以這位大祭司也必須有所獻的。祂若在地上，必不得為祭司，因為已經有照律法獻禮物的祭司。他們供奉的事，本是天上事的形狀和影像，正如摩西將要造帳幕的時候，蒙神警戒他，說：「你要謹慎，作各樣的物件都要照著在山上指示你的樣式。」如今耶穌所得的職任是更美的，正如祂作更美之約的中保；這約原是憑更美之應許立的。（來八：1-6）

因為基督並不是進了人手所造的聖所，（這不過是真聖所的影像），乃是進了天堂，如今為我們顯在神面前。（來九：24）

我又看見一個新天新地；因為先前的天地已經過去了；海也不再有了。我又看見聖城新耶路撒冷由神那裏從天而降，預備好了，就如新婦裝飾整齊，等候丈夫。我聽見有大聲音從寶座出來說：「看哪！神的帳幕在人間；祂要與人同住，他們要作祂的子民，神要親自與他們同在，作他們的神；神要擦去他們一切的眼淚；不再有死亡，也不再有悲哀、號哭、疼痛，因為以前的事都過去了。」（啟廿一：1-4）

從新舊約經文看到：

地上的會幕和天上的聖所都是真實的。
二者有相似之處：都象徵神與祂的子民同在。
新約指明，地上會幕是天上聖所的形狀和影像。

天上的聖所超越地上的會幕：會幕是神與祂的子民同在的暫時表徵，而在天上的聖所（即在天堂或新天新地），神將永遠與祂的子民同在。

所以，會幕是天堂的預表。

至於會幕中的各種對象是否是預表、它們所預表的本體是甚麼，見仁見智，看法不一。但對新約經文未明確論及的地方，聯想、類推須小心謹慎。

亞當預表基督

舊約《聖經》記載：

> 耶和華神用地上的塵土造人，將生氣吹在他鼻孔裏，他就成了有靈的活人，名叫亞當。（創二：7）

> 耶和華神將那人安置在伊甸園，使他修理看守。耶和華神吩咐他說：「園中各樣樹上的果子，你可以隨意吃；只是分別善惡樹上的果子，你不可吃，因為你吃的日子必定死！」（創二：15-17）

> 蛇對女人說：「你們不一定死，因為神知道，你們吃的日子眼睛就明亮了，你們便如神能知道善惡。」於是女人見那棵樹的果子好作食物，也悅人的眼目，且是可喜愛的，能使人有智慧，就摘下果子來吃了；又給她丈夫，她丈夫也吃了。（創三：4-6）

耶和華神說：「那人已經與我們相似，能知道善惡；現在恐怕他又伸手摘生命樹的果子吃，就永遠活著。」耶和華神便打發他出伊甸園去，耕種他所自出之土。於是把他趕出去了。又在伊甸園的東邊安設基路伯和四面轉動發火焰的劍，要把守生命樹的道路。（創三：22-24）

新約《聖經》寫道：

然而從亞當到摩西，死就作了王，連那些不與亞當犯一樣罪過的，也在他的權下；亞當乃是那以後要來之人的預像。只是過犯不如恩賜。若因一人的過犯，眾人都死了；何況神的恩典，與那因耶穌基督一人恩典中的賞賜，豈不更加倍的臨到眾人麼？因一人犯罪就定罪，也不如恩典；原來審判是由一人而定罪，恩賜乃是由許多過犯而稱義。若因一人的過犯，死就因這一人作了王，何況那些受洪恩又蒙所賜之義的，豈不更要因耶穌基督一人在生命中作王麼？（羅五：14-17）

死既是因一人而來，死人復活也是因一人而來。在亞當裏眾人都死了；照樣，在基督裏眾人也都要復活。（林前十五：21-22）

經上也是這樣記著說：「首先的人亞當，成了有靈的活人。」〔靈，或作血氣〕末後的亞當，成了叫人活的靈。（林前十五：45）

《聖經》經文表明：

　　亞當是眞實的歷史人物，亞當因悖逆神而犯罪、墮落是眞實的歷史事實；耶穌基督的受難、復活、升天，也是在人類的歷史中眞實發生的。

　　亞當與基督有相似之處。亞當與基督的相似，並非是說亞當定下了基督所跟從的樣式，[28] 乃是說，亞當與人類的關係和基督與人類的關係有平行、類比之處。亞當是舊人類的代表和原型，基督是新人類的代表和原型，他們的行爲都深深地影響著所代表的族類。這裏所預表的是關係，「只是在將『不是我們的罪』和『不是我們的義』歸到我們的帳上表明出來。」[29]

　　新約《聖經》的作者明言，「亞當乃是那以後要來之人的預像」（羅五：14），基督是「末後的亞當」（林前十五：45）。

　　基督在三方面超越亞當。《羅馬書》五章15-17節闡明，稱義的人在基督裏所得到的，比在亞當裏所失掉的，要多得多、好得多：眾人因亞當一人的過犯都死了，但在基督裏的恩典顯爲豐盛（五：15）；因亞當一次的犯罪，他所有的後裔都被定罪，而因基督稱義時，不單是從亞當的罪中被稱義，乃是從「許多過犯中」（包括人本身的過犯和所有相信的人的一切過犯）中被稱義（五：16）；因亞當的過犯，死在人類中掌了權，因神的恩典，基督在所有相信的人的生命中掌了權（五：17）。[30]

　　所以，亞當是預表基督。

會幕的幔子預表基督的救贖

舊約《聖經》記載：

（耶和華指示摩西説：）

要用金子錘出兩個噠嚕啪來，安在施恩座的兩頭。這頭作一個噠嚕啪，那頭作一個噠嚕啪，二噠嚕啪要接連一塊，在施恩座的兩頭。二噠嚕啪要高張翅膀，遮掩施恩座。噠嚕啪要臉對臉，朝著施恩座。要將施恩座安在櫃的上邊，又將我所要賜給你的法版放在櫃裏。我要在那裏與你相會，又要從法櫃施恩座上二噠嚕啪中間，和你説我所要吩咐你傳給以色列人的一切事。（出廿五：18-22）

你要用藍色紫色朱紅色線和撚的細麻織幔子，以巧匠的手工繡上噠嚕啪。要把幔子掛在四根包金的皂莢木柱子上，柱子上當有金鉤，柱子安在四個帶卯的銀座上。要使幔子垂在鉤子下，把法櫃抬進幔子內，這幔子要將聖所和至聖所隔開。又要把施恩座安在至聖所內的法櫃上。把桌子安在幔子外帳幕的北面；把燈檯安在帳幕的南面，彼此相對。（出廿六：31-35）

亞倫的兩個兒子進到耶和華面前死了。死了之後，耶和華曉喻摩西説：「要告訴你哥哥亞倫，不可隨時進聖所的幔子內，到櫃上的施恩座前，免得他死亡，因為我要從雲中顯現在施恩座上。……隨後他要宰那為百姓作贖罪祭的公山羊，把羊的血帶入幔子內，彈在施恩座的上面和前面，好像彈公牛的血一樣。他因以色列人諸般的污穢、過犯，就是他們一切的罪愆，當這樣在聖所行贖罪之禮，並因會幕在他們污穢之中，也要照樣而行。他進聖所贖罪的時候，會幕裏不可有人，直等到他為自己和本家，並以色

列全會眾，贖了罪出來。」（利十六：1-2、15-17）

摩西進會幕要與耶和華說話的時候，聽見法櫃的施恩座以上，二噻嚕啪中間，有與他說話的聲音，就是耶和華與他說話。（民七：89）

大衛又聚集以色列中所有挑選的人三萬。大衛起身率領跟隨他的眾人前往，要從巴拉猶大將神的約櫃運來。這約櫃就是坐在二噻嚕啪上萬軍之耶和華留名的約櫃。（撒下六：2）

領約瑟如領羊群之以色列的牧者阿，求祢留心聽：坐在二噻嚕啪上的阿，求祢發出光來。（詩八○：1）

耶和華作王，萬民當戰抖；祂坐在二噻嚕啪上，地當動搖。（詩九十九：1）

新約《聖經》寫道：

原來前約有禮拜的條例，和屬世界的聖幕。因為有預備的帳幕，頭一層叫作聖所；裏面有燈檯、桌子，和陳設餅。第二幔子後，又有一層帳幕，叫作至聖所；有金香爐〔爐，或作壇〕，有包金的約櫃，櫃裏有盛嗎哪的金罐，和亞倫發過芽的杖，並兩塊約版；櫃上面有榮耀基路伯的影罩著施恩座〔施恩，原文作蔽罪〕；這幾件我現在不能一一細說。這些對象既如此預備齊了，眾祭司就常進頭一層

帳幕，行拜神的禮；至於第二層帳幕，惟有大祭司一年一次獨自進去，沒有不帶著血，為自己和百姓的過錯獻上；……（來九：1-7）

從午正到申初遍地都黑暗了。申初的時候，耶穌大聲喊著說：「以羅欣！以羅欣！拉馬撒巴各大尼？」翻出來，就是：「我的神！我的神！為甚麼離棄我？」旁邊站著的人，有的聽見就說：「看哪！祂叫以利亞呢。」有一個人跑去，把海絨蘸滿了醋，綁在葦子上，送給祂喝，說：「且等著，看以利亞來不來把祂取下。」耶穌大聲喊叫，氣就斷了。殿裏的幔子，從上到下裂為兩半。對面站著的百夫長，看見耶穌這樣喊叫斷氣〔有古卷無喊叫二字〕，就說：「這人真是神的兒子。」（可十五：33-39）

弟兄們！我們既因耶穌的血，得以坦然進入至聖所，是藉著祂給我們開了一條又新又活的路從幔子經過，這幔子就是祂的身體。（來十：19-20）

耶穌說：「我就是道路、真理、生命；若不藉著我，沒有人能到父那裏去。你們若認識我，也就認識我的父；從今以後，你們認識祂，並且已經看見祂了。」（約十四：6-7）

經文顯示：

幔子是至聖所的入口；至聖所是耶和華顯現的地方，是最聖潔之處，是真實存在過的。

幔子和基督的身體有相似之處：只有經過幔子，人才能到神面前來，只有藉著耶穌，人才能到天父那裏去；耶穌在十架上斷氣時，幔子從上到下裂為兩半，象徵耶穌在十架上身體的破碎，為人打開了通向神的路。

耶穌在十架上的救贖比大祭司一年一度進入至聖所獻祭更超越：「因為祂一次獻祭，便叫那得以成聖的人永遠完全。」（來十：14）

新約《聖經》指明，幔子是預表基督的救贖。「這幔子就是祂的身體」中的「這幔子」，在原文中只是一個代名詞「這」，可解為「這條又新又活的路就是祂的身體」，但理解為「這幔子就是祂的身體」似更合理；[31] 而且，基督斷氣時幔子的裂開，確實顯明幔子是基督代贖性受難的預表：只有經過幔子，人才能進到神面前；只有藉著基督的救贖，人才能重新與神和好。「除祂以外，別無拯救；因為在天下人間，沒有賜下別的名，我們可以靠著得救。」（徒四：12）

所以，至聖所的幔子是預表耶穌基督的救贖。

曠野出水的磐石預表基督

舊約《聖經》記載：

> 以色列全會眾都遵耶和華的吩咐，按著站口從汛的曠野往前行，在利非訂安營。百姓沒有水喝。所以與摩西爭鬧，說：「給我們水喝吧！」摩西對他們說：「你們為甚麼與我爭鬧？為甚麼試探耶和華呢？」百姓在那裏甚渴，要喝水，就向摩西發怨言，說：「你為甚麼將我們從埃及領出來，使我們和我們的兒女並牲畜，都渴死呢？」

摩西就呼求耶和華說：「我向這百姓怎樣行呢？他們幾乎要拿石頭打死我。」耶和華對摩西說：「你手裏拿著你先前擊打河水的杖，帶領以色列的幾個長老，從百姓面前走過去。我必在何烈的磐石那裏，站在你面前。你要擊打磐石，從磐石裏必有水流出來，使百姓可以喝。」摩西就在以色列的長老眼前這樣行了。他給那地方起名叫瑪撒〔就是爭鬧的意思〕，因以色列人爭鬧，又因他們試探耶和華說：「耶和華是在我們中間不是？」（出十七：1-7）

正月間，以色列全會眾到了尋的曠野，就住在加底斯；米利暗死在那裏，就葬在那裏。會眾沒有水喝，就聚集攻擊摩西、亞倫。百姓向摩西爭鬧說：「我們的弟兄曾死在耶和華面前，我們恨不得與他們同死。你們為何把耶和華的會眾領到這曠野，使我們和牲畜都死在這裏呢？你們為何逼著我們出埃及，領我們到這壞地方呢？這地方不好撒種，也沒有無花果樹、葡萄樹、石榴樹，又沒有水喝。」

摩西、亞倫離開會眾到會幕門口，俯伏在地；耶和華的榮光向他們顯現。耶和華曉喻摩西說：「你拿著杖去，和你的哥哥亞倫招聚會眾，在他們眼前吩咐磐石發出水來，水就從磐石流出給會眾和他們的牲畜喝。」

於是摩西照耶和華所吩咐的，從耶和華面前取了杖去。摩西、亞倫就招聚會眾到磐石前。摩西說：「你們這些背叛的人聽我說：『我為你們使水從這磐石中流出來麼？』」摩西舉手，用杖擊打磐石兩下，就有許多水流出來，會眾和他們的牲畜都喝了。

耶和華對摩西、亞倫說：「因為你們不信我，不在以色列人眼前尊我為聖，所以你們必不得領這會眾進我所賜給他們的地去。」這水名叫米利巴水，是因以色列人向耶和華爭鬧，耶和華就在他們面前顯為聖〔米利巴就是爭鬧的意思〕。（民十二：1-13）

當日，耶和華吩咐摩西說：「你上這亞巴琳山中的尼波山去，在摩押地與耶利哥相對，觀看我所要賜給以色列人為業的迦南地。你必死在你所登的山上，歸到你列祖〔原文作本民〕去，像你哥哥亞倫，死在何珥山上，歸他的列祖一樣。因為你在尋的曠野，加底斯的米利巴水，在以色列人中沒有尊我為聖，得罪了我。我所賜給以色列人的地，你可以遠遠的觀看，卻不得進去。」（申卅二：48-52）

到那日，你必說：「耶和華阿，我要稱謝祢。因為祢雖然向我發怒，祢的怒氣卻已轉消，祢又安慰了我。看哪，神是我的拯救，我要依靠祂，並不懼怕；因為主耶和華是我的力量，是我的詩歌，祂也成了我的拯救。所以你們必從救恩的泉源歡然取水。」（賽十二：1-3）

我的僕人雅各，我所揀選的以色列阿，現在你當聽。造作你，又從你出胎造就你，並要幫助你的耶和華如此說：「我的僕人雅各，我所揀選的耶書崙哪，不要害怕！因為我要將水澆灌口渴的人，將河澆灌乾旱之地。我要將我的靈澆灌你的後裔，將我的福澆灌你的子孫。」（賽四

十四：1-3）

新約《聖經》寫道：

有一個撒瑪利亞的婦人來打水；耶穌對她說：「請你給我水喝。」那時門徒進城買食物去了。撒瑪利亞的婦人對祂說：「祢既是猶太人，怎們向我一個撒瑪利亞婦人要水喝呢？」原來猶太人和撒瑪利亞人沒有來往。耶穌回答說：「你若知道神的恩賜，和對你說：『給我水喝』的是誰，你必早求祂；祂也必早給了你活水。」婦人說：「先生沒有打水的器具，井又深，祢從那裏得活水呢？我們的祖宗雅各，將這井留給我們；他自己和兒子並牲畜，也都喝這井裏的水，難道祢比他還大麼？」耶穌回答說：「凡喝這水的，還要再渴；人若喝我賜的水就永遠不渴；我所賜的水，要在他裏頭成為泉源，直湧到永生。」（約四：7-14）

節期的末日，就是最大之日，耶穌站著高聲說：「人若渴了，可以到我這裏來喝。信我的人，就如經上所說，從他腹中要流出活水的江河來。」耶穌這話是指著信祂之人，要受聖靈說的；那時還沒有賜下聖靈來；因為耶穌尚未得著榮耀。（約七：37-39）

弟兄們！我不願意你們不曉得，我們的祖宗從前都在雲下，都從海中經過；並且都吃了一樣的靈食；也都喝了一樣的靈水；所喝的是出於隨著他們的靈磐石；那磐石就是基督。（林前十：1-4）

經文顯示：

曠野出水的磐石和耶穌基督都是歷史中真實的人和事。

曠野的磐石和耶穌基督的相似之處是：都能流出水來解人的渴。

耶穌基督遠遠超越曠野的磐石：喝了磐石流出的水，人還會渴；喝了耶穌賜的活水（聖靈的澆灌），人就永遠不再渴。

新約作者明確指出，基督就是那曠野出水的磐石（林前十：4）。[32]

所以，曠野的出水磐石是預表基督。

摩西舉銅蛇預表基督被釘十字架

舊約《聖經》記載：

> 他們從何珥山起行，往紅海那條路走，要繞過以東地。百姓因這路難行，心中甚是煩躁，就埋怨神和摩西，說：「你們為甚麼把我們從埃及領出來，使我們死在曠野呢？這裏沒有糧，沒有水，我們心裏厭惡這淡薄的食物。」於是耶和華使火蛇進入百姓中間，蛇就咬他們。以色列人中死了許多。百姓到摩西那裏說：「我們埋怨耶和華和你，有罪了。求你禱告耶和華叫這些蛇離開我們。」於是摩西為百姓禱告。耶和華對摩西說：「你製造一條火蛇，掛在杆子上；凡被咬的，一望這蛇，就必得活。」摩西便製造一條銅蛇，掛在杆子上。凡被咬的，一望這銅蛇；就活了。（民廿一：4-9）

新約《聖經》寫道：

（耶穌對尼哥底母說：）

　　我實實在在的告訴你，我們所說的，是我們知道的，我們所見證的，是我們見過的；你們卻不領受我們的見證。我對你們說地上的事，你們尚且不信，若說天上的事，如何能信呢？除了從天降下仍舊在天的人子，沒有人升過天。摩西在曠野怎樣舉蛇，人子也必照樣被舉起來；叫一切信祂的都得永生。（約三：11-15）

經文表明：

摩西在曠野舉銅蛇和耶穌基督被釘十字架，都是歷史事實。

兩者有相似性：由於犯罪而瀕於死亡的人，仰望銅蛇或仰望耶穌，都能得生。

主耶穌指明，摩西在曠野舉銅蛇是預表祂將被人舉起。

耶穌在十架上成就的救贖，遠遠超越摩西舉蛇的救贖。兩種「生」的質和量都不同：因仰望銅蛇而得到的生是暫時的，仰望基督得到的卻是永遠的生命；銅蛇只能拯救在曠野被火蛇咬的以色列人，仰望基督，卻能拯救歷世歷代、各國各方的人。

所以，摩西在曠野舉銅蛇，是預表基督被釘十字架。[33]

聖殿預表教會

舊約《聖經》記載：

　　所羅門在位第四年西弗月，立了耶和華殿的根基。到十一年布勒月，就是八月，殿和一切屬殿的都按著樣式造

成。他建殿的功夫共有七年。（王上六：37-38）

（獻殿時）所羅門當著以色列會眾，站在耶和華的壇前，向天舉手說：「……以色列的神阿，求祢成就向祢僕人我父大衛所應許的話。神果真住在地上麼？看哪，天和天上的天，尚且不足祢居住的，何況我所建的這殿呢？惟求耶和華我的神垂顧僕人的禱告祈求，俯聽僕人今日在祢面前的祈禱呼籲。願祢晝夜看顧這殿，就是祢應許立為祢名的居所；求祢垂聽僕人向此處禱告的話。祢僕人和祢以色列民向此處祈禱的時候，求祢在天上祢的居所垂聽，垂聽而赦免。」（王上八：22，26-30）

所羅門建造耶和華殿和王宮，並一切所願意建造的都完畢了，耶和華就二次向所羅門顯現，如先前在基遍向他顯現一樣。對他說：「你向我所禱告祈求的，我都應允了。我已將你所建的這殿分別為聖，使我的名永遠在其中；我的眼，我的心，也必常在那裏。……倘若你們和你們的子孫轉去不跟從我，不守我指示你們的誡命律例，去事奉敬拜別神，我就必將以色列人從我賜給他們的地上剪除；並且我為己名所分別為聖的殿，也必捨棄不顧，使以色列人在萬民眾作笑談，被譏誚。這殿雖然甚高，將來經過的人必驚訝、嗤笑，說：『耶和華為何向這地和這殿如此行呢？』人必回答說：『是因此地的人離棄領他們列祖出埃及地之耶和華他們的神，去親近別神，事奉敬拜它，所以耶和華使這一切災禍臨到他們。』」（王上九：1-3，6-9）

當烏西亞王崩的那年，我見主坐在高高的寶座上。祂的衣裳垂下，滿了聖殿。其上有撒拉弗侍立，各有六個翅膀；用兩個翅膀遮臉，兩個翅膀遮腳，兩個翅膀飛翔。彼此呼喊說：「聖哉！聖哉！聖哉！萬軍之耶和華，祂的榮光遍滿全地！」因呼喊者的聲音，門檻的根基震動，殿充滿了雲煙。那時我說：「禍哉！我滅亡了！因為我是嘴唇不潔的人，又住在嘴唇不潔的民中，又因我眼見大君王萬軍之耶和華。」（賽六：1-5）

新約《聖經》寫道：

（主耶穌說）我要求父，父就另外賜給你們一位保惠師〔或作訓慰師，下同〕，叫祂永遠與你們同在，就是真理的聖靈，乃是人不能接受的；因為不見祂，也不認識祂；你們卻認識祂；因祂常與你們同在，也要在你們裏面。我不撇下你們為孤兒，我必到你們這裏來。（約十四：16-18）

豈不知你們是神的殿，神的靈住在你們裏頭麼？若有人毀壞神的殿，神必要毀壞那人；因為神的殿是聖的，這殿就是你們。（林前三：16-17）

神的殿和偶像有甚麼相同呢？因為我們是永生神的殿；就如神曾說：「我要在他們中間居住，在他們中間來往；我要作他們的神，他們要作我的子民。」（林後六：16）

這樣，你們不再作外人，和客旅，是與聖徒同國，是
神家裏的人了；並且被建造在使徒和先知的根基上，有耶
穌基督自己為房角石；各〔或作全〕房靠祂聯絡得合適，
漸漸成為主的聖殿；你們也靠祂同被建造，成為神藉著聖
靈居住的所在。（弗二：19-22）

「豈不知你們是神的殿」（林前三：16a）中的「殿」的原
文是 ναός（naos）（意指建築物本身）而不是 ἱερόν（hieron）
（指聖殿所屬的一切範圍），可直譯為「神的聖所」，即指四
周圍起來的、歸神為聖的地點。[34] 再有，在這裏，「殿」是單
數；「你們」是複數，是指所有的信徒。

關於教會的含義，筆者曾寫道：

教會（ἐκκλησία）是指一群被神呼召出來追隨祂
的人。在舊約《聖經》中，它常被用來指以色列「全會
眾」。從廣義上看，舊約時代就有教會了。在新約《聖
經》中，主耶穌談到建立教會（太十六：18）時，用的是
將來時態；另外，新約作者稱教會是基督的身體（弗一：
23），而信徒「都從一位聖靈受洗，成了一個身體」，
「就是基督的身子，並且各自作肢體」（林前十二：13、
27）。按照新約《聖經》的論述，從狹義上說，教會是從
五旬節聖靈澆灌時（徒二：1-4）開始的。本書談及教會
時，都意指狹義上的教會。教會又可以分為普世教會和地
區教會。普世教會是全世界、整體性的基督徒團體，由
尚存於世和已經離世的基督徒組成，這似乎是弗一：22，
三：10、21和西一：18、24的用法。地區教會是指分散在

各個地方的獨立的基督徒團體。[35]

所以，「你們是神的殿」的「殿」是指普世教會。雖然，個人的身子也被稱為神的殿（林前六：19a），但這節經文的意思是：普世教會是神的殿。

上述經文顯示：

聖殿和教會都是真實存在的。

聖殿和教會有相似之處：都是神與人同在的地方。

新約作者明說，教會就是神的殿。

教會比聖殿更超越：聖殿注重敬拜的地方（place），教會注重敬拜的領域（sphere）；當神的子民悖逆神時，神會離開聖殿（結十：4、18），但神永遠不會離開教會，因為神應許聖靈保惠師將永遠與信徒同在（約十四：16）。

所以，聖殿是預表教會。

迦南地預表神的子民的安息

舊約《聖經》記載：

> 天地萬物都造齊了。到第七日，神造物的工已經完畢，就在第七日歇了祂一切的工，安息了。神賜福給第七日，定為聖日，因為在這日神歇了祂一切創造的工，就安息了。（創二：1-3）

> 於是約書亞吩咐百姓的官長，說：「你們要走遍營中，吩咐百姓說，當預備食物；因為三日之內，你們要過這約旦河，進去得耶和華你們神賜你們為業之地。」約書

亞對流便人、迦得人,和瑪拿西半支派的人説:「你們要追念耶和華的僕人摩西所吩咐你們的話説:『耶和華你們的神使你們得享平安,也必將這地賜給你們。』」(書一:10-13)

這樣,約書亞照著耶和華所吩咐摩西的一切話,奪了那全地,就按著以色列支派的宗族,將地分給他們為業。於是國中太平沒有爭戰了。(書十一:23)

因為祂是我們的神,我們是祂草場的羊,是祂手下的民。惟願你們今天聽祂的話。你們不可硬著心,像當日在米利巴,就是在曠野的瑪撒。那時,你們的祖宗試我探我,並且觀看我的作為。四十年之久,我厭煩那世代。説:「這是心裏迷糊的百姓,竟不曉得我的作為!」所以我在怒中起誓説:「他們斷不可進入我的安息!」(詩九十五:7-11)

新約《聖經》寫道:

聖靈有話説:「你們今日若聽祂的話,就不可硬著心,像在曠野惹祂發怒,試探祂的時候一樣;在那裏,你們的祖宗試我探我,並且觀看我的作為,有四十年之久。所以我厭煩那世代的人,説,他們心裏常常迷糊,竟不曉得我的作為;我就在怒中起誓説:他們斷不可進入我的安息。」

　　弟兄們！你們要謹慎，免得你們中間，或有人存著不信的惡心，把永生神離棄了；總要趁著還有今日，天天彼此相勸，免得你們中間，有人被罪迷惑，心裏就剛硬了。我們若將起初確實的信心，堅持到底，就在基督裏有分了。經上說：「你們今日若聽祂的話，就不可硬著心，像惹祂發怒的日子一樣。」那時聽見祂話惹祂發怒的是誰呢？豈不是跟著摩西從埃及出來的眾人麼？神四十年之久，又厭煩誰呢？豈不是那些犯罪屍首倒在曠野的人麼？又向誰起誓，不容他們進入祂的安息呢？豈不是向那些不信從的人麼？這樣看來，他們不能進入安息，是因為不信的緣故了。

　　我們既蒙留下有進入祂安息的應許，就當畏懼，免得我們中間〔我們，原文作你們〕，或有人似乎是趕不上了。因為有福音傳給我們，像傳給他們一樣；只是所聽見的道與他們無益，因為他們沒有信心與所聽見的道調和。但我們已經相信的人，得以進入那安息，正如神所說：「我在怒中起誓說，他們斷不可進入我的安息。」其實造物之工，從創世以來已經成全了。論到第七日，有一處說：「到第七日神就歇了祂一切的工。」又有一處說：「他們斷不可進入我的安息。」既有必進安息的人，那先前聽見福音的，因為不信從，不得進去。所以過了多年，就在大衛的書上，又限定一日，如以上所引的說：「你們今日若聽祂的話，就不可硬著心。」若是約書亞已叫他們享了安息，後來神就不再提別的日子了。這樣看來，必另有一安息日的安息，為神的子民存留。因為那進入安息的，乃是

歇了自己的工，正如神歇了祂的工一樣。所以我們務必竭力進入那安息，免得有人學那不信從的樣子跌到了。（來三：7-19；四：1-11）

　　主耶穌說：「凡勞苦擔重擔的人，可以到我這裏來，我就使你們得安息。我心裏柔和謙卑，你們當負我的軛，學我的樣式；你們心裏就必享安息。」（太十一：28-29）

　　我聽見從天上有聲音說：「你要寫下，從今以後，在主裏面而死的人有福了！」聖靈說：「是的，他們歇了自己的勞苦，作工的果效也隨著他們。」（啓十四：13）

經文顯示：

耶和華神命定以色列人把第七日守爲聖日、約書亞率領以色列人進入了神所應許的迦南地、因信耶穌基督而享安息，都是眞實的。

「神賜福給第七日，定爲聖日，因爲在這日神歇了祂一切創造的工，就安息了。」（創二：3）「歇了」的原文是šābbat，主要意思是「停工」。[36] 神六天創造、第七天停工安息，不是神累了、疲憊了，需要休息。因爲全能的神不可能疲憊；而且，「祂說有，就有；命立，就立」（詩卅三：9），不費吹灰之力。[37] 神安息，含有喜樂、滿足的意思。在六天創造中，對所造之物，神「看著是好的」或「都甚好」（創一：10、12、18、21、31），這足以表明神對所造之物的完備、美好感到滿意。這就是神心靈中的安息。這安息在於神的完美和

豐盛。[38] 創造之工完成，神滿足地停下來，使人聯想到，主耶穌完成救贖之工後，就「坐下了」（來十：12）。[39]

「安息日的安息」（來四：9）是 $\sigma\alpha\beta\beta\alpha\tau\iota\sigma\mu\acute{o}\varsigma$（sabbatismos），是個晚期字，在新約《聖經》僅出現這一次，[40] 可能是《希伯來書》的作者刻意鑄造的。[41]「安息日的安息」與「我（神）的安息」（詩九十五：11；來三：10，四：5）是同樣的意思，是神自己所享受的天國裏的眞正、永恆的安息；這安息是創世以來已經存在的安息，也是神要與祂的子民分享的安息。[42] 也就是說，神所應許的「我的安息」主要不是人將來要獲得的東西（神要賜給人的安息），而是神自己存在的特色（神自己享受的安息）。[43]

以色列人「因爲沒有信心與所聽見的道調和」（來四：2），不能進入安息。他們不僅不能進入迦南地或完全征服迦南地，而且不能有分於天國裏眞正及永恆的安息。[44]

馮蔭坤指出，神在完成創造之工後自己所享受的安息是「安息」的原型；迦南地的安息是一種預表；預表的本體是信徒最終要享受天上眞正、永恆的安息，即分享神自己的安息。[45]

《希伯來書》的作者說：「若是約書亞已叫他們享了安息，後來神就不再提別的日子了。」（來四：8）這表明，以色列人在約書亞率領下，雖然已經進入了迦南地，卻並沒有得到神的安息；迦南地的安息只是神的安息的預表。一方面，迦南地的安息是屬物質的，暫時的，和不完全的；[46] 另一方面，由於以色列人不信的惡心，他們無分於神自己的安息。「神的安息」是神自己享受的安息，是一種狀態。也就是說，信徒進入神的安息，主要是指一種狀態，而不單是指一個地方。[47]

從《希伯來書》的啓示看，信徒進入神的安息是處在「已經／尚未」的張力中。「但我們已經相信的人，得以進入那安息」（來四：3a）中的「但」，是原文中的異文所致，正確的說法是「因爲」：作者和讀者以自己的親身經歷證明，我們相信神「留下有進入祂安息的應許」（來四：1a），是「因爲」信徒正在進入那安息，「因爲」使信徒得以進入神的安息的是他們的信心。[48] 信徒現今已享有的安息，包括脫離罪的捆綁、得著救恩的平安，和信徒在工作、生活中因信託神而享有的屬靈的安息。[49] 可是，另一方面，《希伯來書》又說：「因爲那進入安息的，乃是歇了自己的工，正如神歇了祂的工一樣。」（來四：10）這節經文最自然的解釋是：神的安息，是在祂完成創造之工後才開始的；照樣（「正如」），信徒進入神的安息，也是在他們完成了一生的工作、結束了他們在世上的旅程之後的事（啓十四：13；提後四：7-8）。[50] 也就是說，基督徒因著信，已經開始進入和預嘗了神的安息；但信徒要完全享受神的安息，還得等到將來。

小結

雖然對於預表解經法的正當性，以及確認預表的標準，學者尚有不同看法，但預表法應該是解經法的一種。它可以使讀者看到神在歷史中的設計，幫助讀者明白神推動歷史的作爲。[51] 但筆者認爲，使用預表法必須謹愼。只有在新約作者指明是預表的地方，或者，雖然新約作者沒有使用「預表」這樣的字眼，但新舊約《聖經》的經文的脈絡明確表明是預表的地方，才可放心地使用預表法；超出這個範圍，就當格外小心。

《聖經》中的數字

希伯來文的數字

舊約《聖經》的原文主要是希伯來文，其中含有少許亞蘭文。現今的希伯來文《聖經》是用亞蘭文字母書寫和印刷的，因爲兩者的字母相同，發音也很接近。這兩種字母，都可以代替數字。按現今希伯來文字母的排列順序，這廿二個字母的數值依次爲：1，2，3，4，5，6，7，8，9，10，20，30，40，50，60，70，80，90，100，200，300和400。「十一」是 ẏ（10+1），「十二」是yb（10+2），「廿二」是kb（20+2），「一百零二」是qb（100+2）；其餘可類推。[52]

但是有例外。例如，「十五」本應是yh（10+5），但因它與以色列人敬拜的神YHWH（和合本譯爲耶和華）的前兩個字母相同，爲避諱起見，改寫爲tw（9+6）。又如，「十六」本應爲yw（10+6），雖然它比YHWH少個字母H，但因希伯來文的H很容易被同化而消失，爲愼重起見，仍把「十六」改寫爲tz（9+7）。[53]

在字母的數字上，有些是表示吉利的。猶太人送禮，定要用18，80等與「十」、「八」相連的數字。因爲hy（8+10）在字義上有永生、活潑、強健、復興等含義。[54]

猶太人使用陰曆法（月曆），一年有十二個月，「十二」個月之後迎接新春。所以，對猶太人來說，「十二」是一個表示復蘇、蒙福、希望的數字。這是猶太人極爲重視「十二」的一個原因。[55]

希伯來文的「七」與「起誓」一詞的詞幹相同，於是，

「七」就被賦予了神聖、莊敬、嚴肅的含義，被猶太人十分看重。[56]

　　一隻手有「五」個指頭，兩隻手共有「十」個指頭。因此，對猶太人來說，「五」是圓滿，「十」是完成、十足。此外，猶太文化也重視「四」。因為伊甸園的河流有「四」道，有流經全地之意。「四方」就是全地。所以，「四」是屬地的數字。由於「十」是完滿，所以，「四十」（10x4）是屬地的完滿數，「七十」（10x7）則是神聖的完滿了。[57]

猶太神通學

　　猶太神通學又名卡巴拉，是希伯來文kabbalah的音譯。Kabbalah的原意是「接受」，後衍生為接受口傳的傳統，特別是與神蹟和啟示文學相關的部分；再後來特指接受神通學的書籍。Kabbalah被英譯為mysticism，意指神秘、玄想、通靈的理論。[58]

　　邱恩處指出，卡巴拉起源於猶太人的一種解經運動。原初的目的在於要將摩西律法變為世界律法，以證明以色列的神，是世界的主宰。十五至十七世紀是這個運動的興盛時期。猶太神通學對猶太教的神學並沒有太大的影響，但是對猶太人的文化傳統、禮儀習俗，卻有不可磨滅的影響力和推動力。猶太神通學的一個主要興趣是比較字母的數值，以此尋找經文之間的聯繫，發掘經文的隱藏意義。這就是猶太人稱之為Gematria（亞蘭文）的數字隱意顯明法。這種方法，猶太拉比們在他勒目、米大示中也有運用，但沒有像在神通法中那樣流行。[59]

　　邱恩處著的《猶太文化傳統與聖經》一書中，列舉了一些運用數字隱意顯明法解釋《聖經》的例子。例如：

希伯來文 'ehad（一）與 'ahabah（愛）的字母數值都是13，因此，給人的啟示是：人生最高的目標，是愛那獨一的神（申六：4）。

酒（yayin）與秘密（sod）的字母數值之合，都是70，由此產生了諺語：酒精一進入，秘密就出來。這與中國的俗話「酒後吐真言」頗為類似。其含義是勸人不要酗酒。

雅各所夢見的天梯（sulam）（參創廿八：12）與西乃（sinay）的字母數位的總和，都是130，因此，猶太神通學者解釋為：神在西乃山頒佈的律法，是把人從地上領進天堂的通道。

《創世記》記載四王與五王交戰時（創十四：1-12），沒有記錄雙方兵丁的數目；但在亞伯拉罕去攻擊四王、救回羅得時，卻記錄他所率領的家丁共有318人（創十四：14）；而亞伯拉罕的家宰以利以謝（'el'iezer）（創十五：2）的字母數值的總和恰好是318；加之，以利以謝的原意是「上帝幫助」。因此，數字隱意顯明法的學者認為，這是向世人宣告，亞伯拉罕爭戰的成功，是上帝幫助的結果。

再如，YHWH的字母的數位依次為10，5，6，5；若將它們分別平方後再相加（100+25+36+25），就等於186，與地方（mqwm）的字母的數值總和相同。因此，這表明上帝無處不在。[60]

數字隱意顯明法於主後第二世紀被猶太拉比所使用，早期基督教教父也沿襲此法；到中世紀末期仍盛行。馬丁路德在神學院講課時，也曾用很長的篇幅討論YHWH的數字所代表的屬靈意義。本質上，數字隱意顯明法是靈意解經的一種類別。[61]

《聖經》「密碼」

二十世紀九十年代，美國新聞記者佐思甯（Michael Drosnin）出版的《聖經密碼》一書在歐美掀起一陣「聖經密碼」熱。《聖經密碼》一書，用交叉、等距隔字跳讀、由上而下或自下而上、從左至右或由右向左等特定的閱讀方式截取信息。該書稱，《聖經》有大量密碼，可以從中找到許多國際大事，如1995年以色列總理拉賓遇刺，1991年的海灣戰爭，美國尼克森總統的水門事件，希特勒的大屠殺，艾迪生發明電和燈泡，牛頓發現萬有引力，甚至日本和美國的大地震等等，極大地引起了人們對《聖經》預言的驚喜和好奇。[62]

《聖經》中究竟有沒有這樣的密碼？學者的意見不完全一致。以色列物理學家魏茨騰（Doron Witztum）認為，《聖經》中確有密碼。猶太律法書可以理解為「隱藏之書」，有大量密碼。比如，用數理統計和電腦程式檢測，律法書中顯示的許多名人和他們的出生、死亡，經過一再核查，仍有高度的顯著性。[63]

多位學者對《聖經》密碼是否存在，持質疑態度。

首先，探索《聖經》密碼所用的方法，值得商榷。

像跳讀、順讀、倒讀這些方法，有很大偶然性，缺乏科學的嚴謹、慎密。有人嘲諷說，在買房子時，常看到「絕不淹水」的廣告；可是買了房子後，卻常在淹水；此時才發覺，廣告也可由右往左讀：「水淹不絕」。[64] 蔡麗貞指出，整本《聖經》有三十萬四千八百零五個字母，起碼有一、兩百億個字母組合的可能性，若隨意截取，恐怕研究者可從中找到自己想要的任何「密碼」。[65] 事實上，按這種方法，不僅發現了拉賓遇

刺的信息，而且魏茨騰還找到了英國首相邱吉爾將被暗殺的字句。更有甚者，在摩西五經裏，還可將十條誡命讀成「我要去偷」、「我要去殺」！[66] 這是其一。

其二，在《聖經》記載的一個歷史事件中，如果有兩字很靠近，那麼，它們可能有一定的關係；但並不能肯定它們來自同一事件。即使它們屬於同一事件，若要預測甚麼，也不能單靠這些詞和字，而應該有一段完整的敘述。比如，電腦程式找到「拉賓」和「謀殺」二字有交叉，但這能說明甚麼呢？是拉賓被人謀殺？還是拉賓謀殺別人？或是那謀殺人的拉賓終將被人謀殺？又如，電腦程式顯示「耶穌」與「彌賽亞」有交叉，同樣不能確定其含義：耶穌是彌賽亞？耶穌自稱是彌賽亞？還是別人相信耶穌是彌賽亞？[67]

從「聖經密碼」的研究結果看，這種研讀方法會把人讀經的注意力，從神的救恩轉移到預測國際時事，以致忽視《聖經》中神啓示的十分清楚的教訓和命令，忽視《聖經》作者的原意。蔡麗貞說，她認識的一位女神學生，從《聖經》中找到了她心儀的弟兄的姓名，並深信那是神為她預備的伴侶（當然後來落了空）。[68] 張文亮則說，有人用研讀《聖經》密碼的方法，預測耶穌再來的日期是2009年8月13或14日，大審判的日期是2009年9月27或28日！[69]

人的智慧是很有限的。也許，沒有人可以斷然決然地說，《聖經》中沒有任何隱藏的信息，沒有密碼。但《聖經》的主要信息是關乎人怎樣可以得救的。而目前所發現的《聖經》「密碼」都與神的救恩無關，甚至可能成為神對猶太人的嘲諷：「我為他寫了律法萬條，他卻以為與他毫無關涉。」（何八：12）[70] 所以，無論《聖經》是否有一些這樣的「密碼」，

讀者都應把最主要的精力集中在如何用「文法」—「歷史」的
方法正確地理解《聖經》的信息上。否則，研讀《聖經》就只
是原文專家、數學家、電腦專家的特權了。再者，如果一味用
文字遊戲的方法讀經，異端邪說也不難從《聖經》中找到他們
所聲稱成的教義。水可載舟，也可覆舟。在研讀《聖經》時，
讀者不可不慎。[71]

注釋

[01] Roy B. Zuck著，《基礎解經法》，楊長慧譯（香港：宣道出版社，2001年2版），第209頁。

[02] Bernard Ramm著，《基督教釋經學》，詹正義譯（美國加州：美國活泉出版社，1989年），第203頁。

[03] 同[01]，第211頁。

[04] 潘秋松著，劉淑媛編輯，《解析式新約經文彙編》，美國加州：美國麥種傳道會，2002年，第1043頁。

[05] 同[01]，第211-212頁。

[06] 參見：Bernard Ramm著，《基督教釋經學》，詹正義譯（美國加州：美國活泉出版社，1989年），第203頁；Roy B. Zuck著，《基礎解經法》，楊長慧譯（香港：宣道出版社，2001年2版），第217-218頁。

[07] 同[02]，第208頁。

[08] 同[02]，第204頁。

[09] 同[01]，第223-225頁。

[10] 同[01]，第215，220頁。

[11] 同[01]，第214頁。

[12] 同[02]，第214頁。

[13] 同[01]，第215-216頁。

[14] 同[01]，第213-217頁。

[15] 同[01]，第222頁。

[16] 同[01]，第217-218頁。

[17] 同[01]，第221頁。

[18] 同[01]，第220-221頁。

[19] 同[02]，第212-213頁。

[20] 同[02]，第213頁。

[21] 同[02]，第213頁。

[22] 同[02]，第213頁。

[23] 曾霖芳著，《釋經學》，香港：種籽出版社，1992年，第

191-192頁。

[24] 同上，第197-198頁。

[25] G. Waldemar Degner著，《釋經學的理論與實踐》，劉秀珠譯
（新竹：中華信義神學院出版社，1998年），第279頁。

[26] 轉引自：賴若瀚著，《實用解經法》，香港：福音證主協會，
1994年，第376頁。

[27] 同上，第377頁。

[28] 馮蔭坤著，《羅馬書注釋》（卷貳），臺北：校園書房出版社，
1999年，第130頁。

[29] 鮑會園著，《羅馬書》（卷上），香港：天道書樓有限公司，
2000年，第180頁。

[30] 同上，第180-184頁。

[31] 參見：詹正義等編譯，《活泉新月希臘文解經　卷九》，美國
加州：美國活泉出版社，1997年，第170-171頁；馮蔭坤著，
《希伯來書》（卷下），香港：天道書樓有限公司，1997年，第
175-179頁。

[32] 關於「基督就是那曠野出水的磐石」的論述，可參見：里程著，
《神的聖言 卷一 ： 聖經的權威》，美國：基督是者協會、海外
校園雜誌社聯合出版，2005年，第368-371頁。

[33] 參見：賴若瀚著，《實用解經法》，香港：福音證主協會，1994
年，第374 -375頁；G. Waldemar Degner著，《釋經學的理論與
實踐》，劉秀珠譯（新竹：中華信義神學院出版社，1998年），
第272-373 頁。

[34] 蠶繭：詹正義（編譯），《活泉新約希臘文解經 卷六》，美國
加州：美國活泉出版社，1991年，第58頁；Canon Leon Morris
著，丁道爾新約聖經注釋《哥林多前書》，蔣黃心湄譯（臺北：
校園書房出版社，2002年），第74頁。

[35] 里程著，《神的聖言 卷一 ： 聖經的權威》，美國：基督是者協
會、海外校園雜誌社聯合出版，2005年，第70頁。

[36] 鄺炳釗著，《創世記》（卷壹），香港：天道書樓有限公司，
2002年，第164頁。

[37] 同上。

[38] 蠶繭：賈玉銘著，《希伯來書講義》，臺北：財團法人基督教橄欖文化事業基金會，1994年，第60頁；陳終道著，《新約書信詳解》（簡體字合訂本），香港：金燈檯出版社，1997年，第653頁。

[39] 鄺炳釗著，《創世記》（卷壹），香港：天道書樓有限公司，2002年，第164頁。

[40] 馮蔭坤著，《希伯來書》（卷上），香港：天道書樓有限公司，1997年，第271頁。

[41] 詹正義等編譯，《活泉新月希臘文解經　卷九》，美國加州：美國活泉出版社，1997年，第71頁。

[42] 同[40]，第266頁。

[43] 同[40]，第264頁。

[44] 同[40]，第233頁。

[45] 同[40]，第275頁。

[46] 陳終道著，《新約束心詳解》（簡體字合訂本），香港：金燈檯出版社，1997年，第652頁。

[47] 同[40]，第274頁。

[48] 同[40]，第261頁。

[49] 同[46]，第652頁。

[50] 同[40]，第273-274頁。

[51] 同[01]，第223頁。

[52] 丘恩處著，《猶太文化傳統與聖經》，紐約：紐約神學教育中心，1999年，第38-39頁。

[53] 同上。

[54] 同[52]，第39頁。

[55] 同[52]，第41頁。

[56] 同[52]，第41頁。

[57] 同[52]，第41-42頁。

[58] 同[52]，第257頁。

[59] 同[52]，第257-264頁。

[60] 同[52]，第263-264頁。

[61] 蔡麗貞著《 十字架討厭的地方──世紀末教會爭論議題》，臺

北：中華福音神學院出版社，2003年，第241-242頁。

[62] 同上，第240頁。

[63] 引自：胡業民著，《魏茨騰記者會的質疑》，載於：《校園》，
　　　臺北：校園書房出版社，一九九七年九、十月號，第30頁。

[64] 張文亮著，《也說聖經密碼》，載於：《校園》，臺北：校園書
　　　房出版社，一九九七年九、十月號，第26頁。

[65] 同[61]，第240-241頁。

[66] 同[63]，第31頁。

[67] 同[64]，第28頁。

[68] 同[61]，第243頁。

[69] 同[64]，第28頁。

[70] 同[61]，第244頁。

[71] 同[61]，第243-244頁。

第 **7** 章

背 景

背景與釋經

如前文所述，宗教改革以降，基督教會所持守的釋經方法是「文法—歷史釋經法」。因爲《聖經》原初的讀者和當今的讀者之間存在著很大的時空差異，所以，在按文法瞭解經文的含義後，還須將經文放回原來的處境，以便更準確地瞭解作者要表達的意思。蘇克說，一位宣教士到異地去，他必須瞭解當地的信仰、風土人情、語言等等，否則很難有效地開展工作。今天的讀者讀《聖經》，就好像到了異地一樣。所以，缺少了對背景的研究，「文法解經」就不夠完全。[1] 文化背景的研究不僅能加深讀者對經文的瞭解，而且它也成爲一座橋樑，讓經文對今天的人說話。[2]

蘭姆將《聖經》背景分爲聖經地理、聖經歷史和聖經文化三大類。他認爲，歷史是《聖經》的時間背景，地理是《聖經》的空間背景。[3] 丁偉佑則將《聖經》背景分爲神學背景（theological context）、歷史背景（historical context）、文字背景（literary context）和文化背景（cultural context）。神學背

景，指釋經的信仰前設（見本書第一章的論述）；文字背景，即上下文。[4] 歷史和文化背景主要包括經卷的作者、寫作的時間地點、針對的問題和讀者等。

關於經文的背景有兩點需要注意。

首先，研究經文背景的目的要很明確，那就是，爲了更好地理解經文，而不是用背景資料來判斷經文的對與錯。後者就是所謂歷史批判的路線。「《聖經》無誤」是正確釋經的重要前設。即使《聖經》與現有的背景資料有出入，仍應堅信《聖經》是沒有錯誤的，同時也相信，隨著更多的背景資料的出檯，它們一定會與《聖經》和諧一致。

其次，在經文與背景資料之間，要把握好平衡。一方面，不能因爲《聖經》具有超文化的特性而輕忽經文背景的研究，否則，有些經文的意思就可能被謬解。另一方面，也不可過分依賴背景資料，以致喧賓奪主，忽視了經文本身所傳達的信息，甚至用背景研究取代了對經文的研究。[5] 不能過分依賴背景資料的原因是多方面的。第一，《聖經》所啓示的基本信仰，如神的屬性和作爲，基督的救贖，因信稱義的得救之途，基督再來、末日審判和新天新地降臨等，是不需要甚麼背景資料就可以明白的；否則，讀《聖經》就只能是少數專家學者的專利了。[6] 第二，背景資料常常是不完全的，學者在解釋這些資料時也並非總是正確的。第三，《聖經》自身就有大量非常有價值、完全沒有錯誤的背景資料。[7] 陳終道說：

> 瞭解當時的歷史背景，可以叫我們更生動而精細地明白《聖經》所記載的事理。卻不是說沒有歷史背景考據的資料就不能明白《聖經》。如果這樣，古時的信徒都是不

明白《聖經》的了；而得著最多歷史考據資料的人，似乎就是最明白《聖經》的人了。這是把引導人明白真理的聖靈（約十六：13）完全撇在一邊，只把人的理性和科學考據作為明白《聖經》的先決條件。有這種信念的人，雖口頭承認《聖經》是出於神的靈感，實際上只把它當作歷史文獻。[8]

歷史、文化背景

關於以色列人的稱謂

丘恩處在他的著作中，對有關以色列的一些稱謂的來歷和變遷，有詳細論述。[9]

希伯來人（Hebrews）的原文'ibri，其詞幹是'br。當'br作專有名詞時，是指希伯（Eber，創十：21，十一：14-17）。因此，一般人認為，希伯是希伯來人的祖先。但是，Eber當作動詞時，和亞蘭文的Ebher同義，是「跨」、「越」的意思。Eber作形容詞時，是指「另一邊的」，即約旦河的另一邊，泛指從兩河流域（底格里斯河和幼發拉底河）那邊橫跨過來的人，含有漂泊者、難民、寄居者等意思。在舊約《聖經》中，「希伯來人」通常是外人對以色列人的稱呼（創卅九：14、17；出一：16、19）；或者，當以色列人和外人說話時，才這樣自稱。以色列人很少相互稱希伯來人的。

以色列可當作個人、民族和國家的稱呼。個人是指亞伯拉罕的孫子、以撒的兒子雅各，他在亞伯渡口與天使摔跤後，被改名為以色列（創卅二：28）。「以色列人」在舊約《聖經》原文中最常用的詞是bene yisra'el，直譯為「以色列的兒子

們」，或以色列的子孫。摩西領以色列人出埃及時，以色列人已經成爲一個民族了。但以色列人是由共同的信仰和以母親的血緣所凝聚的。只要母親是以色列人，其兒女就被接納爲以色列人。

「以色列人」也可看爲是「以色列國的人」，包含幾層意思。

在掃羅、大衛和所羅門統治的聯合王國時期（約1050-932 BC），十二個支派的人都可被稱爲「以色列國的人」或「以色列人」。

王國分裂後，北方十個支派組成北國以色列國（約932-721 BC），由猶大支派和便雅憫支派組成南國猶大國。北國的人自然稱自己是以色列人或以色列國的人；但因南國的人原也屬於以色列人，故他們不願稱北國人爲以色列人，而貶稱對方爲以法蓮人，因爲北國是由以法蓮人耶羅波安領導的。爲避免這種稱呼上的尷尬局面，先知們往往以「以色列家」或「雅各家」統稱之。

1948年以色列復國至今，凡具有其國籍的人，都可稱爲以色列人，但在民族和宗教上，他們都不等同於希伯來人或猶太人。

猶大，與「以色列」類似，可作爲個人、支派或國家的稱呼。猶大是雅各從利亞所生的兒子（創廿九：35）；猶大的後代就是猶大支派；聯合王國分裂後，屬南國的猶大支派和便雅憫支派的人，都可稱爲猶大國的人或猶大人。被擄及歸回後，雖然猶大國已不復存在，但原屬猶大國的人仍被稱爲猶大人。

猶大國被巴比倫所滅後，尼布甲尼撒王將它降爲一個省，並使用當地人來治理。後來的波斯、希臘和羅馬也大體如此治

理此地。一般說，該地區較原來的猶大地（Land of Judah）擴大了，被稱為猶太地（Judea，或Judaea）或猶太人之地（Jewish Land）。北國以色列人因沒有堅固的信仰，被擄後漸漸被他族同化，成為「失落的十個支派」。南國猶大人，在被擄期間痛定思痛，深知國破家亡是因為沒有聽從先知的警告，他們遂將南北各方所存留的先祖傳統編輯成律法書，並嚴格地予以遵行；隨著他們被允准歸回重建聖城和聖殿，自己民族的宗教——猶太教（Jewish Religion 或 Judaism）形成了。凡信奉猶太教的人，都被稱為猶太人。因此，猶太人的首要含義，是信奉猶太教的人。故此，猶太地境外信奉猶太教的人，也被稱為猶太人。

本書第一章已列舉了一些例子，說明背景知識如何有助於讀者對經文的理解。下面再舉一些例子。

耶和華神在埃及降十災

由於埃及法老心硬，不准摩西帶領以色列人離開埃及，所以耶和華神藉摩西和亞倫在埃及降下十個災難。一開始，行邪術的埃及術士，還企圖與摩西、亞倫抗衡。當亞倫將杖變為蛇、將河裏的水變為血和降蛙災時，埃及的博士和術士「也用邪術照樣而行」（出七：11、22，八：7）。但在降第三災「虱災」時，埃及的術士們就黔驢技窮了：「行法術的也用邪術要生出蝨子來，卻是不能；於是在人身上和牲畜身上，都有了蝨子。」（出八：18）及至降第六災「瘡災」時，他們就自身難保了。「行法術的在摩西面前站立不住，因為在他們身上和一切埃及人身上，都有這瘡。」（出九：11）

然而，耶和華神降十災，矛頭所指，不是埃及的術士，而

是埃及人所敬拜的各種神明。蘇克寫道：

> 為何神要降十災給埃及？為何神降的是十災，而不是
> 別的災？答案是，那是在代表神駁斥埃及人所信奉的諸神
> 和女神。在十災中，神攻擊埃及人所信奉的神及女神，顯
> 示它們的不足，以證明他們是假神。下表列出這十災所攻
> 擊的神明。這對埃及人有極大的影響。
>
> 例如，埃及人相信尼羅河是由若干神和女神看守
> 的，但當神將尼羅河水變為血時，就證明諸神無法履行
> 埃及人委派給它們的任務。如果埃及的牛頭女神哈妥爾
> （Hathor）真的能保護牛馬，為何那些牲畜會死（第五
> 災）？假若埃及的牛神亞皮斯（Apis）真的象徵多產，為
> 何牲畜會死亡？這個災害表明哈妥爾和亞皮斯是假神。在
> 第七災中，冰雹摧毀農作物，顯明埃及人信奉的那些神及
> 女神不能控制風暴，也不能防止穀物免於災殃；這些神包
> 括代表天的埃及母神努特（Nut）、掌管農作物及生殖的
> 阿西利斯神（Osiris）和掌管風暴的色特神（Set）。在第
> 十災中，埃及宗教裏一位主要的女神，就是保護兒童的伊
> 西斯神（Isis），也無法使每一個埃及家庭的長子倖免於
> 死。
>
> 瞭解這些背景，對我們明白十災的意義大有幫助。[10]

降十災前，埃及法老極其傲慢地回答摩西說：「耶和華是
誰，使我聽祂的話，容以色列人去呢？我不認識耶和華，也不
容以色列人去！」（出五：2）降十災後，法老才發現他們所信
奉的神根本不能與耶和華神相對抗，不得不降服在耶和華神面

前，不但被迫允許以色列人離開埃及，而且還請求以色列人為他祝福：「夜間法老召了摩西亞倫來，說：『起來！連你們帶以色列人，從我民中出去，依你們所說的，去事奉耶和華吧！也依你們所說的，連羊群牛群帶著走吧！並要為我祝福。』」（出十二：30-32）耶和華神要向世人顯明，祂不單是以色列人的神，也是全人類的神，是宇宙中獨一全能的真神。一切假神在祂面前，都將原形畢露，黯然失色。這就是耶和華神降十災的目的。

主耶穌「必須經過撒瑪利亞」

《約翰福音》第四章記載：「主知道法利賽人聽見祂收門徒比約翰還多，（其實不是耶穌親自施洗，乃是祂的門徒施洗，）祂就離了猶大，又往加利利去；必須經過撒瑪利亞。於是到了撒瑪利亞的一座城，名叫敘加，靠近雅各給他兒子約瑟的那塊地。在那裏有雅各井。耶穌因走路困乏，就坐在井旁；那時約有午正。」（約四：1-6）

從地理上看，巴勒斯坦從南到北只有一百二十英哩；在耶穌時代，這一百二十英哩被劃成三個區域：最北是加利利省，最南是猶大省，當中是撒瑪利亞省。從猶大到加利利，最快的路程是經過撒瑪利亞，三日內可以到達。[11]

但從歷史上看，主前722 / 721年亞述滅了以撒瑪利亞城為京城的北國以色列後，將其居民徙遷到瑪代去（王下十七：6），同時把亞述等地的外邦人遷進來（王下十七：24）。這樣，沒有被遷走的部分以色列人就逐漸與遷入的外邦人通婚，失去了種族和宗教的純正（王下十七：24-41），犯了猶太人認為的不可寬恕的罪孽。耶穌時代的撒瑪利亞人，就是這些人

的後代。猶太人稱撒瑪利亞人爲「雜種」；撒瑪利亞人也因此憎恨猶太人。所以，猶太人來往於加利利和猶大地，一般都避開撒瑪利亞，先繞道約旦河東岸而行，過了撒瑪利亞後，再回到約旦河西岸來。這比直接穿過撒瑪利亞的路途要遠一倍。[12]一次，主耶穌從加利利到猶大地，也是這樣繞行的。「耶穌說完了這些話，就離開加利利，來到猶太的境內，約旦河外。」（太十九：1）「約旦河外」是指約旦河東岸的比利亞地，也就是說，祂此次旅行祂沒有經過撒瑪利亞。

　　基於上述背景，《約翰福音》第四章記載的主耶穌從猶大地往加利利去，「必須經過撒瑪利亞」的「必須」，很可能不是地理上的「必須」，而是拯救撒瑪利亞人的「必須」。「祂藉著這樣的舉動，向世人表明祂的彌賽亞使命的宇宙性。」[13]

「第三日」

　　《約翰福音》記載：「第三日，在加利利的迦拿有娶親的筵席；耶穌的母親在那裏。耶穌和祂的門徒也被請去赴席。」（約二：1-3）正是在這個婚宴上，主耶穌行了以水變酒的神蹟。邱恩處指出，在猶太文化中，有很多吉日，其中很特別的是「雙好日」。《創世記》第一章的記載，在第三天的創造中，有兩次提到「神看著是好的」（創一：10、12）。故此，猶太人將這日定爲「雙好日」。直到今天，許多猶太青年男女仍選擇在禮拜二（第三日）舉行婚禮。所以，在《約翰福音》二章一開始，當讀到「第三日」時，猶太人不必再看下去，就知道下面準會講到婚禮或婚宴了。[14]

「把船開到水深之處」

　　《路加福音》五章記載，一次，主耶穌講完道後，「對西門說：『把船開到水深之處，下網打魚。』西門說：『夫子！我們整夜勞力，並沒有打著甚麼；但依從祢的話，我就下網。』」（路五：4-5）結果呢，「他們下了網，就圈住許多魚，網險些裂開。」（路五：6）讓人不太容易理解的是，為甚麼「西門彼得看見，就俯伏在耶穌膝前說：『主阿！離開我，我是個罪人』」呢？其實，西門彼得的態度應該說已經算很不錯的了。他是有經驗的漁夫，而主耶穌只是一位拉比。主對他的吩咐顯然是「外行指揮內行」。但他仍然聽從了主的指示，把船開到水深之處，下網打魚。為甚麼此時他還要俯伏在主膝前認罪呢？

　　陳濟民指出，原來，加利利的漁夫是晚上在水深處打魚，白天在水淺的地方打魚。[15] 這樣，當主耶穌在白天要西門到水深處下網時，西門的回答可以這樣解讀：我們整整一夜在深水的地方撒網，都沒有打到甚麼魚；現在本應在水淺的地方打魚的，祢怎麼反要我們到水深的地方下網呢？不過，既然祢是拉比，就姑且按祢的意思試試吧！但結果卻完全出人預料。這不能不引發西門的深思：一個以捕魚為業的漁夫，在該捕到魚的地方，整整一夜勞碌，卻沒有捕到多少魚；一位以教導為事的拉比，在難捕到魚的地方，僅僅一聲吩咐，竟出奇捕到許多魚。

　　這樣的強烈對比所顯示的，不是不同職業的人之間的差異，而是橫亙在神與人之間那道巨大深邃、不可跨越的鴻溝。可是，憑藉人極其渺小有限的經驗，在執行主耶穌的吩咐時，

他心裏竟然還不服氣！西門看到了自己的愚蠢和頑梗，在超越的主耶穌面前羞愧難當，無地自容。所以他請求主離開他。陳濟民說：「『把船開到水深之處』是要求彼得以信心順從耶穌基督的話。倘若我們說這段經文是在講靈命進深，這裏的靈命進深是信靠耶穌的話，而不是指作好人作好事，也不是指多禱告讀經。」[16]

失錢的比喻

《路加福音》十五章記載了主耶穌講的一個失錢的比喻。「或是個婦人，有十塊錢，若失落一塊，豈不點上燈，打掃屋子，細細的找，直到找著麼？找著了，就請朋友鄰舍來，對他們說：『我失落的那塊錢已經找著了，你們和我一同歡喜吧！』我告訴你們，一個罪人悔改，在神的使者面前，也是這樣為他歡喜。」（路十五：8-10）對這個比喻，許牧世有如下心得：

> 這個比喻的重點當然是在說明一個失喪的靈魂，無論是誰，在神的眼中（或在愛神的人眼中）是多麼嚴重的一件事。可是常常有讀者認為，讀了這個比喻未免令人心生疑問。失掉了區區一枚銀幣（那時候的希臘銀幣每一枚約值現在美金一毛六分錢），點起燈來打掃房子尋找也就夠了，還得邀請親友鄰居同來慶祝，這不是小題大作麼？
>
> 但有些研究猶太民俗的學者說，猶太少女往往拿十個銀幣串成項鏈，作為飾物佩帶，而且以十的數目象徵少女的貞操，失掉一個，對少女來說是很嚴重的大事；找著了，當然值得高興，值得慶賀！至於那枚銀幣有多少價

值，有多大的購買力，反倒是不足重視的小事。這例子告訴我們，一般《聖經》讀者如果多多認識《聖經》作者的時代和文化背景，對瞭解經義一定會有很大幫助。[17]

「腹中要流出活水的江河來」

《約翰福音》七章記載：「節期的末日，就是最大之日，耶穌站著高聲說：『人若渴了，可以到我這裏來喝。信我的人，就如經上所說，從他腹中要流出活水的江河來。』耶穌這話是指著信祂之人，要受聖靈說的；那時還沒有賜下聖靈來；因為耶穌尚未得著榮耀。」（約七：37-39）

這裏說的「節日」是指住棚節（Feast of Tabernacles，約七：2），時為猶太年曆的七月十五日至廿二日（西曆的九至十月），是猶太人的三大節期之一（另兩個是逾越節和五旬節）。猶太男丁在這三個節期必須上耶路撒冷朝聖。

住棚節（利廿三：34；申十六：13）也稱收藏節（出卅四：22），可能起因於農人在莊稼即將成熟期間，要搭棚看守，以防偷盜或鳥獸的侵害；收成時，就在棚內歡慶和感謝神恩，同時也是紀念曠野的簡樸生活，並表達對神的特別眷顧的感謝。搭的棚不能太高，以免令人驕傲；棚頂必須稀落、從裏面能看見天空和星星，使人思念一切福祉皆來自天父。

猶太人在住棚節慶祝一年的豐收，並展望來年有更好的收成。在耶穌時代，住棚節的儀式包括祈雨（亞十四：16-19）和宣讀經卷，祭司還需每天用一個金色的器皿到西羅亞池去取約一公升的水，澆在聖殿的燔祭壇的西南角（以色列地的雲雨均從西南方向吹來），含有祈雨和祈求來年豐收的意義；一共要澆七天。到了第八天，也就是經文所說的「節期的末日」，

是住棚節最後和最嚴肅的一天，稱爲「最大之日」（民廿九：
35-38），方停止澆奠。就在這一天，在這樣的情境中，主耶穌
當眾宣佈，祂會將「活水」（聖靈）賜給信祂的人，使喝了的
人永遠不再渴，並要「從他腹中要流出活水的江河來」。使在
場的人聽了後大受震動，幡然悔悟。[18]

「容我先回去埋葬我的父親」

《馬太福音》八章21-22節記載，在回應主耶穌的呼召
時，「又有一個門徒對耶穌說：『主阿！容我先回去埋葬我
的父親。』耶穌說：『任憑死人埋葬他們的死人，你跟從我
吧。』」有讀者把「容我先回去埋葬我的父親」理解爲，此人
的父親已經死了，正待下葬。因而覺得耶穌似乎太不近親情。

其實，主耶穌是非常重視家庭親情和孝敬父母的（下文還
會詳述）。關鍵在於，「容我先回去埋葬我的父親」的意思，
並不是說他的父親剛剛死了、正待他回去安葬。因爲，首先，
按中東的習俗，如果一個人的父親剛過世，尚未埋葬，他理應
在家守靈，不可能在馬路上閒逛。其次，這一短語在中東的眞
正意思是，雖此人的父親仍健在，但他要先盡孝道，待將來父
親安養天年後再離開。[19]巴克萊（William Barclay）也寫道：

溫特（Wendt）引證了與敘利亞的宣教士威特曼（M.
Waldweier）有關的一件事例。這位宣教士與一位聰明富
有的土耳其青年十分友善，他勸他在學業結束以後，到歐
洲旅行一次，使他受的教育更爲完備，心胸更爲開闊。土
耳其人回答說：「我必須先埋葬我的父親。」宣教士以爲
這青年的父親逝世了，表示同情和憂傷。可那位年輕的土

耳其人解釋說，他的父親還活的好好的；他的意思是，在他離家遠行前，他必須先對他的父親和親戚克盡一切的責任。實際上，他一定要等到他父親死了以後才離開家庭，這可能還要等好些年。[20]

所以，「容我先回去埋葬我的父親」不是請求耶穌讓他先回去埋葬已死的父親，而是在遲疑、拖延，想等父親死了之後才跟隨耶穌。也許他是長子，希望得到父親的遺產；也許他怕離家跟隨一位雲遊的傳道人，會令父親生氣。不論他掛慮的是甚麼，都是不願立即委身耶穌。但主耶穌沒有接納他的藉口，而是要求他毫不猶豫地效忠祂；對家庭的忠誠不能超過對神的忠誠。[21]

達文西的《最後的晚餐》

雖然好幾位畫家都以「最後的晚餐」為題作了畫，但以義大利畫家達文西（Leonardo da Vinci, 1452-1519 AD）畫的《最後的晚餐》最出名。這幅畫是達文西於1495-1498年間畫在義大利米蘭的聖瑪麗亞格拉起修道院食堂裏的一幅壁畫，被列為世界十二名畫之一。[22]

但是，邱恩處認為，按照猶太人逾越節筵席的慣例，達文西的《最後的晚餐》這幅畫，起碼有三大錯誤！「第一，耶穌時代猶太人在逾越節筵席所用的是U字形的矮臺，而不是畫中的長高餐桌。第二，耶穌時代猶太人享用逾越節筵，是橫臥在臺外邊的褥墊上，頭向臺邊，以左手托腮，右手取食，而不是像畫中有座椅的。第三，畫中主耶穌和門徒座位的安排，不但不合習俗，也顯然與福音書所載不符。」[23]

　　邱恩處認爲，最後的晚餐的餐桌和座位排列，應該如圖7-1所示：[24]

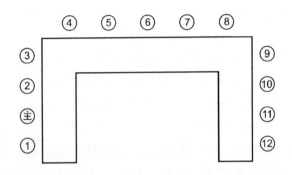

圖7-1　邱恩處推測的最後的晚餐的餐桌和座次

　　圖7-1中，「主」是主人或家長的座位；「1」至「12」表示尊卑次序：「1」最尊貴，「12」最卑下。邱恩處認爲，主耶穌是坐在「主」的位子上；約翰和賣主的猶大分別坐在「1」和「2」的位子上，而彼得則坐在「12」的末位上。U形臺的缺口是爲了傭人或幼輩爲餐檯加添食物的方便而設計的。

　　對此，邱恩處有如下的解釋。

　　按猶太人的慣例，主人或家長坐在面向餐臺時右翼的第二席位，這自然是主耶穌的位子（「主」位）。

　　約翰則坐在最尊貴的右翼的第一個座位上（1號位）。一方面，他是主耶穌最喜愛的門徒；另一方面，這就能解釋何以他左手托腮而能「就勢靠著耶穌的胸膛」（約十三：25）。

　　賣主的猶大應該是坐在主耶穌的左邊（2號位），因此他能同耶穌「蘸手在盤子裏」（太廿六：23；可十四：20）。他

能坐在這位子上，可能因爲他是門徒中管錢的（約十二：6；十三：29），較受人尊敬；但更可能是主的刻意安排，要猶大知道主重視他，也藉此最後機會勸告他，希冀他悔改回頭。

至於彼得坐在末位（12號位），邱恩處猜測，是出於彼得自己的意思。一方面，他和約翰分坐餐臺的兩邊，都便於爲餐臺補充食物；另一方面，彼得不坐首位而坐末位，是自表謙卑。他一定記得主的教導：「你被請去赴婚禮的筵席，不要坐在首位上；恐怕有比你尊貴的客，被他請來；那請你們的人前來對你說：『讓座給這一位吧。』你就羞羞慚慚的退到末位上去了。你被請的時候，就去坐在末位上，好叫那請你的人來，對你說：『朋友！請上坐。』那時你在同席的人面前，就有光彩了。因爲凡自高的必降爲卑；自卑的必升爲高。」（路十四：8-11）

逾越節的筵席既是國慶的筵席，也是家庭敬拜眞神的聚會，所以在吃喝前要行洗腳的潔淨禮，由僕人或輩分最低、年紀最輕的人替大家洗腳。若按座席的次序，坐在末位的彼得理應爲大家洗腳。可是彼得遲遲不動。他正等著主耶穌叫他坐上座呢。這樣，最年輕的約翰就將被挪到末位，並替大家洗腳。但主耶穌沒有叫他坐上座，最年輕的約翰也穩坐上座，按兵不動。在這無聲的僵持中，主耶穌見沒有人願意謙卑自己，祂「就離席站起來，脫了衣服，拿一條毛巾束腰。隨後把水倒在盆裏，就洗門徒的腳，並用自己所束的毛巾擦乾。」（約十三：4-5）最後輪到洗彼得的腳，彼得不好意思起來，說：「主阿！祢洗我的腳麼？……祢永不可洗我的腳。」（約十三：6-8）[25]

以上雖僅僅是推測，但似乎很符合《聖經》的記載和情理的。

好撒瑪利亞人的比喻

為了回答一個律法師關於「誰是我的鄰舍」的問題，主耶穌講了一個比喻，說：

> 有一個人從耶路撒冷下耶利哥去，落在強盜手中，他們剝去他的衣裳，把他打個半死，就丟下他走了。偶然有一個祭司，從這條路下來；看見他就從那邊過去了。又有一個利未人，來到這地方，看見他，也照樣從那邊過去了。惟有一個撒瑪利亞人，行路來到那裏；看見他就動了慈心。上前用油和酒倒在他的傷處，包裹好了，扶他騎上自己的牲口，帶到店裏去照應他。第二天拿出二錢銀子來，交給店主說：「你且照應他；此外所費用的，我回來必還你。」你想這三個人，哪一個是落在強盜手中的鄰舍呢？（路十：30-36）

一般人都以為，比喻中的祭司和利未人是影射法利賽人，因為在人們的心目中，法利賽人就是假冒為善、見死不救的代名詞。但是，費依和史督華認為，因為誤解了法利賽人，就把這個比喻的要點理解偏了。他們指出，第一，那兩個從另一邊走過的是祭司類的人，與作為律法教師的拉比和法利賽人是不同的。第二，賙濟窮人是法利賽人喜歡作的大事。[26]

藤慕理（Merrill C. Tenney）說，在新約時代，法利賽人是猶太教中的最大派別。法利賽源於 parash，是「分別」的意思；法利賽人是分離者，是猶太教中的清教徒。藤慕理引用了高勒（Kohler）所列舉的七類極端的法利賽人，以便窺視他們的風

采：

1.「肩膀」式的法利賽人，他們表彰自己的好行為，好像把徽章放在肩膀上。

2.「請候片刻」的法利賽人，他們行善時，會請想與他們說話的人等候片刻。

3.「盲目」的法利賽人，他們為著不看女子，閉起眼睛走路，以至撞到牆壁，損傷了自己。

4.「槌兒」式的法利賽人，為了避免誘惑，他們垂下頭來走路。

5.「不停數算」的法利賽人，他們常常數算自己的好行為，看看是否多過自己的過失。

6.「敬畏神」的法利賽人，他們是真正的義人，像約伯一樣。

7.「敬愛神」的法利賽人，好像亞伯拉罕。[27]

藤慕理寫道：

雖然許多法利賽人過於注意自己對法律的順服，以致常常顯得過分的自以為義，但他們中間還是有許多真正有道德的義人。他們並不全是假冒為善的。尼哥底母於基督在世時，曾誠懇地尋求真理，後來他與亞利馬太的約瑟共同埋葬耶穌，他也是個法利賽人。大數的保羅曾瘋狂地逼迫教會，他自稱是法利賽人，也是法利賽人的子孫（徒廿三：6），而且就律法上的「義」來說，「他是無可指摘的」（腓三：6）。法利賽主義的道德與屬靈標準雖不免

傾向自以為義，甚而淪於假冒為善，但與當日一般的道德
情況相比，他們還是崇高的。

　　猶太教的諸派中，只有法利賽主義存留到今日。它成
為現代正統的猶太教道德、禮儀和律法的基礎。[28]

　　有了關於法利賽人的較全面的背景知識，再來解讀主耶
穌講的好撒瑪利亞人的比喻，就會有不同的視角，看到新的亮
光。費依和史督華推測，當與主耶穌探討「誰是我的鄰舍」的
那位律法師聽到祭司和利未人都從受傷的人旁邊走過去後，他
心裏一定會想：「當然，誰還能指望祭司作甚麼別的事？接著
來的必定是個法利賽人，他會幫助這個可憐的傢伙，以顯明他
的友善。」大大出乎他意料的是，來的竟是個撒瑪利亞人！法
利賽人是如此地蔑視撒瑪利亞人，以致當主耶穌問他「你想這
三個人，哪一個是落在強盜手中的鄰舍」時，他連「撒瑪利亞
人」這個詞也不願出口，只說「是憐憫他的」（路十：37）。

　　「愛人如己」是第二大的誡命，也包括要愛鄰舍如同愛
自己。主耶穌這個比喻是要揭露這位律法教師心中的偏見和憎
恨，進而顯示他實際上並沒有遵守這條誡命。他沒有愛鄰舍，
不是因為他不幫助陷在困境中的人，而在於他對撒瑪利亞人的
憎恨。這似乎才是主耶穌講這個比喻的重點所在。[29]

　　有意思的是，費依和史督華曾將「好撒瑪利亞人」的比喻
改寫為一個現代版本：

　　　　一個禮拜天早晨，衣著邋遢、蓬頭垢面的一家人被
　　困在一條主要公路的路旁，他們顯然很苦惱。那家庭的母
　　親坐在破爛的皮箱上，頭髮散亂，衣服不整，目光呆滯，

手中抱著一個渾身臭味、衣不蔽體、哭泣不停的嬰孩。父親沒有刮鬍子，穿著連身的工作服，努力要控制另兩個孩子，滿臉絕望的表情。他們旁邊停著一輛破舊的老爺車，顯然剛剛才報廢。

路那邊來了一輛當地的主教所駕駛的車子；他正要去教會。雖然這個家庭的父親狂亂地揮手，主教卻不願讓他的會友久候，因此就當著沒有看見他們似地過去了。

不久又來了另一輛車，那個父親又狂亂地揮手。但駕駛那輛車的是吉萬尼斯俱樂部（Kiwanis Club，譯注：吉萬尼斯俱樂部是由企業家和專業人士組成的一個國際性社團，1915年成立於底特律，其宗旨是服務人群，促進公平交易和友誼）的會長，他正要去附近的一個城市參加全國的吉萬尼斯俱樂部會長會議，而時間已經遲了。他也像沒有看見他們一樣，雙眼直視前面的路。

接著來的一輛車是由當地一位坦白的無神論者所駕駛的。他一生從來沒有去過教堂。他見這個家庭的困境，就把他們接上自己的車子。在詢問他們的需要之後，他就帶他們到當地的一家旅館，為他們付了一週的住宿費，使那位父親可以利用那段時間找工作；此外，還給那位母親一些錢買食物和衣服。[30]

費依和史督華用這個改編的比喻在教堂裏試講了一次。聽眾是典型的、穿著整齊、普通的美國基督教會的會眾。聽眾的驚愕與憤怒可想而知。這清楚顯示，他們是生平第一次「聽到」這個比喻。一個福音派的基督徒認為，主教和吉萬尼斯俱樂部會長那樣作是「當然的」；他期待接著駕車來的是一名福

音派的基督徒。沒想到，來的竟是一個無神論者！在莊嚴的基督教教堂裏，牧者怎麼可以公開稱讚一個無神論者?! 他們的反應，與當初那個猶太教法師聽到主耶穌講的這個比喻的感受，何其相似！[31]

這兩位作者還提到一個故事：一位主日學的老師，花了一個小時講解「好撒瑪利亞人」的比喻，十分精彩。在作結束禱告時，他非常嚴肅地說：「主阿！謝謝祢，我們不像這個比喻裏的法利賽人。」令人啼笑皆非。但是，費依和史督華提醒讀者：「我們必須互相提醒，不要笑得太過分，以免我們的笑聲似乎在說：『主阿！謝謝祢，我們不像那位主日學老師。』」[32]

類似的例子是主耶穌講的關於法利賽人和稅吏的禱告的比喻：

> 有兩個人上殿裏去禱告；一個是法利賽人，一個是稅吏。法利賽人站著，自言自語的禱告說：「神阿！我感謝祢，我不像別人，勒索，不義，姦淫，也不像這個稅吏。我一個禮拜禁食兩次，凡我所得的，都捐上十分之一。」那稅吏遠遠的站著，連舉目望天也不敢，只捶著胸說：「神阿！開恩可憐我這個罪人。」我告訴你們，這人回家去，比那人倒算為義了；因為凡自高的，必降為卑；自卑的，必升為高。（路十八：10-14）

今天的讀者似乎很容易理解這個比喻，因為法利賽人就是假冒為善的人。但是，當年的法利賽人和猶太人，當他們聽到耶穌講這個比喻時，一定是驚狀無名！同樣，如果今天的讀者

讀了這個比喻後，對神禱告說「神阿！感謝祢，我不像這個法
利賽人」，那麼，讀者恰好是這個比喻所要警戒的「那些仗著
自己是義人、藐視別人的」人（路十八：9）！

　　以上的例子顯示，掌握《聖經》的文化、歷史背景，對
正確且深入地詮釋經文的重要性。經文的許多背景知識，就蘊
藏在《聖經》中。對一般的讀者而言，有一本帶注釋的《聖
經》，如中文和合本《聖經》（啓導本，香港天道書樓出版）
或中文和合本《聖經》（新國際研讀版，美國更新傳道會出
版），再加上適量的參考書，如《聖經》百科全書，或《聖
經》辭典，就能獲得足夠的背景知識了。重要的是，要作一個
喜歡研讀《聖經》、立志遵循《聖經》的有心人。只要有心，
獲取相關的《聖經》的背景資料，並不是一件很困難的事情。

上下文

　　上下文的重要性，古今中外都知曉。于中昊舉了一個中國
古代的例子：

　　　　五代時的和凝，本來是個志義之士，性樂善，甚有
當時之譽，但有偏急的毛病：與不知氣節為何物的「長樂
老」馮道，同在中書省辦事。有一天，和凝見馮道穿著新
靴，問他是多少錢買的。馮道舉起左足緩緩答道：「九
百。」和凝就回頭對跟他的下屬發起脾氣來，久久垢責
不息：「為甚麼我的靴子相同，卻要買一千八百？」這
時，馮道又舉起他的右尊足說：「還有這邊的，也是九百
呢！」於是引起哄堂大笑。釋經不顧上下文的人，比誤以
一隻靴子為一雙靴子要嚴重得多，不僅應該當眾取笑一番

就完了,如此傳講道理,值得當眾斥責,因為會引起極不好的結果。[33]

一則耳熟能詳的笑話是,一個人想尋求神的旨意,隨手翻開《聖經》,一眼看到一節經文:「猶大……出去吊死了。」(太廿七:5)他覺得不對勁,又隨手一翻,映入眼簾的經節是:「耶穌說:『你去照樣行吧。』」(路十:37b)他仍不甘心,再隨手一翻:「耶穌便對他說:『你所作得快作吧!』」(約十三:27b)……[34]

上下文(context)這個字由拉丁文的「con」(「一起」)和「textus」(被編「織」)組成。「上下文」是指作者的思路(flow of thought),是一連串用來傳遞一個概念的相關思想的組合。[35]一個單詞(見本書第三章)或一句(段)話,如果被抽離於作者的思路之外,就很容易被曲解,即犯所謂的斷章取義的錯誤。

不過,在特殊情況下,神也可能藉一節經文對信徒說話。陳終道曾舉過一個例子。中國抗日戰爭期間,有一個基督徒遇空襲時,躲在一道田溝裏。但不久,好像有個聲音對他說:「起來,向南走。」(徒八:26)這是聖靈對腓利說的話。這個聲音是那麼強,所以他就起身向南走了幾百碼,躲到另一道田溝裏。不久,他起初躲的那道田溝,遭到了日軍的掃射。這位基督徒就以為,明白《聖經》不在乎花時間研讀《聖經》,而在乎聽到聖靈的聲音。對此,陳終道評論道:「其實,這只是那一句經節,在他個人特殊經歷中的一次非常應用而已。根本不能當著領會《聖經》的原則。我們不能否認,神確實有時會用類似的方式引導某個人;但千萬不要忽略,有更多的時

候，神要我們正確地領會《聖經》的意思，然後聖靈在我們的心思中運行（腓二：13），指引我們當行的事。」[36]

陸蘇河指出：「遠在第一世紀主耶穌的時代，猶太著名的釋經學者希列（Hillel）的七個釋經原則中，『按上下文解經』便是其中一個。」[37] 說注意上下文是解經的最重要原則，也不爲過。陳濟民強調：「我們可以不懂原文，但我們不能不懂上下文。」[38] 如此強調上下文，一方面是因爲上下文對正確釋經極爲重要；另一方面的原因是，釋經者在釋經時很容易忽略上下文。

魔鬼懂得如何用斷章取義來歪曲《聖經》。主耶穌在曠野受魔鬼的試探時，

> 魔鬼就帶祂進了聖城，叫祂站在殿頂上〔頂，原文作翅〕，對祂説：「祢若是神的兒子，可以跳下去；因為經上記著説：『主要為你吩咐祂的使者，用手托著你，免得你的腳碰在石頭上。』」耶穌對牠説：「經上又記著説：『不可試探主你的神。』」（太四：5-7）

陳終道指出，魔鬼引的這節經文是《詩篇》九十一篇：「因爲祂要爲你吩咐祂的使者，在你行的一切路上保護你。他們要用手托著你，免得你的腳碰在石頭上。」（詩九十一：11-12）然而，魔鬼故意把「在你行的一切路上」這一個片語抽掉。《詩篇》九十一篇是特指一個敬畏神的人，在他所行的路上，有主的使者的保護。而魔鬼用斷章取義的手法，叫耶穌故意從殿頂上跳下去。[39]

令人憂心的是，雖然主耶穌已經非常清楚地揭露了魔鬼的

伎倆，今天卻仍有信徒上魔鬼的當。一次，筆者在主日聽一位傳道人講道。當談到神對信徒的保護時，他舉了一個例子。他說，一位基督徒帶著全家去旅遊，他們計畫在野外露營。可是到了目的地後發現，各處都張貼著有關部門的告示：由於近期發現該地夜間有野獸出沒，警告旅客不要在野地露營，而應到附近的旅館過夜。這家人很失望；但經不住露營的誘惑，仍在野外支搭了帳篷。因怕野獸來襲，妻子不敢貪覺，夜裏時時禱告，求神保佑。果然，一夜平安度過。該傳道人說：「神多麼地愛我們阿！」筆者聽後，深爲不安。如果爲了主的事工，必須住在野外，又當別論。這僅僅是旅遊，明知可能遇到野獸，爲甚麼不住到附近的旅館去？這不是試探神，又是甚麼?! 更有甚者，如果弟兄姊妹誤解了《聖經》的教訓，傳道人應該引導他們。可是，傳道人不僅不指出他們的偏頗，反而把這件事搬到講臺上，當作一個正面的例子來宣揚。這要把信徒引往甚麼地方呢？

　　忽視上下文，有的是有心，有的是無意。所謂「有心」，是說解經者帶著強烈的主觀願讀經，只在《聖經》中蒐集有利於自己觀點的經文，對不利於己見的經文則視而不見。所以，打「聖經仗」的情景時有所見。比如，

　　　　先生對太太說：「《聖經》說了，妻子要順服丈夫。」

　　　　太太回應先生：「《聖經》也說了，丈夫要愛妻子。」

　　　　先生提出條件：「你順服我，我就愛你。」

　　　　太太針鋒相對：「你愛我，我就順服你。」

......

又如，看重方言的信徒說：「保羅說：『我感謝神，我說方言比你們眾人還多。』」（林前十四：18）輕忽方言的信徒則寸步不讓：「別忘了，保羅親口說過：『但在教會中，寧可用悟性說五句教導人的話，強如說萬句方言。』」（林前十四：19）。

像這樣帶著一己偏見解經的，首先應該端正讀經的態度，不是本章要討論的課題。本章這一部分是針對「無意」忽視上下文的問題，探討如何能在上下文的脈絡中解讀《聖經》。

以經解經

蘭姆指出，每一節經文的上下文是整部《聖經》，這就是「以經解經」的意思；或者說，每一節經文的背景是整部《聖經》。惟有瞭解整本《聖經》的教訓，才能理解個別的經節；同樣，惟有瞭解《聖經》個別部分的意義，才能理解整本《聖經》的教訓。這就是所謂的「釋經學的漩渦」：從整本《聖經》到個別經文；從個別經文到整本《聖經》；如此不斷往返、循環。[40]

《聖經》都是神所默示的，《聖經》的各部分是和諧的，不會相互衝突。這是「以經解經」的基礎和依據。

克萊茵等提出關於上下文釋經的三項原則。第一，所有的陳述必須根據它在上下文中出現的正常意義來瞭解；第二，一段經文沒有上下文，也許只是擋箭牌；第三，研讀的經文愈短，出錯的可能愈大。[41]

在「以經解經」的大前提下，奧斯邦提出「《聖經》類

比」（analogia scriptura）的原則。他引用德利（M. Terry）的話：「單憑某一卷書的某個聲明，或一段難明的經文，不可以推翻由許多經文所建立起來的教義。」由此，他寫道：「所以，若要建立一項教義，就必須將《聖經》對這個問題的所有論述都放在一起，找出甚麼才是最好的摘要說明。這方式就是我所謂的《聖經》的類比。」[42]

「以經解經」不是「以經串經」，不是隨意地把一些經文串在一起。本卷第三章已經討論過，一個字詞常常有多種含義，只有從該字詞所在的上下文，才能確定它的意思。不同的作者，對同一個詞的用法也可能不同；例如，保羅講的「稱義」與雅各講的「稱義」的意思就不同。同一位作者，在不同的書卷中，同一個詞的用法也可能不同；使徒約翰說的「神愛世界」（約三：16）與「不要愛世界」（約壹二：15）中的「世界」的含義就不相同。甚至，同一位作者，在同一卷書中，對同一個詞的用法也可能不同。例如，《羅馬書》八章3節的「肉體」是指血肉之身，而在八章5、6節中的「肉體」卻是指人的罪性。因此，首先應根據上下文，明白了個別經文的用詞、含義和句子的意思後，把在用詞、思想、觀念真正相同（或平行）的經文放在一起，才能開始「以經解經」的工作。否則，就容易斷章取義，把本來互不相干的經文串合在一起，導致錯誤的釋經。[43]

經文的上下文，有幾個不同的範圍。首先，是經文緊接的上下文；其次，是經文所屬的書卷；再其次，是同一個作者所寫的所有書卷（如果情況許可）；第四，是不同作者在同一歷史時期所寫的書卷；第五，是經文所屬的新約或舊約；最後，是整部《聖經》。[44]下文將分別來討論。

緊接的上下文

緊接的上下文是指經文前後的幾個段落。瞭解這些段落的主題（theme）和結構（structure），對理解一節經文是很有幫助的。主題就是中心思想。結構是瞭解經文之間是如何被聯結起來的，所研究的經文如何由上文引出，又如何為下文鋪設。結構可按時間次序（chronologically）鋪陳；也可根據主題的連續性（thematic continuity）鋪陳，即按主題把類似的時間或材料編排在一起；但很多時候經文是按邏輯次序（logical order）編排的。克萊茵等列舉了引子、說明、例證、延續、引申、結論等十九種邏輯次序的結構模式。[45]羅伯森（Robertson）說：「解釋《聖經》的第一步是，不要去管經文的分章分節。」[46]因為原文並未有分章節，經文的章節是後人劃分的。

曾霖芳曾以〈十三年無善可陳〉為題，講過一篇道，所用的經文是《創世記》十六章16節「夏甲給亞伯蘭生以實瑪利的時候，亞伯蘭年八十六歲」，和十七章1節「亞伯蘭九十九歲的時候……」。按原文，這兩節經文是前後相連的，但這兩節經文的時間卻相距十三年！在這十三年中，亞伯蘭可能作了許多事情。但因他不信靠神，與使女夏甲同房，得了兒子以實瑪利，要用自己的方法作萬國之父，所以，在神的眼中，亞伯蘭這十三年，無事值得紀念。如果這兩節經文按章節的劃分孤立地讀，就不容易看到這樣的亮光。

不過，像《箴言》這樣的文體，許多經文都是自成一體，彼此沒有緊密地聯繫。這種文體就不宜使用緊接的上下文的釋經方法。

現舉幾個按緊接的上下文解經的例子。

例一，「祂曾救我們脫離那極大的死亡，現在仍要救我們，並且我們指望祂將來還要救我們。」（林後一：10）曾霖芳寫道，他曾聽過許多傳道人以「完全的救法」為題，講這一節經文。過去的救恩：「祂曾救我們脫離那極大的死亡」，使我們因信得生；現在的救恩：「現在仍要救我們」，救我們脫離罪的誘惑；將來的救恩：「並且我們指望祂將來還要救我們」，我們切盼主耶穌再來。這樣講道，聽來讓人感動，令人佩服。但是，如果聯繫上下文，不難發現，這是錯解了經文：

> 我們把全段經文細心地讀一讀，才發現第十節並不是指完全的救恩，顯然錯用經節了。說得好聽一點，不過是借用那節聖經，迎合所要講的道。這樣即使講得好，也不能算為準確。
>
> 看第8、9節，保羅告訴哥林多教會的弟兄們，他們從前在亞西亞遭遇苦難，被壓太重，力不能勝，以致連活命的指望都絕了，自己也斷定是必死的，只有專靠那叫死人復活的神；竟然轉危為安。所以保羅在第10節說：「祂曾救我們脫離那極大的死亡」。現在即使在萬難中，當然祂「現在仍要救我們」。前途雖是危機四伏，「我們指望祂將來還要救我們」。保羅如此深信，果然在《使徒行傳》的記錄中得到證實。其實，《哥林多後書》第一章從第3節至10節，都是論及苦難的道，並非講「完全的救法」。讀者當避免這種借題發揮的解釋法。只有按「正意分解神的道」，才算「無愧的工人」（提後二：15）。[47]

例二，「我靠著那加給我力量的，凡事都能作。」（腓四：

13）這裏的「凡事」是指甚麼呢？這個「凡事」不可能沒有限度的，如，人不可能從地球跳上月球，人不可能點石成金等等。一般解經家將它解釋為：「基督會加力量給信徒，去作神要他作的所有事情。」卡森指出，這種解釋符合《聖經》真理，但對上下文的考量不夠。此節經文的上文是：「我知道怎樣處卑賤，也知道怎樣處豐富，或飽足，或饑餓，或缺乏，隨事隨在，我都得了秘訣。」（腓四：12）所以，卡森認為，「這段經文的『凡事』，是指或飽足或饑餓，或有餘或缺乏，都很知足。不論是甚麼環境，靠著基督所加的力量，保羅都十分滿意。」這應了一句老話：「一段沒有前後文的經文，成了證道的託辭。」（a text without a context becomes a pretext for a prooftext）[48]

例三，「**耶穌又對他們說：『我實在告訴你們，站在這裏的，有人在沒有嘗死味以前，必要看見神的國大有能力臨到。』**」（可九：1）「神的國大有能力臨到」究竟是指甚麼？

這節經文的上文是：「凡在這淫亂罪惡的世代，把我和我的道當作可恥的，人子在他父的榮耀裏，同聖天使降臨的時候，也要把那人當作可恥的。」（可八：38）這顯然是指主耶穌的第二次降臨。那麼，「神的國大有能力臨到」有可能是指主的再臨。這樣的解釋，在邏輯上是講得通的；只是，不符合事實，因為當時聽道的人，沒有一個人到現在還活著，他們都沒有見到主耶穌再臨。

再看這節經文的下文：「過了六天，耶穌帶著彼得、雅各、約翰，暗暗的上了高山，就在他們面前變了形像。」（可九：2）

學者們對「神的國大有能力臨到」，有兩種解釋，一是指

主耶穌的登山變像，二是指主耶穌在十字架上的得勝、復活，以及五旬節聖靈的澆灌和福音的遍傳。但多數學者認爲「神的國大有能力臨到」是指主耶穌的登山變像。主要的根據有兩方面。第一，登山變像是緊接的下文；第二，使徒彼得也是把主耶穌的大能、再臨與祂的登山變像聯在一起的：

> 我們從前，將我們主耶穌基督的大能，和祂降臨的事，告訴你們，並不是隨從乖巧捏造的虛言，乃是親眼見過祂的榮威。祂從父神得尊貴榮耀的時候，從極大的榮光之中，有聲音出來向祂說：「這是我的愛子，我所喜悅的」；我們同祂在聖山的時候，親自聽見這聲音從天上出來。（彼後一：16-18）

登山變像一舉，讓門徒預嘗了主的復活和祂再臨時的榮耀和大能。[49]

例四，「**你們這要靠律法稱義的，是與基督隔絕，從恩典中墜落了。**」（加五：4）「從恩典中墜落了」是甚麼意思呢？有人說，這表明，已經得救、站在恩典中的人，也可能失掉恩典、失去救恩。如果聯繫上下文，就可以清楚看出，這並不是保羅的意思。

「墜落」（ἐξεπέσατε）是動詞 ἐξεπιπτω（ekpipto）的第二簡單過去式主動直說語氣，原指花朵的凋落，後指事物的脫落。「從恩典中墜落了」就是「從基督恩典的範圍脫離了」。[50]

按上文，保羅對加拉太的信徒說：「若受割禮，基督就與你們無益了。」（加五：2）這並不是說，凡受了割禮的人，都

得不到基督的救恩了。因爲，一切猶太信徒都曾受過割禮，保羅自己也曾受過割禮（腓三：5），又曾爲提摩太行割禮（徒十六：3）。保羅在這裏提到割禮，是因爲有些假師傅對加拉太的信徒說，光靠「因信稱義」還不夠，必須加上受割禮，才能得救。即，把受割禮作爲被稱義的條件之一，把「行律法」加在得救的條件上，在基督的救恩之外再加上人的行爲。[51] 在保羅看來，相信必須行割禮才能稱義，那無異是認爲只有守全律法才能稱義，所以他說：「我再指著凡受割禮的人確實地說，他是欠了全律法的債。」（加五：3）要靠行律法稱義，就是與基督隔絕，與神的恩典無分了。馮蔭坤引用一位學者的話說，從邏輯看，是一個觀念排斥了另一個觀念；就經歷而論，是一個經歷摧毀了另一個經歷。在稱義這件事上，若非「全憑恩典」，就是「不得稱義」。要靠恩典，故不能憑割禮，憑割禮就不能靠恩典。「靠恩典」與「憑律法」二者之間，絕無妥協的餘地。[52]

當然，保羅並沒有說，加拉太的信徒是靠律法稱義的猶太律法主義者。因爲他們是「靠聖靈入門」（加三：3）、靠著神的恩典稱義、得救的人。所以保羅在下文中說：「我們靠著聖靈，憑著信心，等候所盼望的義。」（加五：5）但保羅知道他們正受到律法主義者的包圍，因爲特向他們指出律法主義者的謬誤，使他們有所警覺，慎加防備。[53]

所以，「從恩典中墜落」與基督徒會失掉救恩，沒有任何關聯。

例五，**《出埃及記》六章14至19節的家譜**。這個家譜中，只提到以色列的長子流便、次子西緬和三子利未，而不是十二個兒子。流便因強與以色列的妾辟拉行淫，污穢了他父親的床

榻，失去了長子的名分（創卅五：22，四十九：3-4）。西緬和利未，在他們的妹妹底拿被示劍人玷污後，用詭計把示劍城中的一切男丁都殺了，使他們的父親在迦南人和比利洗人中有了臭名（創卅四），在眾弟兄中失去了領導的位分。

凱瑟注意到，這個家譜的前一段和後一段都重複提到摩西對耶和華說：「法老怎肯聽我這拙口笨舌的人呢？」（六：12）「看哪！我是拙口笨舌的人，法老怎肯聽我呢？」（六：30）凱瑟認為，既然流便、西緬和利未都蒙了神的赦罪之恩，那麼，因殺人而逃往米甸的摩西，也可獲得神的恩典。神揀選摩西、亞倫，不是因為他們雄辯的口才，或配得神的揀選。神揀選他們，僅僅是因為神向他們的祖宗所施的恩典、眷顧，同樣地臨到了他們。凱瑟說，神小心的提醒讀者，不要把神的管道（摩西和亞倫），高估為人的召集者和供應者。[54]

在根據緊接的上下文釋經時，有時會發現，上下文的關係不明確，甚至在段落之間出現了思想「跳躍」（jumps）。克萊茵等把它稱為「心理轉移」（psychological transfer）現象：某一個議題觸動了作者的心理，導致他轉變話題。在作者心目中，這兩題目是有關聯的，不過只是心理上的關聯，而不是邏輯上的關聯；這種關聯在作者心中是清晰的，但讀者卻未必一目了然。在這種情況下，讀者應努力嘗試去發掘作者的思考架構，不要輕易批評作者離題了。[55]克萊茵等舉例說明這一點：

《哥林多後書》六章13節也許可以作為一個例子。保羅在11節至13節的結束處，呼籲收信人：「你們也要照樣用寬宏的心報答我。」接下來，保羅似乎插入了一段不相關的段落（六：14～七：1）；這個段落的開始是：「你

們和不信的……不要同負一軛。」到了七章2節，保羅才重拾他先前（六：13）擱下的話題，再次說：「你們要心地寬大收納我們。」這幾個段落之間的關聯，也許是出於心理上的原因。保羅對哥林多人說，既然你們準備心地寬大的收納我們，那就不要對不信者心地寬大，跟他們保持不義的關係了。保羅認為，哥林多人目前跟這些人的關係是不聖潔的，因而會破壞保羅與哥林多人之間的誠摯交往。[56]

克萊茵等的忠告是：「若要按照上下文釋經，釋經者就得承認，所研讀的經文的上下文有可能存在沒有關聯的轉折。這樣，可以避免釋經者將無心當作有意，從上下文作出牽強的解釋。」[57]

一卷書的上下文

考量一卷書的上下文，是要努力找出該卷書的主題、大綱和關於同一議題的平行經文。

例一，從《使徒行傳》看「聖靈充滿」。整個新約《聖經》共有十三處經文論到「聖靈充滿」；除三處在《路加福音》（一：15、67，四：1）、一處在《以弗所書》（五：18）外，絕大多數經文（九處）是在《使徒行傳》中：

> 五旬節到了，門徒都聚集在一處。忽然從天上有響聲下來，好像一陣大風吹過，充滿了他們所住的屋子。又有舌頭如火焰顯現出來，分開落在他們各人頭上。他們就**都被聖靈充滿**，按著聖靈所賜的口才，說起別國的話來。

（徒二：1-4）

那時，彼得**被聖靈充滿**，對他們說：「治民的官府，和長老阿！倘若今日，因為在殘疾人身上所行的善事，查問我們他是怎麼得了痊癒；你們眾人，和以色列百姓，都當知道，站在你們面前的這人得痊癒，是因你們所釘十字架，神叫祂從死裏復活的，拿撒勒人耶穌基督的名。祂是你們匠人所棄的石頭，已成了房角的頭塊石頭。除祂以外，別無拯救；因為在天下人間，沒有賜下別的名，我們可以靠著得救。」（徒四：8-12）

禱告完了，聚會的地方震動；他們就都**被聖靈充滿**，放膽講論神的道。（徒四：31）

十二使徒叫眾門徒來，對他們說：「我們撇下神的道，去管理飯食，原是不合宜的。所以弟兄們，當從你們中間選出七個有好名聲，**被聖靈充滿**，智慧充足的人，我們就派他們管理這事。但我們要專心以祈禱傳道為事。」（徒六：2-4）

但司提反**被聖靈充滿**，定睛望天，看見神的榮耀，又看見耶穌站在神的右邊；就說：「我看見天開了，人子站在神的右邊。」（徒七：55-56）

亞拿尼亞就去了，進入那家，把手按在掃羅身上說：「兄弟掃羅！在你來的路上，向你顯現的主，就是耶穌，打發我來，叫你能看見，又**被聖靈充滿**。」（徒九：17）

這巴拿巴原是個好人，**被聖靈充滿**，大有信心；於是有許多人歸服了主。（徒十一：24）

掃羅又名保羅，**被聖靈充滿**，定睛看他，說：「你這充滿各樣詭詐奸惡，魔鬼的兒子，眾善的仇敵，你混亂主的正道還不止住麼？現在主的手加在你身上；你要瞎眼，暫且不見日光。」他的眼睛，立刻昏蒙黑暗，四下裏求人拉著手領他。（徒十三：9-11）

門徒滿心喜樂，又**被聖靈充滿**。（徒十三：52）

根據上述經文，可以歸納出幾點：[58]

第一，《使徒行傳》是論「聖靈充滿」的書卷，使徒們都有被聖靈充滿的經歷（徒二：4，九：17），所以，神的工人都應當重視「聖靈充滿」的經驗。

第二，被聖靈充滿，不一定是在禱告的時候。事實上，在上述九次被聖靈充滿的記載中，只有一次發生在禱告之後（四：31）；有兩次可能發生在禱告之時（徒二：4，九：17）。被聖靈充滿，可發生在講道之時（四：8），為主殉道的時候（徒七：55），或行神蹟之前（徒十三：9）。

第三，被聖靈充滿，不一定是信主很久以後才有的更深的經歷。掃羅歸主後就被聖靈充滿（徒九：17），彼西底的安提阿的信徒信主後也被聖靈充滿（徒十三：52）。

第四，被聖靈充滿不是一生一次，「一勞永逸」，而是一次又一次的。《使徒行傳》記錄彼得三次被聖靈充滿（二：4，四：8，十三：9），保羅兩次被聖靈充滿（九：17，十三：

9）。有一次的經歷，不可自傲，更不可自恃；總要有保羅的態度：「我不是以為自己已經得著了。」（腓三：13）

第五，被聖靈充滿，不一定要說方言。事實上，這九次被聖靈充滿的記載中，只有一次提到說方言（二：8）。所以，在一些教會中流行的「一個被聖靈充滿的人，或遲或早會說方言」的說法，即把說方言當成被聖靈充滿的外在標記的說法，與《聖經》的記載並不相符。

第六，被聖靈充滿，不一定需要按手。因為在九處經文中，只有一次提到「按手」（九：17）。

例二，「先到墳墓的那門徒也進去，看見就信了」（約二十：8）。**「那門徒」「信了」甚麼？**

這節經文的緊接的上下文是：

七日的第一日的清早，天還黑的時候，抹大拉的馬利亞來到墳墓那裏，看見石頭從墳墓挪開了；就跑來見西門彼得，和耶穌所愛的那個門徒，對他們說：「有人把主從墳墓裏挪了去，我們不知道放在那裏。」

彼得和那門徒就出來，往墳墓那裏去。兩個人同跑，那門徒比彼得跑得更快，先到了墳墓；低頭往裏看，就見細麻布還放在那裏；只是沒有進去。

西門彼得隨後也到了，進墳墓裏去，就看見細麻布還放在那裏；又看見耶穌的裹頭巾，沒有和細麻布放在一處，是另在一處卷著。

先到墳墓的那門徒，也進去，看見就信了。

因為他們還不明白聖經的意思，就是耶穌必要從死

裏復活。於是兩個門徒回到自己的住處去了。（約二十：
1-10）

許多解經家認為，「那門徒……就信了」是指使徒約翰相
信主耶穌從死裏復活了。但是，這種解釋似乎與其後的經文不
協調：為甚麼說彼得和約翰「還不明白聖經的意思，就是耶穌
必要從死裏復活」，因而一聲不吭地回到自己的住處去了呢？
（二十：9-10）為甚麼他們不把主復活的事告訴抹大拉的馬利
亞、卻讓她繼續在墳墓外邊哭呢？（二十：11）既然相信主已
從死裏復活，為甚麼門徒還那麼懼怕呢？（二十：19）

要回答這些疑問，必須考察《約翰福音》第二十章的中心
意思和整卷《約翰福音》的主題。

《約翰福音》的主題，作者使徒約翰講得很清楚：「耶穌
在門徒面前，另外行了許多神蹟，沒有記在這書上。但記這些
事，要叫你們信耶穌是基督，是神的兒子；並叫你們信了祂，
就可以因祂的名得生命。」（約二十：30-31）因為耶穌是神的
兒子，所以作者才勸導人們信祂。所以，此經卷的主題是要人
信耶穌是神的兒子。信耶穌是神的兒子，憑據是多方面的；但
是，最主要的憑據是祂從死裏復活。「論到祂兒子我主耶穌基
督：按肉身說，是從大衛後裔生的；按聖善的靈說，因從死裏
復活，以大能顯明是神的兒子。」（羅一：3-4）《約翰福音》
二十章的中心內容，就是見證主耶穌的復活。把握這卷書的主
題和第二十章的中心內容，前後的經文就顯得和諧了。

《約翰福音》第二十章，可以分為三大段。第一段（二
十：1-18）以抹大拉的馬利亞為中心人物。她的深切悲慟，不但
肯定了空墓的事實，而且為耶穌的顯現作了鋪墊；第二段（二

十：19-23）以恐懼的門徒爲焦點；第三段（二十：24-29）的主要角色則是多馬。[59]

第一段的記載，是以七日的第一日清早抹大拉的馬利亞發現耶穌的墳墓空了開始的。她認爲有人把主從墳墓裏挪走了。她急忙去告訴彼得和約翰（「耶穌所愛的那個門徒」）。他們兩人聞訊後，都往墳墓跑去。約翰年輕，比彼得先跑到墳墓。可是他只是在墳墓的外面，低頭往裏看，沒有進到墳墓裏面去。也許是因他怕沾染屍體的污穢，或他生性謹慎的緣故。[60]隨後趕到的彼得，卻進到墳墓裏面去了，他看見的比約翰多：「看見細麻布還放在那裏；又看見耶穌的裹頭巾，沒有和細麻布放在一處，是另在一處卷著。」（約二十：7）

對裹頭巾和細麻布的狀況，歷來有兩種解釋。一種解釋是，主耶穌在復活後離開墳墓前，將頭巾另放一處，顯出他愛好整潔，和復活後的從容不迫。另一種解釋是，他復活後撤下頭巾和細麻布，就像金蟬脫殼似的，也就是說，頭巾和細麻布仍保留原來的筒狀，只是沒有屍體了，是空筒。[61]當然，這只是解經家們的推測，曾思翰謂之「是一種極佳的推測」。[62]

也許，是在彼得的帶動和鼓勵下，約翰也跟著進到墳墓裏，看到了彼得所看到的裹頭巾和細麻布的情景。與彼得不同的是，約翰「看見就信了」（二十：8）。對約翰來說，打開的墳墓、耶穌的屍體不見了，不可能是一樁盜屍事件：哪一個盜屍者會把裹頭巾和細麻布從屍體上解下來，再捲起來放在兩個地方呢？

約翰肯定也會聯想到拉撒路復活時的情景。首先，耶穌吩咐人把封墓的石頭挪開；然後，耶穌大聲呼叫「拉撒路出來！」；接著，「那死人就出來了，手腳裹著布，臉上包著手

巾。耶穌對他們說：『解開，叫他走。』」（約十一：39-44）
拉撒路的復活，完全是被動的。

相比之下，約翰清楚地領悟到：主耶穌自己已主動地從死
裏復活了。

約翰對主耶穌復活的迅速領悟，不僅是基於上述的事實，
也源自他與主耶穌的親密關係。他是主所愛的，是在最後的晚
餐中靠著耶穌的胸膛的那個門徒。《約翰福音》記載說：耶穌
在十字架上斷氣後，「惟有一個兵拿槍扎他的肋旁，隨即有血
和水流出來。看見這事的那人就作見證，他的看見也是真的，
並且他知道自己所說的是真的，叫你們也可以信。」（約十
九：34-35）如果這裏的「那人」是使徒約翰，那麼，他也是耶
穌受難的目擊者。他也是伴隨在耶穌的十字架下的惟一一個男
性門徒（約十九：25-27）。當復活的主在提比哩亞海邊為在海
中捕魚的門徒預備早餐時，第一個認出耶穌的，也是他：「天
將亮的時候，耶穌站在岸上；門徒卻不知道是耶穌。……耶穌
所愛的那門徒對彼得說：『是主。』」（約廿一：4-7）

比約翰先看見放置在墳墓裏的裹頭巾和細麻布的彼得，
只是「心裏希奇所成的事」（路廿四：12），經文並沒有說他
是否相信耶穌已經復活了。比彼得後看見裹頭巾和細麻布的約
翰，卻「看見就信了」。可見，相信耶穌的復活，不僅需要肉
眼的觀察（sight），更需要內心的洞察（insight）。[63]

但是，當約翰相信主耶穌已經復活後，門徒們並沒有表現
出當代讀者所預期那種喜樂、激動和亢奮的情緒，也並沒有立
即大聲向世人宣告：「我們的主已經從死裏復活了！」因為，
「他們還不明白聖經的意思，就是耶穌必要從死裏復活。」
（約二十：9）雖然約翰已確認主復活了，但主為甚麼要復活？

祂復活的必要性是甚麼？他當時並不明白。

經文中的「聖經」，顯然是指舊約《聖經》，但沒有指明是哪些經文。解經家猜測是：「因為你必不將我的靈魂撇在陰間，也不叫你的聖者見朽壞。你必將生命的道路指示我。在你面前有滿足的喜樂，在你右手中有永遠的福樂。」（詩十六：10-11）「耶和華對我主說：『你坐在我的右邊，等我使你的仇敵作你的腳凳。』」（詩一一〇：1）因為，彼得五旬節在耶路撒冷講道時，就引用這些經文（徒二：27-28、34），說明主的復活應驗了《詩篇》的預言。[64]

雖然耶穌生前多次預言祂受難後，第三天要復活。主受難後，門徒們因內心極度悲傷，早把主將復活的事忘得一乾二淨了；反而是祭司長和法利賽人還記得（太廿七：62以下）。[65] 由於不明白主復活的意義和必要性，主復活一事並沒有立即使約翰的精神振作起來。也許怕主的仇敵在墳墓裏遇見他們，說是他們將主的身體偷去了；[66] 或者，「住處」也可能是一些門徒和跟隨耶穌的人當時聚集的地方，他們要把主復活的事告訴門徒們；[67] 再者，此時約翰已把耶穌的母親接到他家裏去了（約十九：27），他要盡快回家去，照著他所相信的，把這好消息告訴她。[68] 反正，彼得和約翰沒有在空墓久留，就「回自己的住處去了」（二十：10）。甚至都沒有對抹大拉的馬利亞打個招呼，否則，她就不會哭得那麼傷心（二十：11），直到天使和復活的主向她顯現，才得著安慰（二十：12-18）。

上述情景，雖大大出乎當代讀者的預料，但卻真實地再現了主剛剛復活時的實際情況。約翰相信耶穌復活了，不是因為《聖經》的話，或耶穌自己的預言，乃是因為他在墳墓裏親眼看見了。[69] 也就是說，約翰並沒有虛構一個復活的故事，去迎

合一個有關《聖經》預言的一個先存觀念。相反，他首先在空墓中見到了復活的事實，後來在《聖經》中才看出這個預言。[70]

在第一段描寫中，石頭挪「開」的墳墓，引出耶穌的身體已不在墳墓裏的事實；在第二段關於主復活的記述中，房門緊「關」的屋子，表明了門徒對猶太人的懼怕。[71] 房門雖關了，復活主的身體仍可自由出入。可見，墳墓的石頭被挪開，不是為了使主可以從墳墓裏出來，而是為了使門徒可以進到墳墓裏去，以確認主復活的事實。

《約翰福音》記載：「那日（就是七日的第一日）晚上，門徒所在的地方，因怕猶太人，門都關了；耶穌來站在當中，對他們說：『願你們平安！』」（約二十：19）當主耶穌被捕和被釘十字架後，門徒都四散了。但現在他們又聚集在一起了。是甚麼又把他們凝聚在一起了呢？惟一的原因應該是他們聽到的關於主已在清晨復活的消息。當他們聚集時，必然懷著希奇、盼望和懼怕的複雜而矛盾的心情。[72] 當復活的主在他們中間顯現，並把手和肋旁指給他們看時，「門徒看見主，就喜樂了。」（二十：20）

在第三段描述中，多馬的態度與第一段中約翰的態度，形成鮮明對比。在前兩段中，復活的主都是先隱藏後顯現。約翰沒有見到天使和復活的主，只見到沒有主身體的空墓，就相信主已經復活了。然而，當十個門徒向多馬作見證，說他們見到了復活主的時候，多馬卻因他本人沒有親眼見過摸過，而拒不相信（二十：24-25）。當主再次向包括多馬在內的門徒顯現時，多馬才降服下來：「我的主！我的神！」多馬作了極有價值的宣告，卻沒有最高形式的信心。[73] 所以主對他說：「你因

看見了我才信；那沒有看見就信的，有福了。」（二十：29）一切在耶穌復活升天後相信主的基督徒，都是沒有看見就信的有福人；使徒約翰則是這些基督徒的先鋒，是「沒有看見就信的」第一人。

主耶穌「受害以後，用許多的憑據，將自己活活的顯給使徒看，四十天之久向他們顯現，講說神國的事」（徒一：3）；在以馬忤斯的路上，「耶穌對他們說：『無知的人哪！先知所說的一切話，你們的心，信得太遲鈍了。基督這樣受害，又進入祂的榮耀，豈不是應當的麼？』於是從摩西和眾先知起，凡經上指著自己的話，都給他們講解明白」（路廿四：25-27）；「於是耶穌開他們的心竅，使他們能明白聖經。又對他們說：『照經上所寫的，基督必受害，第三日從死裏復活；並且人要奉祂的名傳悔改赦罪的道，從耶路撒冷起直傳到萬邦。』」（路廿四：45-47）

這時，門徒們才懂得了耶穌受難和復活的重大意義：「耶穌被交給人，是為我們的過犯；復活，是為叫我們稱義〔或作耶穌是為我們的過犯交付了，是為我們稱義復活了〕。」（羅四：25）才明白了他們所肩負的重大歷史使命，是要在耶路撒冷、猶太全地，和撒馬利亞，直到地極，作主耶穌的見證。五旬節聖靈澆灌，使他們得著能力。從此，門徒的精神面貌煥然一新，以極大的熱情、能力和勇氣活躍在人類歷史舞臺上，努力把福音傳到萬邦。

當今的讀者，熟悉新約《聖經》，明白主耶穌受難的意義和從死裏復活的極端重要性，不太容易理解主從死裏復活時門徒們當時的心態和反應。其實，如果能設身處地地回到當初的處境，讀者就更能體會到，《約翰福音》第二十章關於主耶穌

復活的記載，細膩生動，樸實無華，和眞實無僞。

同一作者所寫的不同經卷的上下文

同作者所寫的經卷，在行文和思想上有最大的連貫性。比較這些作品，可以幫助讀者澄清一些意思不太確定的經文的意義。

例一，保羅在談到作監督的條件時，提到「只作一個婦人的丈夫」（提前三：2）：

> 人若想要得監督的職分，就是羨慕善工；這話是可信的；作監督的，必須無可指摘，只作一個婦人的丈夫，自守、端正、樂意接待遠人，善於教導；不因酒滋事，不打人，只要溫和，不爭競，不貪財；好好管理自己的家，使兒女凡事端莊順服〔或作端端莊莊的使兒女順服〕，人若不知道管理自己的家，豈能照管神的教會呢？初入教的不可作監督，恐怕他自高自大，就落在魔鬼所受的刑罰裏。監督也必須在教外有好名聲；恐怕被人譭謗，落在魔鬼的網羅裏。（提前三：1-7）

「只作一個婦人的丈夫」，是甚麼意思呢？從教父時期到今日，對此片語一直有不同的解釋，[74] 奈特（Knight）將之歸納爲四種：[75]

（1）要求監督必須是已婚的；

（2）終身只有一個妻子，或終身只能結一次婚；

（3）一夫一妻；

（4）在婚姻和性方面是忠實的。

上述關於作監督的條件，都是與道德有關的。

現在，擬從保羅所寫的所有經卷的教訓中，來確定這個片語的含義。[76]

第（1）種解釋，很值得懷疑。保羅不大可能規定，只有已婚且至少有兩個「兒女」（提前三：4的「兒女」是複數）的人，才可作監督。保羅說：

> 我願意眾人像我一樣；只是各人領受神的恩賜，一個是這樣，一個是那樣。我對著沒有娶嫁的和寡婦說，若他們常像我就好。倘若自己禁止不住，就可以嫁娶。與其慾火攻心，倒不如嫁娶為妙。（林前七：7-9）

> 論到童身的人，我沒有主的命令，但我既蒙主憐恤，能作忠心的人，就把自己的意見告訴你們。因現今的艱難，據我看來，人不如守素安常才好。你有妻子纏著呢，就不要求脫離；你沒有妻子纏著呢，就不要求妻子。你若娶妻，並不是犯罪；處女若出嫁，也不是犯罪；然而這等人肉身必受苦難；我卻願意你們免這苦難。

> 弟兄們！我對你們說，時候減少了；從此以後，那有妻子的，要像沒有妻子；哀哭的，要像不哀哭；快樂的，要像不快樂；置買的，要像無有所得；用世物的，要像不用世物；因為這世界的樣子將要過去了。

> 我願你們無所掛慮。沒有娶妻的，是為主的事掛慮，想怎樣叫主喜悅。娶了妻的，是為了世上的事掛慮，想怎

樣叫妻子喜悦。婦人和處女也有分別。沒有出嫁的，是為
主的事掛慮，要身體靈魂都聖潔；已經出了嫁的，是為世
上的事掛慮，想怎樣叫丈夫喜悦。

我説這話，是為你們的益處；不是要牢籠你們，乃是
要叫你們行合宜的事，得以殷勤服事主，沒有分心的事。

（林前七：25-35）

從保羅講的這席話，起碼可以看出兩點。第一，或守獨
身，或嫁娶，要按神給各人的恩賜來決定，並不涉及任何道德
倫理問題。第二，在保羅看來，這世界將要過去了，並且因現
時的艱難，也許守獨身能更殷勤地服事主。根據保羅的這一種
思路，他不會主張只有結了婚的人才有資格作監督。而且，既
然守獨身的他，能作使徒，他就沒有理由反對不結婚的人作監
督。

（2）「終身只有一個妻子，或終身只能結一次婚」，也
與保羅的教導不相符。他說過：「丈夫活著的時候，妻子是被
約束的；丈夫若死了，妻子就可以自由，隨意再嫁；只是要嫁
這在主裏面的人。」（林前七：39）如此看來，寡婦再嫁，是
合宜的；那麼，鰥夫再娶，也應是正當的。「終身只有一個妻
子，或終身只能結一次婚」，不應該是作監督的條件。

（3）「一夫一妻」的解釋，似嫌不夠，因爲一夫多妻毫
無疑問是被排除在外的。以弗所教會所要照顧的寡婦，除了年
齡必須滿六十歲外，還必須「從來只作一個丈夫的妻子」（提
前五：9），和行善的好名聲（提前五：10）。在這種關聯下，
「只作一個婦人的丈夫」，可能不僅是指一夫一妻的名義，更
應是強調在一夫一妻之下對婚姻和性方面的忠誠。因爲，名義

上的一夫一妻，並不能保證對婚姻是忠誠的。

所以，第（4）種解釋，「在婚姻和性方面是忠實的」，即「不可姦淫」，也許更符合這個片語的原意。

例二，信徒們常說，要住在基督裏。甚麼叫「**住在基督裏**」呢？使徒約翰的著作，可以回答這個問題：

> 我們也知道神的兒子已經來到，且將智慧賜給我們，使我們認識那位真實的，我們也在那位真實的裏面，就是在祂兒子耶穌基督裏面。這是真神，也是永生。（約壹五：20）

> 神將祂的靈賜給我們，從此就知道我們是住在祂裏面，祂也住在我們裏面。父差子作世人的救主，這是我們所看見且作見證的。凡認耶穌為神兒子的，神就住在他裏面，他也住在神裏面。神愛我們的心，我們也知道也信。神就是愛；住在愛裏面的，就是住在神裏面，神也住在他裏面。（約壹四：13-16）

> 神的命令就是叫我們信祂兒子耶穌基督的名，且照祂所賜給我們的命令彼此相愛。遵守神命令的，就住在神裏面；神也住在他裏面。我們所以知道神住在我們裏面，是因祂所賜給我們的聖靈。（約壹三：23-24）

> 我要求父，父就另外賜給你們一位保惠師〔或作訓慰師，下同〕，叫祂永遠與你們同在，就是真理的聖靈，乃世人不能接受的；因為不見祂，也不認識祂；你們卻認識

祂；因祂常與你們同在，也要在你們裏面。我不撇下你們為孤兒，我必到你們這裏來。還有不多的時候，世人不再看見我；你們卻看見我；因為我活著，你們也要活著。到那日你們就知道我在父裏面，你們在我裏面，我也在你們裏面。有了我的命令又遵守的，這人就是愛我的；愛我的必蒙我父愛他，我也要愛他，並且要向他顯現。（約十四：16-21）

可見，一切相信耶穌是神的兒子因而有聖靈進住的人，都是住在基督裏的。一切遵守神命令的，都住在基督裏；神的命令就是兩條：要相信祂兒子基督的名，並且信徒要彼此相愛。

不同作者在相近的時期所寫的經卷的上下文

新約各書卷，是在五十年左右的時間內寫成的，[77] 可以看作是相近時期的作品。而舊約書卷寫作的時間跨度則有一千年之久。但是，它們都崇敬摩西傳統，尊重較早寫成的先知著作，有共同的信念和傳統，由同一位聖靈所默示，這保證了舊約書卷的統一性和連貫性。[78]

例一，「**因為凡有的，還要加給他，叫他有餘；沒有的，連他所有的，也要奪過來。**」（太廿五：29）有的信徒說，難怪世上貧富這樣懸殊呢！原來，已經富足的，神還要多加給他；窮人呢，僅有的一點東西，也要被奪走。他們把這節經文中的「凡有的」，理解為世上的富足人，把「**沒有的**」，看成是世上的貧寒人。這顯然是誤解了這節經文。下面列出的，是新約《聖經》中的平行經文：

當那一天，耶穌從房子裏出來，坐在海邊。有許多人到祂那裏聚集，祂只得上船坐下；眾人都站在岸上。祂用比喻對他們講許多道理，說：「有一個撒種的出去撒種；撒的時候，有落在路旁的，飛鳥來吃盡了。有落在淺石頭地上的；土既不深，發苗最快；日頭出來一曬，因為沒有根，就枯乾了。有落在荊棘裏的；荊棘長起來，把它擠住了。又有落在好土裏的，就結實，有一百倍的，有六十倍的，有三十倍的。有耳可聽的，就應當聽。」

門徒近前來，問耶穌說：「對眾人講話，為甚麼用比喻呢？」耶穌回答說：「因為天國的奧秘，只叫你們知道，不叫他們知道。**凡有的，還要加給他，叫他有餘；凡沒有的，連他所有的，也要奪去。**」 （太十三：1-12）

天國又好比一個人要往外國去，就叫了僕人來，把他的家業交給他們；按著各人的才幹，給他們銀子；一個給了五千，一個給了二千，一個給了一千；就往外國去了。

那領五千的，隨即拿去作買賣，另外賺了五千。那領二千的，也照樣另賺了二千。但那領一千的，去掘開地，把主人的銀子埋藏了。

過了許久，那些僕人的主人來了，和他們算帳。那領五千銀子的，又帶著那另外的五千來，說：「主阿！你交給我五千銀子，請看！我又賺了五千。」主人說：「好！你這又良善又忠心的僕人；你在不多的事上有忠心，我要把許多事派你管理；可以進來享受你主人的快樂。」那領二千的也來說：「主阿！你交給我二千銀子，請看！我又賺了二千。」主人說：「好！你這又良善又忠心的僕人；

你在不多的事上有忠心，我要把許多事派你管理；可以進來享受你主人的快樂。」那領一千的也來說：「主阿！我知道你是忍心的人，沒有種的地方要收割，沒有散的地方要聚斂；我就害怕，去把你的一千銀子埋藏在地裏；請看！你的原銀子在這裏。」

主人回答說：「你這又惡又懶的僕人！你既知道我沒有種的地方要收割，沒有散的地方要聚斂；就當把我的銀子放給兌換銀錢的人，到我來的時候，可以連本帶利收回。奪過他這一千來，給那有一萬的。**因為凡有的，還要加給他，叫他有餘；沒有的，連他所有的，也要奪過來。**把這無用的僕人，丟在外面黑暗裏；在那裏必要哀哭切齒了。」（太廿五：14-30）

耶穌又對他們說：「人拿燈來，豈是要放在斗底下、床底下，不放在燈檯上麼？因為掩藏的事，沒有不顯出來的；隱藏的事，沒有不露出來的。有耳可聽的，就應當聽。」又說：「你們所聽的要留心；你們用甚麼量器量給人，也必用甚麼量器量給你們，並且要多給你們。**因為有的，還要給他；沒有的，連他所有的也要奪去。**」（可四：21-25）

沒有人點燈用器皿蓋上，或放在床底下，乃是放在燈檯上，叫進來的人看見亮光。因為掩藏的事，沒有不顯出來的；隱瞞的事，沒有不露出來被人知道的。所以你們應當小心怎樣聽；**因為凡有的，還要加給他；凡沒有的，連他自以為有的，也要奪去。**（路八：16-18）

　　眾人正在聽這些話的時候，耶穌因為將近耶路撒冷，又因為他們以為神的國快要顯出來，就另設一個比喻說：「有一個貴冑往遠方去，要得國回來。便叫了他的十個僕人來，叫給他們十錠銀子〔錠，原文作彌拿，一彌拿約銀十兩〕說：『你們去作生意，直等我回來。』他本國的人卻恨他，打發使者隨後去說：『我們不願意這個人作我們的王。』

　　他既得國回來，就吩咐叫那領銀子的僕人來，要知道他們作生意賺了多少。頭一個上來說：『主阿！你的一錠銀子，已經賺了十錠。』主人說：『好，良善的僕人！你既在最小的事上有忠心，可以有權柄管十座城。』第二個來說：『主阿！你的一錠銀子，已經賺了五錠。』主人說：『你也可以管五座城。』又有一個來說：『主阿！看哪！你的一錠銀子在這裏，我把它包在手巾裏存著；我原是怕你，因為你是個嚴厲的人；沒有放下的還要去拿，沒有種下還要去收。』主人對他說：『你這惡僕，我要憑你的口，定你的罪；你既知道我是嚴厲的人，沒有放下的還要去拿，沒有種下還要去收；為甚麼不把我的銀子交給銀行，等我來的時候，連本帶利都可以要回來呢？』

　　就對旁邊站著的人說：『奪過他這一錠來，給那有十錠的。』他們說：『主阿！他已經有十錠了。』主人說：『我告訴你們，**凡有的，還要加給他；沒有的，連他所有的，也要奪過來。**至於我那些仇敵不要我作他們王的，把他們拉來，在我面前殺了吧。』」（路十九：11-27）

從上面所引的經文可以看到，「**因為凡有的，還要加給他，**

叫他有餘；沒有的，連他所有的，也要奪過來」這句話，出現在不同的上下文中。

在《馬太福音》十三章1-12節，這句話是在撒種的比喻之後，用以解釋主使用比喻的原因。撒種比喻中的不同土壤，代表聽道人的心田：聽道的態度、對道的領悟程度和對道的回應。這並不是說，主耶穌用比喻是要隱藏真理，從而將一些人摒棄於天國之外；但祂講的道理，卻非人人都能滲透。[79] 在此，「凡有的」和「沒有的」，是指對屬靈真理的領悟而言。「有」，是有信心、有神的生命；「沒有」，沒有信心，沒有神的生命。愈虛心領教、順服道的人，愈聽領受愈多，經歷愈多，而且會多而又多；傲慢而無心向道的，愈聽愈無所得。[80]肯專心聽道、行道的人，他所「有」的種子，必然多產，他還要得更多；不肯聽道或不願受教的，連他曾有的種子，都要被奪去。[81]

在《馬可福音》四章21-25節，和《路加福音》八章16-18節，「有的……沒有的……」這句話，是在撒種和燈的比喻之後講的。

在《馬可福音》四章21-25節這段經文裏，「你們用甚麼量器量給人，也必用甚麼量器量給你們，並且要多給你們」，原文並無「給人」。[82] 此句有兩種解釋：1）你們各人必要照著現在所聽的道和領受的教訓，去傳給別人，並教導他們遵守；2）你們怎樣教訓別人，神也必怎樣教訓你們。[83] 考慮到此句話是以「並且要多給你們」結束的，第一種解釋似更貼切。「因為掩藏的事，沒有不顯出來的；隱瞞的事，沒有不露出來被人知道的」的原文，應是這樣的：事情被掩藏，是為了至終被顯明；若不是為了至終的顯明，沒有任何事情會被掩藏。[84]

因此，有學者認為，燈的比喻是用來進一步說明撒種比喻的。神國已經來到，但居然存於微不足道的種子裏，因而容易被人忽視和拒絕，正如燈被放在斗底下，**掩藏不為人知一樣**；但神國最後一定會彰顯，燈將要被放在燈檯上。[85] 這樣，一個人將來如何，就取決於他現今是「有」還是「沒有」；而他現今的有無，和他是否「留心聽」，有極大關係。[86]

在《路加福音》八章16-18節這段經文中，「**因為掩藏的事，沒有不顯出來的；隱瞞的事，沒有不露出來被人知道的**」這句話說明，光是讓人藉著它看見東西；同樣可以使人進一步認識撒種的比喻。主耶穌教導門徒說：「你們的光也當這樣照在人前，叫他們看見你們的好行為，便將榮耀歸給你們在天上的父。」（太五：16）當一個人聽了並領受了神的道，就是神點燃了他裏面的燈；他不可把這燈藏起來，而應用它來照亮別人。[87] 他愈這樣作，他裏面的光就會愈亮。

在《馬太福音》廿五章21-30節，和《路加福音》十九章12-27節，「**凡有的，還要加給他，叫他有餘；沒有的，連他所有的，也要奪過來**」這句話，出現在關於僕人才幹的比喻之後。「五千」、「二千」和「一千」（太廿五：15），原文是「五他連得」、「二他連得」，和「一他連得」。[88]「他連得」是希臘字 τάλαντον（talanton）音譯，[89] 原是重量單位（約34公斤），後作貨幣單位；現今英文字talent（才幹，或能力），就是出自這個關於僕人才幹的比喻。[90] 善於充分使用主所賦予的恩賜和才幹的僕人，將得到更多的恩賜和才幹；輕忽、不使用主所賦予的恩賜和才幹的僕人，連他已有的恩賜和才幹，也要被奪去。這對於已有一萬的，和只有一千的，都是一個意外。

綜上所述，「**凡有的，還要加給他，叫他有餘；沒有的，連**

他所有的，也要奪過來」中的「凡有的」和「沒有的」，不是指任何屬世的財富，而是指對屬靈眞理的領悟，或屬靈的恩賜、才能。正如丁良才所說：

> 人若善用自己的身力或靈力，這些才幹就必日益增加；若不善用，必逐漸減少。神賜予人的才幹和恩賜，也是一樣；若不盡力為主善用才幹、恩賜，非但不能長進，反而會逐漸失去。人的德行也是同一道理。比如，愛心是隨著作愛人的事而增長的。愈愛人，愛心就愈大；愈不愛人，愛人的力量就愈減少。我們作信徒的，務要時刻尋找可施行愛心的機會。那樣，便可使自己的愛心一天比一天增加。[91]

例二，主耶穌教導說：「但你們不要受拉比的稱呼；因為只有一位是你們的夫子；你們都是弟兄。也不要稱呼地上的人為父；因為只有一位是你們的父，就是在天上的父。也不要受師尊的稱呼；因為只有一位是你們的師尊，就是基督。」（太廿三：8-10）如何理解主的這段話？難道基督徒不可以稱地上的任何人為父親、老師麼？

首先，看看這段經文本身。

「拉比」（Ῥαββί）是「老師」的亞蘭文稱呼，來自希伯來文的Rav或Rab，字面意思是大或偉大，轉意為「崇高」或「可尊敬的」。[92]在耶穌基督的時代，是比較新的稱謂。[93]「你們不要受拉比的稱呼」中的「受……稱呼」（κληθῆτε）是καλέω（kaleō）的簡單過去式被動語態假設語氣；故有學者認為，這一短語的意思是：「你們不要開始去追求人這麼稱呼你們；別

人要這麼稱呼你們，那並不是你們的錯。」[94]

「不要稱呼地上的人爲父」中的「稱呼」（καλέσητε）是 καλέω 的簡單過去式假設語氣，前面帶有否定詞，表示禁令。主耶穌在這裏把父用來指天父；他在客西馬尼園呼叫天父爲「阿爸父阿！」（可四：36）。當然，主決不是不讓人稱地上的生父爲父。耶穌往往不談這些不講自明的眞理。[95]

「也不要受師尊的稱呼」中的「師尊」（καθηγητής kathēgetēs），在新約《聖經》中僅出現這一次；蒲草紙文獻用這個字稱「老師」，現代希臘文中則指「教授」；它比「教師」（διδάσκαλος didaskalos）更可敬。不過，在亞蘭文中，它們也可通用。[96]

現再看上下文。主耶穌批評文士和法利賽人「將佩戴的經文作寬了、衣裳的穗子作長了」，「都是要叫人看見」；批評他們「喜愛筵席上的首位、會堂裏的高位；又喜愛人在街市上問他安，稱呼他拉比〔拉比就是夫子〕」（太廿三：5-7）。總之，主批評他們貪圖虛榮，喜好受人敬重和被人尊爲父老、師尊。接著，主對門徒講了上述一席話。然後，主要門徒學習謙卑：「你們中間誰爲大，誰就要作你們的用人。凡自高的必將爲卑，自卑的必升爲高。」（太廿三：11-12）

再看別的經卷：

使徒約翰稱馬利亞爲耶穌的母親：「站在耶穌十字架旁邊的，有祂母親，與祂母親的姊妹，並革羅罷的妻子馬利亞，和抹大拉的馬利亞。」（約十九：25）

「在安提阿的教會中，有幾位先知和教師，就是巴拿巴，和稱呼尼結的西面、古利奈人路求，與分封之王希律同養的馬念，並掃羅。」（徒十三：1）

　　保羅寫信給以弗所教會時，提到五種恩賜的職分：「有使徒，有先知，有傳福音的，有牧師和教師。」（弗四：11）這表明，在教會裏，除了以弟兄相稱外，也可以有別的稱謂。

　　保羅常自稱爲「使徒」，並爲自己的使徒的權柄辯護：

> 「我對你們外邦人說這話；因我是外邦人的使徒，所以敬重我的職分〔敬重，原文作榮耀〕。」（羅十一：13）

> 「我不是自由的麽？我不是使徒麽？我不是見過我們的主耶穌麽？你們不是我在主裏面所作之工麽？假若在別人我不是使徒，在你們我總是使徒；因為你們在主裏正是我作使徒的印證。我對那盤問我的人，就是這樣分訴。」（林前九：1-3）

　　此外，保羅一再表明，他對信徒像父親養育自己的孩子一般：

> 「我寫這話，不是叫你們羞愧，乃是警戒你們，好像我所親愛的兒女一樣。你們學基督的，師傅雖有一萬，為父的卻是不多，因我在基督耶穌裏用福音生了你們。所以我求你們效法我。」（林前四：14-16）

> 「我小子阿！我為你們再受生產之苦，直等到基督成形在你們心裏。」（加四：19）

　　若神僕尚被稱爲父，肉身的父親更應稱爲父了。主耶

穌提醒信徒，無須為討好人而稱那些並沒有為父之心的人為「父」。[97]

根據上述平行經文，《馬太福音》廿三章8-10節的經文可作如下解釋：

第一，主耶穌說不要稱地上的人為父、不要受師尊的稱呼，是從屬靈的角度說的。信徒屬靈的父親只有一位，就是天父；信徒屬靈的師尊只有一位，就是基督。[98]

第二，可以稱地上的為「父」、「老師」、「牧師」等等；但這些稱呼所強調的，應該是它們的位分和職責。

第三，信徒不可為獲取虛浮的榮耀而去追求這些頭銜。[99]

第四，如果對任何人的地位、權柄的尊崇，超過了對基督的尊崇，就有拜偶像之嫌。

布魯斯（F. F. Bruce）說：「耶穌的眾多訓示裏，這一條（太廿三：8-10，筆者注）實行起來，常流於誇張矯飾、吹毛求疵，反倒破壞了道理的精髓。」[100]此外，陳終道指出：

> 「你們都是弟兄」這句話的重點，是指出我們彼此之間的一種相等的地位和關係。但如果以「弟兄」這種稱呼作為誇口，以鄙視別的屬靈職分，或炫耀自己那一群人比別人更忠於《聖經》，那麼，「弟兄」這稱呼中所含的傲慢、自以為是的意味，就與主耶穌如此教訓門徒的願意相背。這就是按字面意思領會《聖經》，與按字句的精義領悟之不同了。[101]

例三，「**我要向山舉目**，我的幫助從何而來？我的幫助從造天地的耶和華而來。」（詩一二一：1-2）詩中的「山」是指甚

麼？學者有不同解釋。

一種觀點是，「山」代表拜偶像。《聖經》有這樣的經文，比如，「仰望從小山或從大山的喧嚷中得幫助，眞是枉然的。以色列得救，誠然在乎耶和華我們的神。從我們幼年以來，那可恥的偶像，將我們的列祖所勞碌得來的羊群、牛群，和他們的兒女，都吞吃了。」（耶三：23-24）[102] 當朝聖者接近耶路撒冷時，他們會看到環繞該城的眾山，這些山丘也是當時拜外邦神祇的邱壇高地。當朝聖者舉目看山時，就被提醒，眞正的幫助不是從這些偶像而來。[103]

第二種觀點是，「山」代表困難或威脅，朝聖之旅山路難行，並且可能有強盜出沒。[104]

第三種觀點是，這裏的「山」是指聖山錫安山。《詩篇》一百二十至一卅四篇被歸爲一類，稱爲「上行之詩」，被納入被擄歸回後所編成的詩的最後一卷裏。「上行」，可指登上聖殿臺階的「登階」；也可指一年一度的朝聖之旅，朝聖者邊唱邊走上錫安山；或者，這兩種意思皆有。[105] 錫安山是耶路撒冷周圍的眾山之一。在「我要向山舉目」（詩一二一：1）中，「山」是複數；如果這個複數是用來表示「雄偉」的「威嚴複數」，那麼，它就是指錫安山。[106] 桑安柱（Andrew Song）說，巴比倫是一片平原；而聖殿是建在錫安山上的。流亡的以色列人，遙望遠山，心中就會充滿思鄉之情。[107]

以上三種觀點，都有其依據，也都講得通。現在，須從詩的上下文，看哪一種觀點更接近作者的原意。

陸蘇河指出，最接近《詩篇》一百廿一篇的上下文，就是這一組「上行之詩」。在這組詩裏，有其他詩也提到複數的山：「眾山怎樣圍繞耶路撒冷，耶和華也照樣圍繞著祂的百

姓，從今時直到永遠。」（詩一二五：2）這裏，「眾山」與「耶和華」對應，顯示「山」是代表好的意思。另外，「坐在天上的主阿，我向祢舉目」（詩一二三：1）；這裏的「舉目」和「我要向山舉目」（詩一二一：1）中的「舉目」，原文中是同一個字，顯示「舉目」是用在好的方面。所以，從「上行之詩」這個整體的上下文看，「我要向山舉目」（詩一二一：1）中的山，不應該代表偶像、困難或威脅，而是代表好的意思。[108]

朝聖者走在聖山上，看到錫安山雄偉、崇高，一定遐想無窮。但是，這山是他們的靠山麼？不！詩人的思路越過山巒，望向宇宙；又穿越宇宙，望向造物主。[109]山再雄偉、崇峻，也是耶和華造的。信徒最可靠最及時的幫助，只能來自造天地的主、宇宙獨一的真神。阿們。

例四，聖靈充滿與醉酒。

有人說，聖靈充滿與醉酒，兩者毫無關聯，因為《聖經》明明教導說：「不要醉酒，……乃要被聖靈充滿。」（弗五：18）

但是，仔細讀經會發現，《聖經》有三處經文是將聖靈充滿與醉酒相提並論的。

> 在五旬節，當門徒被聖靈充滿時，「有人譏誚說：『他們無非是新酒灌滿了。』」（徒二：13）彼得和十一個門徒，站起來，高聲糾正道：「你們想這些人是醉了，其實不是醉了，因為時候剛到巳初。」（徒二：15）

> 天使對撒迦利亞說：「撒迦利亞！不要害怕；因為

你的祈禱已經被聽見了，你的妻子以利沙伯要給你生一個
兒子，你要給他起名叫約翰。……他在主面前要為大，淡
酒濃酒都不喝，從母親腹裏就被聖經充滿了。」（路一：
12-15）

不要醉酒，酒能使人放蕩，乃要被聖靈充滿。（弗
五：18）

在《使徒行傳》二章15節的經文中，彼得等人對群眾說，
當時只是「巳初」，即猶太曆法中白日的第三個時辰，按羅馬
人的演算法，也就是今日通用的演算法，是早上九點鐘。[110] 猶
太人一般吃早飯是在早上十點鐘。[111] 多數猶太人在晚上才喝酒
（帖前五：7），何況當時才早上九點鐘，連早飯還沒有吃呢！
彼得等人訴諸常識，直接了當地推翻了群眾對門徒們的誤解。
[112] 但是，為甚麼群眾會誤解他們是喝醉酒呢？

在《路加福音》一章15節的經文中，天使說施洗約翰將來
要在主面前為大，大有能力，這和酒無關（因他淡酒濃酒都不
喝），因為他在母腹中，就被聖靈充滿了。

張永信指出，由此可見，聖靈充滿與醉酒之間，可能有某
些相似的外在表徵，如當事人情緒亢奮、不能自持和大有能力
等。「然而，內在的動因，卻是截然不同的：一為被酒精所控
制，結果失了常性，放蕩敗壞；另一為被聖靈感動，結果實現
了神的旨意，結出聖靈的果子。」[113]

例五，在人際關係中，新約《聖經》教導信徒，**要順服權
柄**。「順服權柄」是甚麼意思？如何實踐這一教導？

先看有關經文：

在上有權柄的，人人當順服他；因為沒有權柄不是出於神的；凡掌權的都是神所命的。所以抗拒掌權的，就是抗拒神的命；抗拒的必自取刑罰。作官的原不是叫行善的懼怕，乃是叫作惡的懼怕。你願意不懼怕掌權的麼？你只要行善就可得他的稱讚；因為他是神的用人，是與你有益的。你若作惡，卻當懼怕；因為他不是空空的佩劍；他是神的用人，是伸冤的，刑罰那作惡的。所以你們必須順服，不但是因為刑罰，也是因為良心。

你們納糧，也為這個緣故；因為他們是神的差役，常常特管這事。凡人所當得的，就給他；當得糧的，給他納糧；當得稅的，給他上稅；當懼怕的，懼怕他；當恭敬的，恭敬他。（羅十三：1-7）

你要提醒眾人，叫他們順服作官的、掌權的，遵他的命，預備行各樣的善事；不要譭謗，不要爭競，總要和平，向眾人大顯溫柔。（多三：1）

你們為主的緣故，要順服人的一切制度，或是在上的君王，或是君王所派罰惡賞善的臣宰。因為神的旨意原是要你們行善，可以堵住那糊塗無知人的口。你們雖是自由的，卻不可藉著自由遮蓋惡事〔或作陰毒〕，總要作神的僕人。務要尊敬眾人；親愛教中的弟兄；敬畏神；尊敬君王。（彼前二：13-17）

你們要依從那些引導你們的，且要順服；因為他們為你們的靈魂時刻儆醒，好像那將來交賬的人；你們要使他

們交的時候有快樂，不至憂愁；若憂愁就與你們無益了。
（來十三：17）

你們作妻子的，當順服自己的丈夫，如同順服主；因為丈夫是妻子的頭，如同基督是教會的頭；祂又是教會全體的救主。教會怎樣順服基督，妻子也要怎樣凡事順服丈夫。（弗五：22-24）

你們作妻子的，要順服自己的丈夫；這樣，若有不信從道理的丈夫，他們雖然不聽道，也可以因妻子的品行被感化過來；這正是因看見你們有貞節的品行，和敬畏的心；你們不要以外面的辮頭髮、戴金飾、穿美衣為裝飾，只要以裏面存著長久溫柔安靜的心為裝飾，這在神面前是極寶貴的。因為古時候仰賴神的聖潔婦人，正是以此為裝飾，順服自己的丈夫。（彼前三：1-5）

你們作兒女的，要在主裏聽從父母，這是理所當然的。「要孝敬父母，使你得福，在世長壽。」這是第一條帶應許的誡命。（弗六：1-3）

你們年幼的，也要順服年長的。就是你們眾人，也都要以謙卑束腰，彼此順服；因為神阻擋驕傲的人，賜恩給謙卑的人。（彼前五：5）

你們作僕人的，凡事要存敬畏的心順服主人；不但順服那善良溫和的，就是那乖僻的也要順服。倘若人為叫良

心對得住神，就忍受冤屈的苦楚，這是可喜愛的。（彼前二：18-19）

於是守殿官和差役去帶使徒來，並沒有用強暴，因為怕百姓用石頭打他們。帶到了，便叫使徒站在公會前，大祭司問他們說：「我們不是嚴嚴的禁止你們，不可奉這名教訓人麼？你們倒把你們的道理充滿了耶路撒冷，想要叫這人的血歸到我們身上。」彼得和眾使徒回答說：「順從神，不順從人，是應當的。你們掛在木頭上殺害的耶穌，我們祖宗的神已叫祂復活。神且用右手將祂高舉〔或作祂就是神高舉在自己的右邊〕，叫祂作君王，作救主，將悔改的心，和赦罪的恩，賜給以色列人。我們為這事作見證；神賜給順從之人的聖靈，也為這事作見證。」（徒五：26-32）

按照《聖經》的教導，基督徒要順服世上掌權的、作官的和一切制度，作奉公守法的好公民，因為這些人是神所命定、用以賞善罰惡的；信徒要順服教會的傳道人和負責的同工，因為他們為信徒的靈魂時刻儆醒；妻子要順服丈夫，因為丈夫是家裏的頭，要為家庭捨己；兒女要在主裏聽從父母，因為當孝敬父母；僕人要順服主人，這是理所當然的；基督徒還要彼此順服。基督徒的這種種順服，都源於對神的順服。因為，官長、丈夫、為靈魂儆醒者、父母、主人，都是神所命定的，為的是叫人行善，作神的見證。

但是，人畢竟是人，是會犯錯誤、出偏差的。當他們偏離或對抗神的旨意時，「順從神，不順從人，是應當的。」因

爲，此時若再順服他們，就是不順服神了。因此，歷世歷代，有許多殉道者爲道受苦，是反抗暴虐統治的聖徒。

在福音還不能完全自由傳播的地方，要運用諸般智慧廣傳福音；不一定採取公開與掌權者對抗的方式。

在團契、教會的事奉中，如果不涉及原則問題，一般說，信徒要順服傳道人及負責同工的帶領。如果每個人都要憑自己的好惡行事，這個大家庭就無法運作。

總之，信徒對神的順服是第一位的、是絕對（無條件）的；對人的權柄的順服則是第二位的、是相對（有條件）的。對人的權柄，或一味順服，或事事頂撞，都是極端。但是，甚麼時候該順服，甚麼時候不能順服，需要勤學《聖經》，愼思明辨，才能把握好分寸。

例六，主耶穌說：「**我還告訴你，你是彼得，我要把我的教會建立在這磐石上。**」（太十六：18a）這裏的「**磐石**」是指甚麼？先看這節經文的上下文：

> 耶穌到了該撒利亞腓利比的境內，就問門徒說：「人說我人子是誰〔有古卷無我字〕？」他們說：「有人說是施洗的約翰；有人說是以利亞；又有人說是耶利米，或是先知裏的一位。」
>
> 耶穌說：「你們說我是誰？」西門彼得回答說：「你是基督，是永生神的兒子。」耶穌對他說：「西門巴約拿，你是有福的！因爲這不是屬血肉的指示你的，乃是我在天上的父指示的。我還告訴你，你是彼得，我要把我的教會建造在這磐石上；陰間的權柄，不能勝過他〔權柄原文作門〕。我要把天國的鑰匙給你；凡你在地上所捆綁

的，在天上也要捆綁；凡你在地上所釋放的，在天上也要
釋放。」（太十六：13-19）

對「磐石」的含義，主要有兩種不同的解釋。一種認為，
「磐石」是指彼得，主耶穌要把教會建造在彼得的根基上。另
一種認為，「磐石」是指彼得的認信（「你是基督，是永生神
的兒子」），主耶穌要把教會建造在彼得的這種認信的根基
上。

認為「磐石」是指彼得的理由是：[114]

1. πέτρα（petra 磐石）前有指示代名詞 ταύτη（這），又有
冠詞 τῇ，表示特指的磐石。[115]而主耶穌的話是對彼得說的，所
以「這」是指上文的彼得。

2.從主耶穌說這段話的語氣，祂很可能用的是亞蘭文；而
在亞蘭文中，「彼得」和「磐石」是同一個字 Κηφᾶς（kepha 磯
法）。所以主耶穌在這裏用的是雙關語。當馬太將這段講論用
希臘文記錄下來的時候，因「彼得」是男人，須用「磐石」的
陽性字 Πέτρος（Petros），而「磐石」是物名，則採用陰性字
πέτρα，故讀起來兩者似乎不一樣。

3.雖然也有經文指出耶穌是教會的根基（林前三：11），又
說教會是建造在使徒和先知的根基上（弗二：20），但這與彼
得是「磐石」並不衝突。因為同一個象徵比喻可以用在不同人
身上，而不會相互牴觸。比如，耶穌是「世界的光」（約八：
12），門徒也可以是「世界的光」（太五：14）；耶穌是教會
的建造者（太十六：18），保羅也可以是教會的建造者（林前
三：10-11）。

認為「磐石」是指彼得的認信的根據是：

1. πέτρα（petra 磐石）前有指示代名詞 ταύτη（這），又有冠詞 τῇ，表示特指的磐石。主耶穌的話是對彼得說的，所以「這」完全可能是指上文的彼得的認信。

2. πέτρα 是磐石、岩石，是陽性名詞，[116] 而 Πέτρος（彼得）是指由一巨大岩石所分出來的較小的部分。[117]

3.如果「磐石」是彼得，那就是說，主耶穌給與了他超乎眾門徒的權威。但是，主耶穌對彼得說：「我要把天國的鑰匙給你；凡你在地上所捆綁的，在天上也要捆綁；凡你在地上所釋放的，在天上也要釋放。」（太十六：19）祂對眾門徒也說過同樣的話：「我實在告訴你們，凡你們在地上所捆綁的，在天上也要捆綁；凡你們在地上所釋放的，在天上也要釋放。」（太十八：18）「耶穌又對他們說：『願你們平安！父怎樣差遣了我，我也照樣差遣你們。』說了這話，就向他們吹一口氣，說：『你們受聖靈。你們赦免誰的罪，誰的罪就赦免了；你們留下誰的罪，誰的罪就留下了。』」（約二十：21-23）可見，主耶穌給彼得的權柄，不單是給彼得的，也是給眾門徒的。也就是說，耶穌並沒有授予彼得獨一無二的權威。

4.彼得和保羅都強調主耶穌是教會的「房角石」（彼前二：6-8；弗二：20-21）。[118]

5.主耶穌對彼得說了「我還告訴你，你是彼得，我要把我的教會建立在這磐石上」這番話以後，使徒們並沒有認為彼得在他們中間處於獨特的地位；否則，在耶穌受難前，在最後的晚餐中，使徒們就不會再爭論誰為大（路廿二：24-30；太二十：20-28；可十：35-45）了。[119] 而且，保羅也自視自己不在彼得之下：「但我想，我一點不在那些最大的使徒之下。」（林後十一：5）「我雖算不了甚麼，卻沒有一件事在那些最大的使徒

之下。」（林後十二：11）[120]

以上這兩種關於「磐石」的解釋，都有一定的根據；同時，對 Πέτρος（彼得）的含義的理解不盡相同。但比較而言，把「磐石」解釋爲彼得的認信（「你是基督，是永生神的兒子」），似更爲合宜。也就是說，主耶穌要把教會建造在彼得認信的根基上，或者，主耶穌要把教會建造在包括彼得在內、有這種認信的使徒和先知的根基上（弗二：20-22）。[121]

天主教將《馬太福音》十六章17-19節的經文，作爲建立教皇制度的依據，並說彼得是羅馬教會的第一任教皇。其實，無論怎樣解釋這段經文中的「磐石」，都與教皇制度扯不上關係。

整部《聖經》的上下文

以整部《聖經》作爲背景，可以幫助讀者更全面更準確地瞭解一節（段）經文的意思。

例一，甚麼樣的禱告必蒙神垂聽？

不結果的無花果樹，被主咒詛後枯乾了，門徒很希奇。主耶穌對他們說：「我實在告訴你們，你們若有信心，不疑惑，不但能行無花果樹上所行的事，就是對這座山說，你挪開此地，投在海裏，也必成就。你們禱告，無論求甚麼，只要信，就必得著。」（太廿一：21-22）

在這裏，主耶穌強調信心在禱告中的極端重要性。只要有信心，門徒不僅同樣可使無花果樹枯乾，而且能將山投在海裏；只要信，無論求甚麼，都能得著。「只要信」，是信甚麼呢？在另一處相同情景的記載中，主耶穌說：「所以我告訴你們，凡你們禱告祈求的，無論是甚麼，只要信是得著的，就必

得著。」（馬十一：24）對照可見，「**只要信**」的意思是「**只要信是得著的**」。「只要信是得著的」，又當如何理解呢？是禱告者自己相信可以得著的就必得著麼？但是，這與基督徒的實際禱告經歷相差太遠了。信徒在禱告中，常常得不著自己相信可以得著、應該得著或必須得著的。

類似的困惑出現在《雅各書》中：「出於信心的禱告，要救那病人，主必叫他起來。」（雅五：15a）甚麼是「**信心的禱告**」？是爲病人禱告的人自己相信病人的病會被治好，病人就必痊癒麼？

筆者曾讀過一篇文章，說一間教會的一位長老病了，會眾迫切爲他禱告，而且相信他一定會被神醫治。他們毫不疑惑地向神祈求，沒有作任何別的打算。但是，神並沒有醫治這位長老。因爲會眾一心相信神會醫治，沒有爲善後作任何準備，以致措手不及；而且，會眾還很感愧疚，認爲出現這樣的結果，是因爲他們在禱告的時候信心不夠所致。

但是，如果「**只要信是得著的**」或「**信心的禱告**」，是禱告者在禱告時自己相信能得著甚麼，這豈不是說禱告者「心想事成」麼？

通觀《聖經》有關禱告的經文，讀者就會發現，禱告蒙神應允是有條件的。例如，注重罪孽的人的禱告和虛妄的呼求，神都不會成全：

> 夜間耶和華向所羅門顯現，對他說：「我已聽了你的禱告，也選擇這地方作為祭祀我的殿宇。我若使天閉塞不下雨，或使蝗蟲吃這地的出產，或使瘟疫流行在我民中，這稱為我名下的子民，若是自卑、禱告，尋求我的面，轉

離他們的惡行，我必從天上垂聽，赦免他們的罪，醫治他們的地。我必睜眼看，側耳聽，在此處所獻的禱告。」（代下七：12-15）

我曾用口求告祂，我的舌頭也稱祂為高。我若心裏注重罪孽，主必不聽。（詩六十六：17-18）

轉耳不聽律法的，他的祈禱也為可憎。（箴廿八：9）

你們舉手禱告，我必遮眼不看，就是你們多多的禱告，我也不聽。你們的手都滿了殺人的血。（賽一：15）

耶和華的膀臂，並非縮短不能拯救；耳朵並非發沉，不能聽見。但你們的罪孽使你們與神隔絕，你們的罪惡使他掩面不聽你們。（賽五十九：1）

我們犯罪背逆，祢並不赦免。祢自被怒氣遮蔽，追趕我們；祢施行殺戮，並不顧惜。祢以黑雲遮蔽自己，以致禱告不得透入。（哀三：42-44）

我說：「雅各的首領，以色列家的官長阿，你們要聽。你們不當知道公平麼？你們惡善好惡，從人身上剝皮，從人骨頭上剔肉。吃我民的肉，剝他們的皮，打折他們的骨頭，分成塊子要下鍋，又像釜中的肉。到了遭災的時候，這些人必哀求耶和華，祂卻不應允他們。那時祂必照他們所行的惡事，向他們掩面。」（彌三：1-4）

萬軍之耶和華說：「我曾呼喚他們，他們不聽；將來他們呼求我，我也不聽！」（亞七：13）

你們求也得不著，是因為你們妄求，要浪費在你們的宴樂中。（雅四：3）

你們作丈夫的，也要按情理和妻子同住〔情理，原作知識〕；因她比你軟弱〔比你軟弱，原文作是軟弱的器皿〕，與你一同承受生命之恩的，所以要敬重她；這樣便叫你們的禱告沒有阻礙。（彼前三：7）

這些經文表明，人的禱告蒙神垂聽，是有前提的，那就是，禱告者必須轉離惡行，自卑和尋求神的面。所以，「凡你們禱告祈求的，無論是甚麼，只要信是得著的，就必得著」（馬十一：24）中的「**只要信是得著的**」或「出於信心的禱告，要救那病人，主必叫他起來」（雅五：15a）中的「**信心**」，不宜簡單地理解為禱告者的自信或自己心中的堅定意念。否則，若惡人憑自信禱告，豈不也會蒙神垂聽？

再查考另一組經文，看看怎樣的禱告，定會蒙神垂聽：

這稱為我名下的子民，若是自卑、禱告，尋求我的面，轉離他們的惡行，我必從天上垂聽，赦免他們的罪，醫治他們的地。（代下七：14）

凡求告耶和華的，就是誠心求告他的，耶和華便與他們相近。敬畏他的，他必成就他們的心願，也必聽他們的

呼求，拯救他們。（詩一四五：18-19）

那時敬畏耶和華的人彼此談論，耶和華側耳而聽，且有紀念冊在祂面前，記錄那敬畏耶和華思念祂名的人。（瑪三：16）

我實實在在的告訴你們，我所作的事，信我的人也要作；並且要作比這更大的事；因為我往父那裏去。你們奉我的名，無論求甚麼，我必成就，叫父因兒子得榮耀。你們若奉我的名求甚麼，我必成就。（約十四：12-14）

你們若常在我裏面，我的話也常在你們裏面，凡你們所願意的，祈求就給你們成就。（約十五：7）

到那日，你們甚麼也就不問我了。我實實在在的告訴你們，你們若向父求甚麼，祂必因我的名，賜給你們。向來你們沒有奉我的名求甚麼，如今你們求就必得著，叫你們的喜樂可以滿足。（約十六：23-24）

舊約先知們和主耶穌的這些教訓表明，「無論求甚麼，我必成就」，其前提是，禱告者要敬畏神，要「奉祂的名」或「因祂的名」，目的是使天父得榮耀；同時也使信徒的喜樂得以滿足（這種喜樂是因主的復活所帶來的喜樂）[122]。所謂「奉耶穌的名」，就是「以耶穌的名義」，或「代表耶穌」，即在禱告中要遵從耶穌的心思意念。好像一個國家的駐外使節，他（她）的一切言談舉止，都是代表他（她）的祖國，體現其立

場、觀點，維護其根本利益。「奉耶穌的名」禱告，也有依靠耶穌的大能禱告的含義。按照耶穌的心意禱告，必能榮耀天父，故必定成就。

新約《聖經》作者的有關教導，也證實了這一點：

> 況且我們的軟弱有聖靈的幫助，我們本不曉得當怎樣禱告，只是聖靈親自用說不出來的歎息，替我們禱告。鑒察人心的，曉得聖靈的意思；因為聖靈照著神的旨意替聖徒祈求。（羅八：26-27）

> 義人祈禱所發的力量，是大有功效的。（雅五：16b）

> 並且我們一切所求的，就從祂得著；因為我們遵守祂的命令，行祂所喜悅的事。（約壹三：22）

> 我們若照祂的旨意求甚麼，祂就聽我們；這是我們向祂所存坦然無懼的心。既然知道祂聽我們一切所求的，就知道我們所求於祂的無不得著。（約壹五：14-15）

> 親愛的弟兄阿！你們卻要在至聖的真道上造就自己，在聖靈裏禱告，保守自己常在神的愛中，仰望我們主耶穌基督的憐憫，直到永生。（猶20-21）

在前面引述的《馬可福音》中記載的一段主耶穌關於禱告的教訓是這樣的：

　　早晨，他們從那裏經過，看見無花果樹連根都枯乾了。彼得想起耶穌的話來，就對他說：「拉比！請看，祢所咒詛的無花果樹，已經枯乾了。」耶穌回答說：「你們當信服神。我實在告訴你們，無論何人對這座山說：『你挪開此地投在海裏』；他若心裏不疑惑，只信他所說的必成，就必給他成了。所以我告訴你們，凡你們禱告祈求的，無論是甚麼，只要信是得著的，就必得著。」（可十一：20-24）

　　請注意，耶穌談到禱告前，有一句話：「你們當信服神。」（可十一：22）這句話的直譯是：「你們對神要有信心。」在這裏，「神」（θεου）是受詞所有格，是「信心」（πιστις pistis）的對象。[123]中文和合本將這節經文的「信心」（πιστις）譯爲「信服」，非常貼切。因爲，對神的信心包括對神的信賴和順服。

　　神能成就一切的祈求，因神是無所不能的；但是，神是否成就禱告者的祈求，則取決於神的旨意。禱告者既要相信神的大能，又要降服於神的旨意。無論神如何回應人的祈求，都是最眞最善最美的。

　　主耶穌在客西馬尼園的禱告，爲門徒樹立了典範。主耶穌被猶太人捉拿前夕，祂帶領門徒到了客西馬尼園，主自己稍往前走，獨自向天父禱告了三次。

　　第一次禱告，祂說：「我父阿！倘若可行，求祢叫這杯離開我；然而不要照我的意思，只要照祢的意思。」（太廿六：39）

　　第二次禱告，祂說：「我父阿！這杯若不能離開我，必要

我喝,就願祢的旨意成全。」(太廿六:42)

第三次禱告,祂「說的話還是與先前一樣」(太廿六:44)。

陳惠榮、胡問憲指出:

> 在祈禱的事上,耶穌是一味以神的旨意為念,並且願意父神的旨意成就。我們若憑著信心發出這種祈求,神就必然應允我們,因為我們是祈求神的旨意得以成就。我們只能移動神想移去的山,而不是憑我們自己的意思去移動任何一座山。拉比用「移山」來形容無法克服的困難;我們當然不能按字面的意思來理解「移山」這觀念。倘若我以這種態度去禱告,我們就能在看見後果之前獻上感恩,因為無論甚麼後果,一定都是出於神的心意和計畫。[124]

使徒保羅說,有一根刺加在他的肉體上,他曾三次求主,叫這根刺離開他。主卻沒有應允他的祈求。對此,保羅很清楚神的美意:「恐怕我因所得的啟示甚大,就過於自高」;使他「更喜歡誇自己的軟弱,好叫基督的能力覆庇」他。(參見林後十二:7-10)

「願祢的旨意成全」,應該是禱告者的最高境界。這決不是像有些人所說的:「是因為禱告時信心不足,給自己留後路。」

焦源濂說:

> 主耶穌藉著這件事教導門徒說,信徒只要有信心,不但能行使樹枯乾的神蹟,甚至還能將山投在海中——使絕

不可能的事變成可能！但是這個信心卻不是盲目的自信，
乃是從禱告——與神交通而得著的信心，亦即清楚了神的
旨意後的信心。人若在這信上堅定不移，許多不可能的
事，必成為可能！[125]

莫德（J. A. Motyer）也指出：「禱告是委身於神的旨意。
所有真正的禱告，都是以最真誠的信心、耐心，等候祂定意要
作的事。」主耶穌關於禱告必定成就的應許，「是要帶領我們
禱告有信心，告訴我們神能作萬事，祂充滿慈愛，不會保留甚
麼美好事物不賜給我們，並會聆聽我們的一切話。」主的應許
「不是鼓勵或容許我們，禱告時頑固地以為自己必定無誤，我
們的旨意必得成全。」[126]

禱告者在禱告中明白了神的旨意後，不管環境如何，都要
毫不懷疑地、堅定地按神的旨意祈求，相信祂定能成就。舊約
《聖經》記載的先知以利亞，就有這樣的信心。

《列王紀上》第十八章記載，三年大旱之後，以利亞遵耶
和華之命去見猶大王亞哈。耶和華用大能、奇事，使以利亞在迦
密山上一人擊敗了亞哈所召聚的四百五十個事奉巴力的假先知。
爾後，以利亞對亞哈說：「你現在可以上去吃喝，因為有多雨的
響聲了。」（王上十八：41）以利亞則上到迦密山頂，「屈身在
地，將臉伏在雙膝之中」（王上十八：42），迫切禱告。同時，
他差僕人向海觀看，看是否有雨來臨。一連觀看六次，任何降雨
的跡象都沒有。「第七次僕人說：『我看見有一小片雲從海裏
來，不過如人手那樣大。』以利亞說：『你上去告訴亞哈，當套
車下去，免得被雨阻擋。』霎時間，天因風雲黑暗降下大雨。亞
哈就坐車往耶斯列去了。」（王上十八：44-45）

　　爲甚麼以利亞在毫無降雨跡象的時候，他仍那樣迫切而持續地禱告？爲甚麼只看到手掌般的一小片雲，他就確信大雨將至？因爲，當耶和華差他去見亞哈王時，已清楚地告訴他：「我要降雨在地上。」（王上十八：1）這就是信心的禱告。

　　可見，在主耶穌關於禱告的應許中的「**只要信**」和「**只要信是得著的**」，或《雅各書》講的「**信心的禱告**」，是「信」神，而不是「信」自己；是「信」神的旨意必定成就，而不是「信」自己的意願定能實現。神有能力成就任何祈求，但是，神不一定願意按禱告者的意願成就每個祈求。按神的心願祈求的，必定得著。這樣理解「無論求甚麼，我必成就」，就和信徒的禱告經驗吻合了。

　　可是，這又引發了另一個問題：爲甚麼還要禱告祈求呢？信徒滿可以對神說：「神阿！我們的需求，祢都知道。祢就看著辦吧！願祢的旨意成全！再見。」但是，《聖經》不僅強調信徒要禱告，而且要懇切、不住地禱告。看來，上述對「**只要信**」、「**只要信是得著的**」、「**信心的禱告**」的詮釋，也許還不是眞理的全部。

　　當然，禱告不只是祈求，禱告包括敬拜、讚美、感恩、認罪、代求、祈求等。禱告是奉聖子的名，在聖靈的引導下向聖父說話，是在靈裏與三一神相交，使信徒與神建立更親密的關係。不過，這些不是本書的議題。

　　《聖經》強調禱告的教導很多，下面是部分經文：

　　　　我又告訴你們，若是你們中間有兩三個人在地上，同心合意的求甚麼，我在天上的父，必爲他們成就。因爲無論在那裏，有兩三個人奉我的名聚會，那裏就有我在他們

中間。（太十八：19-20）

　　這些人（指十二使徒，筆者注），同著幾個婦人，和耶穌的母親馬利亞，並耶穌的弟兄，都同心合一的恆切禱告。（徒一：14）

　　在指望中要喜樂；在患難中要忍耐。禱告要恆切；聖徒缺乏要幫補；客要一味的款待。（羅十二：12）

　　靠著聖靈，隨時多方禱告祈求，並要在此儆醒不倦，為眾聖徒祈求，也為我祈求，使我得著口才，能以放膽，開口講明福音的奧秘，（我為這個福音的奧秘，作了帶鎖鏈的使者，）並使我照著當盡的本分，放膽講論。（弗六：18-20）

　　當一無掛慮，只要凡事藉著禱告，祈求，和感謝，將你們所要的告訴神。神所賜出人意料的平安，必在基督耶穌裏，保守你們的心懷意念。（腓四：6-7）

　　你們要恆切禱告，在此儆醒感恩；（西四：2）

　　要常常喜樂；不住的禱告；凡事謝恩；因為這是神在基督耶穌裏向你們所定的旨意。（帖前五：16-18）

　　我勸你第一要為萬人懇求、禱告、代求、祝謝；為君王和一切在位的也該如此；使我們可以敬虔端正，平安無事的度日。這是好的，在神我們救主面前可蒙悅納。（提

前二：1-3）

我願男人無忿怒，無爭論〔爭論，或作疑惑〕，舉起聖潔的手，隨處禱告。（提前二：8）

只要憑著信心求，一點不疑惑；因為那疑惑的人，就像海中的波浪，被風吹動翻騰。這樣的人，不要想從主那裏得甚麼；心懷二意的人，在他一切所行的路上，都沒有定見。

雖然主耶穌和天父的關係那麼親密，但他仍常常長時間地懇切禱告：

（施洗約翰被殺後，）約翰的門徒來，把屍首領去，埋葬了就去告訴耶穌。耶穌聽見了，就上船從那裏獨自退到野地裏去。（太十四：12-13）

五餅二魚讓五千人吃飽後，「散了眾人以後，祂獨自上山去禱告；到了晚上，只有祂一人在那裏。」（太十四：23）

行了醫病、趕鬼的許多神蹟後，次日早晨，天未亮的時候，耶穌起來，到曠野地方去，在那裏禱告。（可一：35）。
當耶穌的名聲越發傳揚出去、許多人來聚集，耶穌卻退到曠野去禱告。（路五：16）

他們就滿心大怒,彼此商議,怎樣處置耶穌。那時,耶穌出去上山禱告;整夜禱告神。到了天亮,叫他的門徒來,就從他們中間挑選十二個人,稱他們為使徒。(路六:11-13)

在客西馬尼園,主耶穌的禱告更是迫切:

耶穌同門徒來到一個地方,名叫客西馬尼,就對他們說:「你們坐在這裏,等我到那邊去禱告。」於是帶著彼得和西庇太的兩個兒子同去,就憂愁起來,極其難過;便對他們說:「我心裏甚是憂傷,幾乎要死;你們在這裏等候,和我一同儆醒。」

祂就稍往前走,俯伏在地,禱告說:「我父阿!倘若可行,求祢叫這杯離開我;然而不要照我的意思,只要照祢的意思。」

來到門徒那裏見他們睡著了,就對彼得說:「怎麼樣,你們不能同我儆醒片時麼?總要儆醒禱告,免得入了迷惑;你們心靈固然願意,肉體卻軟弱了。」

第二次又去禱告說:「我父阿!這杯若不能離開我,必要我喝,就願祢的旨意成全。」

又來見他們睡著了,因為他們的眼睛困倦。

耶穌又離開他們去了;第三次禱告,說的話還是與先前一樣。

於是來到門徒那裏,對他們說:「現在你們仍睡著安息吧〔吧或作麼〕;時候到了,人子被賣在罪人手裏了。起來!我們走吧;看哪!賣我的人近了。」(太廿六:36-46)

　　他們來到一個地方，名叫客西馬尼；耶穌對門徒説：「你們坐在這裏，等我禱告。」於是帶著彼得、雅各、約翰同去，就驚恐起來，極其難過。對他們説：「我心裏甚是憂傷，幾乎要死；你們在這裏等候儆醒。」

　　祂就稍往前走，俯伏在地禱告，説倘若可行，便叫那時候過去。他説：「阿爸，父阿！在祢凡事都能；求祢將這杯撤去，然而不要從我的意思，只要從祢的意思。」

　　耶穌回來，見他們睡著了，就對彼得説：「西門！你睡覺麼？不能儆醒片時麼？總要儆醒禱告，免得入了迷惑；你們心靈固然願意，肉體卻軟弱了。」

　　耶穌又去禱告，説的話還是與先前一樣。

　　又來，見他們睡著了，因為他們的眼睛甚是困倦；他們也不知道怎麼回答。

　　第三次來，對他們説：「現在你們仍然睡覺安息吧〔吧或作麼〕；夠了，時候到了；看哪！人子被賣在罪人手裏了。起來！我們走吧；看哪！那賣我的人近了。」（可十四：32-42）

　　耶穌出來，照常往橄欖山去；門徒也跟隨祂。到了那地方，就對他們説：「你們要禱告，免得入了迷惑。」於是離開他們，約有扔一塊石頭那麼遠，跪下禱告，説：「父阿！祢若願意，就把這杯撤去；然而不要成就我的意思，只要成就祢的意思。」

　　有一位天使，從天上顯現，加添祂的力量。

　　耶穌極其傷痛，禱告更加懇切；汗珠如大血點，滴在地上。

禱告完了，就起來，到門徒那裏，見他們因憂愁都睡
著了；就對他們說：「你們為甚麼睡覺呢？起來禱告，免
得入了迷惑。」（路廿二：39-46）

此外，在福音書的記載中，不少祈求都蒙了主耶穌的應
允，比如：

耶穌進了迦百農，有一個百夫長進前來，求他說：
「主阿！我的僕人害癱瘓病，躺在家裏，甚是疼痛。」
耶穌說：「我去醫治他。」
百夫長回答說：「主阿！祢到我舍下，我不敢當；只
要祢說一句話，我的僕人就必好了。因為我在人的權下，
也有兵在我以下；對這個說：『去』，他就去；對那個
說：『來』，他就來；對我的僕人說：『你作這事』，他
就去作。」
耶穌聽見就希奇，對跟從的人說：「我實在告訴你
們，這麼大的信心，就是在以色列中，我也沒有遇見過。
……」
耶穌對百夫長說：「你回去吧！照你的信心，給你成
全了。」那時，他的僕人就好了。（太八：5-13）

有一個女人，患了十二年的血漏，來到耶穌背後，
摸他的衣裳繸子；因為她心裏說：「我只摸他的衣裳，就
必痊癒。」耶穌轉過身來看見她，就說：「女兒，放心，
你的信救了你。」從那時候，女人就痊癒了。（太九：
20-22）

耶穌離開那裏，退到推羅、西頓境內去。

有一個迦南婦人，從那地方出來，喊著說：「主阿！大衛的子孫，可憐我；我女兒被鬼附得甚苦。」

耶穌卻一言不答。

門徒進前來，求祂說：「這婦人在我們後頭喊叫；請打發她走吧。」

耶穌說：「我奉差遣，不過是到以色列家迷失的羊那裏去。」

那婦人來拜祂，說：「主阿！幫助我。」

祂回答說：「不好拿兒女的餅，丟給狗吃。」

婦人說：「主阿！不錯；但是狗也吃它主人桌子上掉下來的碎渣兒。」

耶穌說：「婦人！你的信心是大的！照你所要的，給你成全了吧。」

從那時候，她女兒就好了。（太十五：21-28）

耶穌從那裏往前走，有兩個瞎子跟著祂，喊叫說：「大衛的子孫，可憐我們吧！」

耶穌進了房子，瞎子就來到祂眼前；

耶穌說：「你們信我能作這事麼？」

他們說：「主阿！我們信。」

耶穌就摸他們的眼睛，說：「照著你們的信給你們成全了吧。」

他們的眼睛就開了。（太九：27-30）

在這幾個事例中，百夫長不僅相信耶穌能醫治他的僕人，

而且相信耶穌不必親自前往，「只要祢說一句話」，在家裏躺臥的僕人就會好了。這是何等大的信心！患血漏的女人認定：「我只摸祂的衣裳，就必痊癒。」迦南婦人不顧耶穌的「冷淡」，相信「狗也吃它主人桌子上掉下來的碎碴兒」，非要得到耶穌的幫助不可。主耶穌對她說：「婦人！你的信心是大的！照你所要的，給你成全了吧。」對照《馬可福音》的平行經文，主耶穌對她說的話是：「因這句話，你回去吧；鬼已經離開你的女兒了。」（可七：29）那兩個瞎子，因為相信耶穌「能作這事」，主就照著他們的信，治好了他們的眼睛。這幾個事例的共同特點是，祈求者都相信耶穌能夠為他們治病、趕鬼；他們並不知道耶穌是否願意為他們治病、趕鬼。但就因為相信耶穌有這種能力，因著這對耶穌的信靠，耶穌就幫助了他們。

神是按自己的旨意來回應信徒的祈求。但使徒雅各說：「你們得不著，是因為你們不求。」（雅四：2b）這是否可以解讀為：祈求可以使信徒得到原本得不到的，或者，祈求可能改變神對信徒的旨意？這樣的解讀，有《聖經》的支持。

舊約《創世記》記載，由於所多瑪和蛾摩拉的罪惡甚重，神決意要毀滅這兩個地方。因亞伯拉罕的侄子羅得住在所多瑪，所以他為所多瑪代求：

> 亞伯拉罕進前來說：「無論善惡，祢都要剿滅麼？假若那城裏有五十個義人，祢還剿滅那地方麼？不為城裏這五十個義人饒恕其中的人麼？將義人與惡人同殺，將義人與惡人一樣看待，這斷不是祢所行的。審判全地的主，豈不行公義麼？」
>
> 耶和華說：「我若在所多瑪城裏見有五十個義人，我

就為他們的緣故，饒恕那地方的眾人。」

亞伯拉罕說：「我雖然是灰塵，還敢對主說話。假若這五十個義人短了五個，祢就因為短了五個毀滅全城麼？」

祂說：「我在那城裏若見有四十五個，也不毀滅那城。」

亞伯拉罕又對祂說：「假若在那裏見有四十個怎麼樣呢？」

祂說：「為這四十個的緣故，我也不作這事。」

亞伯拉罕說：「求主不要動怒，容我說：假若在那裏見有三十個呢？」

祂說：「我在那裏若見有三十個，我也不作這事。」

亞伯拉罕說：「我還敢對主說話：假若在那裏見有二十個怎麼樣呢？」

祂說：「為這二十個的緣故，我也不毀滅那城。」

亞伯拉罕說：「求主不要動怒，我再說這一次，假若在那裏見有十個呢？」

祂說：「為這十個的緣故，我也不毀滅那城。」

耶和華與亞伯拉罕說完了話就走了；亞伯拉罕也回到自己的地方去了（創十八：23-33）

可惜，所多瑪城裏連十個義人也沒有。

但這段對話生動地表明，耶和華神並不是高高在上、冷酷無情的，而是滿有仁慈的，可以與之一而再、再而三地「討價還價」！

此外，舊約《列王紀下》記載，猶大王希西家「行耶和

華眼中看為正的事，效法他祖大衛一切所行的」（王下十八：
3）。後來希西家病了：

> 那時希西家病得要死。亞摩斯的兒子先知以賽亞去見
> 他，對他說：「耶和華如此說：你當留遺命與你的家，因
> 為你必死，不能活了。」
>
> 希西家就轉臉朝牆，禱告耶和華說：「耶和華阿，求
> 祢紀念我在祢面前怎樣存完全的心，按誠實行事，又作了
> 祢眼中看為善的。」希西家就痛哭了。
>
> 以賽亞出來，還沒有到中院〔院或作城〕，耶和華的
> 話就臨到他，說：「你回去，告訴我民的君希西家說：
> 『耶和華你祖大衛的神如此說：我聽見了你的禱告，看見
> 了你的眼淚，我必醫治你。到第三日，你必上到耶和華的
> 殿。我必加增你十五年的壽數，並且我要救你和這城脫
> 離亞述王的手。我為自己和我僕人大衛的緣故，必保護這
> 城。』」
>
> 以賽亞說：「當取一塊無花果餅來。」人就取了來，
> 貼在瘡上，王便痊癒了。（王下二十：1-8）

本來，先知以賽亞告訴希西家王，他的死期已到了。但
希西家向神痛哭祈求，耶和華聽見王的禱告，看見王的眼淚，
就改變心意，醫治了希西家的病，而且多給他十五年的壽數。
（至於希西家求多十五年壽數，是利是弊，就另當別論了。）
可見，信徒的禱告，有時確實可能改變神的心意！
主耶穌教導門徒禱告時，也強調恆切禱告的果效：

耶穌又説：「你們中間誰有一個朋友，半夜到他那裏去説：『朋友！請借給我三個餅；因為我有一個朋友行路，來到我這裏，我沒有甚麼給他擺上。』那人在裏面回答説：『不要攪擾我；門已經關閉，孩子們也同我在床上了；我不能起來給你。』我告訴你們，雖不因他是朋友起來給他，但因他情詞迫切的直求，就必起來照他所需用的給他。

我又告訴你們，你們祈求就給你們；尋求就尋見；叩門就給你們開門。因為凡祈求的就得著；尋找的就尋見，叩門的就給他開門。

你們中間作父親的，誰有兒子求餅，反給他石頭呢？求魚，反拿蛇當魚給他呢？求雞蛋，反給他蠍子呢？

你們雖然不好，尚且知道拿好東西給兒女，何況天父，豈不更將聖靈給求祂的人麼？」（路十一：5-13）

耶穌設一個比喻，是要人常常禱告，不可灰心；説：「某城裏有一個官，不懼怕神，也不尊重世人。那城裏有一個寡婦，常到他那裏，説：『我有一個對頭，求你給我伸冤。』他多日不准；後來心裏説：『我雖不懼怕神，也不尊重世人；只因這寡婦煩擾我，我就給她伸冤吧；免得她常來纏磨我。』」

主説：「你們聽這不義之官所説的話。神的選民，晝夜呼籲祂，祂縱然為他們忍了多時，豈不終久給他們伸冤麼？我告訴你們，要快快的給他們伸冤了；然而人子來的時候，遇得見世上有信德麼？」（路十八：1-8）

主耶穌在比喻中說，由於祈求者情詞迫切、「纏磨」不已，不願下床的朋友只好起來開門，不怕神的官也只好為寡婦伸了冤。試想，在兒女一再的懇求下，父母總會把原不打算給他們的東西給他們。主耶穌尖銳地說，有罪的人尚且知道拿好東西給兒女，何況天父，「豈不更把好東西給求祂的人麼？」（太七：11）

神的本性（慈愛、公義、聖潔、信實等）和大的計畫（如神的救贖和審判）是永不改變的；因此，神會視人的作為和與祂的關係，改變祂對人的態度。當人悖逆、犯罪時，神會降怒、懲罰；當人悔改、歸向神時，神就會看顧、保守。

禱告也是這樣。百夫長、迦南婦人、兩個瞎子和得血漏的女人，他們對主耶穌是那樣地信任、仰賴，把他們自己的難處，完全交託給祂、認定祂。這種對神毫不猶疑的依靠，是他們對神的信心的展現，一定會為神所悅納。對如此信靠祂的人，神就可能按他們的祈求成就，作為對他們信心的獎賞。

神成就信徒的祈求，在時間、空間和形式上，不一定與祈禱者所預期的相同。主耶穌在客西馬尼園禱告時，求父神把那個「杯」挪去，但祂仍喝了那杯（上了十字架）。可是，《希伯來書》的作者卻說：「基督在肉體的時候，既大聲哀哭，流淚禱告懇求那能救祂免死的主，就因祂的虔誠，蒙了應允。」（來五：7）對這節經文，學者有許多不同的解釋。馮蔭坤的解釋是：基督「流淚禱告懇求那能救祂免死的主」與「祢若願意，就把這杯撤去」相對應；「因祂的虔誠，蒙了應允」與「然而不要成就我的意思，只要成就祢的意思」相對應。也就是說，「蒙了應允」是指基督求父神的旨意得以成就這一禱告蒙了應允。而父神應允這禱告的方式，就是加力量給基督，使

祂能承受十字架的苦難，成就了對人類的救贖。[127]

綜上所述：

一、心裏注重罪孽、心向虛妄的人的禱告，神必不聽；轉離惡行、敬畏聽神的人的禱告，神才會垂聽。

二、「願人都尊祢的名為聖。願祢的國降臨。願祢的旨意行在地上，如同行在天上。」（太六：9-10）「願祢的旨意成全」（太廿六：42b），是禱告的中心主題。也就是說，禱告者的心態要從以自己為中心轉變為以神為中心。禱告者要把自己放在神的國度中，而不是把神拉進自己籌算好的計畫中。真正的禱告，是尋求神的旨意，並憑信心而遵循之。信心的對象是神，而不是禱告的人。

三、奉主耶穌的名的禱告，神會垂聽。

四、信徒同心合意地禱告，蒙神垂聽。

五、信徒不住地、恆切地禱告，蒙神垂聽。

六、禱告者要在尊重神對個人或個別事工的旨意和尊重神的大能之間取得平衡。一方面，不要只尊重神對個人或個別事工的旨意，而忽視神的大能。不要認為，既然神是按祂自己的旨意行事，那麼，是否禱告與是否迫切地禱告就不重要了。其實，神對個人或個別事工的旨意是可能視禱告者對祂的信靠、交託的程度而改變的。所以，禱告者既要尊重神的旨意，又要迫切不住地禱告。另一方面，不要只相信神的大能，而忽視了神的旨意。不要以為，只要禱告者的禱告急切、恆久，神就一定會按禱告者的意願成就：「我們一禱告，就搖動神的手。」所以，在恆切的禱告中，除了把自己的祈求告訴神以外，仍要不住地對神說：主阿！願祢的旨意成全。阿們。

例二，**門徒和家人應該是怎樣的關係**？

主耶穌說：「人到我這裏來，若不愛我勝過愛自己的父母、妻子、兒女、弟兄、姊妹，和自己的生命，就不能作我的門徒〔愛我勝過原文作恨〕。」（路十四：26）按經文中的注釋，原文是「人到我這裏來，若不恨自己的父母、妻子、兒女、弟兄、姊妹，和自己的生命，就不能作我的門徒。」耶穌還說：「我實在告訴你們，人爲我和福音撇下房屋，或是弟兄、姊妹、父母、兒女、田地。沒有不在今世得百倍的，就是房屋、弟兄、姊妹、母親、兒女、田地，並且要受逼迫；在來世必得永生。」（可十：29-30）

主耶穌的這些教訓是甚麼意思呢？難道事奉神的人就要恨家人或拋棄家人麼？

有的傳道人依據這些經文，完全拋開家人不顧，長年累月到外地事奉；即使回到家鄉，也是三過家門而不入。他們認爲，如果照顧家人，就不是全心全意事奉神。

但是，布魯斯寫道：

> 這是難解之言。它令人難以接受，也不容易和耶穌的一般教訓協調。這些話所建議的態度，似乎也與人性相衝突，並且和耶穌所強調的最根本的愛鄰舍的律法相牴觸。如果「鄰舍」的意義必須擴大到一個地步，連自己的仇敵也包括在內，便不應該又縮小到一個地步，將自己最親愛的人排除在外。[128]

如何按主的教訓正確處理門徒和家人的關係呢？

首先，要瞭解「恨」字的含義。希臘字 $\mu\iota\sigma\acute{\epsilon}\omega$（miseō，恨），是一個古老而強烈的動詞，在新約《聖經》中出現過

40次。其中，20次譯爲「恨」，13次譯爲「恨惡」，3次譯爲「惡」，一次分別譯爲「可憎」、「相恨」、「厭惡」、「愛我勝過愛」。[129]

希伯來人喜歡用強烈對比的字眼。因爲在希伯來語法中，沒有表達愛的不同程度的字，只有「愛」和「恨」兩種字。[130]所以，「恨」可理解爲「愛得少一點」。[131]比如：「耶和華見利亞失寵〔原文作『被恨』，下同〕，就使她生育；拉結卻不生育。」（創廿九：31）「人若有二妻，一爲所愛，一爲所惡」（申廿一：15）中的「惡」也應理解爲「愛得少一點」。

這樣理解希伯來人的「恨」，也得到新約經文的支持。《路加福音》十四章26節的平行經文是主耶穌的教訓：「愛父母過於愛我的，不配作我的門徒；愛兒女過於愛我的，不配作我的門徒。」（太十：37）對照中可見，「愛神過於愛父母」與「恨父母」是同義的。

其次，查考《聖經》關於信徒與家人關係的一些教導：

趁有指望，管教你的兒子，你的心不可任他死亡。（箴十九：18）

教養孩童，使他走當行的道，就是到老他也不偏離。（箴廿二：6）

管教你的兒子，他就使你得安息，也必使你心裏喜樂。（箴廿九：17）

當孝敬父母，使你的日子，在耶和華你神所賜的地上，得以長久。（出二十：12）

耶穌回答說：「你們為甚麼因著你們的遺傳，犯了神的誡命呢？神說：『當孝敬父母。』又說：『咒罵父母的，必治死他。』你們倒說：『無論何人對父母說，我所當奉給你的，已經作了奉獻，他就可以不孝敬父母。』這就是你們藉著遺傳廢了神的誡命。」（太十五：3-6）

耶穌對他說：「……你若要進入永生，就當遵守誡命。」

他說：「甚麼誡命？」

耶穌說：「就是不可殺人，不可姦淫，不可偷盜，不可作假見證，當孝敬父母；又當愛人如己。」（太十九：17-19）

你們各人都當愛妻子，如同愛自己一樣；妻子也當敬重她的丈夫。（弗五：33）

你們作兒女的，要在主裏聽從父母，這是理所當然的。「要孝敬父母，使你得福，在世長壽。」這是第一條帶應許的誡命。

你們作父親的，不要惹兒女的氣，只要照著主的教訓和警戒，養育他們。（弗六：1-4）

你們作丈夫的，也要按情理和妻子同住〔情理，原文作知識〕；因她比你軟弱〔比你軟弱，原文作是軟弱的器皿〕，與你一同承受生命之恩的，所以要敬重她；這樣便叫你們的禱告沒有阻礙。（彼前三：7）

> 我聽見我的兒女按真理而行，我的喜樂就沒有比這個大的。（約參4）

> 好好管理自己的家，使兒女凡事端莊順服〔或作端端莊莊的使兒女順服〕。人若不知道管理自己的家，焉能照管神的教會呢？（提前三：4-5）

> 人若不看顧親屬，就是背了真道，比不信的人還不好；不看顧自己家裏的人，更是如此。（提前五：8）

上述經文表明，主的門徒，除了跟隨主之外，也應盡自己作為父母、丈夫、妻子或兒女的責任。

第三，看看主耶穌和祂的家人的關係。

主耶穌是道成肉身的神，在神性上加上了人性。從人性說，祂是長子、長兄，應該孝敬父母，愛護弟妹；從神性說，祂是人類的救主，也是祂家人的救主；彌賽亞的使命高於家人的責任。

當主耶穌的家人僅僅看到他們和主耶穌的家人關係時，張力就出現了。福音書記錄了幾次（路二：41-51；太十二：46-50；可三：31-35；約二：1-11，七：2-9），這裏只查看兩處經文。

在迦拿的婚宴上，主耶穌以水變酒（約二：1-12）。婚宴還未結束，酒用盡了。耶穌的母親馬利亞要耶穌幫忙。主耶穌卻對她說：「母親〔原文作婦人〕！我與你有甚麼相干？我的時候還沒有到。」（約二：4）最難讓人釋懷的是，主耶穌竟稱自己的母親為「婦人」！這似乎太不尊重了。

在原文中，「γύναι」（婦人）是「γυνή」（gynē）的呼格，可譯爲「婦人」、「婦女」、「夫人」等，不是一個不禮貌、不尊敬或貶義的稱呼，而是一個尊稱，在希臘悲劇中，一向用於稱呼王后與高貴的婦人；另一方面，用這個字稱呼自己的母親，而不用「μήτηρ」（mētēr 母親），在希伯來和希臘社會中，也沒有先例！因爲，在這裏，主耶穌是以彌賽亞的身分稱呼祂母親的；祂要告訴母親，在祂的彌賽亞事工中，她不能運用母親的權柄，因爲她關切的是人暫時的需要，而主耶穌關切的是神的榮耀與時候。[132]

第二處是《馬太福音》十二章46-50節：

> 耶穌還對眾人說話的時候，不料，祂母親和祂弟兄站在外邊，要與祂說話。有人告訴祂說：「看哪！祢母親和祢弟兄站在外邊，要與祢說話。」祂卻回答那人說：「誰是我的母親？誰是我的弟兄？」就伸手指著門徒說：「看哪！我的母親，我的弟兄。凡遵行我天父旨意的人，就是我的弟兄姐妹和母親了。」

這段經文給人的感覺是，似乎主耶穌有點太不講親情了。自己的母親和弟弟好心來找祂，祂卻這樣說話。爲了理解主耶穌爲甚麼這麼說，必須看當時的場景。

首先，祂的母親和弟兄找祂時，主耶穌正在與眾人說話；其次，他們爲甚麼急著要找祂呢？因爲「耶穌進了一個屋子，眾人又聚集，甚至祂連飯也顧不得吃。耶穌的親屬聽見，就出來要拉住祂，因爲他們說祂癲狂了。」（可三：20-21）

當時，法利賽人誣陷主耶穌是靠著鬼王趕鬼，祂的事工正

處於關鍵時刻。家人「拉住祂」，是出於對祂的疼愛；但祂卻不允許他們攔阻彌賽亞的工作。

此外，主耶穌還表明了屬靈家庭的特質：所有跟隨祂的人，同屬一個屬靈的大家庭。人們常說，血濃於水，親情比朋友關係更密切。然而，屬靈關係是比血還濃的，主內的關係甚至比血緣關係更親；而且主內關係會存到永遠。

雖然存在著屬靈和屬世家庭觀的張力，主耶穌卻非常恰當地處理了屬靈關係和家人關係。一方面，愛家人不能過於愛神，不能因家人的親情而妨礙了祂的彌賽亞工作；另一方面，愛神的同時，不輕忽對家人的愛。最讓人感動的是，當主耶穌被釘在十架上、處於彌留之際，祂仍念念不忘安排母親的生活：

> 站在耶穌十字架旁邊的，有祂母親，與祂母親的妹妹，並革羅罷的妻子馬利亞，和抹大拉的馬利亞。耶穌看見母親和祂所愛的那門徒站在旁邊，就對祂母親說：「母親〔原文作婦人〕！看你的兒子！」又對那門徒說：「看你的母親（μήτηρ）！」從此那門徒就接她到自己家裏去了。（約十九：25-27）

主耶穌沒有因著惦記母親而不走上十字架；也不因為必須走上十字架而輕忽了贍養母親的責任。主耶穌在愛神和愛家人的關係上，樹立了最佳典範。

最後，主耶穌和家人在屬靈和屬世關係上，達到了完美的和諧。

耶穌的母親馬利亞的事蹟應該大書特書。

當天使告訴她要因聖靈懷孕時，開始她很驚慌。但她對天使說：「我是主的使女，情願照你的話成就在我身上。」（路一：38）為了順服神的旨意，她付上了終身受人羞辱的代價。

不僅如此，馬利亞很有屬靈的悟性。

耶穌降生在伯利恆時，天使向在野地裏看守羊群的牧羊人，報告了這關乎萬民的大喜訊。牧羊人急忙趕回伯利恆報信。「凡聽見的，就詫異牧羊之人對他們所說的話。馬利亞卻把這一切事存在心裏，反覆思想。」（路二：18-19）

耶穌十二歲時，隨父母上耶路撒冷過逾越節：

> 守滿了節期，他們回去，孩童耶穌仍舊在耶路撒冷；祂的父母並不知道；以為祂在同行的人中間，走了一天的路程，就在親族和熟識的人中找祂；既找不著，就回耶路撒冷去找祂。過了三天，就遇見祂在殿裏，坐在教師中間，一面聽，一面問。凡聽見祂的，都希奇祂的聰明，和祂的對應。祂父母看見就很希奇；祂母親對祂說：「我兒，為甚麼向我們這樣行呢？看哪！你父親和我傷心來找你。」耶穌說：「為甚麼找我呢？豈不知我應當以我父的事為念麼〔或作豈不知我應當在我父的家裏麼〕？」祂所說的話，他們不明白。祂就同他們下去，回到拿撒勒；並且聽從他們；祂母親把這一切的事都存在心裏。（路二：43-51）

經歷這些事件後，馬利亞已非常篤定耶穌的身分。在迦拿的婚宴上，當人們對主耶穌稱自己的母親為「婦人」而心中不平時，馬利亞卻信心十足地吩咐僕人說：「祂告訴你們甚麼，

你們就作甚麼。」（約二：5）耶穌吩咐說：「把缸倒滿水。」（約二：7）這還容易「作」；但耶穌又吩咐道：「現在可以舀出來，送給管宴席的。」（約二：8a）要這樣「作」，卻需要很大的信心。但因馬利亞有信心，使傭人們也有信心，「他們就送去了」（約二：8b）。果然，耶穌將水變成了上好的酒。

在耶穌受難時，馬利亞默默地陪伴在十架旁（約十九：25）；馬利亞的沉默，是耶穌是神兒子基督的偉大見證。

耶穌復活升天後，祂的門徒在耶路撒冷聚集。「這些人（彼得等十一使徒——筆者注），同著幾個婦人，和耶穌的母親馬利亞，並耶穌的弟兄，都同心合一地恆切禱告。那時，有許多人聚會，約有一百二十名……」（徒一：12-15）這裏，耶穌的「弟兄」是複數，意爲「弟弟們」。也就是說，耶穌的母親和弟弟們不僅信了主，而且成爲緊緊跟隨耶穌的120名門徒（使徒）中的成員。

沒有資料顯示耶穌所有弟妹的情況，但是，弟弟雅各成爲耶路撒冷教會的領袖（徒十五：13-35；加一：19）和《雅各書》的作者；弟弟猶大是《猶大書》的作者。他們分別稱自己爲「作神和耶穌基督僕人的雅各」（雅一：1）和「耶穌基督的僕人、雅各的弟兄猶大」（猶1）。

現在，主耶穌的家人和主耶穌都在天上，他們既是曾有血肉關係的母子、兄弟，更是在基督裏的肢體，與神同在，直到永永遠遠。這是一幅多麼美好的畫面阿！凡遵循天父旨意的人，也都將在這個屬靈的大家庭裏有分。這是何等美好的盼望！

綜上所述：

一、作爲主耶穌的門徒，必須將愛神、事奉神放在第一

位。愛家人或愛任何其他人、事、物過於愛神的，都不配作主
的門徒。

二、在將神和神的旨意放在首位的同時，主的門徒應盡到
在家裏當盡的責任。

三、門徒在家裏盡責，除了供給世俗的需要外，更應注重
對家人的屬靈引導，使他們認識神，敬畏神，事奉神。「以色
列阿！你要聽，耶和華我們神是獨一的主。你要盡心、盡性、
盡力愛耶和華你的神。我今日所吩咐你的話，都要記在心上，
也要殷勤教訓你的兒女；無論你坐在家裏，行在路上，躺下、
起來，都要談論。」（申六：4-7）認識神，敬畏神的家，才能
更好地彼此相愛，彼此照顧。布魯斯指出，彼得選擇成為耶穌
的門徒後，《聖經》沒有提及由誰來照顧他的家庭；但他與妻
子的愛歷久彌堅，因為廿五年後，他在傳福音的旅程中，帶著
妻子一同往來（林前九：5）。[133]

筆者參加了2006年7月在澳門召開的第七屆世界華福會議。
與會者提出，傳福音應有兩個方向。一是橫向的，從信徒所在
之地，傳到地極；一是縱向的，從每個信徒家裏作起，一代一
代往下傳。使「我和我家，我們必定事奉耶和華」（書廿四：
15b）。如果不注重縱的方向，當我們從地極回來時，才悚然發
現，我們的後方早已失守了。

注釋

[01] Roy B. Zuck著，《基礎解經法》，楊長慧譯（香港：宣道出版社，2001年2版），第96-97頁。

[02] Roger E. Olson著，《神學的故事》，吳瑞成、徐成德譯（臺北：校園書房出版社，2002年），第187頁。

[03] Bernard Ramm著，《基督教釋經學》，詹正義譯（美國活泉出版社，1989年3版），第139-143頁。

[04] G. Waldemar Degner著，《釋經學的理論與實踐》，劉秀珠譯（臺灣新竹：中華信義神學院，1998年），第174頁。

[05] Grant R. Osborne著，《基督教釋經手冊》，劉良淑譯（臺北：校園書房出版社，1999年），第202-203頁。

[06] 參見：陳終道著，《怎樣研讀聖經》（修訂版），臺北：中國信徒佈道會，1996年，第219-222頁；Grant R. Osborne著，《基督教釋經手冊》，劉良淑譯（臺北：校園書房出版社，1999年），第203頁。

[07] 陳終道著，《怎樣研讀聖經》（修訂版），臺北：中國信徒佈道會，1996年，第223-225頁。

[08] 同上，第223頁

[09] 丘恩處著，《猶太文化傳統與聖經》，紐約：紐約神學教育中心，1999年，第1-7頁。

[10] 同[01]，第99頁。

[11] William Barclay著，《約翰福音注釋》（上冊），胡慰荊譯（香港：基督教文藝出版社，1991年），第153頁。

[12] 參見：William Barclay著，《約翰福音注釋》（上冊），胡慰荊譯（香港：基督教文藝出版社，1991年），第153、155頁；余也魯（總編），中文《聖經》（啟導本），香港：海天書樓，1993年，第1450頁，路9：52注釋。

[13] G. Campbell Morgan著，《約翰福音》，方克仁譯（美國加州：美國活泉出版社，1992年），第56頁。

[14] 同[09]，第71頁。

[15] 陳濟民著，《認識解經原理》，臺北：校園書房出版社，1995年，第60頁。

[16] 同上。

[17] 許牧世著，《經與譯經》，香港：基督教文藝出版社，1983年，第166-167頁。

[18] 參見：余也魯（總編），中文《聖經》（啟導本），香港：海天書樓，1993年，第177頁，1496頁（約7：1注釋），1498頁（約7：37-39注釋）；丘恩處著，《猶太文化傳統與聖經》，紐約：紐約神學教育中心，1999年，第87-90頁；陳惠榮（主編），《證主聖經百科全書 I》，香港福音證主協會，1995年，第152-153頁。

[19] 郭秀娟著，《認識聖經文學》，臺北：校園書房出版社，2003年二刷，第155頁。

[20] William Barclay著，《馬太福音注釋》（上冊），胡慰荊譯（香港：基督教文藝出版社，1991年），第343頁。

[21] 中文《聖經》靈修版（標準本），香港：國際聖經協會，2003年，新約部分第32頁，太8：21-22注釋。

[22] 參見：何恭上（主編），《舊約、新約聖經名畫》，臺北：藝術圖書公司，2001年，新約《聖經》名畫部分，第124-125頁；丘恩處著，《猶太文化傳統與聖經》，紐約：紐約神學教育中心，1999年，第315頁。

[23] 同[09]，第315頁。

[24] 同[09]，第319頁。

[25] 同[09]，第318-320頁。

[26] Gordon D. Fee and Douglas Stuart著，《讀經的藝術——瞭解聖經指南》，魏啟源、饒孝榛譯（中華福音神學院出版社，1999年），第169-170頁。

[27] Merrill C. Tenney著，《新約綜覽》，陳偉明等譯（香港：宣道出版社，1993年），第95-96頁。

[28] 同上，第96頁。

[29] 同[26]，第170頁。

[30] 同[26]，第176-177頁。

[31] 同[26]，第177頁。

[32] 同[26]，第178頁。

[33] 于中旻著，《語義釋經》，香港：宣道出版社，1994年，第34
頁。

[34] William W. Klein ，Craig L. Blomberg, and Robert L. Hubbard, Jr
著，蔡錦圖主編，《基道釋經手冊》，尹妙珍等譯（香港：基道
出版社，2004年），第258頁。

[35] 參見：Walter C. Kaiser著，《解經神學探討》，溫儒彬譯（臺
北：中華福音神學院出版社，1988年），第48頁；William W.
Klein ，Craig L. Blomberg, and Robert L. Hubbard, Jr著，蔡錦
圖主編，《基道釋經手冊》，尹妙珍等譯（香港：基道出版社，
2004年），第255頁。

[36] 陳終道著，《怎樣研讀聖經》（修訂版），臺北：中國信徒佈道
會，1996年，第87-88頁。

[37] 陸蘇河著，《上下文與解經》，載於：《文宣》雙月刊，美國加
州：福音文宣社，5-6 月，2006，第4頁。

[38] 陳濟民著，《認識解經原理》，臺北：校園書房出版社，1995
年，第54頁。

[39] 陳終道著，《怎樣研讀聖經》（修訂版），臺北：中國信徒佈道
會，1996年，第138-139 頁。

[40] 同[03]，第124-125 頁。

[41] 同[34]，第258-259頁。

[42] 同[05]，第23 頁。

[43] 參見：陳終道著，《怎樣研讀聖經》（修訂版），臺北：中國信
徒佈道會，1996年，第210 頁；陳濟民著，《認識解經原理》，
臺北：校園書房出版社，1995年，第53-54頁；William W. Klein
，Craig L. Blomberg, and Robert L. Hubbard, Jr著，蔡錦圖主
編，《基道釋經手冊》，尹妙珍等譯（香港：基道出版社，2004
年），第267頁；Bernard Ramm著，《基督教釋經學》，詹正義
譯（美國活泉出版社，1989年3版），第126頁。

[44] 參見：William W. Klein ，Craig L. Blomberg, and Robert L.
Hubbard, Jr著，蔡錦圖主編，《基道釋經手冊》，尹妙珍等譯

（香港：基道出版社，2004年），第259-260頁；Bernard Ramm
著，《基督教釋經學》，詹正義譯（美國活泉出版社，1989年3
版），第124-125 頁。

[45] 同[34]，第262-263頁。

[46] 同[03]，第126頁。

[47] 曾霖芳著，《釋經學》，香港：種籽出版社，1992年，第
121-122頁。

[48] D. A. Carson著，《再思解經謬誤》，余德林、郭秀娟合譯（臺
北：校園書房出版社，1998年），第149-150頁。

[49] 參見：詹正義（總編），活泉《新約希臘文解經 卷一》，美國
加州：美國活泉出版社，1998年，第537頁；鮑會園（總編，新
國際研讀版《聖經》，美國新澤西州：更新傳道會，1996年，
第1833頁，太16：28注釋；R. Alan Cole著，丁道爾新約聖經注
釋《馬可福音》，潘秋松譯、徐成德校譯（臺北：校園書房出版
社，1998年），第216-217頁；G. Waldemar Degner著，《釋
經學的理論與實踐》，劉秀珠譯（臺灣新竹：中華信義神學院，
1998年），第181頁。

[50] 詹正義（總編），陳一萍（編譯），活泉《新約希臘文解經 卷
七》，美國加州：美國活泉出版社，1991年，第116頁。

[51] 陳終道著，《新約書信詳解》，香港：金燈檯出版社，1997年，
第287-288頁。

[52] 馮蔭坤著，《真理與自由——加拉太書注釋》（增訂版），香港：
福音證主協會，1987年，第294頁；另參：陳終道著，《新約書
信詳解》，香港：金燈檯出版社，1997年，第288頁。

[53] 同[51]，第288頁。

[54] Walter C. Kaiser著，《解經神學探討》，溫儒彬譯（臺北：中華
福音神學院出版社，1988年），第57頁。

[55] 同[34]，第263頁。

[56] 同[34]，第264頁。

[57] 同上。

[58] 同[47]，第84-86頁。

[59] 曾思翰著、吳瑩宜譯，《空墓與信心之探究》，載於：《舉目》

（美國加州：美國校園福音團契（海外校園雜誌社）出版），
2005年5月，第十八期，第47頁。

[60] 焦源濂著，《基督生平》（下），臺北：校園書房出版社，1997
年，第743頁。

[61] 丁良才著，《耶穌聖跡合參注釋》（增訂版），香港：福音證主
協會，1998年），第845頁。

[62] 曾思翰著、吳瑩宜譯，《空墓與信心之探究》，載於：《舉目》
（美國加州：美國校園福音團契（海外校園雜誌社）出版），
2005年5月，第十八期，第53頁。

[63] Archibald T. Robertson原著，潘秋松編譯，《活泉新約希臘文解
經 卷三：約翰福音》，美國加州：美國活泉出版社，1998年，
第592頁。

[64] 鐘志邦著，《約翰福音》（卷下），香港：天道書樓有限公司，
2004年，第378頁。

[65] 同[63]，第592頁。

[66] 同[61]，第845頁。

[67] 同[64]，第378頁。

[68] 同[63]，第593頁。

[69] 同[61]，第845頁。

[70] 鮑會園（總編），新國際版研讀本《聖經》，美國新澤西州：更
新傳道會，1996年，第2042頁，約20：9的注釋。

[71] 曾思翰著、吳瑩宜譯，《空墓與信心之探究》，載於：《舉目》
（美國加州：美國校園福音團契（海外校園雜誌社）出版），
2005年5月，第十八期，第48頁。

[72] 同[13]，第274頁。

[73] 同[63]，第603頁。

[74] Archibald T. Robertson原著，潘秋松編譯，《活泉新約希臘文解
經 卷八》，美國加州：美國活泉出版社，1999年，第275頁。

[75] 同[74]，第275頁。

[76] 參見： 同[74]，第275-276頁。

[77] 同[34]，第270頁。

[78] 同[34]，第269頁。

[79] 陳惠榮、胡問獻（主編），《證主21世紀聖經新釋》（II），香港：福音證主協會，2000年，第978頁。

[80] 陳終道著，《天國君王——馬太福音講義》（修訂版），香港：宣道出版社，1998年，第328頁。

[81] Archibald T. Robertson原著，張麟至（編譯）、詹正義（編整增補），《活泉新約希臘文解經 卷一 ：馬太福音 馬可福音》，美國加州：美國活泉出版社，1998年，第419頁。

[82] 同上，第418頁。

[83] 同[61]，第208頁。

[84] 同[81]，第417頁。

[85] 同[81]，第417-418頁。

[86] 同[81]，第419頁。

[87] Archibald T. Robertson原著，詹正義（編譯），《活泉新約希臘文解經 卷二 ：路加福音》，美國加州：美國活泉出版社，1990年，第419頁。

[88] 同[81]，第272頁。

[89] 潘秋松著，劉淑媛編輯，《解析式新約經文彙編》，美國加州：美國麥種傳道會，2002年，第1040頁。

[90] 同[70]，第2042頁，太25：15的注釋。

[91] 同[61]，第571-572頁。

[92] 參見：丘恩處著，《猶太文化傳統與聖經》，紐約：紐約神學教育中心，1999年，第217頁；Archibald T. Robertson原著，潘秋松編譯，《活泉新約希臘文解經 卷三 約翰福音》，美國加州：美國活泉出版社，1998年，第90頁。

[93] 同[81]，第251頁。

[94] 參見：Archibald T. Robertson原著，張麟至（編譯）、詹正義（編整增補），《活泉新約希臘文解經 卷一 ：馬太福音 馬可福音》，美國加州：美國活泉出版社，1998年，第250-251頁；潘秋松著，劉淑媛編輯，《解析式新約經文彙編》，美國加州：美國麥種傳道會，2002年，第718頁。

[95] 同[81]，第251頁。

[96] 參見：Archibald T. Robertson原著，張麟至（編譯）、詹正義

（編整增補），《活泉新約希臘文解經 卷一：馬太福音 馬可福音》，美國加州：美國活泉出版社，1998年，第251頁；潘秋松著，劉淑媛編輯，《解析式新約經文彙編》，美國加州：美國麥種傳道會，2002年，第994頁。

[97] 同[80]，第519頁。

[98] 同[61]，第500頁。

[99] 參見：鮑會園（總編），新國際版研讀本《聖經》，美國新澤西州：更新傳道會，1996年，第1845頁，太23：8-10的注釋；F. F. Bruce著，《聖經難解之言——耶穌篇》，曾念粵譯（臺北：校園書房出版社，1996年），第211頁。

[100] F. F. Bruce著，《聖經難解之言——耶穌篇》，曾念粵譯（臺北：校園書房出版社，1996年），第212頁。

[101] 陳終道著，《以經解經》，香港：金燈檯出版社，1995年，第273頁。

[102] 同[37]，第4頁。

[103] 尋道本《聖經》，美國新澤西州：更新傳道會，2002年，第980頁，詩121：1注釋。

[104] 參見：Derek Kidner著，《詩篇》（下），劉良淑譯（臺北：校園書房出版社，1995年），第550頁；陸蘇河著，《上下文與解經》，載於：《文宣》雙月刊，美國加州：福音文宣社，5-6月，2006，第4頁。

[105] 同[70]，第1141頁，詩120的標題的注釋。

[106] 同[70]，第1142頁，詩121：1的注釋。

[107] Andrew Song著，《詩篇寶庫》，香港：甘霖出版社，1997年，第445頁。

[108] 同[37]，第4頁。

[109] Derek Kidner著，《詩篇》（下），劉良淑譯（臺北：校園書房出版社，1995年），第550頁。

[110] Archibald T. Robertson原著，賴耿中（編譯），《活泉新約希臘文解經 卷四 使徒行傳》，美國加州：美國活泉出版社，1996年，第55頁。

[111] 張永信著，《使徒行傳》（卷一），香港：天道書樓有限公司，

1999年，第250頁。

[112] 同[110]，第55頁。

[113] 同[111]，第250頁。

[114] 賴若翰著，《頑石點頭——彼得生平研究〉，香港：更新資源（香港）有限公司，1999年，第95-97頁。

[115] 同[81]，第187-188頁。

[116] Barbara Friberg and Timothy Friberg (eds.), Analytical Greek New Testament, MI: Grand Rapids, Baker Book House, 1998, p. 283.

[117] 參見：Fritz Rieneckeer（原著）、Cleon Rogers（修訂）、高陳寶嬋（編輯），《新約希臘文精華》，香港：角石出版有限公司，1996年，第66頁；Archibald T. Robertson原著，張麟至（編譯）、詹正義（編整增補），《活泉新約希臘文解經　卷一：馬太福音　馬可福音》，美國加州：美國活泉出版社，1998年，第188頁。

[118] 同[80]，第393頁。

[119] 同[81]，第190 頁。

[120] 同[80]，第394頁。

[121] 參見：陳終道著，《天國君王——馬太福音講義》（修訂版），香港：宣道出版社，1998年，第393頁；賴若翰著，《頑石點頭——彼得生平研究〉，香港：更新資源（香港）有限公司，1999年，第96-97頁。

[122] 同[64]，第227頁。

[123] 同[81]，第597頁。

[124] 同[79]，第1027-1028頁。

[125] 同[60]，第593頁。

[126] J. A. Motyer著，《雅各書》，羅偉安譯（臺北：校園書房出版社，1999年），第238頁。

[127] 馮蔭坤著，《希伯來書》（卷上），香港：天道書樓出版社，1997年，第321-322頁。

[128] 同[100]，第110頁。

[129] 參見：潘秋松著，劉淑媛編輯，《解析式新約經文彙編》，美國

加州：美國麥種傳道會，2002年，第435、1009頁；Archibald
T. Robertson原著，詹正義（編譯），《活泉新約希臘文解經
卷二 ：路加福音》，美國加州：美國活泉出版社，1990年，第
278-279頁。

[130] 同[70]，第1959頁，路14：26的注釋。

[131] 同[100]，第111頁。

[132] 同[63]，第104頁。

[133] 同[100]，第112頁。

第**8**章

應　用

《聖經》是神賜給全人類的，要對各個世代的人說話。

　　使徒雅各說：「只是你們要行道，不要單單聽道，自己欺哄自己；因為聽道而不行道的，就像人對著鏡子看自己本來的面目；看見，走後，隨即忘了他的相貌如何。」（雅一：22-24）「行道」，就是應用，把《聖經》的教導落實到信徒的信仰和生活的各個層面。

　　應用是釋經非常重要的一環。馬丁路德說：《聖經》「不僅是用來背誦或學習的，更是用來實踐和經歷的。」[1]若不注重應用，釋經就會變成純粹的學術研討，只在頭腦中增加一些知識。另一方面，應用必須基於扎實、正確的釋經。如前面的章節所述，基督教的釋經方法是「文法─歷史」法，即，先按文體、文法，瞭解經文的正常含義，然後再把這個含義放回作者所處的時代，看它到底是甚麼意思，也就是說，瞭解《聖經》的作者賦予經文的原意是甚麼。在這個基礎上，才能往前進一步，探求如何把經文的意思應用到今天的處境。所以，正確的解經，是應用的惟一基礎。[2]如果應用先於解經，常常會出錯誤。

　　蘇克指出，應用是解經最終極、最榮耀的一步；看到經文在人們生命中產生果效，是極令人興奮的。正如本革爾（Johann Bengel）所說：「將自己的生命全然投入《聖經》中，將《聖經》全然投入你的生命中。」[3] 蘇克還形像地說，《聖經》是烈火，要燒滅假先知的教導（耶廿三：29）；《聖經》是錘子，要打碎人剛硬的心（耶廿三：29）；《聖經》是食物，能餵養人的靈魂（詩一一九：103；耶十五：16；林前三：2；來五：13-14；彼前二：2）；《聖經》是明燈，可以引領人的道路（詩一一九：105）；《聖經》是長劍，可以抵擋撒但的攻擊（弗六：17；參路四：4、8、12）。信徒藉神的話得重生，也藉神的話在基督裏長進（彼前二：2）。[4]

　　應用，可包括個人或集體的敬拜、創作禮儀、闡述神學、講道、教導、教牧關懷、建造基督徒的屬靈生命、審美享受等方面。[5] 本章將主要談及建造神學、基要與非基要信仰，和文化與超文化議題這三個方面。

建造神學

　　「神學」（theology）可拆成 θεός（theios 神）和 λόγος（logos 言說或論述）兩個希臘字；因此神學就是有關「神的言說或論述」，正像「生物學」（biology）是有關生命（希臘字bios）的論述一樣。[6] 希臘詩人荷馬等被稱為「神學家」（theologoi），因為他們的著作中論及神。一世紀的猶太學者斐羅也稱摩西為「神學家」，意即摩西是談論神的人和神的代言人。教父亞他拉修和奧古斯丁都用theologia來指關於神的知識。隨著經院學派和歐洲大學的興起，神學逐漸從修道院和教堂走出來，進入公共舞臺，成為可供研讀和教導、理論性強過實踐

性的系統性學科。神學家阿奎那（Thomas Aquinas）給神學的定義是：「神學是神所教、關乎神，並引向神的學問。」[7] 麥格夫（Alister E. McGrath）說，神學應理解爲對神的本性、意向和作爲的系統分析；其核心信念乃是：明知不足，卻仍試圖談論那位與人截然不同的神。[8]

由於神、人之間的極大差異，神若不俯就人、主動向人啓示祂自己，就沒有人能認識祂的本性、意向和作爲。所以，基督教神學必須以《聖經》爲本，也就是說，《聖經》是基督教神學的核心和根源。[9]

建造一套基督教神學，是指信徒以神爲中心、以《聖經》爲本，全面地、有條理地陳述他們的信仰。[10] 艾瑞克森（Millard J. Erickson）爲基督教神學所下的定義是：「神學是一門以有條理陳述基督教信仰、教義爲宗旨的學科，主要以《聖經》爲基礎，置於一般文化當中，以當代的語言來敘述，並且與人生的各種課題相關。」[11] 也就是說，基督教神學的主要源泉是《聖經》，同時也汲取其他領域的眞知灼見；是基於整本《聖經》的、有系統的信仰闡述，也是必須讓當代人能夠瞭解的；不僅是信仰的基本要點，還必須與信徒的日常生活相聯繫。[12]

基督教信仰的核心是信徒與耶穌基督的生命聯結。但不能將信仰只局限於信徒與主耶穌的個人的、內在關係，因而輕忽神學的重要性。神學不僅使信徒知道自己信的是誰、爲甚麼要信，從而更堅定地依靠神、跟隨神，而且能把信仰呈現給他人，把人領到基督面前，還能抵擋各種異教之風，堅固教會。神學的這些功能是個人的內在生活不能取代的。實際上，個人的靈修生活與教會的神學建造是相輔相成、並行不悖的。談到

的詮釋

神學的重要性時，克萊茵等寫道：

> 儘管神學的鋪陳是普世教會一項終其在世持續不斷的
> 工作，但在備受相對主義和抗衡世界觀衝擊的教會和信徒
> 中，神學承擔了錨的角色。它使教會能確切認識自己的身
> 份，並且知道如何配合神在歷史和永恆中的完備旨意。它
> 保護教會，幫助教會抵抗變幻的風潮，這些風潮自教會成
> 立以來就已存在，衝擊著教會以及真理的宣稱。從西元一
> 世紀的諾斯底思想到近代科學主義，教會已經跟現實世界
> 和對真理的各樣不同解釋作過交鋒。教會對神學的理解，
> 為正統信仰定下疆界。任何時候，當教會宣稱其神學思想
> 是以《聖經》為本時，那麼《聖經》就必須是這思想的核
> 心，而且是其神學思想的根源。[13]

從廣義上說，神學包括神學院所教授的一切科目；狹義
上說，則是對於基督教信仰的教義特質的研究，可作不同的分
類。比如，按所屬的傳統分，有修道神學、天主教神學、福音
派神學等；標其內容的，有自然神學、聖經神學、信經神學
等；按教義的，有洗禮神學、三一神學等；突現主題的，有聖
約神學、解放神學、婦女神學、十架神學等。不過，今天神學
研究中最重要的，有聖經神學（biblical theology）、歷史神學
（historical theology）、系統神學（systematic theology）、實用
神學（practical theology）等。[14]

聖經神學

在宗教改革時期，改教家們提出提個響亮的「惟獨《聖

經》」（sola Scriptura）的口號，主張《聖經》是基督教神學的基礎。直到十七世紀中葉，「聖經神學」一語，才有人使用，特要與經院（scholastic）神學劃清界限，表明這是基於《聖經》（而不是基於哲學或宗教傳統）的神學。但從那時開始，「聖經神學」就被賦予不同的含義。進入十九世紀，歷史批判學興起，學者們用歷史批判方式來研讀《聖經》或反對《聖經》。學者們專注於對純歷史的興趣，很少有人從神學的角度來研究《聖經》。巴特（Karl Barth， 1886-1968 AD）的《羅馬書注釋》的出版，引發了《聖經》研究的革命；第二次世界大戰後，大批《聖經》神學的著作問世，形成了所謂的「《聖經》神學運動」。[15] 對於這個運動，保守派學者多持否定態度，認為它與新正統神學有許多類似之處。[16] 但也有學者認為，這個運動的有些作法雖需要改善，但它使人們重視《聖經》中的神學意義，功不可沒。[17]

　　這裏所要討論的，不是作為一個運動的「聖經神學」的功與過，而是作為一種方法的「聖經神學」的基本含義。殷保羅（Paul P. Enns）給《聖經》神學下的定義是：「神學研究的一支，將《聖經》所記載的有關神自我啓示的歷史進程，作系統的研究。」[18] 因為神的啓示是漸進性的，是神藉眾先知、最後藉祂兒子耶穌基督經過一系列的階段完成的。「《聖經》是這種漸進性啓示的記錄，而《聖經》神學就是以這種漸進性啓示為焦點。」因此，《聖經》神學就是清晰而系統地考察，神在歷史的發展過程中如何藉《聖經》啓示祂自己。[19] 奧斯邦認為，《聖經》神學有兩種研究路向：一是在《聖經》記錄的每一個階段追蹤個別教義（如浸禮），以判斷哪一種神學聲明更符合《聖經》的啓示；另一種是研究一卷書（如《以賽

亞書》、《馬太福音》）、作者文集（如保羅著作、約翰著作）、舊約和新約，或整部《聖經》的神學。[20]

聖經神學主要取材於《聖經》，研究《聖經》作者所要表達的意思。所以，從本質上說，《聖經》神學是注釋性的（exegetical）。[21]此外，《聖經》的大多數經卷都是「處境性」的作品，是作者在特定的歷史環境、對特定的讀者寫的。所以，《聖經》神學是從歷史處境中衍生的神學。置於歷史處境中，就容易明白「保羅神學」與「雅各神學」之間的差異和互補，正如克萊茵等所解釋的：

> 猶太主義信徒的繆誤，促使保羅向加拉太信徒闡釋他對因信稱義和不靠行為的看法，嚴格來說，我們都是受惠於此的。對保羅來說，信心是個人領受救恩的核心；人的得救只能源自相信耶穌基督，而不是靠賴猶太教的禮儀——即「行為」。然而，《雅各書》的讀者（分散的猶太人）對信心卻有另一番掙扎，而且那境況驅使雅各堅持：真誠活潑的信仰，必須是一種在生活處境中活現出來的信仰。信心必須產生行為。因此，我們可以指出保羅神學對信仰的見解和雅各神學有所差異。這不是說兩者互相矛盾，只是代表作者因對應具體的處境而表達出的截然不同的觀點。保羅與雅各各自建構出不同的神學回應，因為他們是在特定的教會群體中，回應特定的問題。[22]

《聖經》的統一性，是源自它獨一的神聖來源，也使構建基督教神學成為可能。但由於新舊兩約的關係仍很複雜，要把它們的不同神學歸納在同一個「聖經神學」的體系之下，實

非易事。因此，「今天聖經神學的目標，就是要找出貫穿《聖經》的主旨，同時又尊重《聖經》的整體性和多元性。」[23]

歷史神學

歷史神學是介紹歷代的基督教神學；它研究基督教的中心教義的形成和演進。[24]

教義這個希臘字 δόγμα（dogma）在基督教之前已開始使用，指公眾法例、法院的判決或哲學、科學原理。在《七十士譯本》中，是指政府的諭令（斯三：9；但二：13，六：8）。[25] δόγμα 在新約《聖經》中出現過五次，被譯爲「旨意」、「命令」、「律例」、「條規」等：[26]

當那些日子，該撒亞古士督有**旨意**下來，叫天下人民都報名上冊。（路二：1）

這些人都違背該撒的**命令**，說另有一個王耶穌。（徒十七：7b）

你們從前在過犯，和未受割禮的肉體中死了，神赦免了你們[或作我們]一切過犯，便叫你們與基督一同活過來；又塗抹了在**律例**上所寫，攻擊我們有礙於我們的字據，把他撤去，釘在十字架上。（西二：13-14）

他們經過各城，把耶路撒冷使徒和長老所定的**條規**，交給門徒遵守。（徒十六：4）

在基督教教會，教義是指具權威的教會教導；經院派神學家常稱之爲「信條」或「信經」。從宗教改革起，教義是指教會把啓示眞理組成共同遵守的信仰。很多時候，教義的產生是神學爭論的結果，或因爲教會感到有需要澄清信仰，使信徒知道應該持守甚麼，以抵擋異端的攪擾、攻擊。教義的形式帶有一定的學術和文化特性，它本身也不是無誤的，但卻爲大公教會奠定了合一和穩定的基礎。[27]

石威廉（William G. T. Shedd）給教義下的定義是：「1）由《聖經》的注釋產生出來的一個規條命題；2）教會的教諭（decree）或決定（decision）。至於它的權威性，前者是神聖的，後者是人爲的。」[28] 對教義的定義和重要性，基督教和天主教有一致的看法；但對教義的權威，卻有不同的觀點。天主教一方面承認《聖經》的權威，同時也重視傳統，和教會對教義所作的正式決定。但基督教認爲，教義的權威單單來自《聖經》，不能來自教會的權威。所以，若遇有爭論之處，都只從《聖經》尋求答案，而不樹諸於教會的裁決。[29]

麥格夫指出，歷史神學的目標乃是探求神學概念或教義如何在歷史的境況中發展，從而揭示神學與歷史處境的關聯。一般都認爲，歷史神學發端於十六世紀的宗教改革運動。在更正教與天主教的激烈爭辯中，雙方都認爲必須熟悉教父神學和它們在中世紀的演變。這方面的研究，雖然最初只是爲了辯贏對方，最終卻促成大量參考著作的問世。[30]

歷史神學有兩種方法，其一是斷代法，圍繞主要的教義，研究某一個時期或某位神學家、某個學派的思想；另一種叫通史法，研究教會歷史的各個時期的某一（或一系列）教義的發展史。[31]

　　殷保羅將歷史神學分為初期神學（第一世紀至590 AD）、中世紀神學（590-1517 AD）、改革時期神學（1517-1750 AD）和現代神學（1750 AD至今）。他指出，羅馬天主教的教義，大部分是在中世紀制定的，比如，煉獄的教義（593 AD），向馬利亞、聖徒和天使禱告（600 AD），吻教皇的腳的儀式（709 AD），宣告有功德的死者為聖徒（995 AD），神甫獨身制度（1079 AD），念珠（1090 AD），聖餐變質說和向神甫告解（1215 AD），七聖禮（1439 AD），等等。[32]

　　麥格夫以「神會不會受苦」的教義為例，顯示神學觀念與哲學思潮、文化趨勢等歷史處境的互動。

　　教父時期，對這個問題的答案是否定的，即認為神不會受苦。學者認為，教父時期的這種觀念，深受「神是完全的」的觀念所影響。按希臘哲學，「完全」就是不變和自足。因此，一個完全的存有，不可能被外界的任何事物所影響、改變。如果神改變了，一種可能是偏離完全（神就不再完全），另一種可能是神趨向完全（意味著神過去不完全）。亞理斯多德宣稱：「改變就是變得更差。」這樣，改變和受苦就被排除在神之外。

　　但「神不會受苦」的觀念在現代受到挑戰。可能的原因是：1）認識到教父時期的這一觀念是受到希臘哲學的影響；2）人們在舊約《聖經》發現了更多的關於神受苦的論述；3）兩次世紀大戰帶來的對苦難的新的體察，並要回應無神論者的質問：「人怎能相信一位不為世界的痛苦所動的神呢？」；3）對「愛」的觀念的新理解：「愛」意味著強烈地感覺到被愛的物件的痛苦、並與之分擔其痛苦。所以，大約從1945年以後，學者對「神會不會受苦」的問題，開始趨向一個肯定的答案，

視神爲「與受苦者同行的受苦者」（懷海德（A. N. Whitehead）語）。[33]

系統神學

「系統」（systematic）從希臘動詞sunistano而來，意思是「放在一起」或「組織起來」。系統神學是神學的一支，致力於將神學系統化。[34] 系統神學的兩個前設是：《聖經》是獨一眞神的啓示，是和諧和前後一致的；人是按神的形像和樣式造的，能用理性明白神的啓示。系統神學家把《聖經》不同層面、不同重點的教訓，按主題組織起來，並在傳遞神的話語的過程中，顯示它們的內在聯繫。另一方面，由於學者所藉助的哲學體系和所賦予的神學主題的重要性的差異，從《聖經》中歸納出不同的系統神學是可能的；事實上，系統神學這門學科的大師級人物確已構建了各自的系統神學，形成了不同的學派。[35]

奧斯邦認爲，系統神學配得上「聖經科學王后」的稱呼。系統神學是《聖經》研究和教導的最終極目標。[36] 系統神學能清晰、系統地表達基督教的基本信仰，使信徒能更清楚地瞭解神的屬性、旨意和計畫，從而更敬畏神、愛神、跟隨神，是信徒與神建立親密關係的不可缺的要素。「只是對耶穌有熱切、主動、堅毅的情感並不夠」[37]（套一句革命時期的話說，「對領袖只有樸素的階級感情是不夠的」）；「基督徒要靈命成長，必須認識正確的教義」。[38] 同時，系統神學使信徒能清楚、全面地向他人宣講基督教信仰的客觀眞理，領人歸主，也是解決宗教亂象的強大武器。[39]

最早的系統神學作品可追溯到教父時期，如亞他那修信

經（Athanasian Creed）等；不過，大都局限於單一的神學教義（如三一神論等）。現今的系統神學，起源於中世紀的經院哲學家，特別是神學家阿奎那（Thomas Aquinas）。宗教改革時期，改教家主張應本著《聖經》的證據，而不是本於哲學推測，整理出系統神學。其經典之作就是加爾文的《基督教要義》（Institutes of the Christian Religion）。在十八世紀歷史批判學大行其道時，系統神學也被人非議。現在，系統神學在保守派中繼續在發展，但阻力仍不小。要恢復系統神學的地位，必須首先重建《聖經》的權威，不然就無所依憑。[40]

實用神學

實用神學一詞含義很廣，泛指一切把神學與事奉連接起來的神學，如講道（Preaching）、崇拜（Worship）、禮儀（Liturgy）、教育、信仰解答、牧養等。人們常把它看著是傳道人的實用指南。現在，這個學科被擴展了。神學和使用不再是單向的，而是互有裨益的了；實用神學不再只是傳道人的科目，而是與全教會的事奉都有關了；它研究的物件不僅涉及行政、傳播、教會增長，而且也關心倫理，把牧養與心理輔導相結合；它也開始延伸到社會和政治的層面，不僅限於教會之內了。[41]

神學學科之間的關聯

聖經神學是《聖經》注釋研究的結果；《聖經》注釋是聖經神學的基礎。[42] 沒有詳細、正確的釋經作基礎，《聖經》神學必然是膚淺的；同樣，沒有聖經神學，信徒讀經就容易只見樹不見林，忽略《聖經》的整體見證。[43]

聖經神學是從《聖經》注釋通向歷史神學和系統神學的橋樑。歷史神學與教會歷史會有一些重疊。教會歷史必然會涵蓋部分教義形成的過程。但二者的關注點不盡相同。教會歷史是研究從古至今的文化、社會、政治和體制性因素如何塑造教會，歷史神學則著力尋找的教義形成的過程中，神學觀念與哲學、文化處境之間的相互影響。[44]

奧斯邦認為，聖經神學是釋經的頂點（分辨「它過去的意思如何」），並成為一個轉接點，可以過渡到處境化的階段（分辨「它現在的意思為何」）；聖經神學也是系統神學的基礎。[45] 蘭姆認為：

> 歷史的更正教的立場是，要把神學建立在《聖經》的釋義上。一個神學體系應該使用經文釋義作磚塊，一塊一塊地砌起來。因此，神學不過是由經文釋義構成的。系統神學家的使命是要從這些已經確定的經文釋義的磚塊著手，一塊一塊地砌起他的神學系統的聖殿。可是，他必須確定自己所用的每一塊磚都是正確無誤的，他才能夠作必要的歸納，繼續加以組織、分析，以建造一個神學體系。[46]

如前所述，《聖經》神學是以神的漸進啟示為焦點的；而系統神學要把新、舊約《聖經》的啟示系統化，把神的啟示視為已經完成的整體。[47]

系統神學家極為推崇歷史神學的成就。[48] 系統神學要為基督教的基本信仰主題提供一個時代性的陳述。但是，只有全面瞭解這些主題的歷史發展過程，才可能對它們的當代性作再陳

述。此外，歷史神學向系統神學家展示，這些神學主題，歷史上曾有過甚麼思考及爲何如此思考？神學論述的環境因素對其影響和支配的程度？這些，對當代系統神學家都是非常寶貴的借鑒和啓發。[49]

警惕神學研究的陷阱

神學是非常重要的。有人反對或輕忽神學教育，不僅認爲它可有可無，而且認爲神學用許多條條框框把信徒搞得暈頭轉向，不是傳福音的助力，而是阻力。再者，神學也被視爲導致教會分裂的元兇。[50] 這些現象確實在教會裏一再出現，但卻不全是神學或神學教育自身所造成的。

其實，無論是否重視神學，無論是否接受過較系統的神學教育，每個人都不可避免地有自己的神學觀點，並正帶著這些觀點讀經、事奉。正像筆者在本卷第二章曾寫道的那樣：「每一位釋經者在詮釋《聖經》之前，都帶著一套觀點或假設，無人能夠避免。釋經的信仰前設人人皆有，正像魚在水中游，卻毫不察覺被水包圍一樣。差別僅僅在於，釋經者對自己的信仰前設是否自覺、自己的信仰前設是否全面、正確而已。」神學教育和裝備的重要性，筆者在同一章已有論及，不再贅述。

另一方面，神學研究或神學教育，也確實存在著盲點和陷阱。聖經神學主要取材於《聖經》，雖無法作到完全沒有偏見，但相對於系統神學而言，聖經神學是比較客觀的。系統神學家卻要借助理性將《聖經》的啓示系統化，建立一個他們認爲最符合《聖經》的信仰架構。「無可避免地，系統神學所表達的正是建構系統者自己的哲學架構，以及他們的解經議程。」[51] 換言之，系統神學在較大的程度上會受系統神學家主

觀因素的影響，使其所構建的系統不是完全基於《聖經》的啓示。

　　克萊茵等指出，系統神學者是把《聖經》就某個議題所提出的教導，鉅細靡遺地拼合起來，用合乎邏輯的形式予以表達，有條不紊地將神要啓示的統一資訊以一幅更大的圖畫展示出來，使人察覺這一切是何等的協調。[52]他們繼續寫道：

> 然而，這個過程面臨某些潛在的危機。最壞的情況可能是：建構系統者表達的只是他們本身的前解，由他們強加進《聖經》裏；……他們有可能墮入一個試探的陷阱，聲稱其研究的準確，遠超過《聖經》經文的確實細節所能證明的。他們可能建立了整個系統，其中許多要素只是基於他們本身的推理，而非明確的《聖經》依據。他們又可能緊守著自己的範疇，並且不惜一切捍衛自身的神學架構。這些危機總是會存在的。[53]

雷曆也持相同的觀點：

> 神學家為表達一個完善的系統，往往面對一個極大的試探，企圖用一些可能沒有《聖經》根據的邏輯或暗示，去填補《聖經》並未啓示的空隙。
>
> 邏輯及暗示確有它們的重要性。神的啓示是有次序和理智的，因此在以科學的態度去研究啓示時，邏輯有其應有的地位。當字組織成句子時，神學家必須嘗試用邏輯去明白句子的含義。
>
> 但是，神學家若用邏輯去製造真理，便是在《聖經》

的真理範圍以外，自行發展其系統，這是歷史中許多神學家所犯的錯誤。當遇到《聖經》並沒有解答的問題（《聖經》裏有很多這一類的關鍵性情況）時，最佳的答案就是保持沉默，而不是用精密的邏輯、莫須有的暗示或一廂情願的想法來補充。最常見的例子包括神的主權及人的責任、贖罪的範圍、夭折的嬰兒是否得救等問題。[54]

要將《聖經》的啟示串聯起來、成為系統，運用歸納、推演等邏輯方法是必需的。在一個系統架構中，為了使《聖經》中並未啟示、由邏輯推演的部分更符合《聖經》的啟示，蘭姆、克萊茵等提出一些建議：[55]

第一，合理的神學理論必須來自對《聖經》有關經文的正確詮釋。神學概念應從對經文的可靠分析而來。如果創造一套神學，而且用個別經文、以推理的方式來支援，是不可行的。要同時使用推演和歸納的方法，互相補足。對推演的結論，要用歸納的方法，用經文來檢視、修正。「除非有一套可靠的詮釋方法，引導釋經過程和神學建構，否則神學充其量只是人類智慧的一種，而最壞的情況則會是虛假、誤導、偏見，甚至是危險的。」[56]

第二，神學必須建基於《聖經》的整體教導，而不是經過挑選的或個別的經文。如果否定或刪去與自己選擇的神學觀點不合的經文，就不能得出忠實於《聖經》的、正確的陳述。所以，一套合理的神學陳述，必須顧及神曾就此說的所有的話。在考量《聖經》就一個議題所說的所有的話時，有些原則可以應用。比如，清晰的教導比那些意義不明、隱晦的經文更為重要；《聖經》中重複出現的觀點比只出現一次的觀點更有分

量（這不是說可以忽視《聖經》中任何只出現一次、但很清晰的觀點）；當比喻或敘述性的經文的結論不很篤定時，不可據此推翻從清晰的命題經文所得的結論；當早期的啓示以漸進的方式顯明後期有關的神的眞理時，應予後者校優先的地位；等等。

第三，合理的神學必須顧及並展現《聖經》本身的重點。神學家應努力在自己的神學系統中「去蕪存菁」，著力於《聖經》中神最關注的事，而不是僅僅反映當代的需要。「《聖經》本身從來沒有說過，它是一個完整的知識寶庫。《聖經》的目的是要把救恩的知識（提後三：15），以及敬虔基督徒生活所必需的知識（提後三：16-17）供給人。惟有和這兩件事有關的，《聖經》才會討論。」[57] 離開了《聖經》所關注的，神學就會流於不正、陷入好趨時髦的危機中。

第四，神學所闡明的觀點，應該使現今的教會明白它們自身的和牧養的意義。神學要有生命力，必須以聖靈更新生命的方式，向當代人展示《聖經》的眞理。沒有任何事情，比冷酷無情的神學論述更枯燥無味。當神學與生命分割、與生活實踐脫節時，就失去了其核心使命——向受造的世人展示神的眞理。像優秀的釋經一樣，良好的神學必須是實用的，必須闡明神的話語的實際應用。

第五，神學必須植根於《聖經》的穩固根基，否則只會淪爲人類才智的紀念碑。許多學科的知識能爲釋經帶來亮光，但決不能取代《聖經》自身的話語。必須致力於神學觀念與《聖經》的恆常對話，要一絲不苟地讓神學的建構順服於《聖經》所確定的觀念。同時，要借鑒屬靈先賢們的洞見。否則，就會與一些眞知灼見失之交臂，或重蹈覆轍，或徒然浪費許多光陰

去重作或重思先賢們早已完成的事。

藍姆、克萊茵等提出的建議和方法是非常中肯和切實可行的。

然而，筆者以為，要使神學系統盡可能地忠於《聖經》，神學家應有的立足點和態度，比神學家所使用的方法更重要。如果立足點和態度不校正，再好的方法也無濟於事。因為，方法是需要人去使用的。關於立足點和態度，筆者有以下幾點思考。

首先，神學家或神學教育家，像所有的人一樣，要始終站立在受造之物的本位上。

人在地，神在天。神、人之間存在著極大、深邃的差異。神是無限、智慧和公義的；人是有限、渺小、有罪的。雖然藉著耶穌基督的救贖，基督徒可以稱呼神為「阿爸，父」（羅八：15），但神、人之間的這種差異不可能被抹煞。神俯就人，主動向人啟示祂自己和祂的作為，這些啟示已完備地記錄在《聖經》中。但是，沒有人能夠完全明白《聖經》。構建神學體系，既要基於《聖經》，又要借助人的理性；而人的理性不僅是有限的，也是被罪所污染的；何況，人的理性還會受人的歷史處境、傳統、哲學思想、經驗等所左右呢。

建立一個嚴密的、精妙的神學體系，是神學家的渴求，也是可以做到的。但是，要建立一個既符合《聖經》啟示、又貫穿人的嚴密、精妙邏輯的神學體系，則是不可能的。因為神的邏輯並不等同人的邏輯，神的邏輯是超越人的邏輯的。

《羅馬書》第九章，在闡述了神的揀選之後，保羅說：

> 如此看來，神要憐憫誰，就憐憫誰；要叫誰剛硬，就

叫誰剛硬；這樣，你必對我說：「祂為甚麼還指責人呢？
有誰違抗祂的旨意呢？」你這個人哪！你是誰，竟敢向神
強嘴呢？受造之物豈能對造他的說：「祢為甚麼這樣造我
呢？」窰匠難道沒有權柄，從一團泥裏拿一塊作成貴重的
器皿，又拿一塊作成卑賤的器皿麼？（羅九：18-21）

闡述神要憐憫誰就憐憫誰、要使誰剛硬就使誰剛硬，是出
於神的主權時，保羅預料一定會遭到人的詰問：既然無論是蒙
神憐憫者（如摩西）或是神使之剛硬者（如法老）都在神的拯
救計畫中有其位置，二者都有助於此計畫的完成，那麼，神責
怪人悖逆就不合理了。但是，保羅並沒有對這個詰問本身作出
回應，而是針對詰問者的傲慢態度，以近乎專橫的方式堵住詰
問者的口。[58] 按人的邏輯，既然一切都是神命定的，神指責人
悖逆就是不合理的。但是，保羅只是提醒詰問者，一個受造之
物，怎能以自己極為有限的邏輯與造物之主抗辯呢？

類似的情景出現在《約伯記》。由於靈界的爭戰，約伯
受了許多苦。當他問神「義人為何受苦」時，神沒有回答，卻
要約伯觀察宇宙間千萬奇妙難明的現象。約伯幡然醒悟，說：
「我從前風聞有祢，現在親眼看見祢。因此我厭惡自己〔自己
或作我的言語〕，在塵土和爐灰中懊悔。」（伯四十二：5-6）為
甚麼？宇宙的奇妙難明，顯示造物主的大而可畏。一個區區的
受造物，豈可與神論理呢？神的作為豈能沒有祂的道理呢！只
是，神的道理，人未必能夠明白罷了。

《聖經》所啟示的教義，如三一神、耶穌的神、人二性、
信徒的重生等，都是人的理性難以完全識透的。關於揀選的教
義也是如此。神的揀選的主權，一方面有明確的《聖經》經文

的支持，另一方面卻與「神愛世人」（約三：16a）、神「不願有一人沉淪，乃願人人都悔改」（彼後三：9b）等經文產生張力。既然神愛每一個人，那麼，祂爲甚麼不揀選所有的人都得救呢？關於人的責任，也有明確的《聖經》論述。如果從人的責任的角度看，神爲世人制定了救贖計畫，只有悔改信耶穌的人才能得救，拒絕耶穌的人就會走向滅亡。這樣，就可以舒解神的救贖與神的愛之間的張力。然而，如果人得救與否取決於人是接受還是拒絕耶穌，那麼，神揀選的主權又在哪裏呢？按照人的邏輯，既是神的揀選，人在得救與否的問題上就沒有責任；如果人在得救上有責任，神的揀選勢必就會被架空。

爲了免除在兩難之間遊弋的痛苦，人有時就會面臨一種試探，不如乾脆倒向一邊，或強調神的揀選，或強調人的責任。這樣，內心的掙扎雖然可能會減少，但是與《聖經》所啓示的眞理的距離卻可能會增大。也許，神正是要藉著這種兩難的處境，時時提醒人們意識到人的有限性和神的超越性，從而時時對神和神的啓示保持敬畏之心，時時保持尋求神、依靠神的心，時時懇求神的光照和引領。正像詩人所說的：「耶和華阿，我的心不狂傲，我的眼不高大，重大的和測不透的事，我也不敢行」（詩一三一：1）；「這樣的知識奇妙，是我不能測的；至高，是我不能及的」（詩一三九：6）。

其次，**應把眞理和對眞理的認識區分開。**

「眞理」一詞，在中文《聖經》出現過75次。甚麼是眞理呢？主耶穌說：「我就是道路、眞理、生命」（約十四：6a）；《聖經》的作者說：「聖靈就是眞理」（約壹五：7b），「祢的道就是眞理」（約十七：17b）。所以，神和祂的話語，就是《聖經》所啓示的眞理。因此，眞理是絕對的、

終極的。由於上述的種種局限，人對眞理的認識則是相對、暫時的，正像自然科學的認知是相對、暫時的，不斷向神所制定的自然法則逼近一樣。克萊茵等指出：「我們認爲，我們不應天眞地認爲信經（或任何其他東西）是基督教神學的永恆陳述。」[59]

「人對眞理的認識是相對的」，並非說人對眞理的認知沒有絕對之處。筆者曾指出：《聖經》清楚啓示的基本眞理，如，耶和華是獨一的眞神；耶穌基督是神的兒子；世人都犯了罪；耶穌基督在十字架上成就了對人類的救贖計畫；一切相信耶穌基督的人，不至滅亡，反得永生；基督徒要彼此相愛；主耶穌將再來審判世界；等等，是絕對的，是信徒能夠準確把握和可以大膽傳講的。「人對眞理的認識是相對的」，乃是說，在人對眞理的認識中，尚有不準確、需要不斷完善的地方；人不能把自己對眞理的認知的每一點都絕對化。

有學者說，眞理是不能被人「掌握」的；眞理只能被人追隨或跟隨。保羅是主耶穌親自選召的向外邦人傳福音的偉大使徒。主一直與他同在，他與主耶穌有十分親密的關係，而且曾被提到三層天上，得到的啓示甚大。但論到認識基督時，他仍說：「這不是說，我已經得著了，已經完全了；我乃是竭力追求，或者可以得著基督耶穌所以得著我的〔所以得著我的，或作所要我得的〕。」（腓三：12）保羅尚如此，何況一般的基督徒呢。所以，保羅勸勉信徒要心存謙卑：「若有人以爲自己知道甚麼，按他所當知道的，他仍是不知道。」（林前八：2）

主耶穌對門徒說：「我是葡萄樹，你們是枝子；常在我裏面的，我也常在他裏面，這人就多結果子；因爲離了我，你們就不能作甚麼。」（約十五：5）祂又教導說：「只等眞理的聖

靈來了，祂要引導你們明白〔原文作進入〕一切的眞理」（約十六：13a）。一個已經「掌握」了眞理的信徒，還需要依靠主耶穌麼？還需要聖靈的引領麼？從邏輯推論，不需要了；單靠他手中的眞理就可以「打遍天下無敵手」了。但是，如果離了主耶穌，信徒還能作甚麼呢？

蘭姆說：「一個人若認爲自己對《聖經》的解釋是正確的，我們不反對；可是我們反對，人忘記自己的卑微和人性的缺陷，而認爲自己對《聖經》的解釋與神的啓示具有同等的地位。」[60] 奧斯邦也說：「此處最嚴重的一個問題，就是把神學模式當著永久不變。許多學者完全反對教義的定型化或終結化。……因爲許多團體的確將他們承襲的傳統和創始的先祖，當成幾乎『不會錯』的物件來崇拜。」[61]

不同的神學體系與《聖經》的吻合程度，可能有量的差異；但在質上說，沒有一個體系能與《聖經》完全吻合。恐怕沒有人會妄自尊大到一個地步，以致敢於公開宣稱，自己的神學體系與《聖經》具有同等的地位。但是，奧斯邦認爲，神學模式面臨的基本問題是，「宣導的人容易賦予它們絕對或恆常的地位，甚至比《聖經》本身的力量更大。」[62]

如果把自己的神學體系絕對化，就會拒絕《聖經》對自己的體系說話，要麼對那些「不利」的經文置之不顧，要麼要按自己的體系強解這些經文。如果把自己的體系絕對化，就容易以對自己的體系的宣講，代替對神的整全話語的宣講。在這種情況下，神學家已有意無意地把自己的體系高舉到與《聖經》同等的地位了。隨著體系被絕對化，體系的宣導者、擁護者也逐漸地被絕對化了。一個體系一旦被絕對化，就變成眞理的標準和尺度；凡與自己體系的觀念不同的，無論有無《聖經》的

依據，都一言以拒之：「不講眞理」或「偏離眞理」。

克萊茵等苦澀地幽默道：「縱使我們相當執著自己的立場，或對相反的立場十分反感，我們也不能引用《約翰福音》三章十六節的經文來支持自己，要別人相信自己，就像要相信基督才能得到救恩那樣。」[63]

說尖刻一點，這種把自己的體系絕對化的心態，其實就是，起碼在潛意識裏是，在神學領域建立「巴別塔」的心態，而且是獨力建造巴別塔的心態。

第三，神學體系對信仰是至關重要的，但卻遠不是信仰的全部。

現今正處於現代主義和後現代主義的轉折時期。基督教既受到理性至上、科學至上的理性主義的批判，又要接受否定權威、否定絕對眞理的相對主義的挑戰。系統神學所建立的信仰架構，可以幫助基督徒有效地回應這些挑戰。但是，也不要以爲，信仰架構可以解決教會面臨的所有問題。因爲信仰架構只是信仰的一部分。艾瑞克森說：

> 我們可以說，持守耶穌所持守的信念與教導，乃是意味著成為基督徒或基督的跟隨者的其中一部分條件。基督教神學也熱中於討論這些課題。信條不能囊括整個基督教信仰，因為其中還包含了一種或一套體念，諸如愛、降卑、尊崇、敬拜；此外還兼具道德本質及儀式或靈修性質的活動。基督教也有其社會的層面，包括教會中基督徒彼此的關係，以及與世界上非基督徒的關係。基督教的這些層面是其他學科探討和研究的物件。但是研討、詮釋及整合那些使此宗教得名的那一位的所有教導，仍是基督教神

學的首要任務。[64]

如前所述，合宜的神學是可以建造生命的。神學若與生命脫節，就會變成僵硬的教條。主耶穌受難前，給門徒的一條新命令，不是要他們建立一套神學思想，而是要他們彼此相愛。為甚麼彼此相愛如此重要？因為，門徒只有首先愛神，並被神的愛所澆灌，才可能彼此相愛。可見，基督教的信仰主要不是一套理性的信仰知識，而是活出來、有聖靈果子的新生命。

有一些自以為掌握了神學真理的基督徒，常常表現出一種居高臨下、盛氣凌人、好為人師的態度。當主內肢體勸誡他們要戒驕戒躁時，他們辯解說：「我們不是驕傲，而是在傳講和捍衛真理。」捍衛真理固然可貴，但不一定必須心高氣傲。保羅說：「主的僕人不可爭競，只要溫溫和和的待眾人，善於教導，存心忍耐，用溫柔勸戒那抵擋的人；或者神給他們悔改的心，可以明白真道。」（提後二：24-25）彼得也說：「只要心裏遵主基督為聖；有人問你們心中盼望的緣由，就要常作準備，以溫柔敬畏的心回答各人。」（彼前三：15）可見，捍衛真理也須心平氣和。傳講真理的人，如果能夠力戒把自己對真理的認知絕對化，就容易謙卑下來。因為，《聖經》才是所有信徒共同、最高權威的老師。這樣，宣講者不僅能堅定地傳揚和持守《聖經》清楚啟示的觀點，同時又能虛心聽取不同的意見，隨時準備修正自己不合《聖經》的觀點。講者、聽者都存受教的心，不僅彼此學習，更一起向《聖經》學習，使講者、聽者同感一靈，同蒙光照，同得造就。

主耶穌說：「這樣，凡好樹都結好果子，惟獨壞樹結壞果子。好樹不能結壞果子，壞樹不能結好果子。凡不結好果子的

樹，就砍下來，丟在火裏。所以憑著他們的果子，就可以認出他們來。」（太七：17-20）

2006年夏天，在澳門舉行了第七屆世界華福會議。會議正式開始的前一天晚上，藤近輝牧師代表中國基督徒向二百年來赴華的西方宣教士表示深深的感謝。然後，請戴紹曾牧師代表西方宣教士說幾句話。戴老牧師說：「我們戴家來中國已經一百八十年了。我生在中國、長在中國，也打算死在中國……」然後，他列舉了西方宣教在中國的事工中的種種失誤。他的話語是那樣自然、那樣懇切，沒有一絲一毫的嬌柔做作或自表謙虛。這是一個真正的基督徒的生命的流露，是一個真正的基督徒的國度胸懷的展現。他的話語平和、樸實，卻具有極大的震撼力，使許多與會者熱淚縱橫。

如果神學教育結出來的果子，不是「仁愛、喜樂、和平、忍耐、恩慈、良善、信實、溫柔、節制」的聖靈的果子（加五：22-23），而是驕傲、論斷的果子，那麼，神學教育本身或從事神學教育的人，就值得反省了。

基於上述的反思，對於建造神學，筆者有幾點建議。

第一，懇求聖靈光照，使神學家願意讓《聖經》對自己的神學體系或模式發出挑戰，神學體系與《聖經》不斷地交互作用，形成上升式的螺旋，以逼近《聖經》啟示的真理（圖8-1）。

圖8-1 神學體系與《聖經》不斷交互，使之逐漸逼近《聖經》真理。

奧斯邦甚至說：「若有必要，甚至改變整個系統」；「即使我們非常贊同這種模式，仍要持開放態度，接受修改，甚至如果按照《聖經》的證據，必須整個改掉，也在所不惜。」[65]筆者以為，奧斯邦這種絕對膺服於《聖經》的權威的態度非常值得欽佩；不過，他說得似乎太「慘烈」了。其實，基督教的基本教義，有經文明確的支持，被廣大的基督教群體認同，歷經了兩千年的考驗，是不會有甚麼大的變動的。這些基要的教義是應當持守的，不可輕易懷疑或改變，否則容易滑向異端。但是，對傳統、教義中那些缺乏明確經文支持、主要由人的邏輯推衍出來的部分，卻應持審慎、儆醒的心。需要不斷修正的神學觀點，大都是經文支持不力、在基督教群體中未獲得共識的非基要神學觀點。

如果一個神學體系不願意讓《聖經》不斷地對它說話，那麼，它與《聖經》之間的距離，不僅不會縮短，甚至會因人的偏執、極端而逐漸變大（圖8-2）。

圖8-2 神學體系若不再對《聖經》開放，就可能漸漸偏離真理。

第二，提倡不同神學體系之間坦誠對話、認真溝通。筆者所說的不同神學體系，是指福音派內部的不同神學體系。不同的體系是由於不同的傑出神學家的帶領，自然形成的。神學系統接近《聖經》的程度是有差別的。但任何一個神學系統都會發現自身的系統與《聖經》經文有不協調之處。克萊茵等指出，有些經文令加爾文學派不安，例如：[66]

神愛世人，甚至將祂的獨生子賜給他們，叫一切信祂的，不至滅亡，反得永生。（約三：16）

我勸你第一要為萬人懇求、禱告、代求、祝謝；為君王和一切在位的也該如此；使我們可以敬虔端正，平安無事的度日。這是好的，在神我們救主面前可蒙悅納。祂願意萬人得救，明白真道；因為只有一位神，在神和人中間，只有一位中保，乃是降世為人的基督耶穌。祂捨自己作萬人的贖價；到了時候，這事必證明出來。（提前二：1-6）

8. 應用

　　主所應許的尚未成就，有人以為祂是耽延；其實不是耽延，乃是寬容你們，不願有一人沉淪，乃願人人都悔改。（彼後三：9）

　　我小子們哪！我將這些話寫給你們，是要叫你們不犯罪。若有人犯罪，在父那裏我們有一位中保，就是那義者耶穌基督；祂為我們的罪作了挽回祭；不是單為我們的罪，也是為普天下人的罪。（約壹二：1-2）

同樣，有些經文也讓阿米念學派覺得有麻煩，比如：[67]

　　就如經上所記：「沒有義人，連一個也沒有；沒有明白的，沒有尋求神的；都是偏離正路，一同變為無用；沒有行善的，連一個也沒有。……」（羅三：10-12）

　　凡父賜給我的人，必到我這裏來；到我這裏來的，我總不丟棄他。……差我來者的意思，就是祂所賜給我的，叫我一個也不失落，在末日卻叫他復活。……若不是差我來的父吸引人，就沒有能到我這裏來的；到我這裏來的，在末日我要叫他復活。（約六：37、39、44）

　　外邦人聽見這話，就歡喜了，讚美神的道；凡預定得永生的人都信了。（徒十三：48）

　　這樣，我們可說甚麼呢？難道神有甚麼不公平麼？斷乎沒有！因祂對摩西說：「我要憐憫誰，就憐憫誰，要恩

待誰，就恩待誰。」據此看來，這不在乎那定意的，也不
在乎那奔跑的，只在乎發憐憫的神。如此看來，神要憐憫
誰，就憐憫誰；要叫誰剛硬，就叫誰剛硬；……倘若神要
顯明祂的忿怒，彰顯祂的全能，就多多忍耐寬容那可怒預
備遭毀滅的器皿；又要將祂豐盛的榮耀，彰顯在那蒙憐憫
預備得榮耀的器皿上；這器皿就是我們被神所召的，不但
是從猶太人中，也是從外邦人中，這有甚麼不可呢？（羅
九：14-18，22-24）

蘭姆也持類似的觀點，他引用法波（Frederick W. Faber）的
話說：

　　這看起來不是最合哲學的，但這可能是我們所能採納
的最聰明的看法，那就是，真正的真理可能介於加爾文派
和亞米紐斯派兩種敵對立場之間。不過，我認為，如果要
指出真正真理之確實所在，那是超過了人的能力。這就像
一條兩端延伸很遠的鏈子，我們可以清楚地看到相對的兩
端，可是中間的部分卻被烏雲遮蓋，被無法穿透的黑暗包
住。[68]

福音派中不同類型的教會，各有自己的長短處。神允許不
同類型的教會存在，定有祂的美意。每種類型的教會，都有被
神使用的那一份。但卻沒有一種類型的教會，能把神的心意完
全彰顯出來。各教會應該取長補短、相輔相成，而不應該相互
批評、彼此對立。福音派的各個神學系統之間的關係也類似。
也應該彼此溝通、彼此磋商，而不是惟我獨尊、相互排斥。奧

斯邦認為，歡迎與自己不同的神學模式，是按《聖經》重塑自己的模式的最佳途徑：

> 《聖經》本身包含了模式。我們可以透過《聖經》神學來辨認。不過，我們對這些模式的重塑，是依據自己的先入為主的觀念而來，所以需要不斷地重新檢視。我們怎麼知道自己確實是以經文為重、超過神學傾向的分量？……解決的辦法，是要歡迎不同的模式，視它們為強迫自己重新檢視教義的基礎和結構的最佳途徑。由於我們已委身於自己信仰體系的模式，所以往往看不出其弱點，很難提出質疑。但我們的對手則能使我們保持誠實。[69]

常言說：「當事者迷，旁觀者清。」對手之間辯論時，往往會直戳對方的「軟肋」，即，置疑對方的立論與《聖經》的不合之處。如果能冷靜地直視對手的挑戰，接受對方符合《聖經》觀點，並修正自己體系中不合《聖經》的觀念，那麼，不同的神學體系就會相互接近。因為對話的雙方都是以《聖經》為標準來檢視對方的體系的，所以，體系之間相互修正、接近，一定是以《聖經》為中心的。也就是說，不同的體系通過對話、接納對方合理部分的過程，就是雙方同時向《聖經》靠近的過程（圖8-3）。

聖經　　　　　　　　　　　　聖經

圖8-3　不同神學體系的坦誠對話，可促使共同逼近《聖經》真理。

　　人們大都主要受教於某個神學體系。但這不一定意味著一定要受制於某個神學體系，不一定要不加分析地對該體系的所有觀點「照單全收」。基督徒都應視《聖經》為最高的權威，只接納自己體系中有《聖經》明確支援的部分。「海外神學院」曾霖芳院長多次聲明，他哪一派都不是，他是「《聖經》派」。使徒保羅反對在教會裏有分爭，禁止各人說，「我是屬保羅的」，「我是屬亞波羅的」，「我是屬磯法的」，「我是屬基督的」（林前一：11-12）。同理，在神學界，不同學派之間為何一定要那麼涇渭分明、壁壘森嚴呢？

　　主耶穌對信祂的猶太人說：「你們必曉得真理，真理必叫你們得以自由。」（約八：32）《聖經》是神的道，是真理。若人身處一個神學體系，思想卻不受限於該體系，能夠切實地，而不是口頭上地，惟獨尊崇《聖經》，他就會有廣闊的胸襟，隨時準備按照《聖經》，博採眾神學體系之長，不斷修正自己。這樣，他就能從各種體系的束縛中解脫出來，得到最大的自由。

　　如果一個人拘泥於自己的體系，拒別的體系於千里之外，也不願讓《聖經》對自己的體系說話，那麼，他就可能失去自

由，思想就可能逐漸僵化，甚至，與《聖經》的啓示的距離也可能變得越來越大（圖8-4）。

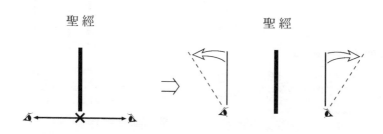

圖8-4 神學體系間拒絕溝通，以致都不可能趨同《聖經》真理。

第三，常常復習教會歷史，溫故而知新。基督教教義形成的歷史表明，基督教神學包含一些暫時性或條件性的因素。這可對「牢固不變的神學觀點」的概念，提出有力的修正。[70] 歷史神學能幫助神學家自省，看到影響神學觀點的諸多因素，及人的有限。同時，也可以使人看到，當神學與生命脫節時，所帶來的消極後果。比如，華爾克（Williston Walker）指出，1577 年產生了信義宗最後一個大信條《協和信條》（Formula of Concord）。這一信條代表嚴峻的路德一派的思想，「若與五十年前的《奧斯堡信條》比較，這信條的思想是冗長的、呆板的，屬經院哲學派的，與前者的新穎活潑恰成對照。信義宗之高等正統神學由此發端。」[71] 這種經院學派的信義主義，名義上是根據《聖經》，實質上卻是一種對已形成的教義的解釋，苛刻、死板，強迫人在理智上劃一。純正的教義和聖禮，成爲基督徒生活的要素。路德當初提倡的神與信徒之間的活潑關係，此時已被一套教義所取代了。作爲對這種死氣沉沉的經院

哲學的反彈，強調基督徒屬靈經驗的敬虔主義（Pietism）應運而生。[72]

其實，教義和基督徒的屬靈生活，都是基督教信仰的組成部分，互得益彰，不可偏廢。無論偏執任何一端，都會使基督徒的生命受虧損。

基督教信仰是啓示性的信仰。記錄在《聖經》中的神的啓示，是神給全人類的，具有共性、普遍性，是外在、客觀的。另一方面，基督教信仰的核心是，耶和華神要作祂子民的神，他們要作祂的子民。也就是說，這個信仰強調信徒與神的個人關係，是內在、主觀的。基督教的外在、客觀性，關乎神的屬性、心意、作爲、命令等等，是有關神的知識。基督教的內在、主觀性，則表現爲信徒的敬虔的屬靈生活。從內容上看，神啓示的客觀眞理是宏觀、架構性的；主觀的經歷則是局部、微觀的，常側重於神對個別教會或個人的帶領。這種外在、客觀的知識和內在、主觀的經歷的奇妙結合，才是整全的基督教信仰。

基督教的客觀知識，可以與人分享，把人帶領到神面前，也能有效地抵擋異端邪說，堅固教會和信徒。這些客觀的知識，和與神的主觀經歷相結合，才能被深化、活化。否則，它們就會變成僵硬、死板的教條。另一方面，主觀的經歷畢竟是個別的，不易與他人分享，不易引起他人的共鳴，若不與客觀的知識結合，在領人歸主、抵擋異端方面是難以奏效的。

有人以爲，只要一個人敬虔、愛神，神自然就會保守他，使他明白和持守眞道。這種將主觀經歷與客觀知識割裂開來，以主觀經歷取代客觀知識的態度是不妥的。實際上，努力、刻苦地研讀神的話語——《聖經》，正是敬虔、愛神的一種表現。

如果一個人對自己已擁有成文的神的話語——《聖經》——不渴慕，反而要求神用超然方式向他顯明祂的話語，這豈不是在試探神麼？

使徒保羅信主前，竭力殘害神的教會和基督徒，他卻誤認為是在事奉神和對神大發熱心。他說：「我原是猶太人，生在基利家的大數，長在這城裏，在迦瑪列門下，按著我們祖宗嚴謹的律法受教，熱心事奉神，像你們眾人今日一樣。」（徒廿二：3）「就熱心說，我是逼迫教會的；就律法上的義說，我是無可指摘的。」（腓三：6）也就是說，他若是一個對神不冷不熱的人，也許還不會對基督教會如此大打出手呢！在基督教會歷史上，敬虔的人淪為異端的宣導者，不乏其人，對教會造成很大傷害。初期教會的馬吉安（Marcion）和亞流（Arius）都是如此。教會歷史學家華爾克是這樣介紹他們的：

> 因為馬吉安是第一個教會改革家，所以人們對他的生平特感興趣。他出生在小亞細亞的西那坡（Sinope）地方，是當地一位富有的船主。主後139年他到了羅馬，加入了該地教會，對處於該地教會的慈善事業，慷慨解囊，捐獻萬元鉅款。入教不久，他為罪惡及苦難問題所攪擾，乃提出一種尖銳的二元論，……認為舊約所講的上帝乃是一位公義的上帝，「以眼還眼，以牙還牙。」這位上帝創造了世界，頒佈了猶太教的律法。但基督藉著幻影來到世界，將人從未認識的那位善良慈悲的上帝表明出來了。舊約的上帝雖反對他，但這位善良的上帝，卻藉著基督廢了猶太人律法的權威，使那公義的上帝變成了不公義的，因為他仇視這位代表「善良的上帝」的基督。因此基督徒應

該棄絕舊約及舊約的上帝。……講到基督徒的生活,馬吉安是遵照諾斯底派的觀念,既然物質世界是邪惡,故應禁慾。吃肉及性交只能使人落入那創造者上帝之手。……

　　馬吉安努力宣傳他的主張,期望當時羅馬的教會回到他所認為是基督和保羅的福音中去,結果反使他自己在主後144年被教會革除。他被開除教籍之後,便糾集同志另立教會。為適合他們自己的主張,他編輯了一部正典,包括保羅的十封書信(教牧書信除外)和《路加福音》,不過在這些書中,凡有說到舊約的上帝為基督的父,或與他發生任何關係的地方均被刪除。

　　約在主後320年,亞流(Arius)與其主教亞歷山大之間起了衝突。亞流是安提阿地方路迦諾的門人,是主持保加里(Baucalis)堂的長老。此人年事已高,學富而才多,生活敬虔,乃一代知名的宣道者。因神格惟一之說流行安提阿一帶地方,使他不得不注重於上帝位格之統一性與自足性。他也是俄利根的門徒,發揚這位亞歷山大師所講的基督乃受造之物的觀點。基督既係受造,所以他不與上帝同一實質,而與其他受造之物一樣,是由「無物」之中被造而成的。雖說他是一切受造物的首生者,世界也藉著他被造而成,但他並非永遠常在的。「子有始,但…上帝無始。」在亞流看來,基督誠然是上帝,就一方面看,這也是說得過去的;但他是次一等的上帝,並非與父上帝同體,也不是永遠常在的。…就亞流的思想說,基督不全是神,也不全是人,乃是神人之中的第三者(tertiumquid)。[73]

所以，使徒彼得勸誡信徒「有了德行，又要加上知識」（彼後一：5b）。眞知識能使信徒更深刻地認識神，全面瞭解神的啓示，洞察基督教信仰的全局，使信徒能持守眞道，並促進其敬虔生活。

歷史的教訓，值得今天的信徒記取，以免重蹈覆轍。歷史提醒人們，過去的失誤以何等驚人的方式在今日重現！伍迪·亞倫（Woody Allen）精闢地說：「歷史重複著自己，這是別無他法的，因爲第一次是沒有人聆聽的。」[74]

總之，首先，**要勇於承認自己的神學體系的不完美，這是態度問題**。每一個體系都明白自己的短處和不完善之處，問題在於是否敢於誠實地面對和承認而已。其次，**要安於承認自己的體系的不完美，這是地位問題**。時時站在受造物的位子上，正視受造的人的渺小、有限這個事實，那麼，人的神學體系的不完美就是再自然不過的事，足以讓人心安理得了。第三，**要樂於承認自己的體系的不完美，這是目光問題**。不定睛在自己的體系上自大或自憐，而是時刻仰望智慧、全能的神，以得到祂的幫助和引領。發現自己體系的不完善之處，應該是一件令人高興的事。發現了不足，進步才有可能。當人們把目光轉向神和神的話語，自己的體系就可能不斷地被完善。「所以我更喜歡誇自己的軟弱，好叫基督的能力庇覆我；……我甚麼時候軟弱，甚麼時候就剛強了。」（林後十二：9b-10）只有這樣，神學家才可能恆常地把自己的神學體系向《聖經》敞開，讓神的啓示不斷地修正自己的體系。

基要和非基要信仰

基督徒之間，或不同基督教宗派之間，常常爲應該持守哪

些信仰發生爭論，甚至紛爭、分裂，造成深切、久難癒合的傷痛。為了遏制這類事件頻頻發生，有人提出一個被信徒廣爲接納的口號：「基要信仰須合一，非基要信仰可存異，一切事上有愛心。」[75]所謂基要信仰，就是基督教最基本的信仰架構，失去了它們或它們中的任何一部分，基督教就不成其爲基督教了。非基要信仰並不是不重要，但它們不會影響到基督教的架構。唐崇榮說：「如果你把相對的絕對化，你就會把許多的弟兄當作仇敵來對待；如果你把絕對的相對化，你就會把許多仇敵當作弟兄來對待。」[76]

但是，區分基要信仰和非基要信仰，有時並不容易。奧斯邦說：

> 可是，分析到最後，何爲重大教義，何爲非重大教義，也極難決定。理論上，惟一的標準是神的話，可是我已經指出，《聖經》總是透過傳統和個人的癖好的過濾，才會成爲教義。事實上，在實際的作法中，重大教義常是由傳統來判斷的，超過了《聖經》的分量。在改革宗的圈子內，加爾文的模式常被視爲重大教義；同樣，在亞米念派的傳統中，他的模式也有同樣的地位。時代主義的團體則將災前被提視爲「基要」教義。[77]

所以，分辨基要和非基要信仰，涉及兩個層面的問題。第一，是態度問題，要有一顆謙卑、寬廣的心。不要認爲凡自己的傳統（系統）所持守的信條，就都是重大的，沒有任何商權、妥協的餘地。如上所述，應該不斷用《聖經》來檢視自己的體系，同時，在與其他體系的對話中，勇於自省。第二，是

對眞理的認識問題。特別是今天，面對現代主義和後現代主義的挑戰，應該高舉神的權威和神啓示的權威，防止把絕對眞理相對化。這樣作，是需要勇氣的，是可貴的。但是，另一方面，也要警惕把相對眞理絕對化的傾向。有時，信徒確有謙卑的心，願意區分基要和非基要信仰，但不知道如何區分。今天，教會中的不少紛爭，涉及的大都是非基要信仰；但信徒誤把它們當作基要信仰，故都拒絕退讓，以致紛爭愈演愈烈。

其實，這兩個層面都與《聖經》有關。如果能夠切實地把《聖經》當著檢測教義的惟一權威，信徒就不會固步自封、思想僵化，把自己體系的一切教義絕對化；如果不僅尊崇《聖經》，而且勤奮考察《聖經》，從而盡可能準確地理解《聖經》，那麼，信徒就能不斷提高自己認識眞理的能力。

以下幾點或幾個原則，希望對讀者區分基要和非基要信仰，能有所幫助。

第一，與《聖經》自身所關切的要點有關的，是基要信仰。

比如，使徒約翰說：「耶穌在門徒面前，另外行了許多神蹟，沒有記載這書上。但記這些事，要叫你們信耶穌是基督，是神的兒子；並且叫你們信了祂，就可以因祂的名得生命。」（約二十：30-31）保羅對提摩太說：「但你所學習的，所確信的，要存在心裏；因爲你知道是跟誰學的；並且知道你是從小明白聖經，這聖經能使你因信基督耶穌有得救的智慧。聖經都是神所默示的〔或作凡神所默示的聖經〕，於教訓、督責、使人歸正、教導人學義，都是有益的；叫屬神的人得以完全，預備行各樣的善事。」（提後三：14-17）。可見，《聖經》關注的一個重點，是向世人啓示關於神的救恩的知識（提後三：15），

和敬虔基督徒生活所必需的知識（提後三：16-17），其終極目標是彰顯神的榮耀。所以，凡是關乎人是否能得救的教義，和神向人頒佈的絕對的道德命令，都是基要信仰。

第二，從歷史的亮光看，凡經過辯論、在歷史上已有定論，而且凡尊崇《聖經》權威的人，都有同樣的看法，那麼，這可能是基要信仰；相反，若只在一個宗派有定論，而同樣尊崇《聖經》的其他宗派卻有不同結論，這個定論就可能是非基要信仰。[78]

第三，由《聖經》的明確主張或命令而來的教義，往往是基要的；從經文含義或先例推演來的教義，或《聖經》沒有很清楚闡明的，或《聖經》沒有指明教會必須要有的信念，或須待到永世才能解決的問題，則常是非基要的。[79]

現在就以一些實際的例子，說明如何運用這些原則。

三一神的教義

世界上有許多宗教，敬拜各種神明。人只有信靠真神，才能得救；敬拜假神，人不能得救。但是，哪位神是真神呢？《聖經》啟示說，真神只有一位，就是耶和華：「以色列阿！你要聽，耶和華我們的神是獨一的主。你要盡心、盡性、盡力愛耶和華你的神」（申六：4-5）；「認識祢獨一的真神，並且認識祢所差來的耶穌基督，這就是永生。」（約十七：3）

按《聖經》的啟示，獨一的真神耶和華，有三個位格，聖父、聖子和聖靈。聖父是神，聖子是神，聖靈也是神。三個位格，本質相同、權威相同、榮耀相同，只是分工不同。三個位格，不會混淆，不會互換，不能分離。一位真神，卻有三個位格；三個位格，卻不是三位神，而是一位神。一而三，三而

一，故稱三一神。

其他宗教大都信奉多神，但伊斯蘭教是信奉一神——阿拉。伊斯蘭教信奉的神與耶和華是否是同一位神，只是名稱不同而已呢？不是。因為伊斯蘭教不相信耶穌是神。他們只認為耶穌是一位偉大先知，一位傳達神話語的人。《聖經》啟示說：「凡不認子的就沒有父，認子的連父也有了。」（約壹二：23）否認耶穌是神，也就否定了聖父。所以，伊斯蘭教信奉的阿拉，不可能是基督教所信奉的三一神耶和華。

主耶穌說：「所以我告訴你們，人一切的罪，和褻瀆的話，都可得赦免；惟獨褻瀆聖靈，總不得赦免。凡說話干犯人子的，還可得赦免；惟獨褻瀆聖靈，總不得赦免。」（太十二：31-32）所謂褻瀆聖靈，不是指無心或無知錯話，而是故意誣陷和抵擋聖靈的工作。從上文看，當主耶穌醫治好一個又瞎又聾的人後，法利賽人不降服於神的大能，反而誣陷主耶穌趕鬼，「無非是靠著鬼王別西卜阿」（太十二：24）！為甚麼褻瀆聖靈就總不得赦免呢？因為人信主，完全是聖靈的工作：「若不是被聖靈感動的，也沒有能說耶穌是主的。」（林前十二：3b）執意誣陷、抵擋聖靈的人，不可能信耶穌，當然就總不能得赦免。

在十條誡命中，第一、二條誡命，耶和華嚴厲地禁止以色列人拜別的神：

> 我是耶和華你的神，曾將你從埃及為奴之家領出來。除了我以外，你不可有別的神。不可為自己雕刻偶像，也不可作甚麼形像，彷彿上天、下地和地底下、水中的百物，不可跪拜那些像，也不可事奉它，因為我耶和華你的

神是忌邪的神。恨我的，我必追討他的罪，自父及子，直到三四代；愛我守我誡命的，我必向他發慈愛，直到千代。（出二十：2-6）

關於三一神的教義，在主後第四世紀的《亞他那修信經》中，有明晰的論述，[80]並得到基督教界的認同，被廣大信徒所持守。

綜上所述，三一神的教義，是基督教的基要信仰。否認耶穌是神的摩門教和耶和華見證人會被基督教界定爲異端。

耶穌神、人二性的教義

道成肉身的聖子——耶穌基督，既是神又是人。使徒保羅說：「這福音是神從前藉眾先知，在聖經上所應許的，論到祂兒子我主耶穌基督；按肉身說，是從大衛後裔生的，按聖善的靈說，因從死裏復活，以大能顯明是神的兒子。」（羅一：2-3）

耶穌基督能夠叫瞎眼的看見，叫瘸子行走，叫長大痲瘋的得潔淨；祂趕逐污鬼，止息風浪，叫死人復活，是無所不知、無所不在、無所不能的神。「因爲神本性一切的豐盛，都有形有體的居住在基督裏面。」（西二：9）主耶穌自己也宣稱，人看見祂就是看見了父神；人們應該像榮耀父神一樣地榮耀祂；「我與父原爲一」（約十：30）。[81]

另一方面，耶穌基督需要從「孩子慢慢長大」（路二：40），祂會餓、會困乏、會憂傷、會哭，是完全的人；只是，祂沒有罪（來4：15b）。

耶穌基督是人，祂才能擔當人的罪孽；耶穌基督是神，祂

在十架上流出的寶血才能洗淨一切願意相信祂的人的罪。無論否認耶穌基督的神性還是人性，人都不能得救。

於主後451年召開的第四次教會會議所制定的《迦克敦信經》[82]，對基督的神、人二性有清楚的闡述，爲歷代基督徒所尊崇。

所以，耶穌基督神、人二性的教義，是基要信仰。否定耶穌神性的亞流主義、耶和華見證人會、摩門教，和否認耶穌人性的幻影學說，都被定爲異端。然而，基督的神、人二性是如何合二爲一的，則屬於非基要信仰。[83]

《聖經》無誤的教義

此教義與人的得救與否並無直接關聯，也就是說，認爲《聖經》的細節有錯誤的人，同樣可以因信耶穌而得救；已得救的基督徒，不會因認爲《聖經》有錯誤就失去救恩。此外，在教會歷史上也沒有大公會議專門就《聖經》無誤作過甚麼決議。1978年國際《聖經》無誤協會（International Council on Biblical Inerrancy）在芝加哥召開會議，並發表了具有歷史意義、著名的《芝加哥聖經無誤宣言》。但是，這個會議的絕大部分參與者是美國基督徒。由此看來，《聖經》無誤的教義似乎不應算作基要信仰。但是，正如筆者在《聖經的權威》一書所闡述的，因爲《聖經》無誤的教義是基督教一切教義的根基，如果《聖經》無誤的教義被摒棄，其他教義將被殃及，信徒的信心也會被搖動，所以，《聖經》無誤的教義、三一神的教義和耶穌基督神、人二性的教義，是歷代教會所竭力維護的三大信仰支柱，[84]都是基要信仰。

神的救恩

《聖經》所啓示的救恩觀，是以神爲本的，也就是說，人能得救，完全是神的恩典。

首先，沒有一個人會主動地尋求神，沒有任何人能遵行神的律法：

> 世人都犯了罪，虧缺了神的榮耀。（羅三：23）

> 愚頑人心裏說：「沒有神。」他們都是邪惡，行了可憎惡的事，沒有一個人行善。耶和華從天上垂看世人，要看有明白的沒有，有尋求神的沒有。他們都偏離正路，一同變為污穢；並沒有行善的，連一個也沒有。作孽的都沒有知識麼？他們吞吃我的百姓，如同吃飯一樣，並不求告耶和華。（詩十四：1-4）

> 時常行善而不犯罪的義人，世上實在沒有。（傳七：20）

> 所以凡有血氣的沒有一個，因行律法，能在神面前稱義；因為律法本是叫人知罪。（羅三：20）

人能得救，完全是神的恩典。聖父制定了救贖計畫（約三：16；羅八：3-4；林後五：21），聖子在十架上完成了救贖計畫（太二十：28；提前一：15a；彼前三：18），聖靈感動人接受神的救恩（林前十二：3b），完全是神的作爲，人是白

白地接受神的恩惠，「因基督耶穌的救贖，就白白的稱義。」（羅三：24）保羅總結說：「沒有一個人靠著律法在神面前稱義，這是明顯的；因為經上說：『義人必因信得生。』」（加三：11）「你們得救是本乎恩，也因著信，這並不是出於自己，乃是神所賜的；也不是出於行為，免得有人自誇。我們原是祂的工作，在基督耶穌裏造成的，為要叫我們行善，就是神所預備叫我們行的。」（弗二：8-10）

因此，《聖經》斷然反對任何靠人的行為得救的觀點，反復強調人只能「因信稱義」、「因信得救」。甚至，信心加上行為，例如，除了信以外，還要「謹守日子、月分、節期、年分」（加四：10）的觀點，都被保羅斥責為「別的福音」（加一：6），都「應當被咒詛」（加一：8，9）。因為，「義若是藉著律法得的，基督就是徒然死了。」（加二：21b）保羅嚴厲地勸誡信徒：「你們這要靠律法稱義的，是與基督隔絕，從恩典中墜落了。」（加五：4）

可是，關於人得救的具體過程，《聖經》並未有清楚的啟示，福音派內部也一直有不同的看法。

比如，一個得救的人，是先重生、後悔改，還是先悔改、後重生？主耶穌說，重生仍是個奧秘，祂對尼哥底母說：「我說：『你們必須重生，』你不要以為希奇。風隨著意思吹，你聽見風的響聲，卻不曉得從那裏來，往那裏去；凡從聖靈生的，也是如此。」（約三：7-8）艾瑞克森指出，從邏輯看，人已死在過犯中（弗二：1），故必須首先重生，然後才能悔改；然而，從《聖經》的證據看，卻傾向於先悔改後重生。[85]

又如，如何理解神的揀選？是預定還是預知？是墮落前預定還是墮落後預定？這些問題，不僅在福音派內部有不同看

法，就是在改革宗內部，也未有共識。克勞治（E.H. Klotsche）指出，加爾文只是把預定論作爲救恩不會失落的支持理論，預定論並不是加爾文神學的主要教義；是多特信條（Canons of Dort, 1618 AD）賦予預定論以優越的地位，使預定論成爲加爾文神學的起點、基要論點，成爲救恩的導因。[86] 多特信條是1618年在荷蘭多特召開的改革宗的會議中制定的，[87] 並未得到福音派各宗派的一致認同。

「因信稱義」、「因信得救」是《聖經》反覆、清楚教導的，是福音派一致認同和共同持守的；捨此，無人可以得救；故是基要信仰。一個人，他可以不明白、甚至完全沒有關於得救的過程的任何知識，他也不知道神的揀選的教義，但是，如果他懂得「因信稱義」的道理，懂得救恩完全是神的恩典，他不但可以因信得生，而且會對神產生敬畏和感激，成爲一個委身的基督徒。所以，關於得救的過程（神的揀選、悔改與重生孰先孰後等等）屬於非基要信仰。

聖禮

基督教的聖禮只有兩項，聖餐和洗禮，都是主耶穌的命令：

> 耶穌接過杯來，祝謝了，說：「你們拿這個，大家分著喝。我告訴你們，從今以後，我不再喝這葡萄汁，只等神的國來到。」又拿起餅來祝謝了，就擘開遞給他們，說：「這是我的身體，爲你們捨的；你們也應當如此行，爲的是紀念我。」飯後也照樣拿起杯來，說：「這杯是用我血所立的新約，是爲你們流出來的。」（路廿二：

17-20）

　　我當日所傳給你們的，原是從主領受的，就是主耶
穌被賣的那一夜，拿起餅來，祝謝了，就擘開，說：「這
是我的身體，為你們捨的〔捨，有古卷作擘開〕，你們應當
如此行，為的是紀念我。」飯後，也照樣拿起杯來，說：
「這杯是用我的血所立的新約；你們每逢喝的時候，要如
此行，為的是紀念我。」你們每逢吃這餅，喝這杯，是表
明主的死，直等到祂來。（林前十一：23-26）

　　耶穌進前來，對他們說：「天上地下所有的權柄，都
賜給我了。所以你們要去，使萬民作我的門徒，奉父子聖
靈的名，給他們施洗〔或作給他們施洗歸於父子聖靈的名〕；
凡我所吩咐你們的，都教訓他們遵守，我就常與你們同
在，直到世界的末了。」（太廿八：18-20）

　　豈不知我們這受洗歸入基督耶穌的人，是受洗歸入祂
的死麼？所以我們藉著洗禮歸入死，和祂一同埋葬；原是
叫我們一舉一動有新生的樣式，像基督藉著父的榮耀，從
死裏復活一樣。（羅六：3-4）

　　既然洗禮和聖餐是主耶穌的親自命令，當然是基督徒都應
遵行的基要信仰。但是，聖禮的實施方法，則是非基要信仰，
無須求同。

　　比如，基督徒都當按時領受聖餐；但是，領受的次數（一
天一次，一週一次，或一月一次），誰能領受（是已決志信主

的人，還是信主並已受洗的人），《聖經》沒有明文規定，各
教會按自己的傳統和先例實施，並不統一。[88]

再如，每一個信主的人都當接受洗禮；但洗禮的方式是浸
水，潑水，還是點水，不同教會的作法也不一致。按保羅「我
們藉著洗禮歸入死， 和他一同埋葬」（羅六：4a）的教導，洗
禮似應是浸在水裏。但《使徒行傳》記載掃羅信主後，在亞拿
尼亞家裏受了洗（徒九：18），彼得在哥尼流家中為信主的人
施洗（徒十：44-48）；在當時，似乎不可能在家中施行浸禮，
因為不可能有如此大的容水的地方。[89]此外，早期教會最重要
的文獻之一的《教規》（Didache），又稱《十二使徒遺訓》，
對洗禮有如下規定：

> 論到洗禮，當這樣作：先將以上所說的一切事學習
> 過了，然後到流動的水裏「奉聖父聖子聖靈的名施行洗
> 禮」（太28：19）；但如果沒有流動的水，也可以用別的
> 水施洗，若是不能用冷水，熱水也可以。若是涼水和溫水
> 都沒有，就可以用三次水注在頭上，奉聖父聖子聖靈的名
> 去作。而在洗禮之前，施洗者與受洗者都當禁食，有別人
> 能同行此，亦好。你要囑咐受洗的人，在受洗前一兩天禁
> 食。[90]

學者們認為，此文獻是針對第一世紀的教會說的。《教
規》雖不是《聖經》正典，但也具有相當的權威性和代表性。
既然使徒們尚在的第一世紀的教會允許不同形式的洗禮，今日
的教會也不必將浸禮絕對化。在可能的情況下，盡量施行浸
禮；但條件不允許（缺水，或受洗者體弱、有病等），也可考

慮其他的洗禮形式。[91]

聖樂

敬拜讚美神，是《聖經》對信徒的明確吩咐，也是每一個重生得救的基督徒對神的偉大、奇妙作為的自然、發自心底的回應：

於是，大衛和以色列的長老，並千夫長，都從俄別以東的家，歡歡喜喜的將耶和華的約櫃抬上來。神賜恩與抬耶和華約櫃的利未人，他們就獻上七隻公牛、七隻公羊。大衛和抬約櫃的利未人，並歌唱的首領基拿尼雅，以及歌唱的人，都穿著細麻布的外袍。大衛另外穿著細麻布的以弗得。這樣，以色列眾人歡呼吹角、吹號、敲鈸、彈琴、大發響聲，將耶和華的約櫃抬上來。

耶和華的約櫃進了大衛城的時候，掃羅的女兒米甲從窗戶裏觀看，見大衛踴躍跳舞，心裏就輕視他。

……大衛派幾個利未人在耶和華的約櫃前事奉、頌揚、稱謝、讚美耶和華以色列的神：為首的是亞薩，其次是撒迦利雅、雅薛、示米拉末、耶歇、瑪他提雅、以利押、比拿雅、俄別以東、耶利，鼓瑟彈琴；惟有亞薩敲鈸，大發響聲；祭司比拿雅和雅哈悉常在神的約櫃前吹號。那日，大衛初次藉亞薩和他的弟兄，以詩歌稱頌耶和華，說：你們要稱謝耶和華，求告祂的名，在萬民中傳揚祂的作為。要向祂唱詩、歌頌，談論祂一切奇妙的作為。……全地都要向耶和華唱新歌，天天傳揚祂的救恩。在列邦中述說祂的榮耀，在萬民中述說祂的奇事。因耶和華為

大，當受極大的讚美。祂在萬神之上，當受敬畏。……應當稱謝耶和華，因祂本為善，祂的慈愛永遠長存。要說：「拯救我們的神阿，求你救我們，聚集我們，使我們脫離外邦，我們好稱讚袮的聖名，以讚美為袮誇勝。」耶和華以色列的神，從亙古直到永遠，是應當稱頌的。眾民都說：「阿們！」並且讚美耶和華。（代上十五：25-29，十六：4-36）

我的神阿，我白日呼求，你不應允；夜間呼求，並不住聲。但袮是聖潔的，是用以色列的讚美為寶座的[寶座或作居所]。（詩廿二：2-3）

現在我得以昂首，高過四面的仇敵，我要在祂的帳幕裏歡然獻祭，我要唱詩歌頌耶和華。（詩廿七：6）

義人哪，你們應當靠耶和華歡樂；正直人的讚美是合宜的。你們應當彈琴稱謝耶和華，用十弦瑟歌頌祂。應當向祂唱新歌，彈得巧妙，聲音洪亮。（詩卅三：1-3）

袮的瀑布發聲，深淵就與深淵回應；袮的波浪洪濤漫過我身。白晝，耶和華必向我施慈愛；黑夜，我要歌頌禱告賜我生命的神。（詩四十二：7-8）

神阿，我心堅定，我心堅定；我要唱詩，我要歌頌。我的靈阿〔原文作榮耀〕，你當醒起，琴瑟阿，你們當醒起；我自己要極早醒起。主阿，我要在萬民中稱謝袮，在

列幫中歌頌祢。因為祢的慈愛,高及諸天;祢的誠實,達到穹蒼。神阿,願祢崇高,過於諸天;願祢的榮耀,高過全地。(詩57:7-11)

普天下當向耶和華歡呼。你們當樂意事奉耶和華,當向祂歌唱。你們當曉得耶和華是神;我們是祂造的,也是屬祂的;我們是祂的民,也是祂草場的羊。當稱謝進入祂的門,當讚美進入祂的院;當感謝祂,稱頌祂的名。因為耶和華本為善,祂的慈愛存到永遠;祂的信實直到萬代。(詩一○○:1-5)

時候將到,如今就是了,那真正拜父的,要用心靈和誠實拜祂,因為父要這樣的人拜祂。神是個靈〔或無個字〕;所以拜祂的,必須用心靈和誠實拜祂。(約四:23-24)

我若用方言禱告,是我的靈禱告;但我的悟性沒有果效。這卻怎麼樣呢?我要用靈禱告,也要用悟性禱告;我要用靈歌唱,也要用悟性歌唱。(林前十四:14-15)

不要醉酒,酒能使人放蕩,乃要被聖靈充滿。當用詩章、頌詞、靈歌,彼此對說,口唱心和的讚美主。凡事要奉我們主耶穌基督的名,常常感謝父神。又當存敬畏基督的心,彼此順服。(弗五:18-21)

當用各樣的智慧,把基督的道理,豐豐富富的存在心

裏〔或作把基督的道理，豐豐富富的存在心裏，以各樣的智慧〕，
用詩章、頌詞、靈歌，彼此教導，互相勸戒，心被恩感，
歌頌神。無論作甚麼，或說話，或行事，都要奉主耶穌的
名，藉著祂感謝父神。（西三：15-17）

　　我們應當靠著耶穌，常常以頌讚為祭，獻給神，這就
是那承認主名之人嘴唇的果子。（來十三：15）

從上述的經文可以看到，首先，每一個基督徒都應當敬
拜、讚美耶和華神，這是「承認主名之人嘴唇的果子」（來十
三：15b）；其次，信徒的敬拜讚美，應當是「用心靈和誠實」
的敬拜讚美（約四：23-24），神悅納這樣的敬拜讚美，視為祂
的寶座（詩廿二：23）；第三，信徒對神的敬拜讚美，不僅要
用「悟性」，也要用「靈」（林前十四：14-15）；第四，《聖
經》多次強調，信徒要向耶和華唱「新歌」（詩卅三：3，四
十：3，九十六：1，九十八：1，一四四：9，一四九：1）。這
些是《聖經》所吩咐關於敬拜讚美的原則，是所有信徒都當遵
行的。

但是，這些原則如何實施呢？比如，怎樣才是「用心靈
和誠實」的敬拜讚美？怎樣既用「悟性」讚美、又用「靈」
讚美？聖樂應該用甚麼詞、甚麼曲調？怎樣理解向神唱「新
歌」？可以用甚麼樣的樂器（《聖經》雖然提到琴、瑟、鈸、
角、號等，但沒有說必須或只限使用它們）？敬拜讚美應該用
甚麼形式？這些實施的細則或具體作法，《聖經》並無明確的
或統一的規範，應該屬於非基要信仰的範疇。把握住這一點，
就可以比較合宜地處理今日教會所面臨的關於聖樂的爭論了。

　　聖樂問題是當今教會討論的熱點之一。敬拜應該使用傳統歌曲，還是也可使用流行歌曲？聖樂應該只用鋼琴、管風琴，還是可以用弦樂、打擊樂器？敬拜時應該安靜坐著、肅穆站著，還是可以舉手、扭動身體？

　　作曲家黃安倫是出生於音樂世家的第四代基督徒，他的爺爺參與創建中國第一個聖樂團，他父親是中國大陸交響樂指揮的泰斗級人物，他自己也是中央音樂學院出身。[92]他認為，神從來沒有界定只有某一種聖樂形式才是「適當的」；以「頌讚為祭」的聖樂孕育於各民族源遠流長的豐富的文化傳統，「有多少時代，就有多少聖樂；有多少民族，就有多少聖樂的樣式。」[93]

　　黃安倫指出，今天人們心目中的「正統」聖樂，是以3B——巴哈（Johann Sebastian Bach, 1685-1750 AD）、貝多芬（Ludwig van Beethoven, 1770-1827 AD）、勃拉姆斯（Johannes Brahms, 1833-1897 AD）——為代表的歐美聖樂，是基督教文明在音樂方面的燦爛高峰；但最早的基督教聖樂，卻來源於深受古希臘文化影響的、具有強烈、甚至粗暴氣息的希伯來聖歌，很適合《詩篇》中那種熱情洋溢、有樂器伴奏的歌舞，幾乎沒有任何沉思、默想的意味。[94]

　　被稱為西方音樂之父的巴哈，一生奉獻給聖樂。他譜寫的聖樂，乃植根於那個時代的世俗的巴洛克藝術傳統。年輕時，尚未成名的他，開始把世俗的因素錘煉為敬拜神的聖樂；他的破格作法遭到他所任職的教會的嚴厲批評，要他「去掉混雜在聖詠裏的那些奇怪的雜音，和奇異的變調，因為它們攪亂了信徒的心」。巴哈不服，結果被革職。[95]

　　黃安倫還指出，風靡世界的美式流行音樂的三大潮流，

即「散調」（Ragtime）、「藍調」（Blues）和「爵士樂」
（Jazz），都可以從十八世紀出現的黑人福音歌曲《靈歌》
（Spiritual Song）找到原型。他說，黑人的靈歌原是神的恩賜，
世人後來卻把它變成了世俗流行音樂的靡靡之音；可是，誰也
沒有料到，在今天，這壓倒一切的流行音樂，卻成了福音歌曲
和現代敬拜讚美的沃土。[96]

曾擔任葛理翰佈道團司琴、慕迪聖經學院聖樂系主任、美
南浸信會南方神學院教會音樂與管風琴資深教授的赫士德博士
（Dr. Donald Hustad）在他的大作《當代聖樂與崇拜》（Jubilate
II: Church Music in Worship and Renewal）中，詳細地記述了基
督教聖樂的演進歷程，讀後令人大開眼界。現略舉幾處：

在古代以色列人的敬拜中，《聖經》的經節是以歌唱的形
式誦讀的；如果直接朗誦，會被認為是褻瀆神。但這些歌的曲
調簡短、音域狹窄，通常不超過四度或五度音。[97]

從初期教會直至宗教改革，所有的教會音樂都由神職人員
負責管理，所使用的語言只有少數人聽得懂，會眾幾乎沒有參
與和回應的機會。宗教改革時期，一種新式、簡單、會眾能參
與的教會音樂才逐漸興起。宗教改革家加爾文限制在崇拜中使
用音樂。他解散詩班，他的信徒更拆毀教堂的管風琴。加爾文
還堅稱，教會只能唱《詩篇》，不可唱其他詩歌。宗教改革家
慈運理也同樣禁止教會有音樂存在。他認為，神只喜悅「存在
心裏的旋律」（melody in the heart）。[98]到了十七世紀，教會漸
漸注重傳福音，教會音樂採用了人人都聽得懂的風格。因此，
德國敬虔派的音樂作曲家，只接納當時會眾唱的詩歌，常與包
括巴哈在內的傳統教會音樂家發生爭執。英國的清教徒的音樂
主要是會眾唱的、無伴奏的詩篇曲調。[99]

　　初期的美國教會，於主後1640年在美洲出版了第一本詩本《海灣聖詩集》（The Bay Psalm Book），以幫助沒有詩本或不識字的信徒。雖然詩本只有幾個曲調，但會眾仍舊唱得「荒腔走板」，因爲詩本只有歌詞，曲調則以口耳相傳，大家都不熟悉。在1700年之前，美國教會的崇拜是沒有詩班和樂器的。直到主後1850年左右，歐美的大教堂才開始恢復建立詩班。[100]

　　有人認爲，《詩篇》一五〇：4的「簫」（pipes）可能是管風琴的前身；但可以確定的是，主前三世紀埃及的hydraulis是最早的風琴，由水壓控制風箱。另一種風琴出現在大肆屠殺基督徒的羅馬競技場。因管風琴音量宏大，而且一次可以彈出好幾個音，逐漸成爲「教會的樂器」。[101]

　　在主後十九世紀，多數教會在崇拜中不會使用鋼琴，因爲鋼琴是世俗的樂器，不適合在教會聚會中使用。此外，赫士德指出，以鋼琴彈聖詩有一些特殊的困難，因爲聖詩的四部和聲不是爲鋼琴寫的。所以，司琴用鋼琴演奏聖詩時，都要嘗試摸索一套類似爵士音樂家，或彈奏流行音樂的鋼琴師常用的變奏方式，才能應付這一挑戰。[102]主後二十世紀初期，奮興佈道會多在大型體育館中舉行，不可能安置管風琴。奮興會的領詩亞歷山大改用兩架大鋼琴伴奏。此後，鋼琴才漸漸被各地的教會接納。[103]

　　主後二十世紀六〇年代中期，美國福音派的教會不准使用吉他，理由是吉他讓人與當時年輕人的性氾濫和抽大麻聯想在一起。赫士德認爲，這樣的聯想沒有甚麼道理，因爲他就是彈著吉他、唱著福音詩歌長大的。[104]

　　可見，沒有一成不變的「傳統」聖樂（歌詞、曲調、樂器）；每一個時代的聖樂都與當時的文化緊密相關。孫偉光也

指出，《青年聖歌》現已變成「傳統」詩歌了；可是在幾十年前，有牧者卻呼籲大家不要唱它。[105] 每個時代，應該在傳統的基礎上，發展出適合那個時代的聖樂，以引導當代人用心靈和誠實敬拜神。

不同的時代和不同的民族，聖樂的曲調自然會有所差異。有人堅持說，在曲調裏，有些音符、節拍是屬魔鬼的。不知他們這麼說，有甚麼《聖經》經文的依據？有趣的是，一次筆者聽一位傳道人講解聖樂中的靈界爭戰時說，曲調是否出自聖靈，他馬上能分辨出來。他講完道以後，即興教聽眾唱一首詩歌，並讚揚那首歌如何好。散會後，一位來聽道的牧者告訴他，他剛才教的那首歌的曲子，是從臺灣煙花巷的一個小調改寫而來的。那位講員聞後變色，忙說他不知這個曲子竟是如此來歷，顯得非常尷尬。

年紀較長的信徒、朋友（包括筆者在內），比較喜歡傳統聖樂；年輕人則更鍾情於用流行詩歌讚美神。有人擔心，在敬拜讚美中使用流行歌曲，會導致聖樂世俗化。這種擔心不無道理，因為當今的教會正面臨著世俗化和現代主義的嚴峻挑戰。但是，也不能因噎廢食。恐怕不能在藉用流行歌曲的形式和世俗化之間畫等號。合宜地使用流行歌曲，不一定會使聖樂世俗化，正像有口無心地使用傳統聖樂，也不一定是心靈和誠實的敬拜讚美一樣。有人批評敬拜讚美小組是在表演、作秀。這種情景確實存在。但是，也不能一概而論。孫偉光就說，在他牧養的教會裏，敬拜讚美小組沒有一個人在表演，只是在流露，他們大多是十分扎實的基督徒；相反，作為傳統詩班的指揮，他看出有的詩班成員，雖然沒有扭動身體，但卻是在表演，大家也知道他們的生命如何。[106]

　　如果明白敬拜讚美的具體方式並不是基要信仰，那麼，信徒的心態就會有所調整，就不再會堅持認爲，只有自己的敬拜讚美方式是惟一正確的。這樣，不同的敬拜讚美方式之間，就不再是「我是你非」或「有我無你」的敵對關係，而是可以心平氣和地彼此切磋、取長補短的友好關係。

　　傳統聖樂，莊重、嚴謹、優美，是以神爲中心的，詞、曲經過千錘百煉，有很深的屬靈根基，使人心靈倍受激蕩，歷經數百年不衰，哺育了一代又一代的信徒，是基督教極爲寶貴的屬靈遺產。但面對變化中的環境和會眾，尤其是年輕的會眾，聖樂中加添一些他們喜歡的新詩歌，也是勢在必行的。以流行歌曲爲主的敬拜讚美詩歌，活潑、熱烈，富有激情，很能吸引年輕一代。但是，相對傳統詩歌，流行詩歌「內容不夠豐富、教導性不強、認罪意識不夠」。[107] 有些流行詩歌從頭到尾在抒發個人的情感，根本沒有神的地位。有時，一首歌唱了「一遍又一遍，重複一次又一次，沒完沒了」；[108] 讓會眾長時間站著唱，這對年老、體弱的會眾和即將上臺站著講道的講員，都不合適；有時一些傳統詩歌的歌詞被改寫得不倫不類，使人聽來很不舒服。所以，流行詩歌應當向認眞、虛心地向傳統聖樂學習，吸取它們的豐富的屬靈內涵和藝術資源。

　　在聖樂與時代文化的連接中，如何去蕪存菁、去僞存眞？如何在吸取時代文化營養的同時，又能有效地避免教會的聖樂世俗化？如何使聖樂既有時代氣息、又能符合「用心靈和誠實敬拜」和「口唱心和的讚美」的敬拜讚美這個總原則？這些問題，並無簡單的答案。當引起眾教會足夠的關注，嚴肅對待。這些議題也不是單靠使用甚麼歌曲、樂器或採用何種讚美形式就能解決的。敬拜讚美既不能與當代的文化隔絕，也不應與傳

統的聖樂脫節。在這兩者之間如何把握平衡，應是問題的焦點。

關於發展當代的聖樂，黃安倫說：

> 我在這裏，要非常鮮明地用一句話說出我的看法：我們沒有理由懶惰。
>
> 西方的聖樂史給了我們極大的啓示：我們要有更迫切而且艱苦的工作，沙裏淘金，錘煉出聖樂的金剛鑽。
>
> 「不怕不識貨，就怕貨比貨。」沒有認真的學習，哪裏會有甄別高下的鑒賞力？不站在巨人的肩膀上，談甚麼「提高」、「發展」、「進步」？先輩的遺產都是神的作為，恰恰是神給我們提供的一個明辨水準、品位的寶庫。故此，任何使我們隔斷與文化傳統關係的作法，包括「倒污水連盆中的嬰孩也一併倒出去」的輕率懶惰態度，都是不適宜的。
>
> 例如，說傳統聖樂「太悶」，請問，是因為它本身太悶，還是我們的獻唱水準太不夠了？又有年輕的朋友告訴我，他們聽見教會裏在「哼哼」老詩時，「實在聽不懂他們在唱甚麼。」「不懂」，為甚麼不去問？「太難了」，為甚麼不去學？對各文化傳統不求甚解、囫圇吞棗，則是更不可接受的懶惰態度。「教會的藝術能湊合麼？」在米開蘭基羅、巴哈的時代，教會引領著整個社會藝術的方向。今天，我們還能容忍「教會的藝術是二三流的」這種事麼？輕慢、懶惰的態度，才正是我們應當儆醒的。[109]

如果在教會之間或同一間教會裏，對聖樂的觀點不同，該

怎麼辦？孫偉光建議：「如果人數容許的話，最好的解決方法是分兩堂風格不同、音樂不同的崇拜。」[110] 在教會內部一時不能達到共識的時候，爲了避免紛爭，分開崇拜也是一種方法。實際上，今天海外的許多華人教會，因語言的緣故，中文堂和英文堂的崇拜正是這樣分開的。不過，筆者認爲，「分開」還嫌不足。不同風格的聖樂之間，應該有更積極、更主動地互相探討、學習、滲透。根據一些教會的作法，筆者有些微建議。

首先，要有擴張神的國度、榮耀神的廣闊胸襟，彼此尊重、彼此接納、坦誠對話。不要「一竹竿打翻一船人」，不加分析地全盤否定對方，也不要總是用自己的長處去比對方的短處，而應該努力發掘對方的長處，補自己的短處。

其次，教會要爲用於敬拜讚美的歌曲把關。赫士德認爲，在所有教會宗派裏，教會音樂有一個共同的功能，那就是，傳達神學的眞理。他寫道，奧古斯丁曾經說過：「如果我受歌聲的感動多於受歌詞的感動，我就有罪了。」他對奧氏的話的解讀是：如果教會音樂僅止於讓人欣賞、享受，而忽略了更深的屬靈意義，它就失去了存在的目的。[111] 所以，教會應該幫助審查聖樂的歌詞和曲調，若發現有不合《聖經》教導之處，要修正。

比如，《野地的花》中有一句歌詞是「天空的鳥兒，從來不爲生活忙。」這會不會給人一種錯覺，以爲一個人信主後，就甚麼事都不需要作了？主耶穌只是說：「你們看那天上的飛鳥，也不種，也不收，也不積蓄在倉裏，你們的天父尚且養活他；你們不比飛鳥貴重得多麼？」（太六：26）這裏講到天父對飛鳥的看顧，已經爲牠們預備好了食物。但主耶穌並沒有說，飛鳥不用自己去覓食。相反，保羅明確地說：「若有人不

肯作工，就不可吃飯。」（帖後三：10b）天父眷顧祂的兒女，信徒也當盡自己的本分。這樣才能榮耀神。這句歌詞可酌情修改，比如，是否可以改為「天空的鳥兒，歡歡喜喜覓食忙」？

又如，另一首歌曲中有這樣一句歌詞：「我們一禱告，就搖動神的手。」造物主的手必須要受造物搖動麼？信徒不禱告，神就不作工了麼？

其實，《野地的花》等歌曲也深為筆者所喜愛。寫上述的話，並非說這些歌詞有多大的神學錯誤，也不是吹毛求疵，硬要在雞蛋裏挑骨頭。筆者是希望以此提醒大家，聖樂的歌詞應反覆錘煉，使之更加準確。

第三，有意識地向使用現代詩歌敬拜讚美的會眾推薦一些比較適合他們的傳統聖詩，讓他們有機會品嘗和領悟其中深厚的屬靈內蘊；同時，也向喜好傳統聖詩的會眾推薦一些有深度的現代歌曲，使他們可以感受現代詩歌的魅力。這樣，不斷地相互「滲透」，使之逐漸地開始欣賞對方，進而能同心協力地籌謀發展聖樂的大計。

主再來與信徒被提

主耶穌再來和信徒被提到空中與主相遇並將永遠在一起，是《聖經》清楚的教導：

> 那時，人子的兆頭要顯在天上，地上的萬族都要哀哭；他們要看見人子，有能力，大有榮耀，駕著天上的雲降臨。祂要差遣使者，用號筒的大聲，將祂的選民，從四方，從天這邊，到天那邊，都召聚了來〔方原文作風〕。
>
> （太廿四：30-31）

478

　　凡在這淫亂罪惡的世代，把我和我的道當作可恥的，人子在他父的榮耀裏，同聖天使降臨的時候，也要把那人當作可恥的。（可八：38）

　　那時，他們要看見人子，有能力，大有榮耀，駕雲降臨。一有這些事，你們就當挺身昂首；因為你們得贖的日子近了。（路廿一：27-28）

　　你們心裏不要憂愁；你們信神，也當信我。在我父的家裏，有許多住處；若是沒有，我就早已告訴你們了；我去原是為你們預備地方去。我若去為你們預備了地方，就必再來接你們到我那裏去；我在那裏，叫你們也在那裏。（約十四：1-3）

　　說了這話，他們正看的時候，祂就被取上升，有一朵雲彩把祂接去，便看不見祂了。當祂往上去，他們定睛望天的時候，忽然有兩個人，身穿白衣，站在旁邊，說：「加利利人哪！你們為甚麼站著望天呢？這離開你們被接升天的耶穌，你們看見祂怎樣往天上去，祂還要怎樣來。」（徒一：9-11）

　　再後末期到了，那時，基督既將一切執政的、掌權的、有能的，都毀滅了，就把國交與父神。因為基督必要作王，等神把一切仇敵，都放在祂的腳下。盡末了所毀滅的仇敵，就是死。（林前15：24-26）

我們卻是天上的國民;並且等候救主,就是主耶穌基督,從天上降臨。祂要按著那叫萬有歸服自己的大能,將我們這卑賤的身體改變形狀,和祂自己榮耀的身體相似。(腓三:20-21)

因為主必親自從天降臨,有呼叫的聲音,和天使長的聲音,又有神的號吹響;那在基督裏死了的人必先復活。以後我們這活著還存留的人,必和他們一同被提到雲裏,在空中與主相遇;這樣,我們就要和主永遠同在。(帖前四:16-17)

那時,主耶穌同祂有能力的天使,從天上在火焰中顯現,要報應那不認識神,和那不聽從我主耶穌福音的人。他們要受刑罰,就是永遠沉淪,離開主的面和祂全能的榮光;這正是主降臨要在祂聖徒的身上得榮耀,又在一切信的人身上顯為希奇的那日子;(我們對你們作的見證,你們也信了。)(帖後一:7b-10)

我在神面前,並在將來審判活人死人的基督耶穌面前,憑著祂的顯現和祂的國度囑咐你;務要傳道,無論得時不得時,總要專心,並用百般的忍耐,各樣的教訓,責備人,警戒人,勸勉人。(提後四:1-2)

你們這因信蒙神能力保守的人,必能得著所預備到末世要顯現的救恩。因此,你們是大有喜樂;但如今,在百般的試煉中暫時憂愁;叫你們的信心既被試驗,就比那被

火試驗，仍然能壞的金子，更顯寶貴；可以在耶穌基督顯現的時候，得著稱讚、榮耀、尊貴。（彼前一：5-7）

親愛的弟兄阿！有火煉的試練臨到你們，不要以為奇怪（似乎是遭遇非常的事），倒要歡喜；因為你們是與基督一同受苦，使你們在祂榮要顯現的時候，也可以歡喜快樂。（彼前四：12-13）

親愛的弟兄阿！我們現在是神的兒女，將來如何，還未顯明；但我們知道主若顯現，我們必要像祂；因為必得見祂的真體。（約壹三：2）

看哪！祂駕雲降臨；眾目要看見祂，連刺祂的人也要看見祂；地上的萬族都要因祂哀哭。這話是真實的。阿們。（啟一：7）

「看哪！我必快來。凡遵守這書上預言的有福了。」⋯⋯「看哪！我必快來。賞罰在我，要照各人所行的報應他。我是阿拉法，我是俄梅嘎，我是首先的，我是末後的，我是初，我是終。」⋯⋯證明這事的說：「是了；我必快來。」阿們。主耶穌阿！我願祢來。（啟廿二：7、12-13、20）

主耶穌再來，所有睡了和醒著的信徒的身體將被改變，並將被提到天上見主。這是神藉《聖經》對基督徒的偉大應許。主耶穌再來，將審判全地，審判一切活人死人，神的審判將從

神的家起首（彼前四：17）；主耶穌再來，邪惡的勢力最後將被消滅，新天新地將由神那裏從天而降，人類的歷史就此結束；那時，神要親自擦去信徒一切的眼淚；不再有死亡，也不再有悲哀、哭號、疼痛，因為以前的事都過去了；神要親自與祂的子民同在，直到永永遠遠（啓廿一：1-4）。主耶穌再來和信徒被提，是信徒的一切盼望所在，也使每一個基督徒時刻保持儆醒的心，在世敬虔度日，隨時準備迎見主。

主耶穌一定會再來，是基要信仰；但是，主耶穌何時來（是在千禧年之前，還是在千禧年之後），則是非基要信仰。信徒一定會被提，是基要信仰；但是，信徒何時被提（大災難之前，大災難之後，還是大災難之中），信徒如何被提（全部一次被提，還是分批多次被提），則屬於非基要信仰。這些到末世才能實現的事，《聖經》並沒有啓示那麼明確，允許有不同的觀點。

總之，合宜地分辨基要和非基要信仰，是非常重要的。除了信徒應不斷提高對眞理的認知以外，一顆謙卑的心，和對神的話語的敬畏、降服，是最關鍵的。這就像奧斯邦所說的那樣：「我們最該注重的，是維護《聖經》的眞理，保守那交託我們的善道（提後一：14）；同時，也要遵照《聖經》的命令，保持教會的合一（約十七：20-23）。在此再重複強調，『謙卑的釋經』態度最爲要緊。」[112]

文化和超文化的議題

筆者曾經指出，神的啓示和話語是在人的文化形式之內，並且藉文化形式傳遞給人的。神的啓示和話語不能脫離文化而獨立，否則無人能夠理解。但是，這並不意味著神的啓示和話

語一定會受到文化的制約。神的啓示和話語是賜給全人類的，所以，它從一開始就擁有超文化的特徵。現在全世界有二十億基督徒，《聖經》被譯爲兩千多種文字。這些都是《聖經》的超文化特質的彰顯。[113]

區分文化與超文化議題的必要性

有學者認爲，既然《聖經》是在文化中寫成的，區分其文化和超文化部分就不可能，也無必要。[114] 其實，《聖經》中的議題，有的與當時的文化相連，有的則沒有。奧斯邦指出，區分《聖經》中的文化和超文化的議題，並不是要在正典中再設正典，或將經文區分爲頭等（超文化）的和次等（文化）的。《聖經》的經文都是神所默示的，都有權威性。區分文化與超文化的經文，主要是爲了應用。超文化的經文可以直接應用到各個世代；與《聖經〉時代的文化密切相關的經文，則無法直接應到別的世代。[115] 神所啓示的原則的表現形式可能因文化而異，但原則本身是不變的。文化、歷史處境變幻不定，但《聖經》啓示的眞理是永恆不變的。對與文化密切相關的經文，需要首先找出文化議題所蘊藏的原則，然後將這些原則應用到不同的文化中去。這就是所謂的「文化易位」（cultural transposition）。[116]

區分文化與超文化議題的某些提示

第一，有關神學主題和道德的經文，在不同經文中重複出現，而且沒有被別的經文推翻，往往是超文化的，可以普遍應用。[117]

比如，神的永恆、無限、聖潔、慈愛、公義，耶穌基督的神、人二性，受難、復活、升天和再來，神的救贖和「因信稱義」等等，都是《聖經》所啓示的超越文化的普世和永恆的真理。《聖經》藉以色列人的歷史所啓示的神、人關係也是如此。「我今日呼天喚地向你作見證，我將生死、禍福陳明在你面前，所以你要揀選生命，使你和你的後裔都得存活。且愛耶和華你的神，聽從祂的話，專靠祂，因爲祂是你的生命。你的日子長久，也在乎祂。」（申三十：19-20）這是進入迦南應許之地前夕，即將離世的摩西對以色列民的肺腑之言；對歷世歷代、各方各族的人，都是顛撲不破的真理。一切不以神爲中心、而以自己爲中心的基督徒，都是當年出埃及、進迦南時的悖逆的「以色列人」！[118]

又如，神在西奈山頒佈的十條誡命，是關乎神、人關係和道德方面的，是超文化和普世適用的。此外，《聖經》對世人的罪行的揭露，也是如此：

> 　　原來，神的忿怒，從天上顯明在一切不虔不義的人身上，就是那些行不義阻擋真理的人。神的事情，人所能知道的，原顯明在人心裏；因為神已經給他們顯明。自從造天地以來，神的永能和神性是明明可知的，雖是眼不能見，但藉著所造之物，就可以曉得，叫人無可推諉；因為他們雖然知道神，卻不當著神榮耀祂，也不感謝祂；他們的思念變為虛妄，無知的心就昏暗了；自稱為聰明，反成了愚拙，將不能朽壞之神的榮耀，變為偶像，彷彿必朽壞的人，和飛禽走獸昆蟲的樣式。
>
> 　　所以，神任憑他們，逞著心裏的情慾行污穢的事，以

致彼此玷污自己的身體。他們將神的真實變為虛謊，去敬
拜事奉受造之物，不敬奉那造物的主；主乃是可稱頌的，
直到永遠。阿們！

　　因此神任憑他們放縱可恥的情慾；他們的女人，把順
性的用處，變為逆性的用處；男人也是如此，棄了女人順
性的用處，慾火攻心，彼此貪戀，男和男行可羞恥的事，
就在自己身上受這妄為當得報應。

　　他們既然故意不認識神，神就任憑他們存邪僻的心，
行那些不合理的事；裝滿了各樣不義，邪惡、貪婪、惡毒
〔或作陰毒〕；滿心是嫉妒、兇殺、爭競、詭詐、毒恨。
又是饞毀的、背後說人的、怨恨神的〔或作被神所憎惡的
〕、侮慢人的、狂傲的、自誇的、捏造惡事的、違背父母
的、無知的、背約的、無親情的、不憐憫人的；他們雖知
道神判定，行這樣事的人是當死的，然而他們不但自己去
行，還喜歡別人去行。（羅一：18-32）

　　無論文化有何差異，無論文化、思想、潮流怎樣變遷，上
述這些行為，在神的眼中永遠是邪惡的。
　　上文談到的基要信仰，也都屬於超文化的範疇。
　　第二，如果經文所論及的，超出了《聖經》作者和當時的
讀者的文化氛圍，或者與一些普世的原則相連，這些論述就可
能是超文化的。
　　例如，保羅說：「並不分猶太人、希利尼人、自主的、
為奴的、或男或女；因為你們在基督耶穌裏，都成為一了。」
（加三：28）他還說：「因為曉得各人所行的善事，不論是為
奴的，是自主的，都必按所行的得主的賞賜。你們作主人的待

僕人，也是一理，不要威嚇他們；因爲知道他們和你們，同有一位主在天上，祂並不偏待人。」（弗六：8-9）不論種族、性別、年齡、貧富、地位、政治態度，只要相信了耶穌基督，就都是弟兄姊妹，成爲一家人了。這些教導遠遠超越了當時階級社會的理念，是超文化的原則。[119]

克萊茵等也指出：

> 相關的命令和應用是否與當時文化規範的標準不一致？若是的話，它就極有可能是超文化和時間規範的命令。在對女性角色的討論中，許多人經常忘了一個事實：在眾多的「家庭規範」中（參上文），最具革命性的地方就是對男性的命令。例如，「你們作丈夫的，要愛你們的妻子」（弗五：25a）這一命令，在古代世界中雖然可以找到近似的教導，卻從來沒有像保羅這樣教導的，要男性完全犧牲自身的權利和特權，就像下文所説的：「正如基督愛教會，為教會捨己，要用水藉著道把教會洗淨，成為聖潔。」（弗五：25b-26a）同樣地，在希羅世界中，極少人會對同性戀（及雙性戀）發出如此尖銳和強烈的譴責，就像保羅在《羅馬書》一章18至32節所説得那樣。保羅在當時採納了一個反文化潮流的立場，即使時至今日，爭取同性戀權利的聲音愈見明顯和張揚，保羅的立場仍然有效。這就顯示，保羅的看法不可能只局限於主後一世紀的羅馬社會。[120]

第三，如果一些命令或議題偏向於個人性的，不可以重複、延伸，或與後來的經文不一致，那麼，就可能是文化和處

境性的，不宜直接普遍應用。

　　比如，保羅吩咐提摩太將他的外衣和皮卷帶去給他，顯然只限於保羅當時的處境。同理，神命令亞伯拉罕獻以撒（創廿二：1-19），也不具普世性。因爲除此以外，《聖經》沒有任何一處經文要求基督徒父親獻兒子爲祭。主耶穌要那位求永生的少年官「要變賣你一切所有的，分給窮人」（路十八：22）的命令，也只是針對那人的具體狀況而發的，同樣無需普遍應用。[121]

　　從舊約看，獻祭的最重要意義在於修復罪人與神的關係，獻祭就是「行贖罪（atonement）之禮」（出三十：10；利一：4，四：20等）。[122] 由於「基督獻了一次永遠的祭…便叫那得以成聖的人永遠完全」（來十：2-14），即主耶穌已一次而永遠有效地除去了世人的罪，所以基督徒已不再需要獻祭牲來贖罪了。

　　在舊約時代，與繼母行淫亂倫的人，要被治死（利二十：11）；但在新約時代，只是被逐出教會（林前五：1、13）。[123]

　　第四，《聖經》的命令或議題，若明顯地與當時的文化相連，或者它們的含義與別的文化不同，就可視爲文化性的。

　　比如，保羅談到婦女蒙頭時，使用了「羞辱」、「羞愧」、「沒有這樣的規矩」等強烈的文化用語（林前十一：3-16），這可能暗示「蒙頭」的論述有受時間制約的因素。[124] 因爲在別的文化中，不一定有基督徒婦女必須蒙頭的規矩（詳見下文）。

　　又如，在《聖經》時代，以色列人替別人洗腳，是主人接待客人的方式之一，也是信徒之間彼此服侍的一種表現。但在今日或別的群體中，替人洗腳可能只是對不能自理的老弱病殘

和小孩的一種護理。因此，彼此洗腳應該是文化性的。同樣，彼此親嘴是以色列人問安的方式；但在別的群體中，親嘴的含義就可能不同了。故親嘴問安也是文化性的。

文化易位

對於與文化相連的經文，要實行文化易位的工作，即，要確定這些經文所包含的精義或原則是甚麼，然後將這些精義或原則合宜地應用到不同的文化中去，讓《聖經》對歷世歷代的人說話。文化易位的工作絕非易事，極須審慎、細緻。一方面，對《聖經》所啓示的原則，要持守不搖動；另一方面，對不同的文化要有深入的瞭解，才能將《聖經》啓示的原則應用得當。筆者曾論及文化易位的問題，[125]現再舉一些例子。

亞伯拉罕將兒子以撒獻給神為祭，是特定歷史處境中的事件，卻包含了一個極為重要的原則，就是信徒對神的絕對信靠、順服。對亞伯拉罕來說，只要是神的命令，不論他是否理解、是否贊同，他都不打折扣地立即遵行。因為他相信神的一切命令都是最真、最善、最美的。這就是「本於信，以至於信」（羅一：7）的信心原則。所以，亞伯拉罕被稱為「信心之父」。這樣一個信心原則，是每一個基督徒都應努力實踐的。

神曾吩咐以色列人：「在你們的地收割莊稼，不可割盡田角，也不可拾取所遺落的。不可摘盡葡萄園的果子，也不可拾取葡萄園所掉的果子，要留給窮人和寄居的。我是耶和華你們的神。」（利十九：9-10）這條命令的背景是一個窮人可以接近農田的農業社會。對於住在城鎮的窮人，這一命令就難以實施。但是，這條命令包含要顧念窮人的原則，卻可以用不同的方式在各種文化中實施。比如，採取有效措施防止富裕社會浪

費和囤積糧食；公司或餐館、旅館把剩餘而沒有吃過的膳食捐贈給基督教慈善機構，再分發到需要者的手中；有些福利團體為窮人提供特廉的日用品，使他們能保持尊嚴和工作動機；不僅在衣食上接濟他們，還為他們創造條件，幫助他們能靠自己的勞動維持生計；等等。[126]

《聖經》中有一些與文化相關的議題，如何在當今應用，並沒有簡單答案，須視各種因素才能確定。比如，今天的男士能否留長髮？保羅說：「你們的本性不也指示你們，男人若有長頭髮，便是他的羞辱麼？」（林前十一：14）保羅曾是嚴謹的法利賽人，他知道當以色列人向神許了特別的願，在離俗歸主期間，是不能剃頭的：「耶和華對摩西說：『你曉喻以色列人說：無論男女許了特別的願，就是拿細耳人的願〔拿細耳就是歸主的意思，下同〕，要離俗歸耶和華。……在他一切許願離俗的日子，不可用剃頭刀剃頭，要由髮絡長長了，他要聖潔，直到離俗歸耶和華的日子滿了。』」（民六：1-5）而且，保羅也曾許過這樣的願、留過長髮（徒十八：18）。克萊茵等認為，保羅在前面談到的「本性」，很可能就是當時希羅世界的普遍習俗。今天的男士可否留長髮呢？他們的意見是：

> 我們再次發現，必須先明白當時的文化，才能理解背後的原理。近期最佳的研究顯示，男性蓄長髮（也許類似戴上蓋頭巾），很可能使他酷肖某些主持異教禮儀的羅馬祭司。因此，在現代文化中，若留長髮的習慣與某些非基督教信仰的宗教有密切關係，那麼也應當視為一種禁忌。不然，髮型在神看來並不是一個道德問題。[127]

再如，基督徒能否飲酒？有人說，不可以，因爲《聖經》明令「不要醉酒，酒能使人放蕩」（弗五：18a）。有人說，可以，因爲保羅對提摩太說過：「因你胃口不清，屢次患病，再不要照常喝水，可以稍微用點酒。」（提前五：23）事實上，在寒冷季節適量飲酒，對人，尤其是老人，舒筋活血是有幫助的。近期醫學研究再次顯示，每天飲用一些紅葡萄酒，對人的心血管有裨益。所以，多數人的意見是，只要不喝醉，少飲一點酒是可以的。但是，問題的答案並不是像「可以」或「不可以」這樣簡單。

一個人若有節制，能控制自己飲一點酒，但不會醉酒，他可以飲一點酒；如果他無自制力，一沾酒，就非「一醉方休」不可，那麼，他最好不要碰酒。

人有自制不會喝醉，而且不會引起他的身體不適，他可以適量飲酒；但若酒引起他的胃或身體其他部位不舒服，或有過敏反應，他最好不要飲酒。因爲「凡事都可行；但不都有益處」（林前十：23a）。

人有自制不會醉酒，飲酒對身體也無礙，但若酒使他上癮，每天必喝不可，那他最好不喝，因爲「凡事我都可行，但無論那一件，我總不受它的轄制」（林前六：12b）。

人有自制不會醉酒，飲酒後身體無礙，不會上癮，也不會對他人造成不良影響，他可以適量飲酒；如果他飲酒可能造成別人的誤解，他最好不要飲酒，因爲「無論是吃肉，是喝酒，是甚麼別的事，叫弟兄跌倒，一概不作才好」（羅十四：21）。

在應用與文化、處境有關的《聖經》教訓的時候，首先要找出該教訓背後的原則；在應用這個原則時，還須兼顧《聖

經》啟示的其他原則，因人、因事、因處境地具體分析，具體
對待，不可一概而論。

問題探討

區分《聖經》中文化與超文化的議題，並不是一件容易的
事。有時，在同一議題中，既有文化的成分，又有超文化的因
素。下面將綜合運用前面談到的許多原則和提示，就幾個一直
在教會中熱烈討論、但尚未達成共識的問題，作一些探討。

第一個問題是，**基督徒可以吃動物的血麼**？

有關的經文如下：

> 凡活著的動物，都可以作你們的食物，這一切我都賜
> 給你們如同蔬菜一樣。惟獨肉帶著血，那就是它的生命，
> 你們不可吃。流你們血，害你們命的，無論是獸、是人，
> 我必討他的罪，就是向各人的弟兄也是如此。（創九：
> 3-5）

> 在你們一切的住處，脂油和血都不可吃，這要成為你
> 們世世代代永遠的定例。（利三：17）。

> 在你們一切的住處，無論是雀鳥的血，是野獸的血，
> 你們都不可吃。無論是誰吃血，那人必從民中剪除。（利
> 七：26-27）

> 凡以色列家中的人，或是寄居在他們中間的外人，
> 若吃甚麼血，我必向那吃血的人變臉，把他從民中剪除。

因為活物的生命是在血中。我把這血賜給你們,可以在壇上為你們的生命贖罪;因血裏有生命,所以能贖罪。因此我對以色列人說:你們都不可吃血,寄居在你們中間的外人,也不可吃血。凡以色列人,或是寄居在他們中間的外人,若打獵得了可吃的禽獸,必放出它的血來,用土掩埋。論到一切活物的生命,就在血中。所以我對以色列人說:「無論甚麼活物的血,你們都不可吃,因為一切活物的血,就是他的生命。凡吃了血的,必被剪除。」(利十七:10-14)

你們不可吃帶血的物,不可用法術,也不可觀兆。(利十九:26)

然而你們在各城裏,都可以照耶和華你神所賜你的福分,隨心所欲宰牲口吃肉;無論潔淨人,不潔淨人,都可以吃,就如同吃羚羊與鹿一般。只是不可吃血,要倒在地上,如同倒水一樣。(申十二:15-16)

這日以色列人擊殺非利士人,從密抹直到亞雅崙。百姓甚是疲乏,就急忙將所奪的牛羊和牛犢,宰於地上,肉還帶著血就吃了。有人告訴掃羅說:「百姓吃帶血的肉,得罪耶和華了。」掃羅說:「你們有罪了,今日要將大石頭滾到我這裏來。」掃羅又說:「你們散在百姓中,對他們說,你們各人將牛羊牽到我這裏來宰了吃,不可吃帶血的肉,得罪耶和華。」這夜百姓就把牛羊牽到那裏宰了。掃羅為耶和華築了一座壇,這是他初次為耶和華築的壇。

（撒上十四：31-35）

耶和華的話臨到我說：「……所以你要對他們說，主耶和華如此說，你們吃帶血的物，仰望偶像，並且殺人流血；你們還能得這地為業？你們依仗自己的刀劍，行可憎的事，人人玷污鄰舍的妻；你們還能得這地為業？」（結卅三：23-26）

耶穌離開了眾人，進了屋子，門徒就問祂這比喻的意思。耶穌對他們說：「你們也是這樣不明白麼？豈不曉得凡從外面進入的，不能污穢人；因為不是入他的心，乃是入他的肚腹，又落到茅廁裏。這是說，各樣的食物，都是潔淨的。」（可七：17-19）

第二天，他們行路將近那城，彼得約在正午，上房頂去禱告；覺得餓了，想要吃；那家的人正預備飯的時候，彼得魂遊象外；看見天開了，有一物降下，好像一塊大布；系著四角，縋在地上；裏面有地上各樣四足的走獸，和昆蟲，並天上的飛鳥。又有聲音向他說：「彼得！起來，宰了吃。」彼得卻說：「主阿！這是不可的，凡俗物，和不潔淨的物，我從來沒有吃過。」第二次有聲音向他說：「神所潔淨的，你不可當著俗物。」這樣一連三次，那物隨即收回天上去了。（徒十：9-16）

他們住了聲，雅各就說：「……所以據我的意見，不可為難那歸服主的外邦人；只要寫信，吩咐他們禁戒偶像

的污穢和姦淫,並勒死的牲畜,和血。因為自古以來,摩西的書在各城有人傳講,每逢安息日,在會堂裏誦讀。」那時,使徒和長老並全教會,定意從他們中間揀選人,差他們和保羅、巴拿巴同去;所揀選的,就是稱呼巴撒巴的猶大,和西拉,這兩個人在弟兄中是作首領的。於是寫信交付他們,內中說:「……因為聖靈和我們,定意不將別的重擔放在你們身上;惟有幾件事是不可少的,就是禁戒祭偶像的物,和血,並勒死的牲畜,和姦淫;這幾件你們若能禁戒不犯,就好了;願你們平安!」他們既奉了差遣,就下安提阿去,聚集眾人,交付書信。眾人念了,因為信上安慰的話,就歡喜了。(徒十五:13-21)

有人信百物都可吃;但那軟弱的,只吃蔬菜。吃的人不可輕看不吃的人;不吃的人不可論斷吃的人;因為神已經收納他了。你是誰,竟論斷別人的僕人呢?他或站住,或跌倒,自有他的主人在;而且他也必要站住;因為主能使他站住。有人看這日比那日強;有人看日日都是一樣;只是各人心裏意見要堅定。守日的人,是為主守的;吃的人,是為主吃的,因他感謝神;不吃的人,是為主不吃的,也感謝神。……我憑著主耶穌確信深知,凡物本來沒有不潔淨的;惟獨人以為不潔淨的,在他就不潔淨了。……不可因食物毀壞神的工程;凡物固然潔淨,但有人因食物叫人跌倒,就是他的罪了。(羅十四:2-6、14、20)

所以不拘在飲食上,或節期、月朔、安息日,都不可讓人論斷你們;這些原是後事的影兒,那形體卻是基督。

8. 應 用

（西二：16-17）

在潔淨的人，凡物都潔淨；在污穢不信的人，甚麼都
不潔淨；連心地和天良，也都污穢了。（多一：5）

聖靈明說，在後來的時候，必有人離棄真道，聽從
那引誘人的邪靈，和魔鬼的道理。這是因為說謊之人的假
冒；這等人的良心，如同被熱鐵烙慣了一般。他們禁止娶
嫁，又禁戒食物〔或作又叫人戒葷〕，就是神所造叫那信而
明白真道的人，感謝領受的。凡神所造的物，都是好的；
若感謝著領受，就沒有一樣可棄的；都因為神的道和人的
祈求，成為聖潔了。（提前四：1-5）

有人認為，基督徒不能吃動物的血，其依據有二：1）神已
明確地吩咐說：「論到一切活物的生命，就在血中。所以我對
以色列人說：『無論甚麼活物的血，你們都不可吃，因為一切
活物的血，就是他的生命。凡吃了血的，必被剪除。』」（利
十七：14）2）不可吃血的命令，在大洪水之後即已頒佈（創
九：4），在教會初期又被重申（徒十五：28-29）。這說明不可
吃動物的血是一條基督徒必須遵守的普世的永恆誡命。

有人卻認為，基督徒可以吃血；他們的理由是：1）舊約
關於食物的誡命，是屬於禮儀方面的；因耶穌基督的救贖，基
督徒已不必再守了（西二：6-17）。2）主耶穌及保羅都清楚地
說，各樣食物都是潔淨的（可七：9；羅十四：2-6、14、20）。

如前面論及的，應用的基礎是釋經。首先，須瞭解相關經
文的含義。

一、「惟獨肉帶著血，那就是它的生命，你們不可吃」
（創9：4）。

有學者指出，這句話的希伯來原文是 בָּשָׂר בְּנַפְשׁוֹ דָמוֹ לֹא תֹאכֵלוּ אַךְ־，可直譯爲「你們不可吃它的血，即有生命的肉」；呂振中譯本譯爲「惟獨帶生命的肉，就是帶血的肉，你們卻不可吃。」「肉」（בָּשָׂר bāsār）是指上一節的「凡活著的動物」，即不是指一塊肉，而是整支有血有肉的動物。所以，這節經文顯示，吃血是一個道德問題，它所禁止的不是吃血的行動，而是茹毛飲血，將動物生剝活吃的兇殘行徑。[128] 猶太人的傳統把這節經文解釋爲：「不可食未宰殺的動物，即是活著的生物。」[129] 它與下一節「流你們血，害你們命的」相連，都是不道德的行爲，都爲耶和華所禁止。

二、「在你們一切的住處，無論是雀鳥的血，是野獸的血，你們都不可吃。無論是誰吃血，那人必從民中剪除。」（利7：26-27）「野獸」的希伯來原文是 בְּהֵמָה（bᵉhēmāh），就是獻祭的「牲畜」；而且「雀鳥」和「野獸」都有定冠詞，不是指一般動物，而是獻祭的動物。所以，「吃血」應是指吃祭牲的血。[130]

「凡以色列家中的人，或是寄居在他們中間的外人，若吃甚麼血，我必向那吃血的人變臉，把他從民中剪除」（利十七：10），這也是指吃祭牲的血。

「因爲活物的生命是在血中。我把這血賜給你們，可以在壇上爲你們的生命贖罪；因血裏有生命，所以能贖罪」（利十七：11）是解釋禁止吃祭牲的血的原因。不過，這句子結構較艱澀，須仔細考量。

「因爲活物的生命是在血中」，「活物」和「血」都有

定冠詞，應理解為「因為那活物的生命就在這血中」，或「因為那活物的生命就是這血。」因此，這節經文不是一個一般性的陳述，也不是禁止吃一切血的原因，而是在解釋前一節的教訓，說明獻祭的血的功效：血是生命的象徵，血流在祭壇上，代表獻上生命；吃血就是吃生命。[131]

「我把這血賜給你們，可以在壇上為你們的生命贖罪」這一句中：「血」有定冠詞，應譯為「這血」；「在祭壇上」不是「贖罪」的副詞，而是「賜」的副詞；「贖」的不是「罪」，而是「你們的生命」，譯為「代替」似更合上下文的意思。

故此，此句可譯為：「我指定這祭壇上的血代替你們（代替你們的生命）。」[132]

此句話還有不同的中文翻譯：

呂振中譯本：是我給了你們讓它在祭壇上為你們的生命行除罪禮的。

新譯本：我指定這祭壇上的血代替你們的生命。

思高本：我為你們指定了血，在壇上為你們的生命贖罪。

「因血裏有生命，所以能贖罪」更準確的翻譯是：「活著有生命的祭牲的血才能贖罪／代替」。也就是說，不是血本身，而是「傾流生命」的血才能贖罪／代替。[133]

在舊約的祭祀中，血是具預表性的。將血灑在壇上，倒在壇腳，抹於香壇，彈在幔子和施恩座上等，都象徵生命在神面前傾流；同時，更是預表基督生命的代贖。所以，《利未記》三：17，七：26、27，十七：10等處經文禁止吃血，主要是為

了防止對神聖而具預表意義的血的褻瀆。[134]

三、以下幾處經文，不是講獻祭的程式，所以禁止吃血；不是因為血的預表意義，而可能與敬拜有關：

> 因此我對以色列人說：你們都不可吃血，寄居在你們中間的外人，也不可吃血。……論到一切活物的生命，就在血中。所以我對以色列人說：「無論甚麼活物的血，你們都不可吃，因為一切活物的血，就是他的生命。凡吃了血的，必被剪除。」（利十七：12、14）

> 你們不可吃帶血的物，不可用法術，也不可觀兆。（利十九：26）

> 然而你們在各城裏，都可以照耶和華你神所賜你的福分，隨心所欲宰牲口吃肉；無論潔淨人，不潔淨人，都可以吃，就如同吃羚羊與鹿一般。只是不可吃血，要倒在地上，如同到水一樣。（申十二：15-16）

> 只是你要心意堅定不可吃血，因為血是生命，不可將血〔原文作生命〕與肉同吃。（申十二：23）

首先，這幾處經文的「吃」（אָכַל 'ākal）是指進食固體食物；如果是進食血液，《聖經》稱為「飲血」（申卅二：42）或「喝血」（詩五十：13）。「吃」（אָכַל 'ākal）的蘇默字原意是「獻祭」，在亞述文也有「吃神聖禁物」的意思。所以，有學者認為，這幾處經文的「吃血」，是吃有血的肉，而且很

可能是祭偶像的肉。[135] 其次，在《利未記》十九章26節，神將「不可吃帶血的肉」，與「不可用法術」、「不可觀兆」相提並論，其敬拜含義就很明顯了。第三，先知撒迦利亞視「帶血之肉」和「可憎之物」爲同一類（亞九：7）；由此推斷，帶血的肉食是不能作祭物的。所以，吃帶血之肉是與拜偶像有關的。[136] 此外，當掃羅聽見百姓吃了帶血的肉後，立即將大石頭滾來作祭壇，要百姓在其上宰殺牛羊。這顯示，掃羅認爲百姓吃帶血的肉得罪耶和華，是因爲沒有在祭壇上宰殺牛羊，所以立刻築壇來彌補。[137]

第四、關於耶路撒冷會議針對外邦信徒的決議：「不可爲難那歸服主的外邦人；只要寫信，吩咐他們禁戒偶像的污穢和姦淫，並勒死的牲畜，和血。因爲自古以來，摩西的書在各城有人傳講，每逢安息日，在會堂裏誦讀。」（徒十五：19b-21）

「禁戒偶像的污穢」就是「禁戒祭偶像的物」（徒十五：29）。這有兩種可能的含義。其一，一個人赴廟去享用祭過偶像的食物，這便是參與了偶像崇拜，構成污穢。其二，是指吃了祭過偶像的食物。但這不大可能是在市場上買的、祭過偶像的食物。因爲在外邦市場上，所賣的食物幾乎都是祭過偶像的；信徒也無法確知所買到的食物是否祭過偶像。然而，外邦信徒又不可能不在市場上買食物。因此，有學者認爲，「祭過偶像的食物」不大可能指外邦信徒在街市上買的食物，而是指他們在節期赴親友在廟裏擺的宴席，享用親友祭過偶像的食物。[138]

「姦淫」，本意是指與妓女行淫，新約卻用來泛指一切不正當的性行爲，可譯爲「淫亂」。「勒死的牲畜」的原文只是一個形容詞「勒死的」；「血」也是一個形容詞「帶血的」。

有人將「血」解釋爲「殺人」或「兇殺」。[139] 不過,因「帶血的」是與「勒死的」相連,最可能的解釋是「勒死的動物」。[140]

耶路撒冷會議的決定是處境性的(只是針對當時的外邦信徒),還是超文化(適用於所有基督徒)的?筆者以爲,應該是處境性的。其根據如下:

一、這幾條禁戒,沒有包含十條誡命的大部分內容。不可姦淫是十誡之一;「禁戒偶像的污穢」是禁戒祭偶像的物,並不是十誡中的第二和第三誡,而是食物問題;勒死的牲畜和血,也是如此。所以,不能把這四條禁戒視爲新約信仰的守則或普遍的道德命令。它並非律法,而是期許及指引:希望外邦信徒爲猶太弟兄的緣故,能謹守最基本的約束,以免造成與猶太信徒團契的攪擾,這樣,外邦信徒就可以享受在福音裏的自由。[141]

二、耶路撒冷會議的起因是,當保羅和巴拿巴到了耶路撒冷後,有幾個原屬法利賽教派的信徒堅持:「必須給外邦人行割禮,吩咐他們遵守摩西的律法。」(徒十五:5)但耶路撒冷教會認爲,外邦人和猶太人一樣,得救都是因主的恩典;決意不將他們和他們祖宗不能負的軛(摩西律法)加在外邦信徒身上。

但是,猶太信徒對「偶像的污穢和姦淫,並勒死的牲畜,和血」最爲敏感。所以雅各談到提出這四項禁戒的原因是:「因爲自古以來,摩西的書在各城有人傳講,每逢安息日,在會堂裏誦讀。」(徒十五:1)雅各可能是說,包括這四條禁戒在內的摩西律法早已藉著各城裏的會堂廣爲傳揚,淵源流長,外邦信徒應該瞭解,也應該尊重。當時,教會仍是猶太信徒和

外邦信徒一起崇拜；而猶太信徒同時仍是猶太會堂的成員。外邦信徒恪守這幾條禁戒，「在生活習慣上不赴外邦的神廟享用祭過偶像的食物，在道德上不犯姦淫，在飲食習慣上，尊重猶太的信徒」，[142] 有利於維繫猶太信徒與外邦信徒的團契生活。[143]

張永信寫道：

> 雅各提出的四條禁戒，驟看是一項妥協，即，他雖然不贊成外邦人要守割禮和摩西的條規，才能被接納為神的子民；卻又要求他們守以上四項要求。這一點，當然與保羅和巴拿巴所堅持的有很大分歧。然而，雅各所要表達的，主要不是一個神學立場，而是一個實際生活的要求，以便在神的教會內，兩種不同背景的信徒，即猶太人和異教背景的信徒，能和平共處，藉著相交而合而為一。這樣，便更能同心合意地發展外邦人的宣教工作。[144]

三、作為耶路撒冷會議的重要當事人和宣告這些禁戒的信差，保羅卻允許信徒吃祭過偶像的肉，只要不在廟宇內吃、不被不信的人誤會就行了（林前十：25-33）。可見，吃血的禁令不是普遍的道德要求，否則，新約作者應像對待姦淫那樣，嚴禁吃祭過偶像的物。[145]

綜上所述，禁止吃動物的血，涉及道德、預表、敬拜和外邦信徒與猶太信徒的團契生活等多方面的問題。

創九：4的經文禁止吃血與道德有關，神嚴禁對動物生吞活剝的殘忍行徑。

利三：7，七：26-27，十七：10等經文嚴禁吃血與預表有

關。血象徵生命；祭壇上的血象徵生命在神面前傾流。雖然「公牛和山羊的血，斷不能除罪」（來十：4），獻在壇上的動物的血卻是預表耶穌基督的代贖。[146] 禁戒吃血是防範對血的這種神聖預表性的褻瀆。這正如《希伯來書》的作者所說的那樣：「何況踐踏神的兒子，將那使祂成聖之約的血當作平常，又褻慢施恩的聖靈，你們想，他要受的刑罰該怎樣加重呢？」（來十：29）[147]

利十七：12、4，十九：26；申十二：16，十五：23等經文不涉及獻祭的程式，它們禁止吃血是爲了防止信徒參與偶像崇拜。

耶路撒冷會議的決定，是化解當時的猶太信徒與外邦信徒之間的張力的一個舉措，是處境化的特殊命令（particular application），而不是永恆的普遍命令（universal application）。[148]

在釋經的基礎上，對基督徒能否吃動物的血的問題，洪同勉有如下看法：

第一、禁戒吃血的道德意義永遠有效，神不喜悅兇殘暴虐的飲食方式。

第二、基督的代贖成全了血在舊約的預表功效；此後，即使吃血，對神的贖罪也毫無影響。

第三、如果吃血與祭偶像有關聯，當然是神不允許的。

第四、如果吃血只是一種飲食習慣，就可按照《聖經》的原則，在不虧缺神的榮耀和不絆倒人的前提下，凡物都可吃。

第五，吃血的關鍵在乎其屬靈的意義，而不是血的化學成分。主耶穌說：「我實實在在的告訴你們，你們若不吃人子的肉，不喝人子的血，就沒有生命在你們裏面。吃我肉喝我血的人就有永生；在末日我要叫他復活。我的肉眞是可吃的，我的

血眞是可喝的。」（約六：53-56）基督徒必須積極思想，按理吃主的身，喝主的血，紀念主的死，直等到祂來（林前十一：3-29）。[149]

第二個問題是，**今日的女性基督徒還需蒙頭麼**？

有人認爲，婦女蒙頭是主後第一世紀的風俗，現已時過境遷，姊妹無需再蒙頭；但有人則堅持，蒙頭是順服權柄，歷世歷代有效，故女性基督徒仍需蒙頭。孰是孰非，還得先看《聖經》是怎樣教導的。有關婦女蒙頭的經文如下：

> 我願意你們知道，基督是各人的頭；男人是女人的頭，神是基督的頭。凡男人禱告或是講道〔講道，或作說預言，下同〕若蒙著頭，就羞辱自己的頭。凡女人禱告或是講道，若不蒙著頭，就羞辱自己的頭：因為這就如同剃了頭髮一樣。女人若不蒙著頭，就該剪了頭髮；女人若以剪髮剃髮為羞愧，就該蒙著頭。男人本不該蒙著頭，因為他是神的形像和榮耀，但女人是男人的榮耀。

> 起初，男人不是由女人而出；女人乃是由男人而出。並且男人不是為女人造的；女人乃是為男人造的。因此，女人為天使的緣故，應當在頭上有服權柄的記號。然而照主的安排，女也不是無男，男也不是無女。因為女人原是由人而出，男人也是由女人而出；但萬有都是出乎神。

> 你們自己審查，女人禱告神，不蒙著頭，是合宜的麼？你們的本性不也指示你們，男人若有長頭髮，便是她的羞辱麼？但女人有長頭髮，乃是她的榮耀；因為這頭髮是給她作蓋頭的。若有人想要辯駁，我們卻沒有這樣的規

矩，神的眾教會也是沒有的。（林前十一：3-16）

首先來瞭解這一段經文的意思。

麥可森（Alvera Mickelsen）感慨地說：「所有的解經者都同意，這整段經文充滿了無解的疑問；而這些疑問顯然都涉及哥林多當地風俗文化的特有問題。當初讀到這封信的人當然知道保羅在寫甚麼，我們卻沒有那麼幸運。」[150] 因此，對這段經文的確切含義，尚無一種權威的解釋能成為學者的共識。[151]

「基督是各人的頭；男人是女人的頭，神是基督的頭。」（十一：3）

有學者認為，在舊約《聖經》中，「頭」可用來指在上有權柄的人，如首領、頭目等。不過，另一些學者卻認為，「頭」的這種意思只在說希臘話的猶太教中使用。在正規的希臘文中，「頭」是指一個整體中較為特出或較具決定性的部分，如全人、生命、尖端、頂端（牆、柱等），或源頭等；但沒有「權柄」的意思；[152] 莫瑞斯（Leon Morris）指出，因為有學者認為，古時的人並不知道中樞神經的功能，以為思想發自腰部，頭不是控制的因素。[153]

鑒此，有的學者認為，這裏的「頭」（κεφαλὴ kephalē）理解為「源頭」或「來源」較為合適。「男人是女人的頭」，因為「女人原是由男人而出」（十一：2；參創二：1-23）；「基督是各人的頭」，因為「萬有都是靠祂造的」（西一：16a），人也是靠祂造的；「神是基督的頭」，不是說神是基督的源頭或來源，而是說基督來到世上是父神差遣的，「認識祢獨一的真神，並且認識祢所差來的耶穌基督，這就是永生。」（約十七：3）所以，「神是基督的頭」不是指三一神的本質，而是指

祂們的分工。[154] 也有學者認爲，按七十士譯本的用法，「頭」是較「顯著」的意思，男人是女人的「頭」，就是他是女人的代表；女人的舉止直接影響到男人的榮辱。所以「男人是女人的頭」與「女人是男人的榮耀」是可以互換的。[155]

但是，有學者卻持截然相反的觀點。有人研究從主前八世紀到主後四世紀的兩千多個例子後發現，κεφαλή（kephalē）是指「較高權柄」或「統治者」，從未被當作「源頭」使用過。[156]

筆者在第三章指出，瞭解一個字的含義，詞源學固然有幫助，但主要還是要從作者自己的用法，及上下文來確定。在新約《聖經》中，κεφαλή（kephalē）這個詞55次被譯爲「頭」，5次被譯爲「頭塊石頭」，3次分別被譯爲「元首」和「首」，1次被譯爲「頭髮」。在保羅的著作中，這個字除了《哥林多前書》這一節經文外，它被譯爲「元首」、「首」或「頭」：[157]

又將萬有服在祂的腳下，使祂爲教會作萬有之首。
（弗一：22）

惟有用愛心說誠實話，凡事長進，連於元首基督。
（弗四：15）

因爲丈夫是妻子的頭，如同基督是教會的頭；祂又是教會全體的救主。（弗五：23）

祂也是教會全體之首；祂是元始，是從死裏首先復生的，使祂可以在凡事上居首位。（西一：18）

因為神本性一切的豐盛，都有形有體的住在基督裏面；你們在祂裏面也得了豐盛。祂是各樣執政掌權者的元首。……不可讓人因著故意謙虛，和敬拜天使，就奪去你們的獎賞；這等人拘泥在所見過的〔有古卷作，這等人窺察所沒有見過的〕，隨著自己的慾心，無故的自高自大，不持定元首。（西二：9-19）

從保羅的習慣看，κεφαλή（kephalē）的主要意思是「為首」；不過，聯繫下文，「女人原是由男人而出」（十一：2），在這段經文中，將它解釋為「源頭」也是可以的。其實，無論將它解釋為「為首」還是「源頭」，對經文的意思都影響不大。

有學者指出，這裏講的男人和女人，實際是丈夫和妻子。[158]猶太風俗要求已婚婦女蒙頭作「謙虛」的象徵。[159]但是，女人（γυναικός gynaikos）的詞根γυνή（gynē），在新約《聖經》中，60次被譯為「妻子」，51次被譯為「婦人」，45次被譯為「女人」，20次分別被譯為「婦女」或「妻」，[160]並非特指已婚婦人或妻子。而且保羅是在講神、基督、男人、女人的關係（也包括神與丈夫、妻子的關係），但不是特指神與夫妻的關係。這段經文所談到的敬拜態度，也應當適合於未婚或寡居的女子。[161]

「凡男人禱告或是講道〔講道，或作說預言，下同〕若蒙著頭，就羞辱自己的頭。凡女人禱告或是講道，若不蒙著頭，就羞辱自己的頭；因為這就如同剃了頭髮一樣。」（十一：4-5）「蒙著頭」中的「頭」是指肉身的頭；「羞辱自己的頭」中的「頭」，可能指肉身的頭，意為羞辱自己；但也可指基督或男

人,因爲基督是男人的頭,男人是女人的頭。[162]

爲甚麼男人禱告或講道時蒙頭就羞辱自己或羞辱基督呢?學者們有不同的看法。

首先,「男人本不該蒙著頭,因爲他是神的形像和榮耀。」(十一:7)男人是神的形像,因他是照著神的形像造的;男人是神的榮耀,因爲他是神的傑作,神看著「甚好」(創一:31),並且神賦予他權柄,讓他修理、看守伊甸園(創二:15),並爲各種動物命名(創二:19-20);那時,女人尚未受造。[163] 在神的面前,神的榮耀不能被遮蔽。男人蒙頭,就是把神的榮耀遮擋起來,故是羞辱神。[164] 但這樣的解釋有邏輯上的難處:如果男人蒙頭是遮蔽了神的榮耀,那麼,女人蒙頭豈不是遮蔽了男人的榮耀麼?但保羅確是要女人蒙頭的。[165] 當然,有人辯解說,男人的榮耀,是神的榮耀,故不能被遮蓋;女人的榮耀,是人的榮耀,所以應被遮蓋。[166]

其次,「若蒙著頭」的原文直譯是:「有⋯⋯從頭上垂下來」,含義不是十分確定。一種可能是,按猶太人的習慣,在公開禱告時要蒙上的一種叫「tallith」的方巾;[167] 另一種可能是指男人留長髮或不合男性的髮型。[168] 保羅說:「你們的本性不也指示你們,男人若有長頭髮,便是他的羞辱麼?」(十一:14)有學者指出,按猶太人的習俗,男人蒙頭(將外袍疊起來蓋在頭上)是悲痛苦惱的表現;男人蒙頭也表示羞辱(耶十四:4)。[169] 也有文獻指出,在保羅的時代,男人若留長髮,則表示身分低微,當時的文化視男人留長髮爲次要、從屬的象徵,[170] 甚至被人認爲是異教廟宇中的男妓。[171]

此外,摩根(G.C. Morgan)等人指出,保羅的教導是完全違反猶太的風俗和拉比的教訓的。「長久以來,拉比一直教

導猶太人蒙頭，禱告時穿外套，甚至今日傳統的猶太人仍奉行不渝。」因為拉比們誤解了出埃及時發生的事情。當摩西在耶和華那裏四十晝夜、拿著兩塊法版下西乃山的時候，他的面皮發了光，眾人都怕挨近他。「以色列人看見摩西的面皮發光，摩西又用帕子蒙上臉，等到他進去和耶和華說話，就揭去帕子。」（出卅四：35）拉比們誤以為，摩西蒙臉是因為要用神的權柄將面皮的光遮住。但保羅清楚地指出：「我們既有這樣的盼望，就大膽講說，不像摩西將帕子蒙在臉上，叫以色列人不能定睛看那將廢者的結局；但他們的心地剛硬；直到今日誦讀舊約的時候，這帕子還沒有揭去；這帕子在基督裏已經廢去了。」（林後三：12-14）也就是說，摩西用帕子蒙臉，不是因為他臉上有榮光，而是他不願意讓眾人看見他臉上的榮光正在消失。男人禱告或講道時若蒙頭，就羞辱主，因為他不明白帕子在基督裏已經廢去，那榮光不是正在消失，而是永恆的榮光了。[172] 如果男人禱告或講道時仍蒙頭，就等於否認耶穌基督十架救贖之功的完全，就是羞辱基督。[173]

「凡女人禱告或是講道，若不蒙著頭，就羞辱自己的頭；因為這就如同剃了頭髮一樣。女人若不蒙著頭，就該剪了頭髮；女人若以剪髮剃髮為羞愧，就該蒙著頭。」（十一：5-6）為甚麼女人禱告或是講道，若不蒙著頭，就羞辱自己的頭呢？學者們認為有如下理由。

首先，因為「女人是男人的榮耀」（十一：7b）。保羅說，男人是神的形像和榮耀，但說到女人時，沒有說她是男人的形像和榮耀，只說她是男人的榮耀。保羅可能是說，女人不僅同男人一樣是神的形像和榮耀，而且她還是男人的榮耀。因為，女人有神的形像而不是男人的形像。男人受造在先、女人

由男人而出，男人似乎占較優越的地位；但是，另一方面，女人是最後被造的，是以男人為材料造的，是為幫助男人而造的，她應是一切受造之物的冠冕，是男人的榮耀。[174] 保羅對帖撒羅尼迦的信徒說：「你們就是我們的榮耀，我們的喜樂」（帖前二：20），榮耀有「引以為榮」的意思。「女人是男人的榮耀」就可理解為，男人以女人為榮。[175] 其次，如前所述，有學者認為，女人所得到男人的榮耀，是從人來的，不可顯在神面前，因此需蒙頭。[176] 第三，在當時的哥林多城，妓女都不蒙頭，即不蒙頭是妓女的標誌。女人在公共場所不蒙頭，起碼被視為在性方面不檢點，和不順服男人。[177]

巴克萊（William Barclay）指出，就是到今天，中東婦女仍要戴一種長的面巾，幾乎垂到腳面，只露出額頭和眼睛；而在保羅時代，面巾更為隱蔽，從頭到腳，只為眼睛開個孔。「一個有身分的東方婦女，作夢也不會想到在人前不戴面巾這回事。」[178] 妻子在公開場合不蒙頭，還會被認為她拒絕承認自己與丈夫的關係，是婚姻狀況的一種暗示。[179] 第四，保羅說：「女人若不蒙著頭，就該剪了頭髮；女人若以剪髮剃髮為羞愧，就該蒙著頭。」（十一：6）因為在當時，女性剪短髮或剃頭，是妓女的象徵，也可能表示她是同性戀中以「男性」形像出現的那一位。[180] 另外，女奴要剃光頭，剃頭也是對犯姦淫的婦人的一種公開羞辱。[181]

「因此，女人為天使的緣故，應當在頭上有服權柄的記號。」（十一：10）這也是一節難解的經文。

首先，「天使」是指甚麼？有人認為這裏的天使是《創世記》六章2節與女子交合的「神的兒子們」；「女人為天使的緣故」就是女人蒙頭以免受這些天使的騷擾。猶太拉比有一種的

古老傳說，認爲女子美麗的長髮是使天使受到引誘的原因。[182]
但是，這種解釋有難處。因爲，這些天使在任何時候都可騷擾
女子，並不只限於她們公開禱告或說預言的時候；何況，她們
公開禱告或說預言的時候，應是她們最安全的時候呢！此外，
這裏的「天使」沒有加上形容詞，不應作「邪靈」解。[183] 還有
人認爲天使是指作爲使者的人。但保羅從來沒有這樣用過這個
字。[184]

　　另一種解釋是：《聖經》說，天使都是服役的靈，奉差遣
爲那將要承受救恩的人效力（來一：4）；《死海古卷》的資料
顯示，人若有殘疾，不准當兵，也不出席集會，因爲有天使在
場。由此推論，天使臨在聚會中；違反原則或秩序的事，是對
天使的冒犯。因此，「女人爲天使的緣故」，就是女人爲了不
冒犯天使之意。[185] 還有學者指出，保羅要女人蒙頭，還可能有
實際的用處。「在古時，女人的頭髮常成爲慾心的對象，在地
中海以東一帶的習俗，婦女必須要蒙頭。不蒙頭的婦女會被視
爲在挑逗男性，就像今天有些文化認爲泳裝的作用一樣。」[186]
「女人不蒙頭，會注意到她們頭髮的，可能是哥林多的男人，
而不是天使。這樣，在敬拜時，可能叫人分心。」[187]

　　對「在頭上有服權柄的記號」這一短語，在解釋上有很大
分歧。

　　有學者將它解釋爲，女人蒙頭，表明她頭上有順服權柄的
記號，正式承認男人的權柄，這對墮落和沒有墮落的天使都是
一個最好的見證。[188] 但是，這一短語的原文應是「在頭上有
權柄」，沒有「服」和「記號」等字，即，女人蒙頭不是她順
服男人的權柄的記號；而是說，女人蒙頭，她頭上就有權柄。
「權柄」一詞（ἐξουσία exousia）在《聖經》中從未用過被動

式。[189]

「權柄」當如何解釋呢？藍賽（Sr. William Ramsay）寫道：

> 在東方地區，面巾是婦女的權柄、尊貴、威儀。婦女帶上面巾可以安全地到任何地方，接受尊敬。她不為人見；瞪大眼睛看街上戴面巾的婦女是非常沒有禮貌的。她不理不睬。周圍的人，對於她，視若無睹；她，對於周圍的人，也是如此。她在眾人中，猶如鶴立雞群。……一個婦女沒有戴面巾，就變為賤貨，任何人都可以侮辱她。……一個婦女的威儀與神聖，隨著她拋棄的面巾，煙消雲散，一些不留。[190]

這段文字寫得很美，也有道理；不過，它只著眼於當時的習俗，完全沒有與敬拜相聯，不大像是保羅所要表達的意思。

更多的學者認為，由於在基督裏的新造，女人的地位已被提升。保羅談到男女平等（十一：11），男人和女人都可以在敬拜中禱告或講道（十一：4-5）。她們需要權柄，她們也有權柄；她們蒙頭，正是這從神來的權柄的記號。[191]也有學者解釋為：權柄就是某種行為的權利；女人蒙頭表示她順服自己的丈夫，從而使她有了禱告和講道的權利。[192]

「然而照主的安排，女也不是無男，男也不是無女。因為女人原是由男人而出，男人也是由女人而出；但萬有都是出乎神。」（十一：11-12）在伊甸園裏，女人出自男人；離開伊甸園後，所有的男人都是出自女人；[193]但所有的人都來自神。男人和女人彼此互補，不能相互獨立；兩者合在一起，才是完整

的。保羅在這裏強調男女的差異和平等，似乎在平衡上文（十一：4-9）的論點，以免被人誤會保羅是在貶低女人的價值。[194]

「你們的本性不也指示你們，男人若有長頭髮，便是他的羞辱麼？」（十一：14）「你們的本性」，原文無「你們的」；「本性」（φύσις physis）由古動詞「φύω」變化而來，原意是：產生，在此的意思難以明確界定。可能是指人裏面的本性認為合宜的；除了一般的習俗外，還要根據事物本性的差異來決定其合宜性。[195] 它在新約《聖經》中被使用過14次，被譯為「生來」、「本來」、「原來」、「各類」、「性情」、「性」、「本性」、「本」等。[196] 有學者把本性界定為：「根據文化中所公認的正常標準，去留心自己的行為。」[197] 或者，「本性是『自然傳承』，由當時文化及智慧的薰陶而來。」[198]

綜上所述，這段經文所討論的，不是婚姻或女人在教會中的地位等問題，而是關於敬拜的合宜態度和行為。[199]

解釋了這段經文後，回答「當今的女性基督徒是否仍需蒙頭」的問題就比較容易了。

一種觀點是，各個世代的女性基督徒，禱告或講道時，都應該蒙頭。因為在神治的國度裏，「不能有兩個頭。神是頭，基督就不能作頭；基督是頭，各人就不能作頭；男人是頭，女人就不能作頭。」「蒙頭的意思就是說，好像我沒有頭一樣，我把頭遮了，好像沒有頭」：

> 姊妹在講道的時候蒙頭，在禱告的時候蒙頭，在神面前，就是宣告說：全世界的人在基督面前，沒有一個可以作出頭的人。乃是在那裏宣告說：任何的人，不能在神面前露出他的頭來！沒有一個人，在基督面前可以出頭。沒

有一個人，在基督面前可以出主意，出主張。所有的人，
在基督面前，都得把自己的頭蒙起來；都得把自己的主
意，主張蒙起來。[200]

這種把蒙頭靈意化的解釋，聽起來很美，對信徒也有一
定造就作用。但是，這樣解釋蒙頭，與經文本身的意思不大相
符。

首先，如果蒙頭是不讓女人在男人面前出頭，那麼，不論
任何場合，女人在男人面前都應蒙頭。可是，保羅只要求女人
在講道或禱告時蒙頭。難道女人在別的時候就可以在男人面前
出頭麼？如果蒙頭是宣告「任何的人，不能在神面前露出他的
頭來」！那麼，男人也應該蒙頭。可是，保羅明確地說，男人
蒙頭是羞辱自己的頭，是羞辱基督。

其次，這種靈意解釋，完全忽略了保羅教導中的文化因
素。在這段經文裏，講到神治國度的秩序：神差遣基督，神是
基督的頭，基督是男人的頭，男人是女人的頭；基督要榮耀
神，男人要榮耀基督，女人要榮耀男人。但是，如何榮耀則與
當時的文化密切相關。從這段經文，學者可以推演出蒙頭問題
與這一永恆原則的一些關係；但是，將蒙頭與文化直接聯繫在
一起的，卻是保羅自己。保羅說：「女人若不蒙著頭，就該剪
了頭髮；女人若以剪髮剃髮為羞愧，就該蒙著頭。……你們的
本性不也指示你們，男人若有長頭髮，便是他的羞辱麼？」
（林前十一：6、14）如前所述，因為在當時，女人剪髮或剃頭
都是羞辱的，所以，女人在公開場合不蒙頭也是羞辱的；按此
邏輯，如果在一個文化處境中，女人剪髮或剃頭不被社會當作
是羞辱的，那麼，女人不蒙頭就未必是羞辱的了。按當時人的

「本性」，男人留長髮是他的羞辱；如果在一個文化中，人的本性不再視男人的髮型和道德有關，那麼，他留長髮就不一定是羞辱了。

另一種觀點認為，女人在講道或禱告時蒙頭，純粹是保羅時代的哥林多城的習俗，只是一個歷史事件，與現在沒有任何關係。這是另一個極端，忽略了這段經文所闡述的永恆原則。

一個適中的觀點是，這段經文所闡述神所設立的秩序，基督要榮耀父神，男人要榮耀基督，女人要榮耀男人，是各個時代的基督徒都當遵行的。男人不留長髮、在講道或禱告時不蒙頭和女人在講道或在公開場合禱告時要蒙頭，源自（或包含著）在敬拜時要榮耀神這個普世原則；但蒙頭問題並不是這個原則本身，而只是榮耀神這個原則在當時的文化處境中的表達。在今天的文化中，女性基督徒在講道或禱告時不一定再須蒙頭，但經文所強調敬拜時的端莊儀表、對男人或配偶的尊重、將生命的焦點對準神等原則，應在各個文化處境中切實地實踐出來。[201] 今天，生活在女人在公開場合仍須蒙頭的社會的基督徒女性，或是到這樣的社會去工作、宣教的基督徒女性，在公開場合最好還是蒙頭。

第三個問題，**姊妹可以講道麼**？

這是一個在教會歷史上至今未能取得共識的問題之一。與這個問題有關的，主要是以下兩段經文：

> 婦女在會中要閉口不言，像在聖徒的眾教會一樣；因為不准她們說話；她們總要順服，正如律法所說的。她們若要學甚麼，可以在家裏問自己的丈夫；因為婦女在會

中說話原是可恥的。神的道理,豈是從你們出來的麼?豈是單臨到你們麼?若有人以為自己是先知,或是屬靈的,就該知道,我所寫給你們的是主的命令。(林前十四:34-37)

女人要沉靜學道,一味的順服。我不許女人講道,也不許她管轄男人,只要沉靜。因為先造的是亞當,後造的是夏娃。且不是亞當被引誘,乃是女人被引誘,陷在罪裏。然而女人若長存信心愛心,又聖潔自守,就必在生產上得救。(提前二:12-15)

對姊妹能否講道的不同觀點,來自對這兩段經文的不同詮釋。現在,同樣應用本書闡述的釋經原則,先來瞭解這兩段經文的含義。

首先要注意的是,這兩段經文和前面討論的第二個問題所涉及的經文,都屬於書信文體。如本書第四章所述,書信的最大特點,就是它的應實性。也就是說,新約書信的作者是針對收信人所面臨的具體處境寫的,是「因事而生」的。因此,在這些書信中,作者不是系統地闡述自己的神學觀點,而是用神學來回應特殊的情景,是「特殊事工神學」(task theology),不是神學論文。因此,在詮釋書信時,一定不可抽離收信人的文化、歷史處境。但是,這正是詮釋書信的困難之處。因為今天的讀者與收信人已有兩千年的時空阻隔,不瞭解收信人的具體處境;雖然書信本身能提供一些,但不詳盡。讀者好像在聽一個人打電話,只聽見打電話的人(寫信的人)在說話,卻不知道電話的另一方(收信人)說了些甚麼。這也同樣是解釋這

的詮釋

兩段經文的困難所在。

其次，看看經文本身在說甚麼。

先看《哥林多前書》十四章這一段。有人稱它為保羅的「閉口律」，不許女人說話。

「婦女在會中要閉口不言」中的「閉口不言」（$\sigma\iota\gamma\acute{\alpha}\tau\omega\sigma\alpha\nu$）是動詞 $\sigma\iota\gamma\acute{\alpha}\omega$（sigaō）的現在是命令語氣複數第三人稱，與本章的「若沒有人翻，就當在會中閉口」（十四：28）中的「閉口」和「若旁邊坐著的得了啓示，那先說話的就當閉口不言」（十四：30）中的「閉口不言」是同一個動詞。[202] 因此，這個「閉口不言」很可能是為了維持敬拜秩序，即，是暫時性和處境性的。[203] 保羅為甚麼要婦女在會中閉口不言呢？劉秀嫻指出，從《聖經》提供的背景看，哥林多教會是保羅在第二次宣道旅程中建立的（徒十八），而且從一開始就是猶太人和外邦人一同聚會（徒十八：5-8）；這些外邦信徒可能來自社會底層（林前一：26），有的甚至是奴僕（林前七：22-23）。因此，該教會的婦女可能有相當一部分出身底層，文化程度也不高。[204] 聯繫下文「她們若要學甚麼，可以在家裏問自己的丈夫」（十四：35a），這些婦女應為已婚婦人，她們在會中說話，可能是隨便提問、質疑或爭辯。[205]

為甚麼要禁止婦人在會中說話呢？保羅自己的回答是「因為婦女在會中說話原是可恥的」（十四：35b）。莫瑞斯指出，希臘人不贊成婦人在公共場所說話。希臘作家及道德家普魯塔克（Plutarch）說，有德行的婦女「應當謹守，有外人在場時，不說話」；「婦女要說話，就對丈夫說，或透過丈夫薦言」。[206] 可見，保羅要婦女在會中閉口不言，是與當時的文化背景密切相關的。此外，有學者指出，本章主要強調敬拜要有秩序，

保羅禁止婦女在會中說話，可能由於她們說話已經到了騷擾敬拜的程度了。[207]

在上文中，保羅說：「你們聚會的時候，各人或有詩歌，或有教訓，或有啟示，或有方言，或有翻出來的話，凡事都當造就人。」（十四：26）「因為你們可以一個一個的作先知講道，叫眾人學道理，叫眾人得勸勉。」（十四：31）這裏的「各人」和「你們」應當包括婦女在內。所以，保羅要婦女在會中閉口不言，可能不是反對婦女「有教訓」或「作先知講道」，而是禁止她們不按規矩說話。[208]

「她們總要順服」（十四：34b），保羅未指明「順服」的物件，即，未指明順服甚麼。按文理，應指敬拜的秩序和規矩。

「神的道理，豈是從你們出來的麼？豈是單臨到你們麼？」（十四：36）「你們」是指誰呢？

有學者認為「顯然是寫給那些率性、叛逆的女讀者看的」。[209] 但這與經文的語法不符。因為，經文中的「單」（μόνους）是 μόνον（monon）的陽性、複數，[210] 表明「你們」是陽性、複數，不是單指那些被責備的婦女。[211]

有的學者認為，既然「你們」是陽性、複數，那麼，「婦女在會中要閉口不言，像在聖徒的眾教會一樣；因為不准她們說話；她們總要順服，正如律法所說的。她們若要學甚麼，可以在家裏問自己的丈夫；因為婦女在會中說話原是可恥的。」（十四：34-35）這一段話，就有可能是保羅在引述那些反對女人說話的男性信徒的錯誤教訓，然後以諷刺的口吻責問他們。因為，在經文的原文中，是沒有引號等標點符號的。[212] 但是，這種解釋的難處是：經文中找不到保羅突然引用哥林多人寫給

他的信的內容的任何痕跡；如此長的引語也不是保羅寫作的風格；從上下文看，這段經文的前兩個「閉口」都是出自保羅的口；還有，陽性、複數不一定單指男性多數，也可指男女混合的眾人。[213]

從行文的脈絡看，保羅要他們閉口的人包括：沒有人翻譯也要在聚會中說方言的人；在聚會中不給別人機會、只顧自己不停地講道的先知；以及隨意提出無知或挑釁問題的女人。邏輯上，保羅所責備的「你們」應該是這一群人。他們的行為給人的印象就是，好像神的道單單臨到他們一樣！而且，這樣接下文也很自然。既然這三類人自恃是先知或屬靈人，保羅就對他們訴諸主的權柄：「若有人以為自己是先知，或是屬靈的，就該知道，我所寫給你們的是主的命令。」（林前十四：34-37）[214]

所以，從總體上說，保羅要女人在會中閉口不言的教訓是被置於「凡事都要規規矩矩的按著次序行」（十四：40）這一大框架之下的，且與當時社會「婦女在會中說話原是可恥的」（十四：35b）的習俗緊密相連。在同一卷書中，保羅教導說：「凡女人禱告或是講道，若不蒙著頭，就羞辱自己的頭。」（林前十一：a）這表明，在哥林多教會裏，有婦人禱告或講道的事情，而且保羅也並不反對這樣的事情，只是囑咐她們要蒙頭；既然要蒙頭，肯定是在公開場合；既然是禱告或講道，就很可能是在教會的聚會中。可見，保羅並不是一概地禁止婦人在會中說話。也就是說，「婦女在會中要閉口不言」並不是保羅給教會的普世性的永久命令，與姊妹能否在教會講道沒有甚麼關聯。換句話說，保羅這一教訓的目的，「不是要界定婦女的角色，而是要建立規矩、有次序的敬拜方式。」[215] 劉秀嫻也

認爲，保羅反對的不是女性講員，而是女性的某些擾亂敬拜秩序、不合當時習俗的講話。[216]

現在來看《提摩太前書》二章11至15節這段經文。

保羅在羅馬獲釋後，差遣提摩太照顧小亞細亞的以弗所教會（一：3），自己則前往歐洲的馬其頓省。當他知道自己在短期內無法重訪以弗所後，便寫了這封信，把牧養教會的任務交給了提摩太（一：18），告訴他如何抗拒虛僞的教訓，怎樣管理教會，以及有關聚會的規矩、同工的按立，其中也特別提到婦人在聚會中應注意的事，以及監督和執事的條件等問題。[217]

「女人要沉靜學道，一味的順服。」（二：11）「學道」（μανθανέτω）是動詞 μανθάνω（mathanō）的現在時主動態命令語氣，泛指一切的學習，此處當然是指學習基督的眞道。「沉靜」（ἡσυχία）是來自形容詞 ἡσυχίος（hēsychios）的古字，是靜默無語、安靜無聲之意。[218] 劉秀嫻指出，一般猶太婦女不能正式參與會堂的學道，外邦婦女更少有機會接觸神的話。所以，保羅要她們學道是給他們提供一個過去只有男人才享有的特權。這裏的「沉靜」不太可能是閉口不言，而可能是指避免公共場合的社交和辯論。[219]「順服」沒有受格，即沒有表明「順服」甚麼或「順服」誰。保羅既是讓她們學道，按邏輯推演，應該是指她們要順服教導眞道的教師。

「我不許女人講道，也不許她轄管男人，只要沉靜。」（二：12）

「講道」（διδάσκειν）是動詞 διδάσκω（didaskō）現在時主動語態不定式，意爲「教導」；譯爲「講道」並不準確，容易引起誤解。[220] 雖然講道也是教導，但講道只是教導的形式之一；「教導」比「講道」的含義更寬廣。所以，和合本修訂

本、呂振中譯本和新譯本都將它譯爲「我不許女人教導」。

「轄管」（αὐθεντεῖν）是動詞 αὐθεντέω（authenteō）的現在時主動語態不定式，在新約《聖經》中，僅見於此。它首次是出現在這節經文中，而且除了教會的著作外，它不曾出現在任何其他希臘文的著作中，所以有學者稱這個動詞爲「聖經與教會著作用字」。[221] 有學者把它解釋爲「行使某人的權力，實施權柄，轄管，控制，統治」。[222] 但別的學者有不同的看法。因爲新約《聖經》常用來表達「權柄」的是另外一個名詞 ἐξουσία（exousia）或動詞 ἐξουσιάζω（exousiazō），分別被用了97次和4次：ἐξουσία 被譯爲「權柄」74次，「掌權的」9次，「權」4次，「能力」3次，「掌權者」2次，「能力」、「掌權」、「管」和「權勢」各1次；ἐξουσιάζω 被譯爲「權柄」2次，「轄制」、「掌權管」各1次。[223] 有學者統計，保羅在他的著作中，用 ἐξουσία 來表達「權柄」或相近的意思共有28次之多。[224] 例如：

> 窯匠難道沒有權柄（ἐξουσία），從一團泥裏拿一塊作成貴重的器皿，又拿一塊作成卑賤的器皿麼？（羅九：21）

> 凡事我都可行，但無論那一件，我總不受他的轄制（ἐξουσιάζω）。（林前六：12b）

> 妻子沒有權柄（ἐξουσιάζω）主張自己的身子，乃在丈夫；丈夫也沒有權柄（ἐξουσιάζω）主張自己的身子，乃在妻子。（林前七：4）

若別人在你們身上有這權柄（ἐξουσία），何況我
們呢？然而我們沒有用過這權柄（ἐξουσία），倒凡事忍
受，免得基督的福音被阻隔。（林前九：12）

主賜給我們權柄（ἐξουσία），是要造就你們，並不
是要敗壞你們；我就是為這權柄（ἐξουσία）稍微誇口，
也不至於慚愧。（林後十：8）

如果「我不許女人講道，也不許她轄管男人，只要沉
靜」（提後二：12）中的「轄管」是女人在男人身上施行權
柄，那麼，保羅為甚麼不用他常用的名詞 ἐξουσία 或動詞
ἐἐξουσίαζω，而要用一個在新約《聖經》中絕無僅有的動詞
αὐθεντέω 呢？因此，人們有理由思考，保羅用這樣一個罕見
詞，是否有別的含意？

麥可森（Alvera Mickelsen）認為，這個詞的基本
意思是「刺入」，相當負面；教父屈梭多模（St. John
Chrysostom, 344-407 AD）在他寫的提摩太書信注釋中，將它譯
為「性交的許可」。[225] 有人則認為，這個詞有「起源」、「發
起」或「煽動」之意；「沉靜」與「煽動」正好成為對比。這
樣，「我不許女人講道，也不許她轄管男人」就可以詮釋為：
「我不許女人用謬誤的教導煽動男人」或「我不許女人在學道
時與男人詞鋒相對，挑起公開的爭論」。[226]

這樣解釋，與整卷書的脈絡也相吻合。通觀全卷書，保羅
切切地教導提摩太，要會眾避免無端的爭辯。這封信一開始就
說：「我往馬其頓去的時候，勸你仍住在以弗所，好囑咐那幾
個人，不可傳異教，也不可聽從荒渺無憑的話語，和無窮的家

譜；這等事只生辯論。」（一：2-3）進而，保羅說：「我願男人無忿怒，無爭論〔爭論，或作疑惑〕，舉起聖潔的手，隨處禱告」（二：8）。最後，保羅再次提醒提摩太：「若有人傳異教，不服從我們主耶穌基督純正的話，與那合乎敬虔的道理；他是自高自大，一無所知，專好問難，爭辯言詞，從此就生出嫉妒、紛爭、譭謗、妄疑，並那壞了心術，失喪眞理之人的爭競。」（六：3-5a）[227]

「因爲先造的是亞當，後造的是夏娃。且不是亞當被引誘，乃是女人被引誘，陷在罪裏。」（二：13-14）

這節經文以「因爲」開始，表明是保羅不許女人講道的原因。對這節經文的不同詮釋，是產生關於姊妹能否講道的不同觀點的主要原因。

第一種觀點認爲，既然「不是亞當被引誘，乃是女人被引誘、陷在罪裏」是一個歷史事實，那麼，其中就一定孕育著一個永恆的原則。不少學者認爲，保羅這是在闡明女性的本質（womanhood），即，女人顯然比男人容易受騙、被引誘。「此處的見解相當明確，即亞當和夏娃兩人都犯了罪，但亞當並沒有被騙。他完全瞭解罪的嚴重性，卻自願犯罪。」因此，這些學者警告說：「每當男人和女人要重蹈夏娃和亞當所作的蠢事，也就是彼此要在地位和功能上互換時，不妨想想伊甸園所發生的災難，那是一個警告。」[228]還有學者說：「受引誘這件事顯示夏娃的理解力較差，這就構成了某種限制，使得女人不能作教導。」[229]「男人當教導是基於他的優先被造及他對罪的抵抗力，而非基於對女人的低估。」[230]

但是，這種認爲女人不能講道是普世原則的觀點，面臨許多難處。

　　首先，如果夏娃在本性上就容易被引誘，這豈不是說，神在造夏娃之初，就讓她有天生缺陷？這豈不與神按照祂的形像造男造女相矛盾了麼？[231] 雖然使徒彼得說過：「你們作丈夫的，也要按情理和妻子同住〔情理，原作知識〕；因她比你軟弱〔比你軟弱，原文作是軟弱的器皿〕。」（彼前三：7a）但許多學者認為，彼得在這裏講的妻子比丈夫「軟弱」，「不是指道德上的定力、個性上的強弱，或心智上的能力有別，最可能是指體力上的差別。」[232] 麥克奈特（Scot McKnight）也指出，雖然「比你軟弱」可指妻子身體上的或靈性上軟弱，但是，「由於古代世界絕大多數證據顯示，在描述婦女的身體狀況時使用的都是相同或相似的語言，我們幾乎可以肯定，彼得在這裏想到的是妻子體力方面的能力。」[233]

　　女人在體力上比男人弱，並不是缺陷，因為神是要男女有別的。何況，保羅在從前的書信中對哥林多教會的會眾說：「我只怕你們的心或偏於邪，失去那向基督所存純一清潔的心，就像蛇用詭詐誘惑了夏娃一樣。」（林後十一：3）在這節經文中，保羅也引用了夏娃被蛇誘惑的史實，但保羅要說的顯然是，哥林多教會的所有基督徒（包括男人），都可能像夏娃一樣被引誘。引用同一個舊約典故，可以有不同的應用。這一點，釋經者尤須謹慎小心。[234] 可見，保羅並不認為，被蛇引誘、陷在罪裏，是女人的「專利」。

　　其次，被蛇引誘的是夏娃，而不是亞當，這是事實。如果因此就認定只有男人配得講道、女人不能講道，是違背神的公平原則的。主耶穌說：「僕人知道主人的意思，卻不預備，又不順他的意思行，那僕人必多受責打；惟有那不知道的，作了當受責打的事，必少受責打；因為多給誰，就向誰多取；多託

誰，就向誰多要。」（路十二：47-48）

　　學者們指出，按《聖經》的描述，蛇對夏娃說話時，一直用複數第二人稱代名詞「你們」，而不是單數第二人稱「你」；此外，「又給他丈夫」的原文乃是「又給和她在一起的丈夫」。英王欽定本（KJV）、美國新標準修訂版（NRSV）、英文標準版（ESV）、新國際版（NIV）等英譯本和中文新譯本都是這樣譯的。比如，「She also gave some to her husband, who was with her; and he ate it.」（NIV）；「又給了**和她在一起的丈夫**，他也吃了。」（新譯本，黑體是筆者加的）。鄺炳釗認為，這些都暗示，蛇引誘夏娃時，亞當是在場的。亞當為甚麼袖手旁觀？合理的推斷是，亞當認同夏娃所作的事，是「沉默的同意者」。[235] 如果真是這樣，對於夏娃的犯罪，亞當負有不可推卸的責任。

　　何況，不許吃分別善惡樹的果子的禁令是神直接向亞當下達的，神與他同在的時間也比夏娃長。亞當是故意犯罪。比較夏娃上當受騙犯罪，亞當如果不是罪加一等的話，起碼與夏娃的罪同等。因此，從犯罪的先後，很難得出男人抵抗罪的能力比女人強的結論。為甚麼亞當反而比夏娃更有資格教導呢？難道故意犯罪的人的教導就比上當受騙的人的教導更可靠？事實上，當時的假教師不正是男人麼？（提前一：20；提後二：17）[236] 此外，保羅說，「罪是從一人入了世界」（羅五：12a），其中「一人」是陽性；也就是說，保羅是把罪責放在亞當身上的。可見，當保羅說「且不是亞當被引誘，乃是女人被引誘，陷在罪裏」時，不太可能含有為亞當開脫的意思；故不能成為禁止女人講道的理由。

　　第三，保羅說：「你們豈不知，不義的人不能承受神的

國麼?不要自欺;無論是淫亂的、拜偶像的、姦淫的、作孌童的、親男色的、偷竊的、貪婪的、醉酒的、辱罵的、勒索的、都不能承受神的國。你們中間也有人從前是這樣;但如今你們奉主耶穌的名,並藉著我們神的靈,已經洗淨,成聖稱義了。」(林前六:9-10)且不說夏娃被引誘、陷在罪裏並不能代表所有的女性信徒的狀況,即便能代表,在耶穌基督裏,她們也已經被洗淨、成聖稱義了,夏娃被引誘犯罪的事實不應該再成為不許女人講道的理由。

至於說女人的理解力比男人差,其實並不然。筆者曾寫道:

　　馬利亞把極貴重的香膏澆在耶穌頭上,是為安葬主耶穌作的(太廿六:6-13;可十四:3-9;約十二:1-8)。對此,主耶穌說:「我實在告訴你們,普天之下,無論在甚麼地方傳這福音,也要述說這女人所行的,作個紀念。」(太廿六:13)毫不誇張地說,普天之下,沒有任何一個男人能享此殊榮。溫德爾說,女人們跟隨耶穌,冒著生命危險伺候耶穌,她們預感到耶穌的死亡及其意義,「是彌賽亞奧秘真正的知情人」。

　　主耶穌被釘十架時,男性門徒大多倉惶四散,陪伴在十字架旁的,主要是婦女(可十五:39-41;約十九:25-27)。婦女們親眼看見耶穌被安葬(太廿七:59-61;可十六:46-47;路廿三:55);安息日後的第二天(七日的頭一日),首先去探墓的,也是婦女。所以,抹大拉的馬利亞有幸成為見到復活的主耶穌的第一人(可十六:9)!「耶穌被交給人,是為我們的過犯;復活,是為叫

我們稱義。」（羅四：25）耶穌的受難和復活，是基督教信仰的根基和核心；而「成為耶穌死亡和復活傳統的真正擔當者」和歷史見證人的，正是一群婦女。[237]

麥可森幽默地說，任何人只要看看今天婦女在神學院裏的學術表現，對「婦女的理解力較差」的言論就只能一笑置之。[238]

最後，也是最重要的，保羅並沒有禁止女人在公共場合禱告和講道：「凡女人禱告或是講道，若不蒙著頭，就羞辱自己的頭。」（林前十一：5a）這說明不許女人講道並不是一個永恆的（絕對的）原則。

對此，有學者辯解說，這節經文中的禱告，是類似在會眾中背誦禱告文，「講道」這個詞實際是「說預言」（προφητεύω prophēteuō）；而說預言可能是唱歌，因爲舊約曾說：大衛和眾首領「彈琴、鼓瑟、敲鈸、唱歌〔唱歌原文作說預言。本章同〕」（代上廿五：1）。[239] 還有人說，說預言是神將話放在先知的口中，不需預備和研究。[240] 這樣的辯解是沒有說服力的。首先，「說預言」（προφητεύω prophēteuō）這個字在新約《聖經》中被使用過28次，除兩次分別被譯爲「講道」和「傳道」外，都是「作先知（講道）」、「說預言」，卻沒有一次被譯爲「唱歌」。[241] 此外，先知決不是不動腦子、機械地傳遞神的話語。摩西、以賽亞、施洗約翰等先知在傳遞神的話語時，當然要用理性和分析。正如先知彌迦所說：「至於我，我藉耶和華的靈，滿有力量公平才能，可以向雅各說明他的過犯，向以色列指出他的罪惡。」（彌三：8）[242] 如前面的章節所說，「說預言」不單是說將來要發生的事，它主要是針對百姓當時

的狀況教訓他們。即使撇開《哥林多前書》十一章5節的經文不談，新約《聖經》還有記載了不少女人作教導、說預言的例子，比如：

> 又有女先知亞拿，是亞設支派法內力的女兒，年紀已經老邁，從作童女出嫁的時候，同丈夫住了七年，就寡居了；現在已經八十四歲〔或作寡居了八十四年〕，並不離開聖殿，禁食祈求，晝夜事奉神。正當那時，她進前來稱謝神，將孩子（嬰孩耶穌，筆者注）的事，對一切盼望耶路撒冷得救贖的人講說。（路二：36-38）

> 有個猶太人，名叫亞波羅，來到以弗所；他生在亞歷山大，是有學問的，最能講解聖經〔學問，或作口才〕。這人已經在主的道上受了教訓，心裏火熱，將耶穌的事，詳細講論教訓人；只是他單曉得約翰的洗禮。他在會堂裏放膽講道，百基拉、亞居拉聽見，就接他來，將神的道給他講解更加詳細。（徒十八：24-26）

> 第二天，我們離開那裏，來到該撒利亞；就進了傳福音的腓利家裏，和他同住；他是那七個執事裏的一個。他有四個女兒，都是處女，是說預言的。（徒廿一：7-8）

> 問百基拉和亞居拉安！他們在基督耶穌裏與我同工，也為我的命，將自己的頸項，置之度外；不但我感謝他們，就是外邦的眾教會，也感謝他們；又問他們家中的教會安！問我所親愛的以拜尼土安！他在亞細亞是歸基督初結的果子。（羅十六：3-5）

想到你心裏無偽之信；這信是先在你外祖母羅以，和你母親友尼基心裏的；我深信也在你心裏。……並且知道你從小明白聖經；這聖經能使你因信基督耶穌有得救的智慧。（提後一：5，三：5）

又勸老年婦人，舉止行動要恭敬，不說讒言，不給酒作奴僕，用善道教訓人；好指教少年婦人，愛丈夫，愛兒女，謹守，貞節，料理家務，待人有恩，順服自己的丈夫，免得神的道理被毀謗。（多二：3-5）

這些經文表明，新約《聖經》對婦女說預言、作教導是持肯定態度的。而且，保羅對百基拉、亞居拉褒獎有加；他們家裏有教會，他們當然要肩負教導的責任。在《使徒行傳》和保羅的書信中，都把百基拉的名字放在亞居拉前面，說明百基拉在教會的事工中較她的丈夫更積極、活躍。教父屈梭多模稱百基拉為「教師中的教師」。[243]

保羅在《羅馬書》最後一章還寫道：「又問我親屬與我一同坐監的安都尼古和猶尼亞安！他們在使徒中是有名望的，也是比我先在基督裏。」（羅十六：7）安都尼古和猶尼亞都是有名望的使徒。猶尼亞是男是女，尚有分歧。但馮蔭坤指出，根據現今多數解經家的意見，「猶尼亞」應是女性。理由是：1）從拉丁文轉錄為希臘文的方法看，「猶尼亞」是女性的名字。2）按教會的傳統，至少到主後十三世紀，皆認為「猶尼亞」是女性，最早期的《羅馬書》注釋都以「猶尼亞」為女性。3）直到中世紀，才有注釋者把「猶尼亞」視為陽性名字的縮寫；「陽性名字的縮寫」的說法只是未經證實的假設。他們如此假

設，是因爲女性不大可能躋身於使徒之列；即便如此，他們中的一些人也承認，純粹從文法或語法看，原文可能是女性的名字。[244] 這樣，猶尼亞很可能就是保羅時代的一位有名望的女使徒。猶尼亞既是保羅所贊許的一位使徒，就肯定要作教導和講道的。

如果把不許女人講道說成是普世的永恆原則，就與這些經文相衝突了。

第二種觀點認為，在沒有弟兄可以講道的前提下，有恩賜的姊妹可以講道。

也就是說，如果在教會或宣教工場沒有弟兄能夠講道，那麼，姊妹可作爲替補來講道；一旦有講道恩賜的弟兄被興起來，姊妹就應退下來，不可再講道。這種觀點的依據，是神造人的順序。神先造的是男人，後造的是女人；女人是作爲男人的幫手而被造的，所以，主內也應該有主有次；如果男人能講道，女人就不應該講道。有學者還提出兩點作爲男人爲主、女人爲輔的觀點的依據。一是亞當爲夏娃命名，表明他對夏娃的主權；二是女人是從男人而出、男人不是從女人而出，即，男人包含女人，而女人不包含男人，所以女人不能代表男女會衆。[245]

這種以創造的順序來決定男人的領導地位的觀點，也遭到質疑。利斐特（Walter L. Liefeld）指出，雖然在人受造時，男人在先，但在傳宗接代（男性由她而生）時，女人在先；神是衆生之源。因爲，時間上的次序並不那麼重要。[246] 有學者進一步指出，時間上先被創造的，並不一定表示地位上的優越，因爲神常常沒有揀選長子爲領袖。比如，神揀選雅各（雙胞胎中的次子）而沒有揀選以掃（雙胞胎中的長子）爲以色列人的祖

宗；神揀選約瑟（以色列十二個兒子中很年幼的）而不是他的哥哥們成為埃及的宰相；出埃及時，神揀選的領袖是摩西，而不是他的哥哥亞倫；當撒母耳奉差遣去膏立耶西的兒子作以色列的新王時，他以為必是長子，但神卻選擇了最小的兒子大衛等等。另外，在《聖經》中，通常是女人在命名。比如，《創世記》沒有說是誰為該隱和亞伯命的名，卻清楚指出是夏娃為塞特起了名字（創四：25）；以色列的十二個兒子（便雅憫除外）的名字，全是以色列的妻子拉結和利亞取的。這些母親為孩子命名，是否就意味著她們比父親對孩子有更大的權柄呢？顯然不是。[247]

筆者認為，按創造的順序，男女有主有輔是有根據的。這並不是因為先被造的，地位一定優越，乃是因為神先造了男人後，「耶和華神說：『那人獨居不好，我要為他造一個配偶幫助他。』」（創二：8）所以，女人是以幫助者的身分被造的。在新約《聖經》中，保羅明確地教導，丈夫是妻子的頭，妻子要順服丈夫（弗五：22-24）。丈夫和妻子的地位是平等的，但角色不相同；平等不是同等。有人說，男人掌權，是人犯罪後的一個苦果。[248]這種說法，顯然與《聖經》的教導不符。

但是，以創造的順序為依據、堅持女人只能有條件地講道（或必須在男人的權柄下講道）的觀點，同樣面臨一些難處。

首先，丈夫是妻子的頭，並不表示男人一定是教會的頭。雖然，按照邏輯推理，男人是家裏的頭；教會是神的家（提前三：15）；所以，男人是教會的頭。但是，這種推演的結論，並無明確的經文支持。《聖經》只是說「基督是教會的頭；他又是教會全體的救主」（弗五：23），從未說「男人是教會的頭」。《聖經》也從未說過，女人要在男人的權柄下講道。[249]

其次，退一步說，縱使男人應在教會中居領導地位，也得不出女人不能講道或只能有條件地講道的結論。

最後，也是最重要的，作先知講道的恩賜，是聖靈隨己意分給各人的，並不分男女；《聖經》關於要教導眞道的命令（包括主頒佈的大使命），是給所有信徒的，也不分男女：

> 耶穌進前來，對他們說：「天上地下所有的權柄，都賜給我了。所以你們要去，使萬民作我的門徒，奉父子聖靈的名，給他們施洗〔或作給他們施洗歸於父子聖靈的名〕；凡我所吩咐你們的，都**教訓**（διδάσκω didaskō）他們遵守；我就常與你們同在，直到世界的末了。」（太廿八：18-20）

> 彼得和十一個使徒，站起，高聲說：「猶太人和一切住在耶路撒冷的人哪！這件事你們當知道，也當側耳聽我的話。你們想這些人是醉了，其實不是醉了，因為時候剛到巳初；這正是先知約珥所說的：「神說，在末後的日子，我要將我的靈澆灌凡有血氣的；你們的兒女要說預言；你們的少年人要見異象；老年人要作異夢；在那些日子，我要將我的靈澆灌我的僕人和使女，他們就要**說預言**（προφητεύω prophēteuō）。在天上我要顯出奇事，在地上我要顯出神蹟，有血，有火，有煙霧；日頭要變為黑暗，月亮要變為血，這都在主大而明顯的日子未到以前。到那時候，凡求告主名的，就必得救。」（徒二：14-21）

聖靈顯在各人身上，是叫人得益處。這人蒙聖靈賜他智慧的言語；那人也蒙這位聖靈賜他知識的言語；又有人蒙這位聖靈賜他信心；還有一人蒙這位聖靈賜他醫病的恩賜；又叫一人能行異能；又叫一人能**作先知**（προφητεία prophēteia = prophecy [250]）；又叫一人能辨別諸靈；又叫一人能說方言；又叫一人能翻方言。這一切都是這位聖靈所運行，隨己意分給各人的。（林前十二：7-11）

我們傳揚祂，是用諸般的智慧，勸戒各人，**教導**（διδάσκω didaskō）各人；要把各人在基督裏完完全全的引到神面前。…當用各樣的智慧，把基督的道理，豐豐富富的存在心裏〔或作當把基督的道理，豐豐富富的存在心裏，以各樣的智慧〕，用詩章、頌詞、靈歌，彼此**教導**（διδάσκω didaskō），互相勸戒，心被恩感，歌頌神。（西三：16）

第一種觀點（女人不能講道）和第二種觀點（女人可以有條件地講道）還共同面對一個難點，就是在實踐中的不一致性。他們大都把「教導」局限在正式的「講道」上，如主日證道，或培靈會上的宣講等；其他形式的「教導」，對女人卻大都持開放的態度。蘇珊・弗（Susan T. Foh）主張：「無論如何界定，禁止婦人教導的命令，並不包括禱告和說預言（林前十一：2-6），私下教導男人（徒十八：26）、教導其他女人（多二：3-4）以及教導少年人（提後一：5，三：15；箴一：8）」；並且認為：「可以開放給婦女的職務有：教會圖書管理、財務、主日學主席、理事、教會出版品編輯、詩班指揮、委員會主席以及作家等。」[251] 但是，這就醞釀了許多矛盾。假

如「由於女人較易受欺哄故不許她公開教導」，那麼讓她去教導其他同樣易受欺哄的女人及兒童，豈不更危險麼？[252] 為甚麼富有教導性的詩歌可以由女性創作、由女性詩班指揮挑選指揮、由女性演唱，但同樣內容的教導，一旦沒有音樂伴奏，就不能由女性來作了呢？為甚麼一面可以從錄音帶、錄影帶聽婦女的教導，一面又禁止她面對面地教導呢？[253] 為甚麼婦女可以在私下教導男人，卻不能在公開場合教導男人呢？難道寫作（尤其是《聖經》注釋和教材）的影響力和權威不遠遠大於公開教導麼？[254]

其實，教導或講道是內在的、實質的和屬靈的。[255] 也就是說，教導或講道的權威性，不在於由誰教導或在甚麼場合中教導，而在於所教導的是否是神的話。[256] 今天，任何人在教會裏教導《聖經》，隨時都會受到會眾本於《聖經》的質疑和挑戰；站在講臺上的講員，不論男女，權柄都不在他們身上，而在他們所宣講的神的話語上。他們和會眾都要一同服在神的話語的權柄之下。[257]

第三種觀點認為，保羅說「因為先造的是亞當，後造的是夏娃。且不是亞當被引誘，乃是女人被引誘，陷在罪裏」，並不是在闡述不許女人講道的永恆原則，而是在回答一個處境性的問題。

以弗所教會當時所面臨的問題是甚麼呢？學者們指出兩方面的問題，一是以弗所城的問題，二是該城的教會的問題。以弗所城裏有小亞細亞最大的外邦廟宇——亞底米（Artemis）女神廟。亞底米是亞洲著名的掌管生育的女神。每個希臘城市裏都有亞底米的神廟，但以弗所城裏的是最大、最老的一個，是當時世界的七大奇觀之一。其中有幾百名稱為美利西

（Melissae，意爲「蜜蜂」）的女祭司，實際就是廟妓。[258] 亞底米被認爲是其他小神和人類之母。[259] 從《使徒行傳》的記載看，以弗所有一個叫底米丟的銀匠，他怕保羅的傳道影響他製造偶像的生意，所以煽動以弗所城的人攻擊保羅和與他同行的基督徒。以弗所人同聲喊「大哉！以弗所人的亞底米阿」竟長達兩小時之久！城裏的書記安撫眾人的時候說：「以弗所人哪！誰不知道以弗所人的城，是看守大亞底米的廟，和從丟斯那裏落下來的像呢？」（見《使徒行傳》第十九章）以弗所人對亞底米女神的崇拜和狂熱，可見一斑。[260]

今天的讀者並不了解提摩太對保羅說了些甚麼或保羅在以弗所的三年中發現了甚麼；但以弗所人的這種異教崇拜，一定對當地的教會有嚴重的干擾，因爲保羅在《提摩太前書》一開始就切入正題：「我往馬其頓去的時候，曾勸你乃住在以弗所，好囑咐那幾個人，不可傳異教，⋯⋯」（提前一：3）。[261]

另一方面，諾斯底異端也開始侵蝕教會。筆者曾寫道：

此外，楊牧谷還指出，婦女爭取平等的努力，從主後一世紀開始，便從諾斯底主義（Gnosticism）找到理據。諾斯底主義否定男女有別，甚至反對婚姻和生育。尤有甚者，各種形式的諾斯底主義都提到嘗試連接神、人的居間體；有人說女人就是這樣的居間體。有人甚至說，女人是先於亞當存在的，與天上各靈體交往。主後二世紀的《保羅行傳》記載一名叫特格拉（Thecla）的女人，身穿男裝，頭髮剃光，作宣教士周遊講道（5：40 - 43）。特土良說，她成為了當時想作教法師和受洗女信徒的榜樣。所以，諾斯底主義「牢籠無知婦女」（提前二：11），引誘

他們抹煞男女的區別，甚至要將女性的地位高抬至男性之上。[262]

在《提摩太前書》中，保羅一再談到異端的問題：

> 我們知道律法原是好的，只要人用得合宜；因為律法不是為義人設立的，乃是為不法和不服的，不虔誠和犯罪的，不聖潔和戀世俗的，弒父母和殺人的，行淫和親男色的，搶人口和說謊話的，並起假誓的，或是為別樣敵正道的事設立的。（一：8-10）
>
> 常存信心，和無虧的良心；有人丟棄良心，就在真道上如同船破壞了一般。其中有許米乃和亞歷山大；我已經把他們交給撒但，使他們受責罰，就不再謗瀆了。（一：19-20）
>
> 聖靈明說，在後來的時候，必有人離棄真道，聽從那引誘人的邪靈，和魔鬼的道理。這是因為說謊之人的假冒；這等人的良心，如同被熱鐵烙慣了一般。他們又禁止嫁娶，又禁戒食物〔或作又叫人戒葷〕，就是神所造叫那信而明白真道的人，感謝著領受的。（四：1-3）
>
> 所以我願意年輕的寡婦嫁人，生養兒女，治理家務，不給敵人辱罵的把柄；因為已經有轉去隨從撒但的。（五：14-15）
>
> 提摩太阿！你要保守所託付你的，躲避世俗的虛談，和那敵真道似是而非的學問。已經有人自稱有這學問，就

偏離了真道。願恩惠常與你同在。（六：20-21）

有研究表明，在多數諾斯底的文獻中，夏娃取代了女神的地位，從而衍生出「夏娃比亞當先存在」、「男人被引誘」、「女人使亞當有智慧，蛇使夏娃有智慧」等異端邪說。雖然教父們公認，這些褒獎夏娃的神話或諾斯底文獻在第二世紀才盛傳，但在第一世紀已開始滲入猶太人中。與保羅同時期的猶太學者斐羅就說，「亞當若沒有夏娃就不能得知識」，「夏娃乃賜生命者和帶來光明者」。[263]

面對外有異教、內有異端的嚴峻形勢，以弗所教會會眾的狀況又怎麼樣呢？

劉秀嫻認為，男性信徒的主要問題是熱中辯論、紛爭。因為保羅一再警戒他們：「我願男人無忿怒，無爭論，……」（二：8）；「作監督的，……不打人，只要溫和，不爭競，……」（三：2-3）；「若有人傳異教，……他是自高自大，一無所知，專好問難，從此就生出嫉妒、紛爭、譭謗、妄疑，……」（六：3-4）；「你要使眾人回想這些事，在主面前囑咐他們，不可為言語爭辯；這是沒有益處的，只能敗壞聽見的人。」（提後二：14）

女性信徒的問題則有三方面。老婦傳講荒渺的話（四：7），可能包括敬拜以弗所女神及諾斯底的邪說；青年寡婦傳播閒言閒語（五：13），可能也有偽教師傳的似是而非的道理；再有，學而不明的無知婦女被偽教師所牢籠（提後三：2-7）。劉秀嫻說：

> 女人的特殊問題既是被偽教師牢籠和傳播荒渺的話及

閒言閒語，她們就很可能被利用，成為偽教師傳播異端邪說的工具，導致男士們的爭辯，甚至偏離真道。如果這假設是對的話，保羅所禁止女人教導的就是這些煽動男人犯罪的異端邪說了。[264]

從保羅勸勉她們「不以編髮、黃金、珍珠，和貴價的衣裳為妝飾」（二：9b）來看，以弗所教會的女信徒可能是一些有錢、有希臘文化背景的婦女；她們有學問，能讀書、寫字和演講。她們開始享有在基督裏的自由，想爭取在教會裏的教導的權利是很自然的。[265]但這些婦人信住不久，真道的根基不深，容易上當受騙，害己害人。所以，保羅要她們「沉靜學道」。

由於在「先造的是亞當，後造的是夏娃。且不是亞當被引誘，乃是女人被引誘，陷在罪裏」（二：13-14）的前面有一個連接詞γὰρ（因為），對保羅說的「先造的是亞當，後造的是夏娃。且不是亞當被引誘，乃是女人被引誘，陷在罪裏」這兩節經文的處境性，也許可從兩個層次來解讀。

一方面，保羅是要抵擋「夏娃比亞當先存在」、「女人比亞當有智慧」、「男人被引誘」等諾斯底的異端邪說，以正視聽。另一方面，凱瑟（Walter C. Kaiser, Jr.）指出，先造的比後造的在教育及靈性上較為優先。在伊甸園裏，畢竟是男人先開始修剪、看守園子，先經歷神的眷顧，先從神接受命令，先享受與神的同在。這是所謂的「先造先教，後造後教」；先造的較為成熟，不易被欺哄。[266]這也很符合初期教會的處境。女人還在學道期間，應該安靜、踏實地學道，暫時不宜作教導。否則，伊甸園的那幕悲劇又會發生。

這樣的解釋似較恰當，既教符合這封書信的歷史處境，又

能和其他允許婦女講道或教導的經文相協調。

「然而女人若常存信心愛心，又聖潔自守，就必在生產上得救」（2：15）。這也是一節難解的經文。「在生產上」可直譯爲「藉著生產」。「生產」（τεκνογονίας teknogonias）是一個罕見的後期字，在新約《聖經》僅見於此處。[267] 這節經文，學者有三種解釋：（1）敬虔的婦女能在妻子和母親的角色上得到滿足；（2）女人藉著生產——基督道成肉身——而得到屬靈的拯救；（3）女人在生產中肉身得蒙保守平安。[268] 保羅說「若常存信心愛心，又聖潔自守」，表明這婦女是已經得救的信徒，故不太可能是第二種解釋。

「在生產上得救」的「得救」是希臘動詞 σώξω（sōzō）在新約《聖經》種出現了106次，主要被譯爲「得救」（45次）、「救」（44次），但也被譯爲「痊癒」（4次）、「得（了）痊癒」（2次）。[269] 如果 σώξω 在此處可作「痊癒」解，就與《創世記》第三章當人犯罪後，神說女人將要受生產之苦（創三：16）形成了對照。[270] 再聯繫到諾斯底異端反對嫁娶、生育，和保羅說的「養育兒女」是善行之一（五：10a），把「在生產上得救」理解爲在生孩子時得蒙神的保守，似較爲貼切。

基於對這一段經文的解釋，對於女人是否能講道的問題，筆者傾向於第三種觀點。

筆者認爲：1）對當年以弗所教會的背景還缺乏詳盡的瞭解，對提前二：12-15這段經文作結論性的解釋還爲時過早；2）但是，將保羅關於的創造的先後及女人先犯罪的論述，當作不許女人講道的永恆原則，似缺乏說服力；3）事實上，保羅並不反對女人講道；4）講道的恩賜是聖靈隨己意分給各人的，神發出的關於要善於教導的命令，是給普世信徒的，並不分男

女。

綜合上述考量，筆者以爲，保羅對女人講道或教導的禁令，不是普世法則，而是在當時的歷史處境中的一條具體舉措。所以，筆者認爲，有呼召、有恩賜的姊妹，可以講道或教導。

兩千年來，對婦女能否講道的問題，一直沒有統一的意見。但是，有趣的是，每當大復興時，婦女教導或講道就比較不受限制；當教會的工作一旦走上軌道和組織化，婦女講道就受到牽制。[271]

麥可森認爲，「通常總是傳統，而不是《聖經》的原則，在限制婦女的事奉。」[272] 麥可森還指出，「單憑經驗，不足以驗證何者符合《聖經》。但是，如果數百年來的經驗都和我們對《聖經》的詮釋相反時，我們最好重新考量，那些設限的詮釋是否眞正反映了神的心意。」[273] 這些話是值得深思的。

利斐特提醒讀者，保羅的著作始終貫穿著明確而強烈的宣教目的。因此，應「按照這一取向來處理這些經文。經文的應用應在我們的社會處境下成全保羅的宣教目的，而不是重複實踐那些同樣的限制；那些限制在當時或許適合，但在今天卻可能成爲他人歸信的攔阻。」[274]

邦尼代爾·柯樓士（Bonnidell Clouse）說，對《提摩太前書》二章11-15節這段經文，「每個人的詮釋存在著差異，顯示神並不想詳細解答我們今天所面臨的問題。重要的是，基督被高舉了。我們所有人都是神的同工。」[275]

注釋

[01] 轉引自：Roy B. Zuck著，《基礎解經法》，楊長慧譯（香港：宣道出版社，2001年2版），第343頁。

[02] 同上，第347頁。

[03] 同[01]，第358頁。

[04] 同[01]，第344-345頁。

[05] William W. Klein ，Craig L. Blomberg, and Robert L. Hubbard, Jr著，蔡錦圖主編，《基道釋經手冊》，尹妙珍等譯（香港：基道出版社，2004年），第554-582頁。

[06] Alister E. McGrath著，《歷史神學》，趙崇明譯（香港：天道書樓有限公司，2004年），第5頁。

[07] 參見：楊牧谷（主編），《當代神學辭典》（下），臺北：校園書房出版社，1997年，第1134-1135頁；Alister E. McGrath著，《歷史神學》，趙崇明譯（香港：天道書樓有限公司，2004年），第7頁。

[08] 同[06]，第6頁。

[09] 同[05]，第560頁。

[10] 同[05]，第559頁。

[11] Millard J. Erickson著，《基督教神學（卷一）》（增訂本），郭俊豪、李清義譯（臺北：中華福音神學院出版社，2000年），第11頁。

[12] 同上，第12-13頁。

[13] 同[05]，第560頁。

[14] 參見：趙中輝編，《漢英神學名詞辭典》（增訂再版），臺北：基督教改革宗翻譯社，1990年，第235頁；楊牧谷（主編），《當代神學辭典》（下），臺北：校園書房出版社，1997年，第1134-1135頁；Millard J. Erickson著，《基督教神學（卷一）》（增訂本），郭俊豪、李清義譯（臺北：中華福音神學院出版社，2000年），第14頁。

[15] 楊牧谷（主編），《當代神學辭典》（上），臺北：校園書房出

版社，1997年，第134頁。

[16] 參見： Millard J. Erickson著，《基督教神學（卷一）》（增訂本），郭俊豪、李清義譯（臺北：中華福音神學院出版社，2000年），第15頁；Paul P. Enns著，《慕迪神學手冊》（簡體版），姚錦燊譯（香港：福音證主協會，1994年），第18-19頁。

[17] 同[15]，第135頁。

[18] Paul P. Enns著，《慕迪神學手冊》（簡體版），姚錦燊譯（香港：福音證主協會，1994年），第19頁。

[19] Charles C. Ryrie著，《基礎神學》（簡體版），楊長慧譯（香港：角石出版有限公司，1997年），第22頁。

[20] Grant R. Osborne著，《基督教釋經手冊》，劉良淑譯（臺北：校園書房出版社，1999年），第380頁。

[21] 同[18]，第19頁。

[22] 同[05]，第561頁。

[23] 同[15]，第136頁。

[24] 同[18]，第390頁。

[25] 同[15]，第307頁。

[26] 潘秋松著，劉淑媛編輯，《解析式新約經文彙編》，美國加州：美國麥種傳道會，2002年，第1411頁。

[27] 同[15]，第307頁。

[28] 轉引自： 同[18]，第455頁，並參見第635頁。

[29] 同[18]，第455-456頁。

[30] 同[06]，第16-17頁。

[31] 同[11]，第17-18頁。

[32] 同[18]，第391-392頁。

[33] 同[06]，第21-23頁。

[34] 同[18]，第140頁。

[35] 參見：楊牧谷（主編），《當代神學辭典》（下），臺北：校園書房出版社，1997年，第1121-1122頁。

[36] 同[20]，第382頁。

[37] 同[11]，第22頁。

[38] 同[18]，第142頁。

[39] 參見： 同[11]，第21-24頁。

[40] 同[35]，第1122頁。

[41] 同[35]，第910頁。

[42] 同[18]，第20頁。

[43] 同[15]，第136-137頁。

[44] 同[06]，第15頁。

[45] 同[20]，第380頁。

[46] Bernard Ramm著，《基督教釋經學》，詹正義譯（美國加州：美國活泉出版社，1989年），第155頁。

[47] Charles C. Ryrie著，《基礎神學》（簡體版），楊長慧譯（香港：角石出版有限公司，1997年），第22頁。

[48] 同[11]，第18頁。

[49] 同[06]，第16頁。

[50] 同[11]，第21頁。

[51] 同[05]，第562頁。

[52] 同[05]，第565-566頁。

[53] 同[05]，第566頁。

[54] 同[47]，第26頁。

[55] 參見：Bernard Ramm著，《基督教釋經學》，詹正義譯（美國加州：美國活泉出版社，1989年），第153-166頁；William W. Klein ，Craig L. Blomberg, and Robert L. Hubbard, Jr著，蔡錦圖主編，《基道釋經手冊》，尹妙珍等譯（香港：基道出版社，2004年），第566-570頁。

[56] 同[05]，第567頁。

[57] 同[46]，第164頁。

[58] 馮蔭坤著，《羅馬書注釋（卷三）》，臺北：校園書房出版社，底001年），第181-182頁。

[59] 同[05]，第564頁。

[60] 同[46]，第163頁。

[61] 同[20]，第406-407頁。

[62] 同[20]，第406頁。

[63] 同[05]，第614 頁。

[64] 同[11]，第9頁。

[65] 同[20]，第406-407頁。

[66] William W. Klein, Exegetical Rigor with Hermenetical Humility: The Calvinist - Arminian Debate and the New Testament. In: Amy M. Donaldson and Timothy B. Sailors(eds.), New Testament Greek and exegesis: essays in honor of Gerald F. Hawthorth. Grand Rapids, MI: Wm B. Eerdmans Publishing Co. 2003, p. 29.

[67] William W. Klein, Exegetical Rigor with Hermenetical Humility: The Calvinist - Arminian Debate and the New Testament. In: Amy M. Donaldson and Timothy B. Sailors(eds.), New Testament Greek and exegesis: essays in honor of Gerald F. Hawthorth. Grand Rapids, MI: Wm B. Eerdmans Publishing Co. 2003, p. 30.

[68] 同[46]，第157頁。

[69] 同[20]，第406頁。

[70] 同[06]，第20頁。

[71] Williston Walker著，《基督教會史》，謝受靈（原譯）、趙毅之（修譯）（香港：基督教文藝出版社，1998年），第684-685頁。

[72] 同上，第774 -775頁。

[73] 同[71]，第92-93，168-169頁。

[74] 同[06]，第23頁。

[75] 筆者現查不出此話的原始來源。

[76] 唐崇榮著，《歸正福音運動的歷史與前瞻（一）》，載於：MICA(P) 091/07/2006 August 2006 STEMI's Bulletin, www.stemi.org.sg

[77] 同[20]，第416-417頁。

[78] 同[20]，第417頁。

[79] 參見： Gorden D. Fee and Douglas Stuart著，《讀經的藝術——瞭解聖經指南》，魏啓源、饒孝榛譯（中華福音神學院出版社，1999年），第123頁；Grant R. Osborne著，《基督教釋經手冊》，劉良淑譯（臺北：校園書房出版社，1999年），第416頁。

[80] 趙天恩（主編），《歷代教會信條精選》，臺北：基督教改革宗翻譯社，1993年，第13-15頁。

[81] 參見：里程著，《神的聖言 卷一 聖經的權威》，美國：《基督使者協會》、《海外校園》雜誌社，2005年，第96頁。

[82] 同[80]，第11-12頁。

[83] Gorden D. Fee and Douglas Stuart著，《讀經的藝術——瞭解聖經指南》，魏啓源、饒孝榛譯（中華福音神學院出版社，1999年），第123頁。

[84] 同[81]，第83頁。

[85] Millard J. Erickson著，《基督教神學（卷三）》（增訂本），蔡萬生譯（臺北：中華福音神學院出版社，2000年），第132-133頁。

[86] E. H. Klotsche著，《基督教教義史》，胡加恩譯（臺北：中華福音神學院出版社，2002年），第347頁。

[87] 同[80]，第59頁。

[88] 同[83]，第123頁。

[89] 蘇穎智著，《認識救恩》，香港：福音證主協會，1991年，第99-100頁。

[90] 《教規（十二使徒遺訓）》第七章，載於：章文新（編輯主任）、謝扶雅（翻譯），《基督教早期文獻選集》，香港：基督教文藝出版社，1995年，第267頁。

[91] 同[89]，第99-100頁。

[92] 黃安倫著，《漫談「現代敬拜讚美」》，載於：《舉目》雙月刊，美國加州：海外校園雜誌社，2005年3月，第17期，第39頁。

[93] 同上。

[94] 同[92]，第40頁。

[95] 同[92]，第41頁。

[96] 同[92]，第42頁。

[97] Donald Hustad著，《當代聖樂與崇拜》，謝林芳蘭譯（臺北：校園書房出版社，1998年），第155，156頁。

[98] 同上，第229-230，515頁。

[99] 同[97]，第68-70頁。

[100] 同[97]，第70，250-251頁。

[101] 同[97]，第500頁。

[102] 同[97]，第511頁。

[103] 同[97]，第502頁。

[104] 同[97]，第499-500頁。

[105] 孫偉光著，《現代詩歌是否庸俗膚淺？》，載於：《大使命》雙月刊，美國加州：大使命中心，2006年10月，第64期，第30頁。

[106] 同上，第31頁。

[107] 同[105]。

[108] 吳國安著，《值得商榷的所謂「聖樂」》，載於：《舉目》雙月刊，美國加州：海外校園雜誌社，2005年9月，第19期，第42頁。

[109] 同[92]，第42-43頁。

[110] 同[105]，第30頁。

[111] 同[97]，第48-49頁。

[112] 同[20]，第418頁。

[113] 同[81]，第274-275頁。

[114] 同[20]，第435頁。

[115] 同[20]，第435頁。

[116] 同[81]，第274-275頁。

[117] 同[01]，第111頁。

[118] 同[81]，第275-276頁。

[119] 同[20]，第440頁。

[120] 同[05]，第605-606頁。

[121] 同[01]，第112頁。

[122] 同[35]，第1017頁。

[123] 同[01]，第112頁。

[124] 同[20]，第440-441頁。

[125] 同[81]，第276-277頁。

[126] 同[05]，第597-598頁。

[127] 同[05]，第601頁。

[128] 洪同勉著，《利末記（卷上）》，香港：天道書樓有限公司，1995年，第552頁。

[129] 鄺炳釗著，《創世記（卷一）》，香港：天道書樓有限公司，2002年，第580頁，注釋17。

[130] 洪同勉著，《利末記（卷下）》，香港：天道書樓有限公司，1996年，第546-547頁。

[131] 同上，第547-548頁。

[132] 同[130]，第548-549頁。

[133] 同[130]，第549頁。

[134] 同[130]，第553頁。

[135] 同[130]，第553-554頁。

[136] 同上。

[137] 同[130]，第554頁。

[138] 張永信著，《使徒行傳（卷二）》，香港：天道書樓有限公司，2000年，第402頁。

[139] 賴耿中（編譯），《活泉新約希臘文解經》（卷四），美國加州：美國活泉出版社，1996年，第441頁。

[140] 同[138]，第403頁。

[141] 參見：賴耿中（編譯），《活泉新約希臘文解經》（卷四），美國加州：美國活泉出版社，1996年，第449頁；洪同勉著，《利末記（卷下）》，香港：天道書樓有限公司，1996年，第556頁。

[142] 同[138]，第403頁。

[143] 參見：張永信著，《使徒行傳（卷二）》，香港：天道書樓有限公司，2000年，第404-405頁；賴耿中（編譯），《活泉新約希臘文解經》（卷四），美國加州：美國活泉出版社，1996年，第442頁。

[144] 同[138]，第404頁

[145] 同[130]，第556頁。

[146] 同[130]，第558-560頁。

[147] 同[130]，第553頁。

[148] 同[130]，第555頁。

[149] 同[130]，第556-557頁。

[150] Alvera Mickelsen著，《基督裏無分男女》，載於：Bonidell Clouse and Robert G. Clouse合編，《女人與事奉——四種觀點》，任孝琦譯（臺北：天恩出版社，1999年），第215頁。

[151] 同上，第219頁。

[152] 參見：詹正義（編譯），《活泉新約希臘文解經》（卷六），美國加州：美國活泉出版社，1991年，第165頁；Leon Morris著，《哥林多前書》，蔣黃心湄譯（臺北：校園書房出版社，2002年），第149頁。

[153] Leon Morris著，《哥林多前書》，蔣黃心湄譯（臺北：校園書房出版社，2002年），第149頁。

[154] 倪柝聲著，《蒙頭的問題》，載於：G. Campbell Morgan著，《哥林多書信》（三版），鐘越娜譯（美國加州：美國活泉出版社，1993年），第263，369頁。

[155] 劉秀嫻著，《哥林多前書十一章3至16節——蒙頭的風俗與自由》，載於：邱清萍、劉秀嫻、吳淑儀合著，《還我伊甸園的豐榮》，香港：中國神學研究院，1997年，第333頁。

[156] Alvera Mickelsen著，《基督裏無分男女》，載於：Bonidell Clouse and Robert G. Clouse合編，《女人與事奉——四種觀點》，任孝琦譯（臺北：天恩出版社，1999年），第239頁。

[157] 同[26]，第134，484，2797頁。

[158] 參見：陳終道著，《新約書信詳解》（合訂本），香港：金燈檯出版社，1997年，第154頁；陳惠榮、胡問憲（主編），《證主21世紀聖經新釋》(II)，香港：福音證主協會，2000年，第1239頁。

[159] 參見：Roy B. Zuck著，《基礎解經法》，楊長慧譯（香港：宣道出版社，2001年2版），第114頁；劉秀嫻著，《哥林多前書十一章3至16節——蒙頭的風俗與自由》，載於：邱清萍、劉秀嫻、吳淑儀合著，《還我伊甸園的豐榮》，香港：中國神學研究院，1997年，第334頁。

[160] 同[26]，第1048頁。

[161] 參見：Leon Morris著，《哥林多前書》，蔣黃心湄譯（臺北：校園書房出版社，2002年），第150頁。

[162] 詹正義（編譯），《活泉新約希臘文解經》（卷六），美國加州：美國活泉出版社，1991年，第1097頁。

[163] 陳終道著，《新約書信詳解》（合訂本），香港：金燈檯出版社，1997年，第155頁。

[164] 同[153]，第151頁。

[165] 劉秀嫻著，《哥林多前書十一章3至16節——蒙頭的風俗與自由》，載於：邱清萍、劉秀嫻、吳淑儀合著，《還我伊甸園的豐榮》，香港：中國神學研究院，1997年，第334-335頁。

[166] 同[153]，第151頁。

[167] 同[162]，第166頁。

[168] 同[153]，第150頁。

[169] 參見：同[165]，第333頁。

[170] 尋道本《聖經》，美國新澤西州：更新傳道會，2002年，第1903頁。

[171] 靈修版《聖經》（標準本），香港：國際聖經協會，2003年第四版，第465頁，林前11：14-15的注釋。

[172] G. Campbell Morgan著，《哥林多書信》（三版），鐘越娜譯（美國加州：美國活泉出版社，1993年），第125-126頁。

[173] 同[163]，第154頁。

[174] 同[162]，第168頁。

[175] 同[165]，第335-336頁。

[176] 參見：詹正義（編譯），《活泉新約希臘文解經》（卷六），美國加州：美國活泉出版社，1991年，第170頁；啟導本《聖經》，香港：海天書樓，1993年，第1641頁，林前11：7-9的注釋；Leon Morris著，《哥林多前書》，蔣黃心湄譯（臺北：校園書房出版社，2002年），第151頁。

[177] 參見：G. Campbell Morgan著，《哥林多書信》（三版），鐘越娜譯（美國加州：美國活泉出版社，1993年），第127頁；尋道本《聖經》，美國新澤西州：更新傳道會，2002年，第1903頁。

[178] William Barclay著，《哥林多前後書注釋》，周鬱晞譯（香港：

基督教文藝出版社，1991年），第112頁。

[179] 陳惠榮、胡問憲（主編），《證主21世紀聖經新釋》(II)，香港：福音證主協會，2000年，第1239頁。

[180] 同[05]，第601頁。

[181] 參見：詹正義（編譯），《活泉新約希臘文解經》（卷六），美國加州：美國活泉出版社，1991年，第167頁；鮑會園（總編），新國際版研讀本《聖經》，美國新澤西州：更新傳道會，1996年，第2177頁，林前11：5-6的注釋。

[182] 同[178]，第115頁。

[183] 參見：詹正義（編譯），《活泉新約希臘文解經》（卷六），美國加州：美國活泉出版社，1991年，第169頁；Leon Morris著，《哥林多前書》，蔣黃心湄譯（臺北：校園書房出版社，2002年），第153頁。

[184] 同[165]，第337頁。

[185] 參見：詹正義（編譯），《活泉新約希臘文解經》（卷六），美國加州：美國活泉出版社，1991年，第169頁；鮑會園（總編），新國際版研讀本《聖經》，美國新澤西州：更新傳道會，1996年，第2177頁，林前11：10的注釋。

[186] Craig S. Keener著，《新約聖經背景注釋》，劉良淑譯（臺北：校園書房出版社，2006年），第540頁。

[187] 同[162]，第170頁。

[188] 參見：倪柝聲著，《蒙頭的問題》，載於：G. Campbell Morgan著，《哥林多書信》（三版），鐘越娜譯（美國加州：美國活泉出版社，1993年），第273-274頁；鮑會園（總編），新國際版研讀本《聖經》，美國新澤西州：更新傳道會，1996年，第2177頁，林前11：10的注釋。

[189] 同[165]，第336頁。

[190] 轉引自：同[178]，第113-114頁。

[191] 參見：Leon Morris著，《哥林多前書》，蔣黃心湄譯（臺北：校園書房出版社，2002年），第152-153頁；詹正義（編譯），《活泉新約希臘文解經》（卷六），美國加州：美國活泉出版社，1991年，第170頁；鮑會園（總編），新國際版研讀本《聖

經》，美國新澤西州：更新傳道會，1996年，第2177頁，林前
11：10的注釋。

[192] Fretz Rienecker（原著）、Cleon Rogers（修訂）、高陳寶嬋
（編輯），《新約希臘文精華》，香港：角石出版有限公司，
1996年，第556頁。

[193] 倪柝聲著，《蒙頭的問題》，載於：G. Campbell Morgan著，
《哥林多書信》（三版），鐘越娜譯（美國加州：美國活泉出版
社，1993年），第274-275頁

[194] 同[165]，第338-339頁。

[195] 同[162]，第171頁。

[196] 同[26]，第1048頁。

[197] 鮑會園（總編），新國際版研讀本《聖經》，美國新澤西州：更
新傳道會，1996年，第2177頁，林前11：13-14的注釋。

[198] 同[170]，第1903頁。

[199] 同[171]，第465頁，林前11：2-16的注釋。

[200] 同[193]，第271，272，278頁

[201] 同[171]，第465頁，林前11：2-16的注釋。

[202] 同[162]，1991年，第224頁。

[203] 劉秀嫻著，《哥林多前書十四章卅四至卅六節——聚會的參與及
限制》，載於：邱清萍、劉秀嫻、吳淑儀合著，《還我伊甸園的
豐榮》，香港：中國神學研究院，1997年，第343頁。

[204] 同上，第341頁。

[205] G. Campbell Morgan著，《哥林多書信》（三版），鐘越娜譯
（美國加州：美國活泉出版社，1993年），第172頁。

[206] 同[153]，第193頁。

[207] 參見：詹正義（編譯），《活泉新約希臘文解經》（卷六），美
國加州：美國活泉出版社，1991年，第224頁；劉秀嫻著，《哥
林多前書十四章卅四至卅六節——聚會的參與及限制》，載於：
邱清萍、劉秀嫻、吳淑儀合著，《還我伊甸園的豐榮》，香港：
中國神學研究院，1997年，第341頁。

[208] 同[203]，第345頁。

[209] Robert D. Culver著，《女人只要沉靜》，載於：Bonidell Clouse

and Robert G. Clouse合編，《女人與事奉——四種觀點》，任孝琦譯（臺北：天恩出版社，1999年），第29頁。

[210] Barbara Friberg and Timothy Friberg (eds.), Analytical Greek New Testament, MI: Grand Rapids, Baker Book House, 1975, p. 541.

[211] 同[203]，第349頁。

[212] 同[150]，第218頁。

[213] 同[203]，第348-349頁。

[214] 同[203]，第349-350頁。

[215] 同[197]，第2184頁，林前14：34-35的注釋。

[216] 同[203]，第343頁。

[217] 中文《聖經》啟導本，香港：海天書樓，1993年，第1746頁。

[218] 潘秋松、陳一萍（編譯），《活泉新約希臘文解經》（卷八），美國加州：美國活泉出版社，1999年，第268頁。

[219] 劉秀嫻著，《提摩太前書二章十一至十五節——學道、行道與教導》，載於：邱清萍、劉秀嫻、吳淑儀合著，《還我伊甸園的豐榮》，香港：中國神學研究院，1997年，第353頁。

[220] 同[218]，第269頁。

[221] 同上。

[222] Fretz Rienecker（原著）、Cleon Rogers（修訂）、高陳寶嬋（編輯），《新約希臘文精華》，香港：角石出版有限公司，1996年，第774頁。

[223] 同[26]，第980頁。

[224] 劉秀嫻著，《提摩太前書二章十一至十五節——學道、行道與教導》，載於：邱清萍、劉秀嫻、吳淑儀合著，《還我伊甸園的豐榮》，香港：中國神學研究院，1997年，第356頁。

[225] 同[150]，第223頁。

[226] 參見：Alvera Mickelsen著，《基督裏無分男女》，載於：Bonidell Clouse and Robert G. Clouse合編，《女人與事奉——四種觀點》，任孝琦譯（臺北：天恩出版社，1999年），第224-225頁；劉秀嫻著，《提摩太前書二章十一至十五節——學道、行道與教導》，載於：邱清萍、劉秀嫻、吳淑儀合著，

《還我伊甸園的豐榮》，香港：中國神學研究院，1997年，第356-357頁。

[227] 參見：同[219]，第358頁。

[228] 同[209]，第31-33頁。

[229] 轉引自：Alvera Mickelsen著，《平等主義觀點的回應》，載於：Bonidell Clouse and Robert G. Clouse合編，《女人與事奉——四種觀點》，任孝琦譯（臺北：天恩出版社，1999年），第65頁。

[230] 轉引自：同[219]，第361頁。

[231] 同[219]，第361頁。

[232] 參見：鮑會園（總編），新國際版研讀本《聖經》，美國新澤西州：更新傳道會，1996年，第2349頁，彼前3：7的注釋；余也魯（總編），中文《聖經》啟導本，香港：海天書樓，1993年，第1814頁，彼前3：7的注釋。

[233] Scot McKnight著，《彼得前書》，陳永財譯（香港：漢語聖經協會有限公司，2004年），第173頁。

[234] 參見：Walter L. Liefeid著，國際釋經應用系列《提摩太前書、提摩太後書、提多書》，黃宜嫻譯（香港：漢語聖經協會有限公司，2004年），第103頁；Craig S. Keener著，《新約聖經背景注釋》，劉良淑譯（臺北：校園書房出版社，2006年），第687。

[235] 酈炳釗著，《創世記》（卷一），香港：天道書樓有限公司，2002年三刷，第282頁。

[236] 同[186]，第687頁。

[237] 同[81]，第511-512頁。

[238] 同[229]，第65頁。

[239] 同[209]，第23頁。

[240] Susan T. Foh著，《女人的頭是男人》，載於：Bonidell Clouse and Robert G. Clouse合編，《女人與事奉——四種觀點》，任孝琦譯（臺北：天恩出版社，1999年），第99頁。

[241] 同[26]，第1031頁。

[242] 同[229]，第131頁。

[243] 同[105]，第189頁。

[244] 馮蔭坤著，《羅馬書注釋》（卷四），臺北：校園書房出版社，2003年，第715-721頁。

[245] 同[237]，第74、97頁。

[246] Walter L. Liefeid著，國際釋經應用系列《提摩太前書、提摩太後書、提多書》，黃宜嫻譯（香港：漢語聖經協會有限公司，2004年），第113頁。

[247] 同[105]，第201-203頁。

[248] 同[105]，第201頁。

[249] 同[105]，第224-225頁。

[250] 參見：潘秋松著，劉淑媛編輯，《解析式新約經文彙編》，美國加州：美國麥種傳道會，2002年，第1031頁；詹正義（編譯），《活泉新約希臘文解經》（卷六），美國加州：美國活泉出版社，1991年，第188頁。

[251] 同[237]，第84頁。

[252] 同[165]，第361頁。

[253] Walter L. Liefeld著，《你們的兒女要說預言》，載於：邱清萍、劉秀嫻、吳淑儀合著，《還我伊甸園的豐榮》，香港：中國神學研究院，1997年，第138-139頁。

[254] 同[229]，第133頁。

[255] 同[250]，第151頁。

[256] 同[229]，第132頁。

[257] 同[243]，第115頁。

[258] 參見：Alvera Mickelsen著，《基督裏無分男女》，載於：Bonidell Clouse and Robert G. Clouse合編，《女人與事奉——四種觀點》，任孝琦譯（臺北：天恩出版社，1999年），第220頁；劉秀嫻著，《提摩太前書二章十一至十五節——學道、行道與教導》，載於：邱清萍、劉秀嫻、吳淑儀合著，《還我伊甸園的豐榮》，香港：中國神學研究院，1997年，第352頁；William Barclay著，《提摩太前後書 提多書 腓利門書 注釋》，香港：基督教文藝出版社，1975年，第85頁。

[259] 同[219]，第359頁。

[260] 同[219]，第352頁。

[261] 同[105]，第220頁。

[262] 同[81]，第511-517頁。

[263] 同[219]，第359頁。

[264] 同[219]，第358頁。

[265] 同[219]，第352 頁。

[266] 轉引自： 同[219]，第359頁。

[267] 同[218]，第270-271頁。

[268] 同[197]，第2280頁，提前2：15的注釋。

[269] 同[26]，第563，1040頁。

[270] 同[243]，第104-105頁。

[271] 邱清萍著，《歷代教會尋索》，載於：邱清萍、劉秀嫻、吳淑儀
合著，《還我伊甸園的豐榮》，香港：中國神學研究院，1997
年，第216頁。

[272] 同[229]，第62頁。

[273] 同[105]，第192頁。

[274] 同[243]，第117頁。

[275] Bonnidell Clouse著，《結語》，載於：Bonnidell Clouse and
Robert G. Clouse合編，《女人與事奉——四種觀點》，任孝琦
譯（臺北：天恩出版社，1999年），第257頁。

第**9**章

講　道

詮釋《聖經》的目的，是爲了讓《聖經》對各個世代的人說話。奧斯邦說，《聖經》不是靜態的，只作爲被研究的對象，而是動態的，要改變人的生命。詮釋《聖經》的高峰，不在解經的結果（瞭解經文原來的意思），而在預備講章的過程，使人明白神的話語對各個世代人的生命的重要性。所以，釋經學的眞正目的，不是寫注釋書，而是寫講章。[1]

講道是基督教的特點

Homiletics（講道法）是從拉丁文Homilia一字來的，其希臘動詞是 ὁμιλέω（homileō），最初的意思是「一群人在一起」，或「會眾」，後演繹爲「談論」，在新約《聖經》中使用過四次（路廿四：14、5；徒二十：21，廿四：26）。[2]

斯托德（John R. W. Stott）指出，基督教會悠久而生動的歷史表明：「講道始終被公認爲是基督教的中心和特色。」在新約時代，主耶穌是第一位講道人，在祂之前有施洗約翰爲先鋒，在祂之後有使徒和先知爲繼承人。[3]在舊約時代，講道大概可以追溯到猶太人被擄之後的以斯拉、尼希米時代。《尼希米

記》第八章記載，文士以斯拉站在一個木臺上，翻開律法書，一面念給百姓聽，一面講明意思，使百姓極其喜樂，因為他們明白了所教訓他們的話。[4]

斯托德指出，宗教改革是以講道為中心的。宗教改革在德國得以實現，不是憑藉政治手段或武力征服，而是靠傳講神的道。馬丁路德說：「我只是教導、傳講、寫作神的道，除此以外甚麼都不作。」[5] 講臺比祭壇高。若不傳講神的道，聖禮就缺少神聖的特質。加爾文說：「無論在哪裏，我們若發現神的道純正地被宣講、被聽到，而且聖禮也按照基督的吩咐施行，毫無疑問，哪裏就有了神的教會。」[6] 在宗教改革家看來，講道和聖禮的事奉，是聽得見和看得見的福音的宣告，乃是教會的永久標記。[7] 對此，達根（E. C. Dargan）評論道：

> 這一大革命的主要事件和重要成就，多半是傳道者和講道的貢獻；因為宗教改革的不朽功業是藉著熱心事奉之人所相信、所喜愛，並教導神的道完成的。另一方面，這一運動的事件和原則也大大地影響了講道本身，賦予它新的精神、新的能力和新的形式；宗教改革和講道的關係，簡潔來說，可算是互相依靠、援助和引領的。[8]

講道的神學基礎

斯托德認為，講道的神學基礎有三方面。

首先，神是光（約壹一：5）。光要照明；神要顯明祂自己。神向智慧人和聰明人隱藏祂自己，是因為他們的驕傲而不願意認識祂。「光來到世間，世人因自己的行為是惡的，不愛光倒愛黑暗，定他們的罪就是在此。」（約一：19）由於神是

556

光，面對聽道的各種處境的人群，講道人堅信，神的道「要照亮坐在黑暗中死蔭裏的人」，把他們的腳「引到平安的路上」（路一：）。[9]

其次，神已經行動。神已經用創造之工和救贖之工向人們啓示祂自己。神的救贖，在舊約時代，集中體現在呼召亞伯拉罕出吾珥，帶領以色列人出埃及，和召被擄的以色列人出巴比倫；在新約時代，則是藉著耶穌的降生、受難與復活所成就對人類的拯救計畫。[10]

第三，神已經說話。在舊約時代藉眾先知、在新約時代藉祂的兒子，神一直主動在向人說話，並都已完整、系統地記錄在《聖經》——「成文的聖言」——中。《聖經》——活神的活道——乃在向人說話。正如巴刻所說的：「《聖經》是神在講道。」[11]斯托德寫道：

> 這就是關於永活、救贖和自我啓示的神的基本概念。所有的基督教講道都建立在此基礎上。如果我們不相信這一位神，我們絕不該講道。如果神沒有說話，我們怎敢說話？我們自己沒有甚麼好說的。如果我們沒有把握自己是傳達神信息的人，就擅自向會眾講道，那我們簡直是傲慢愚昧到了極點。只有當我們相信神是光（因此要為人認識），神已經行動（因此使人認識祂自己），神已經說話（因此解釋祂的作為），我們才必須說話，不能保持沉默。正如阿摩司所說的，「獅子吼叫，誰不懼怕呢？主耶和華發命，誰能不說預言呢？」（摩三：8）保羅的話也有類似的道理，「經上記著說：『我信，所以我說話。』我們既然有同樣的信心，也就信，所以也說話。」（林後

四：13引用詩一一六：10）他所謂的「信心」是指神已經
說話的信念。如果我們不確信這一點，那麼我們最好閉口
不言。一旦我們相信神已經說話，我們也就必須說話。有
一種不可抗拒的力量臨到我們身上。無論何人何事都不能
使我們緘默。[12]

講道是築橋

講道是在《聖經》世界與現今世界幾千年時空的跨度上築
一座橋，以便使神已啓示的真理，從《聖經》中流出來，進入
現代人的生活中。[13]《聖經》是神的話語，從它成文的那時開
始，就具有超文化的特質。[14]「《聖經》的默示和道成肉身這
兩項偉大的真理，成了溝通的神聖前提。」[15]但是，不能因為
《聖經》具有超文化的特性和有聖靈不斷在人身上動工，就可
以忽視溝通和築橋的重要性。畢竟，《聖經》世界與現代世界
有幾千年的文化歷史鴻溝。用現代人可以理解的方式，把《聖
經》向世人講明，《聖經》才能直接對他們講話。[16]這就是講
道的目的：把神的話傳達給世人，並勸勉他們作出回應。陳潤
棠形像地說，講道就是：要世人聽，要世人信，要世人行。[17]

既然是築橋，橋的兩端——《聖經》和現今世界——就很重
要。

橋樑的一端是《聖經》。講道必須以《聖經》為本，絕不
能為迎合世人的好惡而犧牲《聖經》的真理。在探討自由主義
神學的《聖經》觀時，筆者曾寫道：

> 這三位神學巨匠（指康德、黑格爾和士來馬赫——筆
> 者注）建構的神學領域雖各不相同，但在治學方法和神學

前設上卻有兩點是共同的。第一，他們企圖在基督教和現代人之間鋪設橋樑，使之能接受基督教信仰。但是，他們不能對科學至上和惟理主義對基督教的批判作出正面的回應，而是以放棄傳統信仰為代價，博取現代人的歡心，在科學和理性無法企及的地方（如人的道德感和宗教直覺）為基督教爭一席之地。他們建築橋樑的心志和所付出的努力都是可嘉的。但是，如果基督教這一端的地基已被鬆動或毀壞，橋樑怎麼能建成呢？如果另立地基，橋樑雖然被搭起來了，但恐怕已經不是基督教與現代人之間的橋樑了。第二，他們的神學，高舉人的理性，輕忽神的啓示，用人的理性取代神的啓示，是以人為本的。[18]

今天，自由主義神學已經式微，但基督教仍處在現代主義和後現代主義的兩面夾擊之中。一方面，崇尚理性至上、科學至上的現代主義仍否定啓示的超然性和神蹟奇事的可能性；另一方面，否認客觀眞理的後現代主義嚴重質疑基督教的獨一眞神和《聖經》絕對權威的教義。面對這些挑戰，基督徒應該勇敢地高舉《聖經》，大膽地宣揚神的話語，只有這樣，才可能把世人領到正路上來。

此外，在物慾橫流的今天，人們嚮往、追求成功、金錢、舒適、健康、長壽；人們迴避、拒絕認罪悔改。在這種背景下，「成功福音」應運而生。傳道的人振臂高呼：一切願意蒙神祝福、保守、醫治的人，都來信耶穌！於是，人們像潮水一樣向傳道的人湧去。筆者曾遇到一位這樣「信」耶穌的人。他告訴筆者，他信主兩年多了，卻從來不知道自己是個罪人！那麼，他信的是甚麼呢？他算是基督徒麼？

使徒保羅說：「我曾定了主意，在你們中間不知道別的，只知道耶穌基督，並祂釘十字架」（林前二：2）；「我當日所領受又傳給你們的，第一，就是基督照聖經所說，為我們的罪死了；而且埋葬了；又照聖經所說，第三天復活了；並且顯現給磯法看；然後顯給十二使徒看；……。」（林前十五：3-8）保羅傳講的中心信息就是耶穌基督的受難、復活和再臨。世人都犯了罪，要走向永遠的沉淪；耶穌基督為世人的罪被釘在十字架上，替世人付了罪應當付的死亡代價，使一切願意相信祂的人的罪被祂的寶血潔淨，可以重新與神和好，成為神的兒女。所以，福音的核心就是藉著耶穌在十字架的救贖，去掉相信之人的罪，使他們進入永生。

作為信徒的天父，神當然會顧念他們世俗的需要，但這不是福音的核心。因為世俗的事沒有永恆價值，早晚要過去。這種單單為了得到世俗的好處而信主的人，不一定會經歷重生，也不會成為委身於主、討主喜悅的人。主耶穌曾教訓這樣的人說：「我實實在在的告訴你們，你們找我，並不是因見了神蹟，乃是因吃餅得飽。不要為那必壞的食物勞力，要為那存到永生的食物勞力，就是人子要賜給你們的；因為人子是父神所印證的。」（約六：26-27）

對不同的人，傳福音應有不同的切入點。但無論對甚麼人，最後一定要把他帶到耶穌的十字架前，認罪、悔改、歸向神。

在各地服事時，常有慕道朋友主動前來，要求筆者帶領他們作決志禱告。此時，筆者總要先問他們四個問題：1）你相信耶和華是宇宙的獨一真神，此外再無別神麼？2）你承認自己是一個罪人麼？3）你相信耶穌在十字架上是為你的罪死的，並已

復活升天了麼？4）你願接受耶穌作你個人的救主、永遠跟隨祂麼？也許對方不一定能講出太多的道理，但只有當他表示對這四個問題都願意相信、接受時，筆者才會帶領他作決志禱告。若他對其中任何一個問題的答案不確定，筆者都不會帶領他決志，而是爲他禱告，求神繼續引領他，也鼓勵他繼續尋求。

斯托德認爲，福音的本質極其冒犯人的驕傲；凡忠心傳講的人，總會遭到反對，無人能夠倖免；基督徒應整全地傳講神的信息：

> 傳道人無法逃避攪擾人安舒的責任。我們都知道，基督説過許多「安慰的話」，……但祂的話並非全都是安慰之言，有些會令人深感不安。因此我們必須忠心傳講祂「指責的話」；換言之，不是只講神的愛、恩典、憐憫，也傳講祂的憤怒（其實，在黑暗背景的襯托之下，這些會愈發顯得光芒萬丈）；不只傳祂的救恩，也傳祂的審判；傳天堂也傳地獄（無論我們多麼躊躇，不願輕言這兩者的細節，惟恐越過聖經明確的教訓）；傳與祂同復活，也傳與祂同死；傳信心也傳悔改；傳祂為救主，也傳祂為主；傳作基督門徒的報償，也傳要付的代價；説明否定自我才是發現自我之途；宣告在基督權柄的軛下，我們才能得的安息。[19]

所以，講道不是要趕上、迎合時代精神，而是要用永恆的真理引導、改變時代的精神。[20] 說來也奇怪，一方面，人們願意聽舒適、安慰的話；另一方面，卻常常是「逆耳忠言」才能真正打動他們。白崔克（George A. Buttrick）說：「人們離開教

會，多半不是因真理太嚴厲，令他們不安，而是我們所傳的太軟弱、空洞，令他們輕視。」[21]

橋樑的另一端是世界。

使徒保羅說：「向軟弱的人，我就作軟弱的人，為要得軟弱的人；向甚麼樣的人，我就作甚麼樣的人，總要救些人。凡我所行的，都是為福音的緣故，為要與人同得福音的好處。」（林前九：22-23）莫瑞斯（Leon Morris）指出，「向甚麼樣的人，我就作甚麼樣的人」，當然不是說保羅行事毫無準則。有時為了堅守原則，他赴湯蹈火也在所不惜；但當與原則無關時，他盡力遷就、與人和好。他所看重的，是福音的得失，而不是傳道者的得失。[22]

因此，講道必須使用當代人能聽懂的語言，並從他們所關切的問題入手。可惜，有些講道完全與時代脫節，自說自話。這種講道雖符合《聖經》的原則，卻不合時代，不能對當代人說話。許多聽眾覺得，講壇所說的話對他們沒有意義，與他們的生活無關；許多威脅他們生活、必須面對的問題，也很難從講壇上聽到。有些講道則注重神學細節，不關痛癢。英國著名傳道人司布真（C. H. Spurgeon）曾這樣寫道：

比方，像創造前揀選與創造後揀選的問題，聖子如何由聖父而生的嚴密辯論，聖靈如何出自聖父與聖子的探究，前千禧年或後千禧年孰是孰非，這類問題不管有人認為多麼重要，與敬虔的寡婦卻毫不相干，她靠編織養活七個兒子，她要聽的是神凡事必有預備的慈愛之言，而不是那些深不可測的奧秘。我認識一位牧師，他很會講獸的十趾，嗒嘴啪的四張臉，獾皮的奧秘意義，方舟橫木的預

表，所羅門聖殿窗戶的預表；但是對商人的罪、時代的誘
惑、當今的需要，他幾乎全然不提。[23]

司布真幽默地評論說：「基督說：『餵養我的羊……餵養
我的小羊。』然而，有些傳道人把食物擱在高處，大羊小羊都
搆不著。他們似乎把經文讀成了：『餵養我的長頸鹿。』」[24]

斯托德特別強調講道是築橋的概念。他說：

> 講神的話與世界相連並不是可有可無的事；這乃是真
> 正基督教講道不可或缺的特色。……我們的橋必須堅立根
> 基在鴻溝的兩岸，拒絕妥協神聖內容的信息，或者忽視它
> 的對象的實際狀況。我們必須放膽深入這兩個世界——古
> 代與現代，《聖經》與時潮，對兩方面都留意傾聽。惟有
> 如此，我們才能瞭解他們各在說甚麼，也才能分辨聖靈對
> 當代人的信息。[25]

傳 道 人

傳道人的事奉是非常重要的。柯甘（Donald Coggan）曾說
過：「神行了一件奇事：站在神的赦免與人的罪之間的是——傳
道人！處在神的供應與人的需要之間的是——傳道人！處在神的
真理與人的追求之間的是——傳道人！他的工作是將人的罪與
神的赦免、人的需要與神的全能、人的追尋與神的啟示連接起
來。」[26] 摩根認為：「一位基督工人最崇高的工作就是講道。
今天教會最大的危險，就是神的工人們願意從事一千種不重要
的事工，卻忽略了那件最重要的事奉——講道。」[27]

傳道人是蒙神呼召的

按照《聖經》，傳道人是：1）傳喜訊（εὐαγγελιζω euangelizō）的（羅十：15）；2）是撒種（σπείρω speirō）的（太十三：3-9）；3）是基督的使者（πρεσβεὺω presbeuō）（林後五：20）；4）是神奧秘事的管家（οἰκονόμους oikonomos）（林前四：1-2）；5）是牧師或牧人（ποιμήν poimēn）（弗四：11；彼前五：1-4）；6）是無愧的工人（ἐργάτης ergatēs）（提後二：15）。[28] 這些比喻表明，傳道人是受神委託、被神差遣的。也就是說，傳道人是蒙神的呼召，特派作這些事的：

> 這六幅圖畫立刻讓人注意，其中都強調：信息是「被賦予的」。傳道人不是自己發明，而是領受託付。如是，傳令員得著好消息以傳揚；農夫得著好種子可撒播；管家得著好食物能分配；牧人已有牧場可領羊群前往。同樣，大使不能自作主張，乃是轉述國家立場；工人為「真道的話語」築路，而不是為他自己的話語築路。這些新約的比喻都將傳道人形容為在別人權下的僕人，傳達別人的話；這一點令人印象深刻。[29]

用一句通俗的話說就是，神徵召傳道人，是「抓壯丁」而不是「征志願兵」。被神抓住了，想跑也跑不了；不是被神抓來的，作了傳道人也不討神的喜悅。

有的弟兄姊妹信主後，心裏火熱，認為作世界的工作沒有永恆價值，就急切地想放下世俗的工作，作全時間的傳道人，

從事傳福音、救靈魂這種可以存到永遠的工作。這種人生觀、價值觀的轉變，是非常可喜的。但他們不瞭解，當傳道人是憑神的呼召和揀選，而不是靠個人的熱情和志願；傳福音、救靈魂固然是每個基督徒的首要任務，但方法卻有不同。神對每個人的帶領都不相同，有的要作全時間的傳道人，有的則要帶職事奉。世俗工作本身，無永恆價值可言，但若藉著它能彰顯神的榮耀和領人歸主，那麼，世俗工作中就注入了永恆價值。衷心希望這些弟兄姊妹安靜地等候神的帶領，同時，積極參與教會和團契的事奉，努力在知識和敬虔上操練自己。如果有清楚來自神的呼召，就勇敢地走上傳道人的道路。如果沒有明確從神來的呼召，就要安心作好本職工作，在本職工作中榮神益人。

講道人是講「道」的人

傳道人的一個主要事奉是講道。

「講道要講『道』」，這是曾霖芳著的《講道學》一書的「導論」的第一個標題，可見其重要性。[30] 顧名思義，講道是講「道」，講神的話語。當講道的人走向講壇的時候，他已不是一個自由的人，他乃是奉命去傳達神的話。講壇是神聖的。聽眾聽道，是期盼聆聽神的話語。所以，講道的人決不能自說自話，他必須傳講神的話。

但是，有的人講道，卻沒有甚麼「道」，要不大部分時間在演講，在講人的哲理，或個人對宗教的看法，鮮少講論神的話；要不就是政治、時事充滿講臺；更有的是故事連篇、笑話不斷，仿佛「脫口秀」一般。筆者有一次去聽道。講道開始時，講道的人念了一段經文，但他隨後的通篇講道，卻與這段

經文毫無關係！講道的人在講壇上不講神的話，是對神聖講壇的褻瀆。講道必須以講解《聖經》為本。

先「悟」道，後講道

「先『悟』道後講道」，是曾霖芳著的《講道學》一書的「導論」的第二個標題。所謂「悟道」，就是領略了經文的真正意思。曾霖芳警戒說，講道「切忌標新立異，危言聳聽，用猜測《聖經》的方法講道，這是不忠實的，有時會把信徒導入錯誤。」[31]

如前文所述，曾霖芳認為，對《聖經》的悟性可分為「解悟」（讀了別人的解釋而有所領悟）、「證悟」（從經驗中領悟了經文）和「領悟」（個人對經文的直接領悟力）三種，其中又以「領悟」最可貴。[32] 因為有了這種對《聖經》的直接領悟力，就像挖到了一個活水源，有了講道所需、取之不竭的寶庫。

多年以來，筆者認為，自己最缺乏的，就是這種對《聖經》的直接領悟力。一段經文，自己講幾句話就無話可講了，無法把經文的意思展開。對此，筆者有些灰心，覺得自己沒有這樣的恩賜。可是，曾霖芳寫道：

> 如果自己覺得對《聖經》的領悟力遲鈍，不必灰心。在讀經之前，向主祈求：「主阿，願我的呼籲達到祢的面前，照祢的話賜我悟性。」（參考詩一一九：169）主會藉著聖靈，「引導你們進入一切的真理」（約十六：13）這是主的應許，必能兌現。[33]

當筆者讀到這一段話，受到極大的開啟和鼓舞。原來，領悟力是可以向神求的呀！此後，《詩篇》一百一十九篇169節的經文就成為筆者常向神祈求的禱告詞。神是信實的。在「海外神學院」學習期間，在「講道學」這門課的試講中，筆者以「我的朋友譏誚我，我卻向神眼淚汪汪」（伯十六：20）這一節經文為主線，預備了一篇近萬字的講章〈密友之情〉，講了四十五分鐘，受到了曾霖芳院長的勉勵。這是筆者講道事奉的一個突破，始嘗領悟神的話語所帶來的甘甜，內心的喜悅難以言表。曾院長還寫道：「要成為一個好傳道者，需要時間培養，絕不是一朝一夕的事。即使一個有特別恩賜的人，也需要經過磨練的。因為道的內涵深廣，豈可憑聰穎和口才隨便亂講？若不下苦功夫鑽研領悟，多講兩三次便顯出空洞了。」[34] 曾霖芳院長的教誨，使筆者受益終生。

對於傳講信息的人來說，自己思想明白的，不一定能講解明白，更何況連自己尚未思想明白的呢。所以，講道的人只有自己先悟道，才能講道。只有講道人的心靈首先被經文觸動，他講的道才可能觸及聽眾的靈魂。

傳道人的生命與講道

傳道人的生命與他的講道事奉密切相關。其實，傳道人的講章是用自己的生命譜寫成的。傳道人的一生，就是一篇一篇的講章。傳道人自己，就是講章。講道不只是在闡明道理，或傳授知識，講道需要講道人的身心靈的全部撲上，是講道人生命的流露。講道的人有甚麼樣的生命，就講出甚麼樣的道。

傳道人應有哪些生命特質呢？

首先，**要追求聖潔**。

保羅說：「人若自潔，脫離卑賤的事，就必作貴重的器皿，成為聖潔，合乎主用，預備行各樣的善事。」（提後二：21）神預備了各樣的器皿，但只有聖潔的器皿，才合乎主用。自潔不是去潔淨別人，也不是要別人來潔淨自己，而是要依靠聖靈的引領，自覺地抵制各種罪惡，脫離一切卑賤的事。一切與罪有關、與傳道者身分不相稱、不體面、不光彩的事，無論大小，都要遠離。筆者曾寫道：

　　關於自潔，保羅特別指出兩點。一是「要逃避少年人的私慾，二是要「同那清心禱告主的人追求公義、信德、仁愛、和平」（提後二：22）。這是保羅勸勉提摩太的話。此時的提摩太已不是剛信主的少年人，而是追隨保羅、為神重用的僕人，是可以作教會的會督、可設立長老、執事的傳道人。但提摩太仍須逃避少年人的私慾，如色情、吃喝玩樂、好高騖遠、喜出風頭、固執己見等。一般傳道人更應加倍儆醒。我們也應常與清心禱告主的人相交，向屬靈長輩學習。不宜將以主耶穌為榜樣與學習他們的長處對立起來，也不宜像西方教育那樣，過分強調個人的獨立、自由發展。

　　追求聖潔是非常重要的。韓高生說得好：「一位技術高明的外科醫生可以用新的、舊的、彎曲的工具，甚麼都可以；惟一不可用的，就是不清潔的工具。屬靈的生命也是如此。人不聖潔，神就不能也不會使用他。我們知識少，性格怪，祂都能使用，但不自潔，祂就不用。」宋尚節博士努力追求聖潔，神使用他在中國奮興十五年，大有能力。今天仍為神所重用的許多老僕人，都是宋博士當年

結的果子。[35]

其次，要敬畏《聖經》。

《聖經》都是神所默示的，是基督徒信仰和生活的惟一準則。講道是講神的話，也就是講解《聖經》。所以，講道的人，要敬畏《聖經》，熱愛《聖經》，鑽研《聖經》和遵行《聖經》。只有對神的話晝夜思想的人，用各樣的智慧把基督的道理豐豐富富地存在心裏的人，神的話才能源源不斷地從他心中流淌出來。傳道人就是講道人，要用各種各樣的方法（包括講壇）把神的話語傳講出去。無論一個傳道人的具體事奉是甚麼，他都必須在神的話語上下功夫，這是作傳道人的不二法門，沒有任何其他捷徑可走。

曾霖芳曾經說過，如果每一篇講章是從《聖經》的一卷書的一節或幾節經文而來，那麼，六十六卷書就可以講一年多；下一年再以每一卷書的另一節或幾節經文為題，又可以講一年多；這樣，傳道人一輩子就有講不完的道，哪裏會陷入無道可講的窘境呢？他還說，有人講道沒有豐富的道，是因為沒有甚麼「道」可講，所以只好講些別的。如果對神的話語生疏，就是想講也無從講起；即便勉強地講，也是不倫不類。[36]

許多人都很看重講道的熱忱。曾霖芳稱，講道人從內心發出的熱忱，為一往無前、無堅不摧的「傳道精神」。斯托德則說：「對基督的熱忱是講道的靈魂。」[37] 但是，講道人的發自內心的熱忱，只能來自對《聖經》的篤信不移，來自對神的愛的深切體察，來自《聖經》真理的催逼。這些都與研讀《聖經》息息相關。曾霖芳在《講道學》一書的序言中寫道：

　　1947年以來，我在神學院講授釋經學、講道學。四十餘年來，我一直在思想，怎樣教學生作個善於講道的傳道人。本書內容乃部分教材，希望也有助於讀者的傳道工作。雖然本書提供了許多方法，但我發覺，並非懂得許多方法，便會把道講好，更重要的是對道的本身有認識、有領悟、有研究，否則正如俗話所說，「巧婦難為無米之炊」了。請問，如果言中無道，怎會把道講好？讀者若想善於講道，非在《聖經》上痛下苦功不可，這才是最大的關鍵。[38]

　　「若想善於講道，非在《聖經》上痛下苦功不可，這才是最大的關鍵」，這是曾霖芳傳道七十餘年的思想結晶，是一位為神重用的老傳道人的肺腑之言。現在，年近九旬的他，仍講道不已。要善於講道，必須在《聖經》上下功夫，不是一般的功夫，而是苦功夫；不是一般地下苦功夫，而是要痛下苦功夫！曾院長年輕的時候，每天一頁一頁地背誦《聖經》。每當想到這些話，就令筆者汗顏，也催筆者奮進。

　　第三，**要真摯無偽**。

　　斯托德指出，今天，人們最深惡痛絕的，莫過於虛偽；而最吸引他們的，則是真摯。講道人的真摯表現在兩個方面：在講壇上，他要句句實話；在講壇下，他要活出自己所講的。其實，這是同一件事的兩個方面，說真話的人，一定會按自己說的去作。[39]

　　使徒保羅諄諄告誡提摩太說：「你們立志行事，都是神在你們心中運行，為要成就祂的美意。……使你們無可指摘，誠實無偽，在這彎曲悖謬的時代，作神無瑕疵的兒女。你們顯在

這世代中，好像明光照耀，將生命的道表明出來，叫我在基督的日子，好誇我沒有空跑，也沒有徒勞。」（腓二：13-16）坦蕩正直地作人，真實無偽地講道，是每一個講道的人應該好好操練的。

在講壇上，要說實話。

講道人要說自己知道的、自己明白的話，不可隨意猜測、編造。知道多少，傳講多少。如果發現自己在講道中有任何不實或錯誤之處，應盡快糾正。

要求聽眾相信和遵行的，必須是講道人自己心裏相信和願意遵行的。

講道人要向聽眾分享神在自己生命更新中的奇妙作為，也可分享自己的軟弱、失敗，不要把自己打扮成屬靈的偉人。事實證明，敢於把自己真實地向聽眾展露的講道人，能縮短自己與聽眾的距離，更受到聽眾的尊重。講道的人在講壇上要自我揭露到甚麼程度？斯托德的忠告是，要避免走極端。如果把講壇變成懺悔告白，不僅不合宜、不恰當，於聽眾沒有幫助，而且也不一定能獲得聽眾的敬重。既要分享自己的軟弱和失敗，更要分享如何依靠聖靈的大能由軟弱變剛強、從失敗走向得勝。

在講壇下，要按自己講的去作。

講道的人和別的信徒一樣，都是蒙恩的罪人，新生命的成長需要過程。如果只有屬靈生命趨於完美的人才能講道，那麼，將沒有人配得講道。使徒保羅所說的「立志為善由得我，只是行出來由不得我」（羅七：18b）和「外有爭戰，內有懼怕」（林後七：5b），是每一個基督徒生活的真實寫照。講道的人也不例外。期盼講道人所講的全都能行出來，是不現實

的。如果只有講甚麼就能作到甚麼的人才有資格講道，那麼，世界上也就沒有人有資格講道。但是，底線在於，講道人總應該下定決心，努力按照自己所講的去行。如果對自己所講的，壓根兒不打算去行，那就是假冒為善，就不配講道。

斯托德曾援引司布真舉的一個例子。一個人很會講道，卻不是好基督徒；他「講得那麼好，但生活那麼糟，以至於他站在臺上講道時，大家都說他不應該下來；而他下來之後，大家卻異口同聲地說，他絕不可以再上去。」[40] 這種人講道，有時也會有些效果，但效果畢竟有限。所講的讓人受益，所行的卻使人受損。況且，如果所講的道能使人信主或使人得造就，是神的道本身的大能，是神的眷顧和憐憫。這樣的講道人，即使能騙過聽眾，卻騙不過神，將來都要在神面前交帳，要面對神的審判。所以，保羅告誡說：「你要謹慎自己和自己的教訓，要在這些事上恆心；因為這樣行，又能救自己，又能救聽你的人。」（提前四：16）

第四，**要力戒驕傲**。

人們常說，傳道人最常遇到的試探，是錢與色。此話不假。天主教和基督教都常有醜聞曝光。一些事奉有成績、在會眾中有影響力的傳道人，都在它們面前跌倒，帶來極大的震撼，令人痛惜。但是，《聖經》說：「驕傲在敗壞以先，狂心在跌倒之前。」（箴十六：18）因為，驕傲的人，大都仗恃自己的才能、恩賜，洋洋自得，不時時儆醒，不事事依靠神。這樣，在極具誘惑力的錢財和色情面前，就很難站立得住。《創世記》記載，被哥哥們賣到埃及的約瑟，後來作了埃及法老的內臣、護衛長波提乏的管家。當波提乏的妻子頻頻勾引他時，約瑟對她說：「我怎能作這大惡，得罪神呢？」（創卅九：

9b）他處處想著神、靠著神，堅拒波提乏妻的引誘，以致遭對方反誣，進了監獄；但神卻與他同在。

驕傲的表現形式是各種各樣的，可以外顯為好為人師、動輒批評論斷、得理不讓人等等，也可以被包裹在溫文爾雅的外表裏，深藏不露。不論驕傲的表現形式如何，其核心是把自己看得太高、太大、太重，「看自己過於所當看的。」（羅十二：3）

斯托德也有同樣看法：

老實說，講臺對任何亞當之子都是危險之地，這「高高」之處分享了本來只屬於神寶座的超卓地位（賽六：1）。我們單獨站在那裏，眾人的眼目全都集中在我們身上；我們獨自發言，眾人靜坐恭聽。如此曝光於眾人之前，誰能不受虛榮所損？傳道人最主要的職業危險，無疑是驕傲。它已經摧毀了許多人，令他們的事奉失去能力。

它在有些人身上昭然若揭。這些人生性好出風頭，把講臺當著表演的舞臺。鍾馬田醫生稱他們為「講臺人，而非傳道人」。這個形容很恰當，因為他們與職業演員不相上下。……

然而，有些傳道人……他們的驕傲不表現於大放厥詞，而是更詭秘、更狡詐，甚至更變態。因為我們可能在外面表現出十分謙和的模樣，內裏卻對人的稱讚貪求無饜。在講臺上高舉基督的那一刻，可能實際上正在求自己的榮耀；勸勉會眾要頌讚神，甚至在帶領他們頌讚，內心卻可能希望他們會留一些頌讚給我們。我們需要和巴克斯特一樣呼喊：「這個驕傲的罪無時無刻不伴隨！是個強橫

的暴君！是何等狡猾、詭詐、諂媚的敵人！」[41]

在基督教會兩千年的歷史中，一直是真假基督徒並存。「以敬虔爲得利的門路」（提前六：5b）的假傳道人，各個世代都有（太七：21-23）；只是，人的智慧有限，一時難分真假（太十三：27-30）。不過，這種盜名竊譽的假基督徒、假傳道人，在教會中畢竟是少數。對多數講道人來說，一方面，是真心事奉神、榮耀神；另一方面，但在事奉中又摻雜著不純的動機，自覺不自覺地想高舉自己、榮耀自己。有人說，恩賜在哪裏，試探也在哪裏。這是值得深思和警惕的。[42]

有些講道的人深知驕傲的危害，因而懇求神讓他們隱姓埋名。但是，對一個講道事奉的人，這是作不到的，因爲他必須要站在臺上，要在人前曝光。其實，講壇事奉的人力戒驕傲比隱姓埋名的人更加困難。德國著名的音樂指揮家克林伯樂（Otto Klemperer）被人讚譽爲「可見的無形體（visible invisibility）」。這也很適合講道的人。音樂指揮立在舞臺，講道人立在講臺，都無法避免眾人的目光；但他們都不應該讓人注意自己。[43] 只有真正謙卑的人，才可能成爲「可見的無形體」。

力戒驕傲不是要刻意注意自己外在的言行舉止，而是要從內心學習謙卑。否則，再拿捏自己，也會有露餡兒的時候。

首先，講道的人要明白，自己能向會眾講道，是受到神的差遣，否則，誰配站在如此神聖的講壇上呢？多年前，筆者利用在溫哥華服事的機會，去拜訪陳終道牧師，那是筆者第一次見到他。筆者請教陳牧師：「像我們這樣在主內很年輕的傳道人，您有甚麼囑咐？」他回答道：「你們這一批從國內赴北美

留學、信主並蒙召作了傳道人的弟兄姊妹，學位高，思辨能力強，肯爲主擺上，事奉有果效，是很好的；但你們每天要在神面前省察，自己有驕傲沒有。要每天省察。」然後，他和筆者一起查考《馬太福音》耶穌榮進耶路撒冷那一段經文。他說，耶穌騎著驢駒進入聖城時，許多人把衣服和砍下來的樹枝鋪在地上，並高喊「和散那」，合城驚動。此時，如果驢駒自鳴得意，覺得自己很了不起，豈不是很荒唐麼？如果耶穌不騎在牠上面，牠不就是一頭普通的驢駒麼？一個傳道人，因爲自己能站在講壇上，就覺得比會眾高一頭，豈不像這頭驢駒一樣可笑麼？

　　其次，一個人講道有果效，首先是因爲神的「道」好；而且，講道的恩賜也是神賜予的。也就是說，一切都是從神領受的。使徒保羅說：「使你與人不同的是誰呢？你有甚麼不是領受的呢？若是領受的，爲何自誇，仿佛不是領受的呢？」（林前四：7）再者，若沒有聖靈的工作，誰講道也不會有果效。在十幾年的服事中，筆者深有體會。1994年，美國一間華人教會邀請筆者去帶領一個週末的佈道會。結果，有幾十位朋友決志信主。五年以後，這間教會再次邀請筆者前去佈道。當時，筆者信心十足。因爲上一次去佈道時，筆者信主才三年，就有幾十人接受了主耶穌；現今自己信主已經八年了，對神和信仰的理解都大爲進步了，信主的人準少不了。但是，雖經筆者認眞準備，講臺上發揮得也好，幾堂佈道竟沒有一個人願意信主（只有五、六人在聚會結束後決志）！大家（包括筆者）都始料不及。此時，筆者耳旁突然響起了一個聲音：「是我，不是你。」筆者心裏豁然開朗：「我栽種了，亞波羅澆灌了；惟有神叫他生長。可見栽種的算不得甚麼，澆灌的也算不得甚麼；

只在那叫他生長的神。」（林前三：6-7）這是筆者佈道事奉的一次突破，明白自己的本職工作只是栽種或澆灌而已。

再有，在講道事奉中，佈道的果效是立竿見影的，就是看信主人數的多少。但是，信主人數的多寡，除了神的動工是決定性的因素外，主內肢體的配搭，也非常重要。佈道會能否成功，不僅取決於會前的一系列準備工作，如禱告、撒種、栽培、澆灌、邀請等，也取決於佈道會本身，如會議的主持、詩歌的帶領、招待的周到、飯食的預備、兒童的照顧、禱告室的守望等等；臺上的佈道，只是其中的部分。舉辦一連幾天的佈道會，其中一項困難的事工就是預備聚會的飯食，因為將要來聚會的人數難以估計。飯食預備太多，會造成浪費；預備少了，又不夠吃。筆者已多次遇上飯食不夠的狀況。本來同工估計與會者有三百人，於是預備四百人的飯食；但沒想到，一下子來了五百人！同工又喜又愁，先喜後愁，喜後更愁！吃的不夠怎麼辦？又來不及再準備。此時惟一可行的，就是同工們不吃飯，把飯省下來給朋友們吃。這種狀況一旦出現，同工們立即低聲傳話：「飯不夠了……」同工們就都無怨地餓著肚子忙碌地事奉著。等聚會結束、一切收拾停當後，已經近午夜了。這時，大家才坐下來喘口氣，隨便抓一些東西來填肚子。每當這個時候，筆者都非常感動。深感佈道會的成功來自同工們的無間配搭，來自團隊精神。一榮俱榮，一損俱損。筆者也為自己能成為團隊中的一員而感到欣慰、自豪。

當講道的人擺正了自己和神的關係、自己與主內肢體的關係後，就可以坦然地站在講壇上，成為可見的無形體，使聽眾只注目耶穌，不注目一人。即便這樣，講道者仍須時時警惕，在講壇上不要遮擋、偷竊神的榮耀。比如，當一個人講完道

後，如果有聽眾對他說：「你的口才真好！」或者「你講得太好了，我很崇拜你！」那麼，他就應該自省，自己講的道有甚麼地方不對勁了。

第五，**要愛會眾**。

講道的人在講壇上，切忌指名道姓地批評會眾，千萬不能把講臺作為辱罵人、洩私憤的地方。當會眾有明顯違背《聖經》原則的錯誤言行時，當然應該批評、糾正。但是，講道的人要有愛心。以致在批評時，被批評的會眾仍能感覺到從講道人而來的同情和愛惜；不僅講「應該如何」，更要講「怎樣去作」，多提供實際的建議和幫助。[44]此外，在批評、責罪的同時，講者一定要給出路，鼓勵軟弱的會眾能重新站起來。「講道不是叫人無望絕望，而是要給聽眾一線希望，叫人『出死入生』，才算達到了講道的本意。」[45]

講道人都應學習先知摩西的謙和和胸懷。當以色列人在曠野鑄了金牛犢後，摩西也大發了義怒；但在神面前，他卻不顧性命地為百姓代求：「唉！這百姓犯了大罪，為自己作了金像。倘或祢肯赦免他們的罪……不然，求祢從祢所寫的冊子上塗抹我的名。」（出卅二：32）在指責會眾的罪或錯誤時，若能把「你們」換成「我們」就更好。講道者可以和會眾一起，在神面前求赦免、蒙憐恤、得幫助。

第六，**要擴充知識**。

講道與講道人的人生、人格、閱歷有密切關係。有一位老傳道人曾說，他年輕時，為了講道，每次要寫很多頁的講稿，可是在臺上講幾分鐘就講完了；現在年歲大了，講道前，只寫半頁的提綱，在臺上講幾小時都講不完！對《聖經》愈熟悉、愈明白，人生的閱歷愈豐富，知識面愈寬廣，講道者講的道就

會愈深刻、愈深入、愈生動。

　　講道者除了要刻苦研讀《聖經》外，與《聖經》有關的歷史、文化背景、考古學的成果等也須涉獵。曾霖芳主張，要多讀傳道人的傳記，因為他人的直接體驗，也可間接地豐富自己的人生閱歷。他說：「我常勸青年工人，若能讀幾十本傳記，對於一生的事奉必發生極大作用。這些事蹟能激發心志，使青年工人發奮有為，講起來又能感人，我認為在資料中最具價值。」[46]

　　俗話說，熟讀唐詩三百首，筆下自生輝。對初習講道的人，多聽別人講道，多讀他人的講道集，不失為一個最簡捷的學習方法。相傳，有一位傳道人常乘馬車到各處講道。他講道時，他的馬夫就坐在下面聽道。耳濡目染，馬夫對他講的道逐漸心領神會。一次，馬夫對傳道人說：「您每天這樣奔波勞碌，該休息一下了。今天就由我替您講吧。」傳道人同意讓馬夫試一次。沒想到，馬夫講的確實與傳道人講的一樣好。馬夫正要走下講臺時，突然有聽眾向他提問題，馬夫不會解答。但他臨陣不慌，從容地說：「這個問題太簡單了，由我的馬夫回答就可以了。」傳道人應聲上臺，對聽眾的提問侃侃作答，令聽眾大為震驚：傳道人的馬夫都如此有水準，這位傳道人太不簡單了！

　　但是，曾霖芳警告說，讀他人的講道集或聽講道錄音，要消化、吸收，而不能抄襲、模仿。否則，有時就會很難堪：

　　　　以前在某教會大學舉行朝會，請一位牧師講道，他把一篇名牧講章拿來照講。講第一段時還沒有甚麼；但他開始講第二段小標題的時候，有一位調皮的學生大聲喊：第

二段，連分段的字句也說出來了。結果哄堂大笑。原來他也讀過這一本講道集。講者只好紅著臉慚愧走下講臺，而且這事也傳遍各處，再沒有比這更煞風景的事了。所以，這種辦法行不通。

我卻發現另一種情景：某名牧講道，是一篇好講章，內容豐富，也引人入勝，十分得人讚賞。其實讀過另一篇講章的人，知道這一次的講道是由另一篇脫胎而來，因為他懂得吸收和應用，反而比原作更生色動人，尤勝一籌。誰能批評這一篇講道呢？[47]

此外，對文學、歷史、藝術、科學、哲學、新聞等方面的知識，也盡可能留意。司布真曾寫過一篇文章，標題是〈我的驚心小書——聖經與報紙〉。無獨有偶。神學家巴特回答別人關於「你如何預備主日講道」的問題時也說：「我一手拿《聖經》，一手拿報紙。」[48] 只要一個講道的人有心，講道的素材是隨處可得的。

講道人的語言

第一種是有聲的語言。

講道常是用「講話」來傳遞「道」的，所以講道人的語音很重要。講道的言語要通俗，雅俗共賞，婦孺都能明白。但講道的語言切不可粗俗、庸俗。

講道時力求發音準確，吐字清楚。講道人常有的一個問題是，一句話的前半句說得清楚、有力，後半句則音量變小，最後幾個字沒有說出來，就吞回去了。這樣，聽眾，尤其是坐在後排的聽眾，無法聽到完整的話。信息再好，聽眾聽不見，豈

不可惜！解決之道是學習一點聲樂。練習逆式呼吸，讓聲音從腹部出來，而不是從嗓子出來。這樣，不僅聲音傳得遠，嗓子還不容易嘶啞。筆者見過不少七、八十歲高齡的老傳道人，聲音洪亮如鐘。偌大的會場，他們講話，不用麥克風，全場卻聽得一清二楚。他們年輕時，練嗓子是下過功夫的。

要努力戒掉語病。有人講道時，幾乎每句話都帶著「這個」、「那個」、「那麼」、「嗯」、「安」、「哈」等語病，破壞了話語的連貫性，聽眾聽來非常吃力。語病形成原因因人而異。有的是因爲講了上句之後，一時不知下句講甚麼時，嘴裏就下意識地吐出一些字來。如果語病是這樣引起的，那麼，在想下一句話說甚麼的時候，最好把盡力嘴閉起來，寧可沉默也不要出聲。

有學者認爲，講道人的面部表情很重要；面部表情中，最重要的莫過於眼睛了，被稱爲「第二聲音」。[49] 講者的面部表情雖重要，卻不可做作，稍一過頭，就變成了表演。一般說，面部表情應該莊重，不宜輕浮；應當和藹可親，不宜驕傲、冷酷。講者把自己融入講章，讓面部表情自然流露。眼睛是心靈的窗戶。講者與聽眾要有目光交流。講者可能因爲緊張，不敢看聽眾，於是把眼睛盯在天花板上，或一直看窗外，這樣不好。講者要看聽眾。從經驗說，講者的眼睛若常在會場深度的二分之一處左右，就基本可以顧及全場。當然，講者的目光也不可向康德那樣只盯在一個聽眾身上，要不時巡視全場。[50]

講道時看著對方，表示禮貌、專注、眞誠、親切和關懷，可以縮短講者和聽眾的距離，就像面對面說話一樣。眼目直視，也表明心地光明。目光交流可以使講者與聽眾互動。當講者內心激動，雙目濕潤、閃閃有光時，聽眾也會動容；發現自

己講的道使聽眾受到了感動時，講者也會被聽眾感動，因而能更有感動地講道，使聽眾進一步受感動。如此往復，講道的果效就會大大增強。不過，如果講者發現聽眾大都心不在焉或極不耐煩時，也會使講者承受很大壓力。當然，目光的果效有時亦因聽眾而異。比如，當講道人講到罪時，他可能會注視一個「罪」人，這個人可能因聖靈藉著這注視而感動、認罪，也可能惱羞成怒，事後處處與講道人作對。這一切，惟有懇求聖靈帶領。[51]

講者的第三種語言是體語，即講者的儀表和舉手投足。

講道人的服飾並無統一規定，也不一定非西服革履不可。但總要乾淨、整潔、莊重才好。正如去參加別人的婚禮，邀請人對賓客的穿著也無劃一要求；但若賓客穿著發皺的T恤衫、踏拉著塑膠拖鞋前去，恐怕也不合宜吧（參見太廿二：1-14）。講道人的穿著表現他對講壇的尊重和對聽眾的尊重。曾霖芳院長多次對筆者說過，他講道所穿的白襯衣的領子和袖口，多年來都是他親自用手洗淨的。他對講道事奉的敬虔，可見一斑。

俗話說，站有站相，坐有坐相。更具體說就是，「睡像弓，坐像鐘，站像松」。講道人上臺和在臺上的時候，上身要挺直，不要彎腰塌肩。在講臺上不須立正，「稍息」姿勢似較好。講道時，是固定站在講壇，還是可以在臺上隨意走動？手式如何配合講道？這些都因人而異，不宜刻意做作。但是，講者若用一個指頭指聽眾，似乎不雅。

周聯華提出講道人在臺上應該注意的一些事項：

　　1）傳道人當以莊嚴穩重的步伐走上講臺，身體要直。如有臺階，應一步一步走上臺。 2）坐下起立，腰部

要挺直。 3）未步入禮堂時，先照一下鏡子，不是為了美
觀，而是為了整潔，在臺上沒有「他顧之憂」；在臺上整
領帶、拉衣服，都不相宜，倒不如在臺後（臺下）整好了
出來。 4）坐定後，最好的姿勢是閉目默禱，傳道人的默
禱會促進會眾的默禱。不然，他的視線難免不射在會眾身
上。如果有一位對他微笑打招呼，他也微笑回禮，固然有
「親切」感，但未免太「社交」氣。因此，常受「厚此薄
彼」的批評。 5）如果臺上有兩位以上的人員，彼此間切
勿談話；若為西人翻譯當為例外。大部分的話應在聖殿外
已經講好。有些人為顯出自己的重要，在臺上再「計畫商
量」崇拜之一切事宜。這樣非但沒有顯出重要，反而使人
感到沒有準備妥當。 6）開口前切勿咳嗽「疏通」嗓子，
這是不必要的習慣。傳道人只要在未入聖殿前大聲地唱幾
句歌，就不會有喉嚨不「開」的感覺。 7）講臺上避免一
切不必要的動作，不但挖鼻子、掏耳朵不相宜，就連用手
整理頭髮等也不合適。任何動作都能分散注意力。 8）傳
道人要輕輕地、不使人注意地把手錶放在講臺上，講道時
切忌玩弄手錶，如隨時看錶，或在未講完之前就把錶戴在
手上等。戴錶是結束的表示，連傳道人都「準備」下臺，
會眾自然「準備」回家，崇拜的氣氛就被破壞了。 9）流
汗多的傳道人務必準備手帕，以手擦汗是非常不雅的。手
帕要保持整潔。 10）除非因生理上或年長的緣故，在講
壇上喝水是不相宜的。當眾喝水並不雅觀，平劇舞臺上
喝水，用袖子遮臉就是這個道理。平劇中喝水，有文武場
面、鑼鼓喧天或絲絃樂器演奏過門，沒有「冷場」的感
覺；而傳道人喝水常在講道中間，於「眾目睽睽」下飲

水，很不好看。[52]

這是周聯華講道事奉的經驗談，雖未囊括所有方面，仍值得讀者參考。

講道的類別

講道可分為不同的種類。

按聽道的不同對象，可分為針對尚未信主的慕道朋友的佈道性或福音性講道，和針對主內的弟兄姊妹的培靈性講道，以及針對不同節期（如復活節、母親節、感恩節、耶誕節等）、場景（洗禮、婚禮、葬禮等）的特殊講道。

佈道性講道對外領人歸主，培靈性講道對內造就信徒，是講道的兩大組成部分。蒙召作講道事奉的人，這兩種類型的講道都應操練，不要只局限於其中的一種。其實，佈道性和培靈性並不是截然分開的。在佈道性講道中有培靈信息，在培靈性講道中有佈道信息，才是最好的。

從與經文的關係看，講道又可分為專題式講道（topical sermon）和解經式講道（expository sermon）。有學者不贊成這樣分類，認為所有的講道都是解經式講道。[53] 誠然，這話不錯；因為講道就是講神的話，就是解釋《聖經》。不過，專題式講道和解經式講道還是有區別的。

專題式講道，是講道人先確定一個講題，然後從各經卷中選出與講題有關的經文，組成講章。這類型講道的長處是，圍繞一個主題，用多處經文闡述，能比較全面和深入；另外，它常是按照聽眾的需要講的，針對性比較強。專題式講道的短處是，如果講道者不認真，他可能只選擇一些與自己的立論相

符的經文，而忽視那些不太相符的經文，故容易以偏概全。而且，對已引用的經文，也易作斷章取義的解釋。結果，講道人，尤其口才好的講道人，在專題式講道中，主要在講自己的觀點，所選的經文只不過是一種點綴。這樣，他就不是在講解《聖經》，而是在利用《聖經》。鑒此，有學者聲稱，「專題式講道常向異端大拋媚眼」。[54] 雖然專題式講道有其弱點和危險性，但只要講者認真準備，全面查考與講題有關的經文，並按照上下文解釋經文的含義，那麼，專題式講道同樣是可取的。

解經式講道，或系統解經式講道，就是按部就班地查考某一卷書，逐章、逐段、逐節地查考、講解。這類講道的長處有三。首先，講者的思路和解說，必然以經文為中心，而不會以講者的觀點為中心。第二，強迫講者講解一些平時可能被忽略，甚至故意避開的經文。第三，徹底而系統地解明一大段經文，能打開聽眾的眼界，幫助他們比較完整地掌握經文的主題、結構、脈絡，並向他們展示如何以經解經。斯托德指出，教會歷史上一些最偉大的傳道人，都採用審慎、透徹、系統的方式解釋《聖經》；十六世紀的宗教改革家，則最有效地發揚了系統解經講道，因為他們一心要使聽眾明白神的話語的原意和能力。再有，若採用解經式講道，講道人就不愁沒有道可講了。[55]

系統解經講道也有其短處。一是對聽眾的針對性不一定強。其二，它主要偏重經文注釋、鑽研原文，學術味較濃，容易讓感覺刻板枯燥。第三，有的經卷篇幅長，要花費多年才能講完，聽眾聽到後面，早忘了前面的。[56] 所以，在解經式講道中，要深入淺出，要加強「應用」的部分，讓經文對當今的信

徒說話。

　　初習講道的人，一般都會覺得系統解經式講道比較難，而專題式講道相對比較容易。因爲前者需要逐節解釋經文，不能跳躍，不能有所取捨。但是，有些經節的含義似乎已經很明確，無法再展開、再「挖」出甚麼來講；而另一些經節的意思則較晦澀，不知如何解釋。相對而言，專題式講道似較容易，只要確定了主題，然後再找幾節相關的經文就可以寫講章了。講道多一些以後，講者會發現，這兩類講道，各有各的難處，要講好都不易，都須懇求聖靈的光照和講者勤奮地研讀《聖經》。筆者以爲，各種類型的講道，講道者都應操練；對主日講壇而言，以系統解經式講道爲主，其他類型的講道爲輔，穿插進行，似較爲合宜。

講　　道

　　現在談談講道的內容的一些問題。

真理、清楚、熱忱

　　這是摩根提出的關於講道的三要素。

　　真理，是說講道要講神的話，要講神感動講者、要講者講的話。講道包含對神的話語的解析、詮釋和應用，必然帶有從神而來的權威性。[57] 講者要按正意分解神的話，無須一味地迎合聽眾的口味。「懼怕人的，陷入羅網；惟有依靠耶和華的，必得安穩。」（箴廿九：25）講道人無法逃避攪擾人的責任。他要讓舒適的人變得不安，讓不安的人得到安慰。他要打碎剛硬的心，醫治破碎的心。[58] 只有勇敢、忠實地傳講神的話語，才能對聽眾眞正有益。

　　清楚，是說講的道要讓會眾能聽明白。講道的用辭要簡樸，道理要清晰。如何能把道講清楚？一條講道者的經驗是，對任何真理或責任，都要從最基本的地方講起，不必擔心自己講的太淺或太簡單。為了作到這一點，不妨假設聽眾對所講的議題，是完全陌生的和一無所知的。[59] 但是，最重要的是，要把道講清楚，講的人自己首先要把道想清楚。有的人講的道艱澀難明，可能連他自己都是囫圇吞棗，沒有弄明白，或者一味按他人的講章照葫蘆畫瓢。有的人講道，內容龐雜、層次繁多，給人一種高深、玄妙的感覺，使人不得要領。可能的原因是，講道的人自己沒有把要講的道想透、吃透，所以講道時始終在道的周圍繞圈子、東突西闖，但總不能穿越。講的人不通或不大通，聽的人自然就不懂或不大懂。[60] 對要將講的道有了透徹的瞭解，才能用簡潔、明瞭的話將它表明出來。

　　筆者在「海外神學院」學習期間，一次主日崇拜由曾霖芳院長證道。從週報上看到，他的講題是〈新、舊約的精義〉。筆者想，在短短的幾十分鐘，如何講清楚這麼大的一個題目呢？證道開始後，曾院長念了一節經文：「認識祢獨一的真神，並且認識祢所差來的耶穌基督，這就是永生。」（約十七：3）筆者聽後，豁然開朗。是的，這一節經文，就是新、舊約的精義！所以，道能講得淺顯易懂、深入淺出，是高層次的講道。

　　熱忱，如前文所述，是講道的靈魂。當講道者被所要宣講的崇高真理所征服，並親身經歷了真理的能力，那麼，他一定會帶著極大的熱忱來宣告他的信息。[61] 講道的熱忱，來自講道者裏面的熱忱。斯托德說，有一位年輕的英國傳道人申請成為牧師，與審核委員會約談時，他說自己是一個內向的人，不會

把泰晤士河燃燒起來。審核委員機智地回答說：「我親愛的年輕弟兄，我對你是否能使泰晤士河燃燒並不感興趣。我想知道的是：如果我抓住你的頸項把你扔進泰晤士河，你身上是不是會發出嘶嘶的響聲？」也就是說，講道人自身是否有火，才是關鍵。[62]

中心思想

每次講道要有中心思想或主題，即講者主要想講甚麼，想向聽眾傳遞的信息是甚麼。有了中心思想，再確定講道的大綱或主要論點，建立講道的骨架。有了骨架，講道的預備工作就完成了一半。在此基礎上，再加入論據或事例，講章就基本完成了。大綱要仔細推敲，只要大綱定下來了，具體的論據、論述或事例，可以不斷更換或增減。但若變動大綱，就是傷筋動骨了。

但是，首先要有中心思想，才能產生大綱，大綱是用以闡明中心思想的。有了中心思想，講道才會結構緊湊，思路清晰。否則，講道就會散漫，東拉西扯，沒有邊際。講者不知道自己要講甚麼，會眾更聽不明白他在對大家講甚麼。中心思想好比是圓規畫圖時的圓心，圓規怎樣轉，都是圍繞著圓心。[63]所以講道時，要一直圍繞中心思想，不斷回到中心思想，一再強化中心思想。聽眾不可能記住講道人講的每一個細節，倘若他們能記住所講的中心思想就挺不錯了。有人講道時，心目中雖有一個中心思想，但在講解時卻沒有緊緊地扣住這個中心思想。有時發揮太多，離中心思想太遠，最後想收都收不回來了。

如果講道人能用一句話概括他所要講的道，或用一句話寫

出主題聲明，那麼，這篇道應該是有中心思想的了。

講道的對話特性

講道不應該是講道者的獨白，雖然從形式上看似乎是如此。講道的對話特性，是指講者與聽眾之間要有思想交流。交流的形式是多種多樣的。西方一些教會鼓勵聽眾在聽道時插話、提問，使講道活潑有生氣。但主日講道中，這樣作似乎不合適。筆者常在講道後舉行「問題解答會」，鼓勵聽眾無拘束地提問。因為，大會講道只能觸及聽眾的普遍問題；但每個聽眾有各自的特殊問題。筆者用大會宣講解決聽眾的共同性問題，用問題解答解決聽眾的個別性問題。

講道的對話特性，有更深一層的意思，就是「安靜對話」。講道者要對聽眾的心說話，要與聽眾的心對話。也就是說，講道的人要瞭解自己的聽眾，知道他們在聽道前有甚麼問題，在聽道的不同階段會有甚麼反應，而且能適時、有針對性地對他們的問題和反應作出回應。這樣，就能引起聽眾的高度關切和熱烈反響，引導他們的思路往前走，一層一層地撥開他們的迷霧，一步一步地把他們引向真理、引向神。功夫在詩外。要作到安靜對話，講者必須傾注心血，對聽眾和他們的需要有敏銳的瞭解，並盡力滿足他們的需求。[64]

實現安靜對話，講道者要付出很多。但是，一分耕耘，一分收穫。

一位傳道人應邀在一個地方講道後，收到一位聽眾的來信。信中寫道：

> 我知道您是神的信使，是神派您來開啟我們這些滯鈍

的心，愚笨的靈魂。您樸素但充滿智慧的話語，像一條拉鎖，把一直擋在我眼前那個灰濛濛的大霧幕，嘩啦一聲拉開了。天高了，地闊了，混沌的一切變得清晰了，陰暗的一切變得光明了。您的講道又像一支又一支小箭頭，刻在樹上，為我這個在密林裏轉悠了39年仍找不到出口的迷路人提示著方向。順著這些細小箭頭的指引，我第一次走出了陰森複雜的森林，見到了毫無遮攔的光明和筆直寬廣的大路，這就是一條追隨神之道的通天之路。[65]

另一位聽眾聽了一位傳道人的系列講道後，寫信給他的朋友說：「我已經得到了你們轉送的VCD，這些天正在看，深深被吸引。他的宣講一下一下敲擊我的愚頑，無話可說。除了景仰、信服和尊崇我們的天父，你不可能再有其他的感情了。」[66]
得到這樣的回饋，講道人的辛勞還算甚麼呢！

引言和結語

引言是講道的開始，為要引入正題，聲明講者要講的主要內容是甚麼。引言應當簡潔、有力、莊重。[67]引言不宜過長，否則講道的時間就容易拖長。曾霖芳主張，講道是很嚴肅的事奉，不應以笑話開始；講道是宣講神的話，有從神來的權威，所以不要講客套話。他回憶說，多年前在一次大的聚會中，講道人怯場，先說客套話：「兄弟今天沒有甚麼準備，講得不好，請大家原諒。」想不到臺下竟有人回應道：「既然沒有準備，請下來！」使講道人騎虎難下，場面難堪極了。引言也不要千篇一律，要先作準備，深思熟慮。「講道不重視引言，是一種錯誤。」[68]上講臺前，如感到嗓子不暢快，筆者的作法

是，在敬拜讚美時，高聲唱聖詩；同時，隨身預備一些潤嗓的喉片或糖塊，上講臺前含一點在嘴裏。

結語不僅是講道的一個總結，更是一個挑戰，要對聽眾發出屬靈、道德的挑戰和命令，並要求聽眾回應，可以說是畫龍點睛之筆。主耶穌求天父說：「求祢用真理使他們成聖；祢的道就是真理。」（約十七：17）摩根形像地說，苦心預備的講章，不過是把槍瞄準；而結語所談到的應用部分，則是開槍掃射。許多人花太多時間瞄準，在結束時，卻射不出一顆子彈來。[69]

結語要精練、乾脆、有力，切忌拖泥帶水。本來一篇道已經講完了，還是翻來覆去地講，明明幾次都要結束了，又重新講開去，使講者聽者都疲憊不堪。真正結束時，聽眾長長舒一口氣：總算講完了！這樣，會大大地削弱講道的果效。[70] 所以，結語也須精心準備。

例證和幽默

講道中舉些例子是必要的，可使道生色、生動。例子可取自《聖經》，也可來於日常生活和書刊、雜誌。主耶穌講道就常常用聽眾所熟悉的事物作比喻。曾霖芳講過一個他親眼目睹的事為例：

> 以前我在國內傳道時，居所、生活都很簡單。有一天半夜，我被聲音吵醒。起身暗暗觀察，原來是老鼠。它正在移動籃中的雞蛋，真想不到它在偷雞蛋。它竟然抱著一枚雞蛋從上面掉在地下；當然它四腳朝天，不過雞蛋沒有破，但它也不能動彈了。不料地下有另一隻老鼠跑過來，

咬著它的尾巴，拖著走。阿，老鼠偷雞蛋！後來，我講基
督徒貪愛世界不能走道路的真理（參考約壹二：15；提後
四：10），就用這事來作比喻，說，當你貪愛世俗，擁抱
世界的時候，你就走不動了。要人拖著你，你才能走。四
十餘年後，有聽眾向我提起，每次他趨向世界，走不動道
路的時候，就想起昔日所聽見的道，常心存警惕。可見當
年他印象之深。[71]

筆者曾親耳聆聽曾院長講述這個例子，栩栩如生，至今不
忘。

但是，例子要配合主題，而且不能太多、太長，要以神的
話爲主，否則會喧賓奪主。有學者說，所舉的例子不要像客廳
裏精緻的燈具，引人注目，而應像街燈，照亮了整個街道，卻
很少有人注意它。例子要眞實，不能虛構，除非講明是寓意故
事。例子中若涉及到家人或朋友，最好事先徵得他們的同意；
如果要指名道姓，更需如此。[72]

講道中合理地使用幽默是好的。幽默不僅能活躍氣氛，使
聽眾精神振作。更重要的是，小幽默常寓意大道理，聽眾捧腹
之餘，加深了對眞理的領悟。但是，幽默的內容應與講的道有
關，而且要高雅，不可流於庸俗或輕浮，不可有損於他人的人
格，不可爲了說笑而說笑。不刻意幽默，將幽默藏在講道中，
不經意間流露出講者的睿智，才是最好的。有關幽默的素材，
需要平時留心，日積月累、不斷提煉、揣摩，方能運用得當。

書寫講章與即席講道

是否需要寫講稿？因各人的恩賜與性格不同，並無統一的

答案。但是，要避免極端：完全即席講道，或完全受講稿的束縛。[73] 一般說，寫講稿是必要的。寫講稿的過程，就是整理思路、斟酌言辭的過程，也是對要講的道加深理解、增強記憶的過程。認眞寫了講稿，講道才會有條理、清楚、準確、簡練。是逐字寫出，還是只寫詳細提綱，須根據各人的情況而定。不過，不要在講臺上念講稿或背講稿。力爭上講臺以前，把講稿記熟，融會貫通。可以把講稿帶上講臺，但講的時候最好脫離講稿。講稿中的一些要點，可事先作標記，以便必要時快速查找。有人把講稿全部寫出來以後，在講道前把講稿簡化爲提綱或摘要，只帶摘要上講臺。

如果可能，應盡早把講道的題目確定下來。這樣，有時間反復琢磨，把每一點新的思想記錄下來。最好有一個小本或幾張卡片，或隨身攜帶，或放置床頭。無論是白天還是夜晚，一閃而過、稍縱即逝的靈感，或是幾句話、幾個詞，都應當敏感地捕捉它，並立即寫下來，爲講章積累素材。把要講的道琢磨「通」以後，再開始動筆。用高壓鍋燉出來的肉或湯，一定大不如用小火燜出來的味道好。慢慢醞釀出來的講章，就像母雞伏在蛋上孵小雞一樣，別有一番滋味。[74]

準備一篇講章需要多少時間？這也因人、因講題而異。斯托德說，最好的答案是「一生之久」，因爲在某種意義上說，每一篇講章都是一個人迄今所學的一切的精華，也是經過多年歷練而成的人的反映。[75] 此外，一篇慢慢醞釀出來的講章，所耗費的時間也是難以精確計算的。一般說，準備一篇講章一般需要十至十二個小時；或者，是1：12，每一小時的講道，至少需要十二個小時的準備。[76] 按筆者的經驗，準備一篇講章，大約需要二十個小時。

因此，除非出自聖靈的感動，不要輕易作即席講道。有學者的勸誡是，沒有講過三百至四百篇備有講道稿的人，或沒有三、四年講道經驗的人，不要即席講道。[77]

講道的時間控制

控制講道時間，並不容易。多數人都會拖時間。有的是預備要講得內容太多，時間不夠；有的則是時間分配不當，怕時間不到就已講完、沒東西可講了，所以前半部分講得很慢，前鬆後緊，時間到了還講不完；認為拖時間總比提前下臺好。

講道的時間要遵守事前的商定。主日講道的時間，尤須控制好，否則會延誤講道後的其他程序。要按所規定的講道時間，預備講道的內容。如果會堂裏、講臺的對面的牆上有一個大掛鐘，可以一面講、一面看掛鐘，就較方便控制時間。如果沒有這樣的掛鐘，講者就要特別留意。

佈道性的講道，程序比較單純，講道後一般不會有別的安排，所以時間的彈性較大。但時間也不能過長，不然就會給照料孩童、按時清場等造成困難。如果是應邀去講道，最好事先和主辦方定好講道的時間。

北美的華人教會，主日講道的時間，是四十分鐘至一個小時；佈道性講道，是一個至一個半小時。筆者佈道性講道的時間是一個半至兩個小時。由於佈道性講道面對不同的人群，要解開聽眾心中的種種疑惑，涉及的層面廣，講道往往需要較長的時間。但是，究竟講多長，要根據會場的氣氛、聽眾的反應、講者的感動等多方面因素來決定。筆者應邀去佈道時，常與主辦者「討價還價」，希望能有多一點講道的時間。筆者最希望聽到的回答是：「你憑聖靈的感動！」幾年前，筆者應邀

到加拿大一間華人教會佈道。週五晚第一堂，講了約兩個小時。週六晚講第二堂前，筆者問教會的牧師：「今晚我能講多長？」回答是：「憑聖靈感動！」於是，筆者放膽開講。講到兩個小時的時候，筆者看到會場仍非常安靜，一點騷動都沒有，聽眾都很專注；同時，筆者感到心中似有一團火，仍有好多話要說，如噎在喉，不吐不快。於是，筆者繼續講下去，一直講了三個半小時，中間沒有休息，一氣呵成。那天晚上，聖靈大大動工，有許多人決志信主。迄今為止，這是筆者一次講道時間最長的紀錄。

領受從上頭來的能力

講道人的最大需要，是「領受從上頭來的能力」（路廿四：49b），領受聖靈的能力。只有聖靈光照，講道人才能領悟《聖經》；只有聖靈開啓，講道人才懂得應對聽眾講甚麼，和如何預備講章；只有聖靈動工，所講的道才能在聽眾中激起迴響。

這裏就出現了依靠聖靈和自己努力的張力。既然領受聖靈的能力是講道人最需要的，那麼，講道的人還需要勤奮、認眞地預備講章麼？

筆者知道有的傳道人在講道前，一直在等候聖靈的引領，指示他們主日該講甚麼。筆者也聽說，有的傳道人一直等到週六晚上，仍是「神沒有給話」。筆者很看重這些傳道人與神的關係和他們仰賴神的心志。但坦白說，筆者缺少這樣的信心。主日要講道；如果週六晚上神還沒有給話，到了主日早上神仍沒有給話，那該怎麼辦？難道那個主日就不講道了？

筆者以為，依靠聖靈和個人盡本分之間要取得平衡。一方

面，在預備講章時，不應單靠自己的知識、恩賜和思辨才能，而不禱告、不等候神；另一方面，也不應只禱告、等候神，自己不作任何預備講章的工作。

有人引用主耶穌的吩咐：「不要思慮怎樣說話，或說甚麼話；到那時候，必賜給你們當說的話。因爲不是你們自己說的，乃是你們父的靈在你們裏頭說的。」（太十：19b-20）來支持自己不必預備講章的作法。其實，這是忽略了上下文。這兩節經文的上文是「並且你們要爲我的緣故，被送到諸侯君王面前，對他們和外邦人作見證。你們被交的時候，……」（太十：18-19a）。主耶穌談到的處境不是教會，而是法庭。主的意思可能是說，當信徒被交到法庭時，來不及爲自己預備答辯的話，此時聖靈會給他們當說的話。今天，多數傳道人不是爲主的緣故，突然被抓進法庭受審，而是爲主的緣故，按日程在教會講道。因此，斯托德評論說：「耶穌的應許帶給那些沒有律師爲之辯護的囚犯以極大的安慰；祂卻不安慰那些因太懶惰、太驕傲或太虔誠而不預備講章的傳道人。」[78]

筆者以爲，講道人應該把禱告和預備結合起來。《聖經》的作者在寫《聖經》時，都在聖靈的完全控制之下。路加在《路加福音》開始時說：「這些事我既從起頭都詳細考察了，就定意要按著次序寫給你，使你知道所學之道都是確實的。」（路一：3-4）可見，「詳細查考」的過程，也可以是依靠聖靈的過程。所以，在預備講章時，應該在禱告中預備，在預備中禱告。

在預備講章的過程中，甚至在講章預備好之後，都一直要保持儆醒的心，隨時識別、順服聖靈的帶領。摩根說，他有一個習慣，在主日早上讀一些與當天的講章無關的經卷。有一次

他預備好了主日講章，在主日早上讀《聖經》，突然被《彼得前書》二章9節的經文抓住，他一再讀這節經文，然後走進教堂，臨時改變講題，用這一節經文講了一個小時的道。他說：「這種作法相當危險，但從那一次以後，我又傳講了好幾次那篇信息，現在正著手根據那節經文來寫一本書。」[79] 筆者相信，摩根的那次經歷，是聖靈的帶領。

不僅在預備講章時，即便上了講臺後，在講道中，仍需依靠聖靈的大能。英國著名傳道人司布真講道極有能力。據說，一次他講完道後，有人問他的秘訣何在？司布真沒有答話，卻把那人帶到地下室，開門一看，有數以百計的信徒在那裏為他講道禱告！

在筆者極有限的講道事奉中，也有幸經歷到聖靈的帶領和能力。

一次，筆者應邀到一個教會講道，被安排住在一個弟兄家裏。動身去那個地方之前，那位弟兄打電話給我，說他父親從國內來看他；教會的聚會都參加，但從不發表意見，也不信主。他希望筆者有機會和他父親談談。筆者建議他把此事放在禱告中。週五晚講了佈道信息，他父親去了，仍是沒有任何表示。週六晚上講培靈信息。週六下午筆者在安靜、預備時，發現寫好的〈信心與行為〉的講章忘在家裏沒有帶來。怎麼辦？迫切禱告後，筆者決定講題不變。於是利用那個下午重新寫了講章。一般來說，慕道朋友不大會參加培靈會。但那個晚上，這位弟兄的父親卻參加了。聽完道、回到家裏後，老父親的話匣子就打開了。原來，那晚的培靈信息解開了深藏在他心中幾十年的一個心結。他明白了神的公義和智慧，沒有任何假傳道人能夠騙得了祂。那天晚上，老人家在家裏決志信主了。

有幾次外出講道，或因講的時間太長，或因身體不適，在講最後一堂信息之前，筆者失聲了。筆者惟一能作的，就是到一個僻靜處，跪下來懇切禱告。走上講臺後，剛講了幾句，聲音一下子就出來了。會後有聽眾還說：「你這一堂的聲音特別宏亮。」筆者只能感歎神的憐憫和大能。

在講道中，筆者有時心裏會有感動，要離開講稿，講一些原來沒有計畫要講的信息。開始時，筆者並不自覺，有時按感動改變了話題，有時則不理會心中的感動，仍按講稿講。但是，每當筆者順應感動講道後，會後總有聽眾告訴筆者，講道中有哪一點最打動他們，就好像特地對他們講的一樣。而他們指出的那些點，往往正是筆者受感動後即席講的信息。這樣的經歷多了，筆者在講道時就格外儆醒，隨時準備領受聖靈的開啟。

從預備、醞釀、寫講章到宣講，都有激烈的靈界的爭戰。講道者必須依靠聖靈，專心致志，排除干擾，全力以赴。按筆者的經驗，平時很難出現的事，偏偏這個過程中發生；事情雖不大，但很影響情緒，很容易使人分心。這類事一再發生，絕非巧合。所以，筆者特別警惕。奧斯邦說：「假如一個人是從禱告室走上講臺，那個星期中他所研讀的經文令他的靈魂悸動，那篇信息必定會彰顯聖靈的同在與能力，是沒有其他途徑可得的。」[80]

結 語

釋經的最終目的是應用；應用的重要部分是講道。講道是神用《聖經》對各個世代的人說話的重要管道。講道是崇高而艱巨的事奉，是身心靈的全部擺上，需要講道者用自己的一生

譜寫。講道時,不僅會眾在察看,在傾聽,在記錄,神更在查看,在傾聽,在記錄!意識到這一點,更能激勵講道人除去一切怠慢、冷淡、虛假、膽怯、驕傲,在講道事奉中盡忠。[81]

注釋

[01] Grant R. Osborne著，《基督教釋經手冊》，劉良淑譯（臺北：校園書房出版社，1999年），第451，456頁。

[02] 參見：周聯華著，《新編講道法》，臺灣基督教文藝出版社，1997年再版，第5頁；潘秋松著，劉淑媛編輯，《解析式新約經文彙編》，美國加州：美國麥種傳道會，2002年，第762頁。

[03] John R. W. Stott著，《講道的藝術》，魏啓源、劉良淑譯（臺北：校園書房出版社，1988年），第12頁。

[04] William W. Klein ，Craig L. Blomberg, and Robert L. Hubbard, Jr 著，蔡錦圖主編，《基道釋經手冊》，尹妙珍等譯（香港：基道出版社，2004年），第571頁。

[05] 轉引自：同[03]，第20頁。

[06] John Calvin著，《基督教要義》（下冊），謝秉德譯、湯清修譯（臺灣基督教文藝出版社，1998年），第14頁。

[07] 同[03]，第21頁。

[08] 同[03]，第23頁。

[09] 同[03]，第94-95頁。

[10] 同[03]，第95頁。

[11] 轉引自：同[03]，第103頁。

[12] 同[03]，第96-97頁。

[13] 參見：John R. W. Stott著，《講道的藝術》，魏啓源、劉良淑譯（臺北：校園書房出版社，1988年），第139-140頁；Grant R. Osborne著，《基督教釋經手冊》，劉良淑譯（臺北：校園書房出版社，1999年），第451頁。

[14] 參見：里程著，《神的聖言 卷一 聖經的權威》，美國：《基督使者協會》、《海外校園》雜誌社，2005年，第275頁；John R. W. Stott著，《講道的藝術》，魏啓源、劉良淑譯（臺北：校園書房出版社，1988年），第142頁。

[15] 同[03]，第146頁。

[16] 同[03]，第142頁。

[17] 陳潤棠著，《簡易講道法》，香港：金燈檯出版社，2000年，第5頁。

[18] 同[14]，第167-168頁

[19] 同[03]，第320頁。

[20] G. Campbell Morgan著，《摩根講道法》，劉逾瀚譯（美國新澤西：更新傳道會，1993年），第20頁。

[21] George A. Buttrick, Jesus Came Preaching , Christian Preaching in the New Age, the 1931 Yale Lecture(Scribner, 1931), p. 133; 轉引自：John R. W. Stott著，《講道的藝術》，魏啟源、劉良淑譯（臺北：校園書房出版社，1988年），第309頁。

[22] Leon Morris著，《哥林多前書》，蔣黃心湄譯（臺北：校園書房出版社，2002年），第138頁。

[23] C. H. Spurgeon, Lectures, First Series, p. 78-79; 轉引自：John R. W. Stott著，《講道的藝術》，魏啟源、劉良淑譯（臺北：校園書房出版社，1988年），第143-144頁。

[24] 同[03]，第147頁。

[25] 同[03]，第146頁。

[26] 同[03]，第40頁。

[27] 同[20]，第12頁。

[28] 參見：潘秋松著，劉淑媛編輯，《解析式新約經文彙編》，美國加州：美國麥種傳道會，2002年，有關頁數；John R. W. Stott著，《講道的藝術》，魏啟源、劉良淑譯（臺北：校園書房出版社，1988年），第137-138頁。

[29] 同[03]，第138頁。

[30] 曾霖芳著，《講道學》，香港：嘉種出版社，1995年，第3頁。

[31] 同上，第16頁。

[32] 同[30]，第17-19頁。

[33] 同[30]，第19-20頁。

[34] 同[30]，第17頁。

[35] 馮秉誠著，《領人歸主》，美國加州：海外校園雜誌社，1999年，第36頁。

[36] 同[30]，第14頁。

[37] 參見：曾霖芳著，《講道學》，香港：嘉種出版社，1995年，第
　　55頁；John R. W. Stott著，《講道的藝術》，魏啟源、劉良淑譯
　　（臺北：校園書房出版社，1988年），第152頁。

[38] 同[30]，第9頁。

[39] 同[03]，第269頁。

[40] 同[03]，第271頁。

[41] 同[03]，第329-330頁。

[42] 同[35]，第37頁。

[43] 參見： 同[03]，第336頁。

[44] 同[01]，第462，464頁。

[45] 同[30]，第126頁。

[46] 同[30]，第35頁。

[47] 同[30]，第29頁。

[48] 參見： 同[03]，第150頁。

[49] 周聯華著，《新編講道法》，臺灣基督教文藝出版社，1997年再
　　版，第467頁。

[50] 同上。

[51] 參見：曾霖芳著，《講道學》，香港：嘉種出版社，1995年，第
　　219頁；周聯華著，《新編講道法》，臺灣基督教文藝出版社，
　　1997年再版，第467-468頁

[52] 同[49]，第473-474頁。

[53] 同[03]，第124頁。

[54] 參見：Grant R. Osborne著，《基督教釋經手冊》，劉良淑譯
　　（臺北：校園書房出版社，1999年），第484頁；陳潤棠著，
　　《簡易講道法》，香港：金燈檯出版社，2000年，第106-107
　　頁。

[55] 同[03]，第326頁。

[56] 同[17]，第113-114頁。

[57] 同[20]，第27頁。

[58] 同[03]，第320，323頁。

[59] 同[20]，第73頁。

[60] 同[30]，第38頁。

[61] 同[20]，第30頁。

[62] 同[03]，第291頁。

[63] 同[30]，第58頁。

[64] 同[03]，第59頁。

[65] 筆者與傳道同工的私人通信。

[66] 筆者與傳道同工的私人通信。

[67] 參見： 同[20]，第74頁。

[68] 同[30]，第82-85頁。

[69] 同[20]，第76頁。

[70] 同[30]，第121頁。

[71] 同[30]，第149-149頁。

[72] 同[01]，第466-467頁。

[73] 同[03]，第257頁。

[74] 同[30]，第38-40頁。

[75] 同[03]，第260-261頁。

[76] 同[03]，第261頁。

[77] 同[03]，第257頁。

[78] 同[03]，第215-216頁。

[79] 同[20]，第38-39頁。

[80] 同[01]，第455頁。

[81] 同[03]，第348頁。

附　錄

講道實例

　　筆者從近年的講章中，摘了四篇附後，供讀者參考。

　　實例一是筆者在「海外神學院」修「講道學」這門課時寫的試講講章。這篇講章遵循曾霖芳院長教授的「講道學」的原則，努力「領悟」神的話。幾個月裏，對《約伯記》的幾節經文，反覆思想、禱告、醞釀，沒有查閱任何釋經書，是用「小火煲出來的」，是筆者講道事奉的一次突破。

　　實例二是專題式講道，實例三和四是解經式講道；有的側重福音信息，有的以培靈信息為主。講道中，筆者盡力把福音性與培靈性信息結合起來。

實例一

密友之情

11/01/2000

「我的朋友譏誚我，我卻向神眼淚汪汪。」（伯十六：20）

「我願如壯年的時候，那時我在帳棚中，神待我有密友之情。」（伯廿九：4）

一、引言：

《聖經》是神的話語，是靈，是生命，是無誤的。《聖經》的許多譯本也是在神的保守下完成的，中文和合本《聖經》就是其中之一。它雖有待更臻於完美，但卻是極寶貴的。有些經句，不僅意思忠於原文，而且神韻絕俗，扣人心弦，催人反覆誦讀、品味。《約伯記》十六章20節就是一例。

二、各中譯本的譯文：

為了對照，先引兩種英文譯文：

「My friends scorn me, but mine eyes pourth out tears to God.」（KJV）

「My friends scorn me, my eye pours tears to God.」（NRSV）

兩者基本相同。

我現能查到的中譯本譯文，有如下這些：

1. 我的朋友譏誚我，我卻向神眼淚汪汪。（和合本）
2. 我的朋友譏誚我，我目向神流淚。（淺文理和合本）
3. 朋友訕笑，我目對上帝而流涕。（文理和合本）
4. 我的朋友譏誚我，我的眼直向上帝流淚。（呂振中譯本）
5. 譏誚我的，就是我的朋友，我的眼向上帝流淚。（新譯本）
6. 我受朋友的譏諷，我向上帝哭訴。（當代聖經譯本）
7. 我的朋友們責備我，我在上帝面前眼淚汪汪。（現代中文譯本）
8. 我的哀號上徹於天，在天主面前我的雙目流淚不止。（思高本）

6-8的譯文與英文的意思有出入；1-5的譯文比較準確，但以和合本的譯文最好。因為，只有它在這句譯文中，才能強烈地體驗到兩個反差（對比或張力）和一幅圖畫。讓我們仔細來思想。

三、「我的朋友」

約伯顯然是指提曼人以利法、書亞人比勒達赫、拿瑪人鎖法（伯二：11）。他們三位是約伯的朋友麼？甚麼是「朋友」呢？

字典的定義

牛津字典的定義是：

「A person with whom one is on terms of mutual affection and respect.」

（一個與之互相影響、彼此相愛和彼此尊重的人。）

中文古典的定義則簡而明：

「同門為朋，同志為友。」（《應用漢語辭典》，北京：商務印書館，2000年，第953頁）

朋與友是分開的：同事、同屋等為「朋」；志向相同者才稱為「友」。朋可以單獨使用，如，「有朋自遠方來，不亦樂乎？」

現代漢語則視朋與友為同義，「朋」不單用；「朋友」也可轉義，比如，「這人夠朋友！」「這是他的女朋友。」

「同志」可指一般的志趣相投（酒肉朋友，狐朋狗友），更是指信仰、抱負相投。深一層看，能經受考驗的朋友才算真朋友；那些口蜜腹劍、桌上握手、桌下踢腳、落井下石、賣友求榮的人，是不在真朋友之列的。

按照諺語，真朋友是這樣的：

中國民諺：「疾風知勁草，日久見人心。」「烈火煉眞金，患難見眞情。」

河南民諺：「好時送匹馬，不如難時拉一把。」（錦上添花，不如雪中送炭。）

西方諺語：「A friend in need is a friend in deed.」

按中、西方的定義，約伯的三位朋友都堪稱眞朋友。因爲，第一，都敬畏神，是屬靈的朋友；

第二，患難與共：他們「從本處……來，爲他悲傷，安慰他。」（伯二：11）當約伯從東方人中的至大（伯一：3）淪爲家破人亡、長滿毒瘡的人後，當許多人幸災樂禍、猜測議論、冷嘲熱諷或猶避不及（怕被牽連、被求助、被傳染）的時候，身在外地（雖據說相距不會太遠，參啓導本《聖經》第775頁）的三人，完全可以佯裝不知，或者差人送信和禮物，以示同情、慰問，就大異於常人，心中可以平安了。但是，他們親自來了。

他們不僅來了，而且是「約會同來」（伯二：11）。他們來，不是等有空才來，而是馬上來；不僅馬上來，還是馬上同來。談何容易！同胞兄弟姊妹天各一方後，大約可以相約，一年一同返家探望父母；父母離世後，沒有凝聚力了，多年都難以大團圓一次。據《七十士譯本》說，這三位都是王。即便不是王，也是相當有地位、事務繁忙的人。這三位要相約同來，只有把安慰約伯當作頭等大事、不顧手中的一切事務，才有可能。

他們同來以後，都「放聲大哭」，「撕裂外袍」，「向天揚土」，並陪約伯坐在地上「七天七夜」之久！按當時的傳

統，「七天七夜」是為死人舉喪的日期；接受安慰的人開口之前，客人是不可以說話的。可見，這三位是名副其實地與約伯同患難了。他們對約伯的深厚情誼，躍然於紙上。能有幾個這樣真摯的朋友，可謂人生一大幸事！

四、「譏誚我」

「譏誚」一詞在KJV和NRSV中都是「scorn」：strong contempt（強烈的蔑視、譏嘲）。譏誚意為諷刺、挖苦，比「嘲笑」更甚。嘲笑有時可能是正面的，如自嘲，予朋友以善意的嘲弄等等。譏笑、譏誚則是因內心的憤恨、苦毒而表現出來的對他人人格的輕蔑和敵視，絕少出自朋友之口。

這就展現出第一個反差（張力）：三位真正的朋友為甚麼會輕蔑、敵視約伯呢？真正的朋友與譏誚怎能相容呢？原來，他們存著非常真誠、善良、急迫的心，不僅來安慰約伯，而且要努力使約伯盡快脫離苦境。他們以為，苦難是人犯罪的結果。所以要約伯趕快認罪、悔改，以便蒙神的赦免。但約伯堅稱自己無罪。唇槍舌戰，由此而起；互不相讓，以致產生敵意，發出譏誚（伯十五：1-2、7-16）。

三友強調：「善有善報，惡有惡報；不是不報，時侯未到；時候一到，一切都報。」這個因果律是一項真理，新、舊約《聖經》都有論述（出二十：5-6；林後五：9-10；羅二：7-11）。但是，他們把這一因果律擴大化、絕對化了。

因果律只是說，惡有惡報，善有善報，或犯罪必遭苦難；但並沒有說，凡遭遇苦難的，必定犯了罪。即正敘述成立，而逆敘述不成立。另一個淺顯的例子是，人都有兩隻眼睛；但有兩隻眼睛的不一定都是人。

　　苦難可能與犯罪有關，也可能無關。約伯的苦難就不是因為他犯了罪，因為耶和華神說他「完全正直，敬畏神，遠離惡事」（伯一：8）。《約翰福音》記載，耶穌治好了躺在畢士大水池旁邊38年的癱子後，對他說：「你已經痊癒了，不要再犯罪，恐怕你遭遇的更加厲害。」（約五：14）這強烈暗示，此人生病是與他犯罪有關的。相反，當看到一個生來就是瞎眼的人時，門徒問主耶穌：「拉比，這人生來是瞎眼的，是誰犯了罪？是這人呢？是他父母呢？」但主耶穌卻回答說：「也不是這人犯了罪，也不是他父母犯了罪，是要在他身上顯出神的作為來。」（約九：1-3）也就是說，此人瞎眼並非犯罪所致。

　　若把「人有兩隻眼睛」絕對化為「只有人有兩隻眼睛」，就會導出「凡有兩隻眼睛的就是人」的荒謬結論。同理，若把「犯罪會遭遇苦難」絕對化為「只有犯罪才會遭遇苦難」，就會得出「凡遭遇苦難的就是因為犯了罪」的錯誤結論。約伯的三友正是犯了這個以偏概全的謬誤。

　　真理和謬誤僅一步之差。不幸的是，幾千年後的今天，我們許多人所持守的，仍是約伯這三位朋友錯誤的苦難觀。若惡人遭報，是罪有應得，大家拍手稱快，自不待說。但我們常常困惑地問：「某某弟兄（姊妹）這麼愛主，為何會遭遇如此大難？」其潛臺詞就是：「他（她）並沒有犯罪，為何會受苦呢？」這種錯誤的苦難觀，使我們把苦難完全看成是負面的，是神的懲罰。這不僅使我們不能正確地對待苦難，而且會對神產生埋怨，甚至憤恨。

　　義人受苦是《約伯記》的主題。從中我們可以看到，苦難是神塑造義人的一種手段，同時，也是義人為神作見證的好機會。當苦難臨到我們時，我們首先應該省察，自己是不是犯罪

得罪了神？如果我們沒有犯罪或者已經認罪、悔改後，苦難仍沒有離開，那就表明神有別的美意。我們就不要再在罪的問題上兜圈子，或陷在無窮無盡的「爲甚麼」之中不能自拔。我們應該積極地求問神，如何在苦難中學習，如何戰勝苦難？

三位朋友與約伯爭辯得不可開交，以致淪到譏誚他的地步。首先，他們似乎太自信、自負。如果他們謙卑一點，也許約伯的堅定陳述可以成爲他們省察自己錯誤觀點的契機。其次，他們並不了解約伯。提曼人以利法織羅了約伯一大堆莫須有的罪名（伯廿二：5-11）。說來也叫人難以明白：如果約伯這麼壞，他們爲甚麼還作他的好友呢？爲何在約伯遭難時，還專程趕來安慰、幫助他呢？也許，是他們理屈詞窮時，被迫說的不實之詞。然而，倘若他們充分了解約伯的行事爲人，即便再輸理，也不至於編出這一大堆罪名來呀！

三位朋友可算約伯的患難之交，刎頸之交，但還不是心靈相通的知心朋友、莫逆之交。他們不瞭解約伯外在的待人接物，更不瞭解約伯的內心世界。約伯遭難後的最痛苦之處，不是在家庭、物質或生理方面，而是在精神方面，在於被人唾棄、欺壓、隔絕（伯十九：13-22）。三友因不瞭解他，好心想安慰他，反叫他愁煩（伯十六：2）；想幫助他脫離苦境，卻使他更加痛苦。真可謂「話不投機半句多」！

傳道人的一大難處是孤獨，許多牧師都曾這樣對我說。所以，傳道人之間交幾個知己是大有裨益的。曾霖芳牧師說得很對，交友之道，首推一個「誠」字。我的理解，主要有三方面。第一，要誠實，心地善良、正直。心裏不要有彎曲、悖謬，要力戒貪婪、嫉妒、譭謗、苦毒。心善，才能發出善來。心正，才能正人。第二，要誠懇，溫溫和和地待人。即不要自

高自大、惟我屬靈，也無須刻意逢迎，八面玲瓏。要除去一切
權術、詭詐。不要斤斤計較，患得患失，惟惟諾諾。應該坦坦
蕩蕩，堂堂正正，頂天立地。第三，要誠摯，要口心一致，裏
表如一。人之相交，貴在交心。「千金易得，知己難覓。」難
就難在交心。不交心，就不能知心。交心難，難在交出的心常
不被理解、不被看重；相反，常被誤解、譏笑、輕視。怕別人
說自己不屬靈，怕被傷害，我們就在心的四周築起一座又厚又
高的牆，戴上一付屬靈的面具。逢人就交心，顯然不是明智之
舉；但是，對任何人都深藏不露，只能孤立自己。朝夕共處、
事奉，卻從無心靈交匯，這是一大悲哀。總之，「如今在主裏
面是光明的，行事為人就當像光明的子女。光明所結的果子就
是一切良善、公義、誠實。」（弗五：8-9）

　　待人以誠，可能會吃虧。但主鑑察一切，吃虧又何妨呢？
再說，精誠所至，金石為開。只有我們以誠待人、甘願吃虧，
才會有同樣的人與我們相交。「心有靈犀一點通」不是天生
的，也不是旦夕之工，須在不斷的相交、相磨、相通中漸漸形
成。如果我們每個人都有幾位朋友，在任何情況下都能彼此信
賴、彼此接納，可以傾心相吐而不用設防，我們的人生就會多
幾縷陽光，多幾分溫暖，多一點安慰，多一份支持，在苦難中
也容易一些，起碼不會像約伯那樣雪上加霜。

五、「我卻向神」

　　這幾個字譯得很好，很精細、準確，也將第二個反差展
露出來了。「我的朋友譏誚我」發生在約伯與三友對話的時
候。被人輕慢、譏諷時，人最自然的反應是，反唇相譏，或憤
然拂袖。譯文中加了一個轉換語氣的聯接詞「卻」。這是和合

本獨有的。這個「卻」字預示了約伯對朋友的譏誚有異於常人的反應。果然，約伯沒有衝著他朋友作任何回應，卻「向神……」。這就將孕育在靜態的「向」字中的那個動態的「轉向」的處境準確地描寫出來了：約伯由面向朋友而轉向神。他不再與朋友糾纏、辯論，而是要從神那裏找答案；不再理會朋友的輕蔑和敵意，要向神討公道。這個「轉向」是一個反差，將約伯的屬靈氣質突顯出來。

六、「眼淚汪汪」

有些中譯本將這幾個字直譯為「我眼流淚」。有聲有淚是哭，有聲無淚謂嚎，有淚無聲為泣。按此定義，約伯是泣。撕裂心扉般的放聲大哭，會使人受到強烈的震撼。無聲飲泣也會有格外的感染力。一位朋友多次對我訴說，有時與妻子發生口角，心裏非常生氣。但當他看到妻子深夜仍坐在燈下，一邊抽泣、一邊為他織毛衣時，心立刻軟下來，去賠禮道歉。也許，當姊妹受到自己弟兄不公正對待時，流淚服侍他，是以柔克剛、出奇致勝的一個秘訣。

「眼睛流淚」被譯為「眼淚汪汪」，既合原意，又發揮了文學修辭的長處，將約伯當時內心地感受和外在表情化為一幅栩栩如生的圖畫。使人很自然地聯想到宋朝詞人柳永的名句：「執手相看淚眼，竟無語凝噎。」（雨霖鈴 寒蟬淒切）催著要開船了，送行的人拉著將去千里之外的友人的手，竟一句話也說不出來。一切盡在彼此相望、會說話的淚眼之中。「眼淚汪汪」不是神來之筆，也是傳神之筆。

按《經文彙編》，合和本譯為「眼淚汪汪」的，共有四處，另三處是：賽十五：3；耶九：18，十四：17。但只有伯十

六：20是向神眼淚汪汪。縱觀古聖賢們，向神作甚麼的都有。為救所多瑪，亞伯拉罕向神一再討價還價（創十八：22-32）；雅各與神摔跤，向神強要祝福（創卅二：22-30）；為救百姓脫離神的震怒，摩西以自己的性命向耶和華祈求（出卅二：31-32）；大衛王犯罪後，向神求赦免（詩五十一）；因懼怕耶洗別的迫害，以利亞向神求死（王上十九：1-5）；因蓖麻被蟲咬死，約拿向神發怒（拿四：7-11）……但是，向神眼淚汪汪的，在《聖經》的明文記載中，只有約伯這一位，足見他與神有非同尋常的關係。

七、「神待我有密友之情」

我們（尤其是弟兄）童年大都有這樣的經歷：獨自在外被人欺負時，再害怕也要硬挺住，再弱小也不服軟，再想哭也要強忍眼淚；及至見到親人或回家之後，所受的委屈才化為汨汨淚水，或母親懷裏的嗚嗚哭聲。約伯也有相似的處境。當朋友譏誚他、一口咬定他犯了罪時，他嚴加駁斥，據理力爭；但當他轉向神時，委屈的眼淚再也控制不住了：神阿，祢知道我沒有犯罪，「在天上有我的見證」（伯二十：19）。神阿，祢應該替我作主，祢應該聽我的申訴，告訴我為甚麼會無辜受苦。因為祢是我的中保。約伯向神眼淚汪汪，因為神待他如密友。

神待約伯有密友之情，可從兩方面窺測。

一是約伯的經歷。《聖經》沒有記載約伯的家世和他個人的歷史，只描寫他兒女眾多、產業豐厚，敬畏神，在東方人中為至大。我們無法得知他的家產是從上祖繼承而來，還是他艱苦創業所得。但他說：「賞賜的是耶和華，收取的也是耶和華。耶和華的名是應當稱頌的。」（伯一：21）可見，他深知

他的一切都是神給予的。在他的家產喪失貽盡、兒女全部死去時，他仍能開口稱頌耶和華，足以表明他與神的關係之親密，經歷神的恩典之豐盛。我不禁聯想到一件事。三年前，芝加哥一對美國牧師夫婦開車去密爾沃基市（Milwaukee）。途中汽車起火，五個孩子全被燒死。幾天後，遍體鱗傷的他們出現在電視上，噙著眼淚對觀眾說：「我們不知道為甚麼發生這樣的事。但我們仍相信我們的神。」引起強烈迴響。

二是約伯的信仰。約伯說：「我知道我的救贖主活著，末了必站立在地上。我這皮肉絕滅之後，我必在肉身之外得見神。我自己要見祂，親眼要見祂，並不像外人。」（伯十九：25-27）這是信徒喜愛的金句，也因韓德爾將它譜入《彌賽亞》中而舉世皆知。約伯不僅知道自己的救贖主活著，而且知道祂會再來；他自己死後也會復活，與神同在。這些在新約《聖經》才逐漸顯明的真理，比新約時代早兩千多年的約伯已經知道了。可能，是神親自啟示了他。他與神的密友之情，可見一斑。

人與人的情誼固然寶貴，神與人的相親更重要。人可能會虧負、誤解我們，神卻看透萬事，以恩慈待我們；人會背信，神永不失信；人可能心有餘而力不足（試想，即便三友不誤解約伯，他們又能為約伯作甚麼呢？），神卻凡事都能，是我們的避難所和隨時的幫助；天下沒有不散的宴席，朋友總有離去的一天，但神是永遠活著。從另一個角度說，只有與神關係密切的人，才有可能成為屬靈的知心朋友。

神稱每一個信祂的人為朋友（約十五：15）。但不是所有信祂的人都能成為祂的親密朋友。在神這一方，是沒有問題的。祂知道我們（我們尚未成形，祂已看見；祂數過我們的頭

髮;在創世以前,祂已經揀選了我們),祂愛我們到底(約十三:1);而且,神願意和我們親密。但是,友誼是雙向的。顯然,能否成為神的密友,責任在我們一方:是否願意成為神的密友?能否被神驗中?

每個人都願意成為神的密友,這似乎沒有甚麼疑問。其實不然。我們真喜歡讀祂的話語麼?我們甘願花時間禱告麼?我們真盼望主再來麼?神學院一位老師說,有一個神學生,每逢考試,就祈求主快來。畢業後結婚。在婚禮上,有人問他:「你現在還求主快來麼?」我希望他不是在講我們神學院的同學。其實,是又怎麼樣呢?我們不也一樣麼?我們還不如這個學生坦誠呢。可是,我們確實也常常祈求神的同在。是心口不一麼?不全是。我們常常向神祈求的是從神而來的異象、神蹟、指引、智慧、安慰、恩賜、健康、財富、成功,而不是要神自己。

「耶和華的眼目遍察全地,要顯大能幫助向祂心存誠實的人。」(代下十六:9)「乖僻的人為耶和華所憎惡,正直人為祂所親密。」(箴三:32)「耶和華與敬畏祂的人親密,祂必將自己的約指示他們。」(詩廿五:14)神擇友的條件就是內心誠實、行為正直,和敬畏神。正直才能與公義相交。敬畏神,因為祂不僅是友,更是主和神。誠實,就是實事求是地承認,萬有都本於祂、依靠祂、歸於祂,從而仰望祂、順服祂、榮耀祂(約伯的妻子不合格)。如果有保羅「丟棄萬事,看作糞土,為要得著基督」(腓三:8)的決心,作神的密友,志在必成。

在醞釀這篇講章時,一直有兩個問題困擾我。

一個問題是,《約伯記》開始時,約伯有多大歲數?按

他兒女的數目、年齡，他不會太老，也不會太年輕，應是壯年以後（伯廿九：4）。由於結婚的年齡和「壯年」的定義不確定，他的年紀在40-80歲之間是可能的。上週，曾霖芳牧師講授《智慧書》時，說約伯當時是七十歲，令我疑團頓釋。因為，全書結束時，耶和華將一切雙倍賜給約伯，約伯又活了一百四十年，所以，本書開始時，他應是七十歲。雖不敢說有絕對把握，但這個推論合情、合理、又合上下文。

第二個問題是，本卷書開始時，是不是約伯的前半生（卅八章以前）中與神關係最親密的時期？是否已經到了親密無間的程度？應該不是。首先，伯廿九：4的動詞是過去式，說明「神待我有密友之情」已成為過去，雖然約伯仍追想著那段美好時光。其次，耶和華在旋風中對約伯說話後，約伯說：「我以前風聞有祢，現在親眼看見祢。」（伯四十二：5）如果他當時是神的密友，「風聞」又如何解釋呢？但是，如果他與神不夠親密，神怎麼會放手讓撒但去試探他，而他也基本上經受住了這一極其殘酷的試探呢？他似乎又與神很親密。

暫且撇下第二個問題，不作結論。但有一點可以肯定，在試探中，約伯也表現出了人的軟弱。在與三友的辯論中，他用無知的言語使神的旨意暗昧不明（伯卅八：2）。現再以他對待譏誚的態度為例。在伯十六：20中，面對朋友的譏誚，約伯沒有按人的本性反唇相譏，而是轉向了神。但在這以前，他也曾反唇相譏（伯十二：1-3，十三：4-5）。甚至，他轉向神後，又從神轉向人，再次反唇相譏（廿六：1-3）。聯想到「信心之父」亞伯拉罕，因轉離神，也有十三年（86-99歲）無善可陳（創十六：16～十七：1）！在長禱無效、逆境一直沒有轉機，或遲遲聽不到神的回應時，人的信心往往也到了極限。人的眼

目常常會轉離神，從別處尋找出路。像亞伯拉罕、約伯這樣的信心偉人尚且如此，何況我們呢，我們當走的路還長著呢！

八、結語——遐想

當我們跑完人生的路程的時候，如果我們能由衷地禱告說：「父神，我感謝祢，因祢待我有密友之情。」我們的一生該是怎樣美好、豐盛的一生？

求主幫助我們。阿們。

實例二

芝北華人基督教會

主日證道：主裏的團契生活

05/07/2006

經文：腓二：1-5；林前十二：13-27

一、引言：謝謝芝北教會為我們真道培訓中心提供場地和一切方便，使TWTC在芝加哥地區的第一次神學培訓（5/5-7/06：《聖經論》）能順利進行。林恆志牧師告訴我，你們教會今年的主題是團契生活。我今天將圍繞這一主題作一些分享。

二、團契的含義

團契的希臘字是 $\kappa o \iota \nu \omega \nu \iota \alpha$（koinōnia），英文譯為 fellowship。在新約《聖經》中，這個字有幾種含義。

1.「相交」：

「我們將所看見、所聽見的傳給你們，使你們與我們相交，我們乃是與父並祂兒子耶穌基督相交的。」（約壹一：3）

「我們若說是與神相交，卻仍在黑暗裏行，就是說謊話，不行眞理了。」（約壹一：6）

2.「**相通**」：

「光明和黑暗有甚麼相通呢？」（林後六：14c）

3.「**交通**」：

「所以在基督裏若有甚麼勸勉，愛心有甚麼安慰，聖靈有甚麼交通，……。」（腓二：1）

4.「**交接**」：

「於是領受他話的人，就受了洗；那一天，門徒約添了三千人；都恆心遵守使徒的教訓，彼此交接，擘餅，祈禱。」（徒二：41-42）

5.「**有分**」：

「我可以證明他們是按著力量，而且也過了力量，自己甘心樂意的捐贈；再三的求我們，准他們在這供給聖徒的恩情上有分。」（林後八：3-4）

6.「**同領**」：

「我們所祝福的杯，豈不是**同領**基督的血麼？我們所擘開的餅，豈不是**同領**基督的身體麼？」（林前十：16）

7.「**同有的**」：

「願你們與人所同有的信心顯出功效，使人知道你們各樣善事都是爲基督作的。」（門一：6）

8.「**一同得分**」：

「神是信實的，你們原是被祂所召，好與祂兒子，我們的主耶穌基督，一同得分。」（林前一：9）

9.「**捐項**」、「**捐錢**」：

「於是門徒定意，照個人的力量捐錢，送去供給住在猶太

的弟兄。」（徒十一：29）

「因為馬其頓，和亞該亞人樂意湊出捐項，給耶路撒冷聖徒中的窮人。」（羅十五：26）

10.「**感動**」：

「願主耶穌的恩惠、神的慈愛、聖靈的感動，常與你們眾人同在！」（林後十三：14）

按新約《聖經》的用法，團契的總意就是相通、分享和主動參與。有時，團契也被理解為一個基督徒群體（the fellowship）；但它之所以成為一個基督徒群體，乃是因為個人之間的相通和分享。

三、團契的屬靈內涵

1. 基督徒相通、分享是一大神蹟。

這麼多無親無故、在屬世上並無深交的人，這一大群成長背景各異、從事職業各不相同、為人處世之道及性格也有很大差異的人，能像一個大家庭一樣和諧相處、彼此相愛，是世人很難理解的。基督徒的團契生活本身，就是一個神蹟。是甚麼使基督徒的團契生活成為可能的呢？是基督徒團契內在的凝聚力，是基督徒團契的深厚內涵。

2. 團契的內涵：

「身體只有一個，聖靈只有一個，正如你們蒙召，同有一個指望、一主、一信、一洗、一神，就是眾人的父，超乎眾人之上，貫乎眾人之中，也住在眾人之內。」（弗

四：4-6）

「我們將所看見、所聽見的傳給你們，使你們與我們相交，我們乃是與父並祂兒子耶穌基督相交的。」（約壹一：3）

「我們愛，因為神先愛我們。」（約壹四：19）

「主怎樣饒恕了你們，你們也要怎樣饒恕人。」（西三：13b）

「看哪！弟兄和睦同居，是何等的善！何等的美！這好比那貴重的油，澆在亞倫的頭上，流到鬍鬚，又流到他的衣襟。又好比黑門的甘露，降在錫安山，因為在那裏有耶和華命定的福，就是永遠的生命。」（詩一三三：1-3）。

上述經文表明，基督徒有尊基督為大的共同信仰，有蒙同一位聖靈引領、保守的新生命，有榮神益人的共同人生目標。這就是基督徒團契的內涵和凝聚力。因為「志同道合」，沒有根本的利害衝突，基督徒才可能超越背景、性格、職業等的差異，作到「意念相同，愛心相同」（腓二：2）。才可能有和諧的團契生活。

常言說，血濃於水。但基督徒之間的親情卻比血還濃。一個素昧平生的人，如果他告訴我他是基督徒，我馬上與他變成了「零」距離，就可以像老朋友一樣，無話不談。我相信，大

家都會有這樣的經歷。

在這方面，我的感觸很深。大家可能沒有想到，我是一個內向的人，喜歡安靜、獨處。我不善交際，遇到不熟悉的人，就很拘謹，都不知該說甚麼。去親戚、朋友家作客，如果有許多我不認識的人在場，我就會如坐針氈，吃完飯趕緊逃走。可是，神卻用我這樣的人，常在大庭廣眾中說話。尤其，這十幾年，我每個月都有兩、三次應邀到不同的教會事奉，大都是當地教會的弟兄姊妹接待我。我過著「吃百家飯，住百家店」的生活。很多時候，我與接待家庭都是第一次見面。對我這種性格的人，困難是可以想見的。

但是，感謝神，祂知道我的軟弱。接待我的主內肢體，對我既熱情、周到，又親切、自然。他們不僅把房間預備得很舒適，飯菜烹調得很可口，而且告訴我衛生間在甚麼地方，冰箱裏有甚麼吃的，水果、零食放在何處，熱水在哪裏，有甚麼樣的茶葉，等等，讓我自由自在，就跟在自己家裏一樣。我常與他們徹夜長談，有說不完的話。神的呵護、弟兄姊妹的關愛，伴我走到今天，而且還將一路走下去。

對獨一真神的敬拜和讚美，是基督徒團契的核心，是它與世俗社團的根本區別。忽略或捨棄了這個核心，團契就會變成弟兄姊妹之間親親熱熱、紅紅火火，卻空空洞洞的社交活動。

基督徒團契能和諧一致，是因為團契裏的每個人不求自己的名和利，而是要使神得榮耀，故彼此沒有根本的利害衝突。如果基督徒要處處突顯自己，團契就會淪為爭名奪利、爾虞我詐的是非之地。

四、團契生活的重要性

1. 團契是同走天路的團隊

基督徒不屬於這個世界，卻要生活在這個世界，和非基督徒一樣，會在工作、學習、生活、婚姻等方面遇到各種挑戰、壓力和試探。隻身一人走天路是很困難的。在團契中，可以彼此代禱，相互提攜，同走天路。教會是基督的身體，弟兄姊妹們在這個身體上互為肢體。顯然，肢體只有連接於身體，才有生命，才會健康，才能成長。

2. 健康的團契生活是耶穌基督的見證

主耶穌說：「我賜給你們一條新命令，乃是叫你們彼此相愛；我怎樣愛你們，你們也要怎樣相愛。你們若有彼此相愛的心，眾人因此就認出你們是我的門徒了。」（約十三：34-35）弟兄姊妹們，慕道友來到教會，首先被甚麼所吸引？他們通常不是被基督教的教義所吸引，而是被基督徒的愛心、熱心和誠心所吸引。基督徒彼此相愛的全新的人際關係，使他們震撼，令他們羨慕。這時，我們就會告訴他們，我們彼此相愛，是因為神先愛了我們；人的愛很有限。若沒有神的愛澆灌在我們心裏，基督徒是不可能切實地彼此相愛的。這樣，基督徒的團契生活，可以成為神的真實性和基督教信仰的真實性的活生生的見證；可以成為一座橋樑，把尋求真道的人引領到神面前。

3. 團契生活是基督徒生命成長的必修課

如果一個基督徒沒有團契生活，只是自己在家裏讀經、禱告，會以為自己已經很愛主了，甚至願意為主付上一切代價。

但是，使徒約翰說：「人若說：『我愛神』，卻恨他的弟兄，就是說謊話的；不愛他所看見的弟兄，就不能愛沒有看見的神〔有古卷作怎能愛沒有看見的神呢〕。愛神的，也當愛弟兄，這是我們從神所受的命令。」（約壹四：19-21）愛神，是透過愛周遭的弟兄姊妹表達出來的。在團契裏，最需要學習的功課，仍是人際關係。在與肢體的相交中，我們可能挨批評、遭誤解、受傷害、被激怒；也正是在這時，我們才能發現自己生命中還有很多需要被神對付的地方，才會更勤奮地讀經，更迫切地祈禱，懇求神帶領自己的生命更新。

常有弟兄姊妹向我談及他們在信仰、事奉、工作、生活中出現的許多問題。我發現，他們存在的共性問題之一，是缺乏正常的團契生活。

五、健康的團契生活

既然團契是如此重要，怎樣使團契能健康、茁壯呢？使徒保羅的教導是：「凡事不可結黨，不可貪圖虛浮的榮耀；只要存心謙卑，各人看別人比自己強。各人不要單顧自己的事，也要顧別人的事。你們當以基督的心為心。」（腓二：3-5）「一切苦毒、惱恨、忿怒、嚷鬧、毀謗，並一切的惡毒〔或作陰毒〕，都當從你們中間除掉；並要以恩慈相待，存憐憫的心，彼此饒恕，正如神在基督裏饒恕了你們一樣。」（弗四：31-32）

1. 不要對團契抱理想主義態度。

許多基督徒，尤其像我們這些第一代的基督徒，會對團契或教會抱著一種理想主義的態度：既然基督徒是被耶穌的寶血

所買贖、所潔淨的人，那麼，基督教的團契或教會就該是一片淨土。但是，時間一長，我們倏然發現團契或教會竟也有不如人意的地方。心中不免困惑，有人甚至對基督教信仰的眞實性也有了疑問。

我曾對一位牧師談及這個問題。他卻持完全相反的觀點。他說：「我是第四代基督徒，在教會長大，從小看慣了教會的黑暗。我認爲，教會一天比一天更好了。」

這是看問題的兩個不同的角度；但都說明，團契、教會並非世外桃源。爲甚麼呢？首先，基督徒是蒙恩的罪人，老生命沒有完全死去（羅七：15-25），而新生命的成長尚需時日。所以，基督徒團契、教會必然帶有世俗的印痕。第二，教會中，一直是眞假基督徒並存，傳道人也有假的（太七：21-23）。假基督徒自然會給團契、教會帶來問題。第三，教會是靈界爭戰的戰場。撒但會在團契、教會裏挑撥、破壞，更會利用基督徒生命中的弱點興風作浪。

但是，教會的元首是耶穌基督，所以教會能在失敗和軟弱中不斷成長、壯大。

有的弟兄姊妹不認識基督教團契和教會的這種特性，對團契和教會抱著不切實際的理想主義的態度，一心想尋找完美的團契、教會。他們參加團契後，一旦發現團契有不如意之處，就離開去找新的團契；不久，再離開、再尋找。如此一來，他們始終游離在眾團契、教會之間，不能委身於一個團契、教會。

由不完美的人組成的團契、教會，自然是不完美的；在世上不可能有完美的團契、教會。有人說得好：即便有一天我們找到了一個完美的團契、教會，我們最好也不要參加。因爲，

我們一旦加入，那個團契、教會就不完美了！我們自己不完美，卻企圖尋找完美的團契、教會，這是不合邏輯的。

我們應該除去對團契、教會的理想主義的態度，一旦找到一個比較適合自己的團契、教會，就要在那個團契、教會固定下來。我們要克服作客的心態，以主人翁的態度參加團契、教會。看到團契、教會存在問題，不是站在一旁品頭論足，或抽身而去，而是以團契的一分子的身分想一想：我能作一點甚麼來幫助解決這個問題？在團契、教會中，我們不僅盼望有得著、受造就，也要立定心志去分享、願付出。只有這樣，我們才可能在一個團契或教會相對地固定下來。而相對穩定（人員、時間）的團契、教會生活，才能使弟兄姊妹之間能夠有較多的認識，較深的相交，才能切實地彼此相愛。

2. 要用「榮耀神」這個大道理（林前十：31）管一切小道理，避免把分歧變成紛爭，甚至分裂。

在團契或教會裏，「以敬虔爲得利的門路」的假弟兄（提前六：5）畢竟是少數；多數是重生得救的基督徒，是眞心想服事神、榮耀神的。但是問題在於，我們事奉的動機常常不夠純正，有不同程度的個人雜念的摻入、混雜。因此，我們面臨的最大的試探是：在眞心實意地高舉十字架、榮耀神的同時，又自覺不自覺地想高舉自己、榮耀自己。

一次，一間教會選舉執事，經會眾蘊釀後，擬出了候選人名單。這時，一位弟兄去找牧師抱怨：「我在教會有這麼多的服事，爲甚麼候選人中沒有我？」牧師說：「很多人都不願作執事。你願意服事主，這很好呀！」緊接著，牧師又問他：「如果大家提名你作執事候選人，你願不願意作執事呢？」不

想他回答說：「那倒不一定！」牧師頗感意外：「爲甚麼你又要爭著當候選人呢？」他說：「蒸饅頭——就是『爭』口氣！大家若提名我作候選人，說明大夥兒心中有我。這就夠了。當不當執事並不那麼重要。」其實，這位弟兄只是直率講出了很多人埋在心頭的話而已。

這種在事奉中的個人成分的摻雜，可以說是「人之常情」，我們每個人都不同程度地存在著。但是，我們不能讓這樣的雜念放任自流，應求主不斷地煉淨我們。否則，就會釀出紛爭，甚至分裂，使團契、教會受虧損。

3. 團契的分享和相交不僅在靈性和思想上，也要延伸到物質的層面上，即，要對肢體的實際困難存敏感的心，隨時伸出援手。正像使徒約翰教導的那樣：「小子們哪！我們相愛，不要只在言語和舌頭上；總要在行爲和誠實上。」（約壹三：18）

4. 對新來聚會的人，尤其是慕道朋友，一定要熱情、關心。

同一團契、教會的弟兄姊妹，大多數也是一個星期才能見一兩次面。見面時很親熱，總有說不完的話。這樣就容易就把新來的人「晾」在一邊了。

有一個禮拜天，我在一個教會講完道後，中午到當地的另一間教會去見一位傳道人。到達時，該教會的會眾正在交誼廳吃午飯。聽明我的來意，一位會友告訴我，我要找的傳道人不在，要我在教堂的走廊裏等候。與我同去的一位弟兄對這位會友說：「他（指我——筆者注）的行李箱中有些文件，你能

不能幫忙找一間屋子，以便他把行李放在那裏？」對方無奈，
給開了一間屋子：「這間行麼？」我探頭一看，裏面放著好幾
隻垃圾桶！我心裏不舒服，但不便說甚麼。這位會友就回廳裏
繼續吃飯去了。當時正是吃午飯的時候，對方壓根兒沒有問我
們：你們吃飯了麼？要不要和我們一起用飯？虧得我們是吃了
午飯才去的！不然，那一頓午飯就被吊起來了。就這樣，我被
「晾」在那間屋子裏，直到那位傳道人回到教堂。

事後，這位會友知道了我的身分，一再轉達他的歉意。
其實，我只是新朋友在教堂裏遭遇的一個例子罷了。一位新朋
友，尤其是慕道朋友，如果他第一次來團契或教會，受到熱
情、親切地接待，就會吸引他再來；如果他第一次就遭冷遇，
那麼，他再露面的可能性就很小了。

5. 不僅弟兄姐妹之間要有好的團契，信徒和傳道人之間也
應有活潑的團契生活。

我們許多人都以為，傳道人是打不倒、壓不垮的屬靈偉
人。其實傳道人也是人，只不過神把他們安置在傳道人的位子
上罷了。傳道人是「外有爭戰，內有懼怕」（林後七：5）。他
們有軟弱，有憂傷，也會哭，也需要幫助。我問過很多牧者，
他們大都感到，傳道事奉的最大難處是「屬靈的孤獨」，傳道
人常被會眾推至屬靈偉人的高位。「高處不勝寒」。會眾無論
有甚麼問題都找傳道人；但是，傳道人有了問題時，又能找誰
呢？

在一次為牧師退休舉行的歡送會上，會眾們紛紛發言，
動情地講述牧師一件件感人的事蹟，並向牧師表示深深的感
謝。最後，大家請牧師講幾句話。老牧師上臺後說的第一句話

竟是：「剛才大家講了那麼多，我不知道你們是在講誰呢！因為我在教會服事了二十多年，從未聽你們講過一句這樣的話……」是呀！如果會眾把那一天講的話分散在二十多年裏講該多好！中國人比較含蓄，內心的感激不好意思說出來。但會眾的鼓勵對傳道人是極為重要的。

所以，基督徒與傳道人之間要有親密的團契生活。牧者身邊應有幾位貼心的會友，讓他話有地方說，苦有地方訴。這幾位會眾既不會把牧師的話擴散出去，又能為牧師排憂解難。會眾對傳道人要多支持、關心。一聲感謝，一束鮮花，一張卡片，一頓便餐，都能使傳道人感受到肢體的親情，這對牧者是最大鼓舞和激勵。只要傳道人知道會眾信得過他、愛護他，不論服事遇到甚麼難處，他都能堅持下去。

參考文獻

楊牧谷（主編），《當代神學辭典》（下），臺北：校園書房出版社，1997年，第404，657頁。

潘秋松著，劉淑媛編輯，《解析式新約經文彙編》，美國加州：美國麥種傳道會，2002年，第1000頁。

實例三

米城中華基督教會

主日證道：召罪人悔改的神

06/26/2005

經文：太九：9-17

一、引言：這一段經文讓人們深深體察神的大愛和大能。

二、馬太蒙召：

「耶穌從那裏往前走，看見一個人名叫馬太，坐在稅關上，就對他說：『你跟從我來。』他就起來，跟從了耶穌。」（太九：9）一節十分平淡的經文，卻給我們留下了極大的默想空間。

1. 馬太是誰？

「馬太」這個希伯來名字的意思是「耶和華的禮物」（證主聖經百科全書，p.2156），又名利未（可二：14；路五：27），是亞勒菲的兒子（可二：14）；

是一個稅吏（可二：14；路五：27）：受雇於羅馬政府、向自己同胞徵稅的猶太人；

是在迦百農稅關上徵稅的稅吏：

「耶穌上了船，渡過海，來到自己的城裏」（太九：1）；

「耶穌聽見約翰下了監，就退到加利利去；後來又離開拿撒勒，往迦百農去，就住在那裏。」（太四：12-13）

2. 主耶穌呼召馬太：

施洗約翰下監以後，主耶穌以迦百農為基地，開始了祂的事工，並開始呼召一批門徒跟隨祂，馬太就在此時蒙召。但是，馬太是一個稅吏。稅吏不僅強徵暴斂、貪得無厭、道德低下，而且，他們效命於拜偶像的外邦統治者——羅馬政府，在政治上和宗教上也為人所不齒。從世人的眼光看，主耶穌應呼召一批道德高尚、在猶太人中被尊崇的人作他的門徒才對，召馬太這樣的人，實屬不明智的舉措。

但是，主耶穌透過對馬太的呼召，向世人彰顯祂的榮耀（將污穢的罪人變成聖潔的使徒）、祂的大愛（透過可憎的外貌看到馬太內心的渴望）和大能。（焦源濂，《基督生平》，P.130）猶如對雅各的揀選、對今天許多傳道人的揀選：神不是揀選「好人」，但凡被神揀選的，都會變成好人。

3. 馬太的回應（參見：焦源濂，《基督生平》，P.131）

及時：「他就起來，跟從了耶穌」（太九：9），也許，連帳目都顧不得了結和交接。

徹底：「他就撇下所有的，起來跟從了耶穌。」（路五：28）

許多使徒也是撇下所有跟隨主耶穌的，但彼得和安得烈只是「捨了網」，雅各和約翰是「捨了船」（太四：18-22）；迦

百農是加利利海西北岸的重要城鎮，是從大馬士革到耶路撒冷的必經之路。迦百農的稅官是聚寶盆、搖錢樹。馬太所撇下的恐怕比其他使徒多得多。

4.馬太為何這樣回應？

馬太知道耶穌是誰。

他一定知道主耶穌在迦百農趕逐污鬼（路四：33-36，41）、治好了彼得的岳母的熱病（路四：38-39）、讓癱子起來行走（太九：1-8）的神蹟奇事；他也準聽過耶穌帶著權柄的講道。

馬太更知道自己是誰。

他是一個已被世人定罪、被人唾棄、不被信任、沒有親情、沒有盼望、只有沉淪、等待死亡的人。

他知道耶穌是猶太人久盼的救主。但是，耶穌會接納、赦免他麼？耶穌允許他跟隨祂麼？這些是他不得不想、又不敢多想的問題。當耶穌呼召他的時候，他可能不敢相信自己的耳朵，他一定大喜過望！還有甚麼可猶豫的呢？這正是他欲求無門的事阿！彼得曾對主說：「看哪！我們已經撇下所有的跟從祢了」（可十：28），言外之意是要求賞賜；然而，比彼得撇下更多屬世東西的馬太，不僅沒有計較，反而高高興興的在自己家裏款待耶穌，而且請了他的很多朋友與耶穌一起坐席（可二：15；路五：29；太九：10）。這與耶利哥城的稅吏長撒該的得救多相似呀！（路十九：1-10）

三、「我來，本不是召義人（悔改），乃是召罪人（悔改）。」（太九：13；路五：32）

主耶穌與稅吏、罪人一起坐席，招來法利賽人的非議（太

九：11）；主耶穌以兩點回應：

1.「康健的人用不著醫生，有病的人才用得著。」（太九：12）

醫生只有接觸病人，才能醫治病人。主耶穌是最偉大的身心靈的醫生。

應用：身體有了病，可以求神直接醫治，也可求神藉醫生的手醫治。

2.「經上說：『我喜愛憐恤，不喜愛祭祀。』……我來，本不是召義人（悔改），乃是召罪人（悔改）。」（太九：13；路五：32）

「我喜愛良善〔或作憐恤〕，不喜愛祭祀；喜愛認識神，勝於獻祭。」（何六：6）

神所看重的是人的內心、生命，而不是空洞的宗教儀式；神不是看重人所獻的供物，更喜悅對人施憐恤和拯救。

這不是說，只有稅吏、妓女等才是有病的罪人，而法利賽人卻是健康的義人。「世人都犯了罪，虧缺了神的榮耀。」（羅三：23）主耶穌對求永生的少年官說：「你為甚麼稱我是良善的？除了神一位之外，再沒有良善的。」（路十八：19）區別僅僅在於，稅吏、妓女等人的罪惡已暴露在光天化日之下，而更多的人的罪惡是在暗中，或被包裹在敬虔的外表之下。對神來說，沒有區別。而且，前者往往容易悔改歸主，後者則容易自以為義，拒絕神的救恩（兩個人的禱告：路十八：9-14）。當過佛學院教務長的鄭麗津，1997年10月第一次聽道，當年11月就受洗歸主；著名企業家劉永甯染上賭癮，絕望之時聽到福音，立即信主。

主耶穌來到世間，就是要為罪人死，使一切願意悔改的罪

人都能因此活過來（提前一：15），這體現了神深不可測的大
愛（羅五：7-8）。對此，馬太一定是銘心刻骨的：

　　在他所記錄的耶穌的家譜中（太一：1-17），特地記載了
五個女人，其中，除了耶穌的肉身母親馬利亞之外，其餘四名
（他瑪、喇合、路得和烏利亞的妻子）都是被人看不起的。

　　在太十：1-4、可三：13-19和路六：12-16記錄的主耶穌選
召的十二個使徒中，都有馬太的名字，但惟獨在《馬太福音》
中，馬太冠以「稅吏馬太」（太十：3），這也是在他記錄的家
譜中，惟一有「職稱」（倒不如說是「罪名」）的使徒。他要
以此時時提醒自己，並以此向世人見證神的榮耀。

　　四、　僵化的宗教傳統和天國的新精神：

　　1. 主耶穌不反對禁食，他自己也禁食（曠野四十天；太十
七：21）；他在太九：15所說的話，是第一次暗示他的死；

　　2. 主耶穌反對的不是律法或祭祀的本身，而是反對法利賽
人只重敬虔的外表、忽視內在的生命的僵硬傳統（舊衣服、舊
皮囊）。

　　五、　應用

　　1. 對慕道友：

　　只有認識耶和華是獨一的真神，同時也認識自己是亟待被
拯救的罪人，才可能接受主耶穌為自己的救主。「找罪人，去
教堂；找義人，去監獄。」求神光照、開啓你們。

　　2.對基督徒：

　　基督教信仰的核心是，主耶穌用祂的死為人們付了罪應付
的代價， 使悔改的人出死入生、出黑暗入光明，得到豐盛、永

遠的生命。這是最寶貴的、用任何別的方法得不到的。只有時時站立在這個基點上，才能感悟神的恩典浩大，才會永遠對神懷著一顆感恩的心。「凡事謝恩」（帖前五：18）對基督徒是非常重要的。

只有心存感恩的人，才能更多地愛神、順服神、經歷神，與神的關係日趨親密；不懂得感恩的人，與神的關係若即若離，把信仰當成得世俗好處的門路，會落入拜偶像的膚淺和謬誤之中，不可能經歷神的豐盛。求神憐憫、引領我們。阿們。

實例四

米城中華基督教會

主日證道：耶穌被仇敵捉拿、定罪

09/24/2006

經文：太廿六：47-68

一、引言：這一段經文的記載，充分展現了拒絕救恩之人的罪惡，和神預定的救贖計畫。

二、 耶穌被捉拿

「說話之間」（太廿六：47a）：

按照《約翰福音》，從猶大離席（約十三：30），到他領人來捉拿耶穌（約十八：3），隔了相當長一段時間。雖然猶太人早就預謀要殺害耶穌，現在又有猶大充當幫兇，但他們仍有顧忌，沒有把握能在次日晚上以前釘死耶穌。因為，摩西律法禁止將釘死的人留在木頭上過夜（申廿一：22-23）；更重要的

是，次日晚上以後是安息日，而且是逾越節的安息日。他們需要時間以周密預謀。

「並有許多人」（太廿六：47）

除了祭司長、長老外，還有羅馬的千夫長（約十八：12），而不是百夫長，說明來的人確實很多，都帶著刀棒。這顯出他們對至高神的兒子耶穌毫無認識！若耶穌要抗拒，這些兵丁、刀棒有甚麼用呢？最令人哀歎的是，領這些兵丁來的，竟是主的十二門徒之一的加略人猶大！他朝夕隨主三年多，見過主行的許多神蹟奇事，但他仍只把耶穌看成是一個人。

「請拉比安！」（太廿六：49）

「拉比」是「老師」之意。據福音書記載，加略人猶大從未稱耶穌為「主」。在最後的晚宴上，當耶穌說門徒中有一個將要賣祂時，門徒個個都問：「主！是我麼？」（太廿六：22），惟獨加略人猶大不稱耶穌為主，他問：「拉比！是我麼？」（太廿六：25）在捉拿耶穌時，他仍不改口：「請拉比安！」這說明，在猶大的心目中，耶穌並不是神的兒子，最多不過是先知、善人罷了。

這就驗證了主耶穌的話：「我不是揀選了你們十二個門徒麼？但你們中間有一個是魔鬼。」（約六：70）「耶穌從起頭就知道，誰不信祂，誰要賣祂。」（約六：64b）

貪財，可能是猶大賣主的動機之一。猶大賣主後，後悔並自殺了。如果他能真心在神面前認罪、悔改，是可以得赦免、蒙拯救的。可是，他從始至終，只把耶穌看作是一個人，到最後他也只承認他「賣了無辜之人的血」（太廿七：4）。他拒絕承認耶穌是神的兒子，就只能走向永遠的沉淪。

「親嘴」（太廿六：49b）

親嘴通常是猶太人問安的表示。但這裏的用字是 $\kappa\alpha\tau\epsilon$ $\phi\iota\lambda\eta\sigma\epsilon\nu$，是由介詞 $\kappa\alpha\tau\alpha$ 和 $\phi\iota\lambda\acute{\epsilon}\sigma\omega$（親嘴）複合而成，表示連連地、熱烈地親嘴。這個複合字也用於父親和浪子之間的親嘴（路五：20）和以弗所教會長老與保羅惜別時的親嘴（徒二十：37）。

福音書只有兩處提及人對主耶穌如此親吻。一次是一個悔罪的婦人親吻主的腳（路七：38），再就是賣主的猶大的這次親吻；兩者的動機、心態和結果，天壤地別！焦源濂牧師將猶大的作為歸納為：最隱秘的行動、最周詳的計畫、最詭詐的手段和最無恥的暴露。

對一個明知對自己存心不良、口蜜腹劍的人，如果他只是假模假勢地衝著我們笑一笑或打個招呼，也許還可以忍受；如果他上前來，又打哈哈，又摟腰，又親嘴，一個勁兒地起膩，誰受得了阿！可是，我們的主表現了出奇的容讓。

猶大的卑劣行徑，淋漓盡致地暴露在門徒和各個世代的人面前，並將受到神的最後審判。

「朋友！你來要作的事，就作吧。」 （太廿六：50a）

「朋友」 一字在新約和合本中共出現30次，其中，27次的希臘字是 $\phi\iota\lambda o\varsigma$（philos），又譯為「友」、「忠臣」、「密友」；只有三次用的希臘字是 $\acute{\epsilon}\tau\alpha\hat{\iota}\rho o\varsigma$（hetairos）：

「家主回答其中的一人說：『**朋友**！我不虧負你；你與我講定的，不是一錢銀子麼？拿你的走吧；我給那後來的和給你一樣，這是我願意的。』」（太二十：13）

「王進來觀看賓客，見那裏有一個沒有穿禮服的。就對他

說：『朋友，你到這裏來，怎麼不穿禮服呢？』那人就無言可答。」（太廿二：11-12）

「**朋友**！你來要作的事，就作吧。」（太廿六：50a）

可見，έταῖρος 有「夥計」、「夥伴」之意，並無情誼可言。所以，主耶穌此時稱猶大為「朋友」，並不是在說客套話，而是提醒猶大，他是曾經參與過主的事工的。

「**你來要作的事，就作吧**」，在原文，是一個問句：「你為甚麼在這裏？」或「你來這裏作甚麼？」但按照上下文理，譯為「你來要作的事，就作吧」，也符合原意。

「**有跟隨耶穌的一個人，伸手拔出刀來，將大祭司的僕人砍了一刀，削掉他一個耳朵。**」（太廿六：51）

讀者很容易想到，這是彼得幹的。四福音書都記載了這件事，但只有《約翰福音》指名道姓，寫明是彼得把大祭司的僕人馬勒古的耳朵削掉了一隻（約十八：10）。解經家推測，《約翰福音》寫於一世紀末，那時彼得和馬勒古皆已去世，寫出他們的名字，不再會對彼得帶來不利影響。

彼得很可能是想砍馬勒古的頭。或者彼得太緊張，或者馬勒古把頭一歪，就砍到耳朵上了。

「**收刀入鞘吧！**」（太廿六：52a）

對於彼得的護主的忠烈之舉，主不贊成，並予以制止。因為：

這是匹夫之舉，門徒只有兩把刀（路廿二：38），爭戰必寡不敵眾。

這是不必之舉，主若不願被拿，完全可以求天父差遣十二

營（6千人／營）天使來（聯想到王下六章記載的，以利沙開他僕人的眼，使他看見滿山有火車火馬圍繞以利沙）；但經上所說的（主要被賣、受苦、被釘）要應驗。

這是不智之舉，門徒必會被殃及，「凡動刀的，必死在刀下。」主立即治好了馬勒古的耳朵（路廿二：51），以避免事態擴大、保護門徒；這是主上十架前行的最後一個神蹟，也是福音書記載的主惟一一次治療刀傷。

但主只是要彼得把刀收起來，並沒有要他把刀扔掉或毀掉。用武器自衛，有時是必要的；但對於屬靈的事，不能靠血氣。主耶穌回答比拉多時，說：「我的國不屬於這世界；我的國若屬這世界，我的臣僕必要爭戰，使我不至於被交給猶太人；只是我的國不屬這世界。」（約十八：36）

「我天天坐在殿裏教訓人，你們並沒有拿我。」（太廿六：55b）

強盜不是小偷，是罪大惡極之人。主與兩個強盜同釘；其實，主耶穌的那個十架，本是為強盜巴拉巴所預備的。

主耶穌天天「坐」在殿裏教訓人，表明祂是正兒八經地在教訓，不是隨便說說而已；在殿裏、在白天，猶太人不敢拿祂，足見他們心虛。

「當下，門徒都離開祂逃走了。」（太廿六：56b）門徒無力救主，也深知主不會自救，故只有「走為上計」。

主不會讓他們受難，因為見證主、傳福音的重任在他們肩上；主也許希望他們跟在後面，看事情怎樣成就，或暫時回避，或靜靜地回家。然而，他們信心都軟弱了。逃走後，彼得和約翰懷著又怕又惦記的心情，進了大祭司的院子。

三、主耶穌被定罪

猶太人「**總得不著實據**」（太廿六：60）。

猶太人下決心要治死耶穌。他們是先定案，後找證據。欲加之罪，何患無辭！許多人能為耶穌的言行作真見證；然而，猶太人定意要假見證；假的就是假的，沒有真憑實據。

「**拆毀神的殿**」（太廿六：61）。

這完全是猶太人的誣告：

主耶穌曾說：「你們拆毀這殿，我三日內要再建起來。」（約二：19）。猶太人把「你們」篡改為「耶穌」；主說的「殿」乃是指祂的身體，而非猶太人的聖殿。而且，即便耶穌真這樣說了，也不至於死；所以，控告仍無下文，仍得不著實據。

「**耶穌卻不言語**」（太廿六：63a）。

面對猶太人的誣陷，主耶穌一言不發。假見證彼此矛盾，不攻自破；猶太人既已決心置祂於死地，辯解也無用。

最後，大祭司要耶穌起誓，問他：「你是神的兒子基督不是？」（太廿六：63）

大祭司這樣問，是把主耶穌置於進退兩難的境地，無論回答「是」與「不是」，都要被定罪。此時，耶穌才開口。因為，按照摩西律法（利五：1），大祭司有權叫耶穌起誓，所以，耶穌順服了；更重要的是，耶穌確是神的兒子基督！如果祂不承認，祂就是在說謊。「信神兒子的，就有這見證在他心裏；不信神的，就是將神當作說謊的；因不信神為祂兒子作的見證。」（約壹五：10）為著真理，耶穌視死如歸。所以，耶穌應聲起誓。

「你說的是；然而我告訴你們，後來你們要看見人子，坐在那全能者的右邊，駕著天上的雲降臨。」（太廿六：64）

耶穌不僅說祂是神的兒子基督，而且告訴大祭司，祂已得著至高的權能和榮耀，是將要再來審判全地一切死人、活人的主。

「他們回答說：『他是該死的。』」（太廿六：66）

「他們」是指那時聚集一起、反對耶穌的人，不代表全體猶太人，甚至也不包括像尼哥底母、亞利馬太的約瑟、教法師迦瑪列這些有聲望的猶太人。

大祭司等以「說僭妄的話」、「褻瀆神」的罪名，定耶穌死罪。但是，耶穌並沒有說僭妄的話，祂只是實事求是地宣告了自己的身分；真正褻瀆神的，是這些反對耶穌的人，他們非要把神說成人！

耶穌被打、受辱（太廿六：67-68）。

四、反思

耶穌走上十字架，是神預定對人的救贖計畫。但在耶穌被捉拿和定罪的過程中，人的罪性（頑梗、嫉妒、悖逆、無知、狡詐）暴露無遺。耶穌是為罪人上的十字架；是你我的手把耶穌釘在十字架上的。

榮耀尊貴的神，竟降世成為普通的人；創造天地、治病趕鬼、斥責風浪、使人復活、廣行神蹟、大有能力的耶穌，竟不動聲色地束手就擒；公義聖潔的神，竟任人欺辱、吐唾沫在臉上，罵不還口、打不還手；生命的主，竟被人釘死在十字架上！人的無知、罪孽，和神的智慧、大愛，實在深不可測阿！

兩千年來，人類的歷史和教會所走過的道路，進一步見證

了主耶穌和《聖經》的莊嚴宣告：

> 「耶穌說：『我就是道路、真理、生命；若不藉著我，沒有人能到父那裏去。』」（約十四：6）

> 「但記這些事，要叫你們信耶穌是基督，是神的兒子；並且叫你們信了祂，就可以因祂的名得生命。」（約二十：31）

> 「看哪！祂駕雲降臨；眾目要看見祂，連刺祂的人也要看見祂；地上的萬族都要因祂哀哭。這話是真實的。阿們。主神說：『我是阿拉法，我是俄梅戛〔阿拉法俄梅戛，乃希臘字母首末二字〕，是昔在、今在、以後永在的全能者。』」（啟一：7-8）

親愛的朋友，你願意相信神是不說謊的麼？你願意相信耶穌是神的兒子麼？你願意今天就認罪、悔改歸向耶穌、得著神所賜的永恆的生命麼？親愛的弟兄姊妹，你是否永遠銘記了主耶穌無比的大愛？你是否願意被神的愛澆灌，並從自己的身上不斷地湧流出這樣的愛？你是否能夠「凡事謝恩」，作一個感恩、愛主的人？求主幫助我們。阿們。

參考文獻
1. 丁良才著，《耶穌聖跡合參注釋》（增訂版），香港：福音證主協

會，1998年，第717，720-722，739頁。

2. 陳終道著，《天國君王——馬太福音講義》（修訂版），香港：宣道出版社，1998年，第619頁。

3. Archibald T. Robertson原著，張麟至（編譯）、詹正義（編整增補），《活泉新約希臘文解經 卷一：馬太4.福音 馬可福音》，美國加州：美國活泉出版社，1998年，第294-295頁。

4. 焦源濂著，《基督生平》（下），臺北：校園書房出版社，1997年，第690-691頁。

5. 潘秋松編著，《解析式新約經文彙編》，美國加州：美國麥種傳道會，2002年，第400、985、1047頁。

神的聖言 卷二　**聖經的詮釋**

作　者： 里程
發　行： 基督使者協會
聯合出版：

基督使者協會（AFC）
21 Ambassdor Dr.
Paradise, PA 17562

電話： （717）687-0537

傳真： （717）687-6178

電子郵箱：bks@afcinc.org

網站：www.afcinc.org/bookstore.htm

免費電話：800-624-3504

海外校園雜誌社（CEF—OCM）
1753 Cabrillo Ave.,
Torrance, CA 90501, USA

電話： （310）328-8200

傳真： （310）328-8207

電子郵箱：order@cefocm.org

網站：www.oc.org

亞洲總經銷：道聲出版社
地址：106台北市杭州南路二段十五號
電話：02-2393-8583　傳真：02-2321-6538
讀者服務：book@mail.taosheng.com.tw
網址：www.taosheng.com.tw
劃撥帳號：00030850　道聲出版社
2007年10月初版
版權所有

The Oracles of God（II）——Interpretation of the Bible
Author：Li Cheng
Co-publishers

Ambassadors For Christ Inc.
21 Ambassdor Dr. Paradise, PA 17562
Phone： （717）687-0537

Fax： （717）687-6178

Email：bks@afcinc.org

Website：www.afcinc.org/bookstore.htm

Toll Free: 800-624-3504

Overseas Campus Magazine
1753 Cabrillo Ave.,
Torrance, CA 90501, USA

Phone： （310）328-8200

Fax： （310）328-8207

Email：order@cefocm.org

Website: www.oc.org

© 2007 by Ambassadors For Christ, Inc.
First Edition：October, 2007
ISBN： 978-1882324-43-9
All Rights Reserved
Printed in Taiwan

馮秉誠

遠志明